Beck-Wirtschaftsbe...

Kursstürze am Aktienmarkt

Beck-Wirtschaftsberater

Kursstürze am Aktienmarkt

Crashs in der Vergangenheit und
was wir daraus lernen können

von
Dr. Hartmut Kiehling

2., überarbeitete und erweiterte Auflage

Deutscher Taschenbuch Verlag

Originalausgabe

Deutscher Taschenbuch Verlag GmbH & Co. KG,
Friedrichstraße 1 a, 80801 München
© 2000. Redaktionelle Verantwortung: Verlag C. H. Beck oHG
Druck und Bindung: C. H. Beck'sche Buchdruckerei, Nördlingen
(Adresse der Druckerei: Wilhelmstraße 9, 80801 München)
Satz: Fotosatz Otto Gutfreund GmbH, Darmstadt
Umschlaggestaltung: Agentur 42 (Fuhr & Partner), Mainz
ISBN 3 423 05826 9 (dtv)
ISBN 3 406 46863 2 (C. H. Beck)

Meinen drei Kindern *Saskia*, *Aurel* und *Severin*,
die mir zeigen, dass ich älter werde –
und mich gleichzeitig jung halten.

Vorwort zur 2. Auflage

> *„Einszweidrei, im Sauseschritt*
> *Läuft die Zeit; wir laufen mit"*

Wie *Wilhelm Busch* (Tobias Knopp, Dritter Teil: Julchen) geht es auch mir: Neun Jahre sind seit der 1. Auflage dieses Buches ins Land gegangen und sowohl der allgemeine Erkenntnisfortschritt als auch meine eigenen Untersuchungen machen bei dieser 2. Auflage etliche Ergänzungen und Änderungen nötig. In den meisten Kapiteln betrifft dies nur wenige Passagen. So liegt inzwischen ein täglicher Chart der Kurse der *Südseegesellschaft* vor und es gibt Performanceindices der Aktien- und Rentenmärkte der Kaiserzeit. Auch sind in der Zwischenzeit etliche Artikel aus meiner Feder zur Geschichte der deutschen Aktienmärkte zwischen 1835 und 48 sowie zwischen 1914 und 23 erschienen. Ohne einigen Publikationen vorzugreifen, die noch in Vorbereitung sind, habe ich die entsprechenden Kapitel über die Eisenbahnspekulation und die Vorgeschichte der Weltwirtschaftskrise entsprechend ergänzt.

Größere Änderungen betreffen Beginn und Schluss des Buches. Die Welt bleibt nicht stehen. Auch in den neunziger Jahren haben sich Kursstürze ereignet – so 1990 in Japan und 1997 im übrigen Ostasien. Es wurden daher die Crashs der neunziger Jahre in einem eigenen Kapitel zusammengefasst. Zudem hat sich gezeigt, dass die in der 1. Auflage in den einleitenden und abschließenden Kapiteln angerissenen Fragen der Mathematik und Psychologie der Kursstürze einer umfangreicheren Bearbeitung würdig sind. Daher konzentriert sich dieses Werk nunmehr voll auf die einzel- und gesamtwirtschaftlichen Aspekte von Crashs. Dies unterstreicht einerseits seinen wirtschaftshistorischen Anspruch. Andererseits weist es dem Buch im Konzert meiner Publikationen einen klarer definierten Platz zu. Daher veröffentliche ich in Kürze im *Vahlen-Verlag* ein eigenes Buch über die „Psychologie des Börsencrashs". Der besseren Anschaulichkeit halber und um weitere Kursstürze wenigstens zu erwähnen, die im Text aus Platzgründen keine Erwähnung finden konnten, habe ich als Abb. 35 eine Übersicht mit den mir bekannten Crashs neu hinzugefügt.

Vor so viel „Wissenschaftlichkeit" darf man aber den Spaß nicht vergessen, der ja bekanntlich Leistung und Aufnahmefähigkeit enorm steigert. Ich habe daher darauf geachtet, dass bei der Umarbeitung des Buches die Lesbarkeit nicht verloren geht. Sie ist nach meiner Überzeugung geradezu ein Kennzeichen guter wissenschaftlicher Bücher. Als Leser haben Verlag und Autor daher auch interessierte Praktiker und Laien im Auge. Angesichts von über 10 000 ausgelieferten Exemplaren der 1. Auflage sind wir uns sicher, dass wir ihnen auch mit dieser überarbeiteten Version dienen können.

Bei dieser Auflage bin ich wieder einigen Personen zu großem Dank verpflichtet – allen voran meiner lieben Frau, die mir trotz ihrer vierfachen Belastung durch Beruf, Familie, Haushalt und professionell betriebener Malerei noch in vielerlei Hinsicht zur Hand ging. Des Weiteren schulde ich *Hermann Schenk* vom *Verlag C. H. Beck* Dank für die verständnisvolle Begleitung des Projekts und Herrn *Gutmann* von der *Bayerischen Landesbank* für einige Grafiken.

München, im Juni 2000 *Hartmut Kiehling*

Vorwort zur 1. Auflage

Die Börse fasziniert und beunruhigt die Menschen seit es sie gibt. Dies gilt in besonderem Maße für den Aktienmarkt. In ihn fließen, mehr noch als in Geld- und Rentenmarkt, spekulative Momente ein, und die Differenzierung zwischen den einzelnen Papieren ist wesentlich ausgeprägter. Der Leser wird daher mit Recht von einem Buch mit dem Titel „Kursstürze am Aktienmarkt" nicht zuletzt eine Orientierungshilfe für sein weiteres Agieren auf diesem Markt erwarten. Er wird dabei vor allem die seit Ende der achtziger Jahre erlebten Kursstürze im Auge haben.

Es mag verwundern, dass dieses Buch weit in die Geschichte zurückgreift. Von seinem historischen Hauptteil gehören jeweils drei Kapitel dem 18., 19. und 20. Jahrhundert an. Dennoch ist das Buch nicht im eigentlichen Sinn aus einem historischen Blickwinkel geschrieben. Es stellt vielmehr den Versuch dar, neuere Ansätze wie die Chaostheorie mit dem der Wirtschaftshistorie zu verbinden. Diese Vorgehensweise ist möglich, da sich das System Aktienmarkt seit seiner Ausdifferenzierung zu Beginn des 17. Jahrhunderts in Amsterdam hinsichtlich der Marktteilnehmer, ihrer Motive und Markttechniken nicht wesentlich geändert hat. Bei einem derart vielschichtigen Phänomen wie den Börsen ist es darüber hinaus sinnvoll, gegebenenfalls auch auf wirtschaftliche, psychologische und politische Aspekte der Entwicklung einzugehen. Der Autor hat sich dabei bemüht, im Kontext der jeweiligen Zeit zu schreiben, um dem Leser so wenigstens im Ansatz das Gefühl des Selbsterlebens zu vermitteln. Insofern, aber auch in anderer Hinsicht ist dies ein konservatives Buch. Während die Beobachtungszeiträume immer neuer Kursindikatoren am Aktienmarkt immer kürzer werden, wurde hier die größtmögliche Periode gewählt. Es ist dies ein Buch des Einerseits/Andererseits, des Sowohl-als-auch, abwägend zwischen dem Singulären und den Lehren aus der Vergangenheit. Damit bewegt sich die Argumentation ständig an der Nahtstelle zwischen Vorhersagbarkeit und Unvorhersagbarkeit des Systems Aktienmarkt.

Bei einem so vielschichtigen, aus so unterschiedlichen Blickwinkeln geschriebenen Buch kann es nicht ausbleiben, dass der Autor auf die Mithilfe mehrerer anderer Personen angewiesen war. Insbesondere sei meinem Schwiegervater, Herrn *Professor Dr. Hans Joachim Becker*, Wien, für die Durcharbeitung des Manuskripts und viele sachdienliche Anregungen gedankt. Das Gleiche gilt für die Herren *Christoph Hammer* und *Karl-Heinz Raith*, deren mathematischen Sachverstand der Autor bei den einschlägigen Kapiteln in Anspruch nehmen durfte. Für die schnelle und zuverlässige Erstellung des Manuskripts gilt mein Dank Frau *Hedwig Ulrich*, für mancherlei nicht minder wichtige unterstützende Arbeiten meiner Frau *Susanna*. Fehler, die trotz all dieser Mithilfe unkorrigiert blieben, gehen zulasten des Autors.

München, im Juni 1991   *Hartmut Kiehling*

Inhaltsverzeichnis

Verzeichnis der Abbildungen

1. Kontinuität und Wandel in der Geschichte

„Die Geschichte wiederholt sich nicht." Diese immer wiederholte Position großer Teile der historischen Fachwissenschaft bringt die Überzeugung zum Ausdruck, dass jede Zeit ihren individuellen Gegebenheiten folgt und nur aus sich selbst heraus interpretiert werden kann. Hätten sie ohne Einschränkungen Recht, so wäre dieses Buch in seiner Konzeption sinnlos. Gesetze kann es nach dieser Überzeugung in der Geschichtswissenschaft nicht geben – schon allein, weil die Zusammenhänge dafür zu kompliziert und im Regelfall zu schlecht dokumentiert sind.[1] Diese als Hermeneutik bezeichnete Position ist im deutschsprachigen Raum immer noch sehr mächtig. Sie steht im Gegensatz zu der französischer und angelsächsischer Historiker. Dort ist man vielfach ganz ausdrücklich auf der Suche nach Wiederholungen und Gesetzmäßigkeiten – man denke nur an *Fernand Braudel* und seine Idee von „la longue durée" sozialer und wirtschaftlicher Phänomene[2] oder die strikt an der Aufdeckung und Prüfung ökonomischer Gesetze ausgerichtete amerikanische Cliometrie. Muss es also nicht eher heißen: „Alles schon mal da gewesen"?

Die Antwort kann nur vielschichtig sein. Empirische Wissenschaft ist Hypothesenprüfung. Es liegt auf der Hand, dass man komplexen Zusammenhängen kaum durch intuitiv aufgestellte Hypothesen gerecht werden kann. Dies gilt auch für die Frage nach der Wiederkehr historischer Ereignisse. Angesichts der unstrukturierten, lückenhaften und zugleich komplizierten Datenlage ist es jedoch vielfach nicht möglich, allgemein-historische Gesetzmäßigkeiten zu erahnen. *Paul Kennedys* gelungener Versuch, Regeln für das Werden und Vergehen von Weltmächten zu finden, ist denn auch eine große Ausnahme innerhalb der allgemeinen Geschichtswissenschaften.[3]

Andererseits ist die Kontinuität historischer Ereignisse auf einigen Teilgebieten geradezu offensichtlich. So kehren Diskussionen, Moden, Zeitströmungen vielfach wieder, weil bestimmte Positionen ohnehin auf der Hand liegen, die Alternativen eindeutig und stark emotional besetzt sind und die Entscheidung für eine der Alternativen schlecht strukturiert ist. Sogar Einzelereignisse wie etwa Naturkatastrophen neigen von Zeit zu Zeit zur Clusterbildung. Komplexere Phänomene wie das Wirtschafts- oder Bevölkerungswachstum weisen z. T. kontinuierliche Bewegungsmuster auf: Wellen, Stufen oder die Erschöpfung zunächst rasanter Zuwachsraten.

In vielen Fällen lassen sich in der Geschichte allerdings auf den ersten Blick keine solchen kontinuierlichen Bewegungsmuster erkennen. Auch in solchen Systemen kann man jedoch in bestimmten Situationen immer wieder ähnliche Ablaufmuster erkennen. Dies gilt vor allem zu Beginn einer Entwicklung und in einer krisenhaften Zuspitzung. Einige Phänomene dieser Art hat man untersucht. So setzt sich beispielsweise bei Basisinnovationen weitgehend unabhängig von technischen Vor- oder Nachteilen von mehreren Alternativen diejenige durch, die zufällig als erste eine gewisse Marktposition erreicht.[4]

Ein anderes Beispiel sind Kursstürze am Aktienmarkt. Aktienmärkte sind besonders kontinuierliche Phänomene. Seitdem sie sich in der ersten Hälfte des 17. Jahrhunderts in den Niederlanden – wie die Soziologen sagen – ausdifferenziert haben, zeigen sie eine erstaunliche Stabilität – hinsichtlich der gehandelten Papiere, ihrer Ausschüttung, der Kursermittlung, der Rolle der Derivate und vor allem hinsichtlich der Zusammensetzung, Verhaltensweise und Motive ihrer Anleger.

Allerdings muss man beim Handeln dieser Marktteilnehmer differenzieren. Während normaler, einigermaßen ruhiger Marktphasen ist ihr Verhalten wesentlich von den Umständen der Zeit geprägt, in der sie leben. Das ist auch kein Wunder. Der Mensch und sein Gehirn sind sehr anpassungsfähig, sein Verhalten ist stark kulturabhängig. Auf dem Aktienmarkt variiert es also im Zeitablauf – und zwar im Rahmen des ökonomisch Sinnvollen. So nahe es liegt, psychologische Gesetzmäßigkeiten zur Identifizierung historischer Wiederkehr zu nutzen, so problematisch stellt es sich daher in diesen normalen Zeiten dar.

Auf der anderen Seite hat sich die genetische Ausstattung des Menschen in Jahrtausenden kaum gewandelt. Sie bestimmt über Vererbung und Prägung grundlegender gehirnphysiologischer und psychischer Vorgänge. Daher gibt es durchaus Verhaltensweisen, die in geschichtlicher Zeit kulturübergreifend weitgehend konstant geblieben sind. Zu diesen Verhaltensweisen zählen die Stress- und Angstreaktion, die ja auch bei der Interpretation historischer Krisensituationen wie bei Kursstürzen eine wichtige Rolle spielen.[5] Gerade in den Extremsituationen von Boom und Crash rücken daher archaische Verhaltensmuster wie Gier und Angst in den Mittelpunkt. Diese Konstanz der Verhaltensweisen in Extremsituationen führt zu deren Vergleichbarkeit auch über längere Zeiträume hinweg. Deshalb sind Boom und Crash in den letzten vier Jahrhunderten „selbstähnlich", was u. a. zu ähnlichen Kursbildern führt.

Darüber hinaus gibt es eine ökonomische Ähnlichkeit, die aus den ebenfalls relativ kontinuierlich wirkenden ökonomischen Gesetzen resultiert. Sie sind jedoch vergleichsweise vielschichtig und variieren mit den Interessen der unterschiedlichen Marktteilnehmer. Die Selbstähnlichkeit ökonomischer Faktoren ist daher rund um Kursstürze bei weitem geringer ausgeprägt als die psychologische. Genau umgekehrt ist die Überlieferungssituation. Einer Vielzahl ökonomischer Fakten steht heute ein vergleichsweise kleiner Rest psychologischer Beobachtungen gegenüber, die zudem verstreut sind, weit unsystematischer dargeboten werden und wissenschaftlich auch nicht ansatzweise aufgearbeitet sind. Deshalb finden sich in diesem Buch primär ökonomische Betrachtungen und Schlussfolgerungen.

Angesichts der nicht zu leugnenden Ähnlichkeiten, Wiederholungen und längeren Wirkungszusammenhängen wird die eingangs erwähnte Hermeneutik heute vielfach nur noch als „kategorischer Imperativ" angesehen, geschichtliche Entwicklungen in erster Linie aus ihrer Zeit heraus zu „verstehen". Dies soll davor bewahren, historischen Beobachtungen vorschnell allein vom heutigen Standpunkt aus „naive" Erklärungen überzustülpen. Das ist sicherlich ein legitimer Standpunkt, der umso notwendiger ist, je mehr ein Forscher in die Tiefe geschichtlicher Details geht. Andererseits gilt es, auch die beschriebenen längerfristigen und wiederholten Phänomene zu untersuchen. Daher ist es äußerst sinnvoll, dass die moderne Wirtschafts- und Technikgeschichte ökonomische Gesetze auch für die Vergangenheit austestet oder technische Entwicklungen unterschiedlicher Epochen vergleicht. Wiederholt sich also die Geschichte? Die Antwort muss wohl lauten: Ja, immer wieder, aber immer nur zeitweise und in Teilbereichen. Ein solcher Teilbereich ist die Geschichte der Kursstürze am Aktienmarkt.

2. Frühe Kursstürze

Wie viele Einrichtungen und Techniken Europas wurde auch die Institution der Börse in Italien zum ersten Mal erwähnt. Danach versammelten sich bereits im Jahr 1111 Wechsler, Kaufleute und Makler auf der Piazza San Martino in Lucca regelmäßig zu einer börsenähnlichen Veranstaltung, und spätestens im 14. Jahrhundert kann man in Pisa, Venedig, Florenz und Genua, aber auch in Valencia und Barcelona von einem ausgeprägten Börsenwesen sprechen. Dagegen hinkten die nordeuropäischen Handelsplätze deutlich nach. Als erstes Gründungsdatum ist uns das Jahr 1409 für die Börse in Brügge überliefert. Angeblich auf das Haus der Patrizierfamilie *van der Beurse* in Brügge, in dessen Nähe die Zusammenkünfte zunächst stattfanden, soll auch die Bezeichnung Börse zurückgehen. Mitte des Jahrhunderts folgten die Städte London (tägliche Börsenversammlungen in der Lombard Street), Antwerpen (1460), Lyon (1462) und Toulouse (1469). Noch etwas später sind die ersten deutschen Börsen anzusetzen, so um das Jahr 1500 Augsburg und Nürnberg, wobei die Augsburger Börse evtl. sogar etwas früher bestand. 1564 erließ der Nürnberger Rat erste Bestimmungen über Termingeschäfte. In der zweiten Hälfte des Jahrhunderts sind einige andere deutsche Plätze erstmals erwähnt (Köln 1553, Hamburg 1558, Frankfurt 1585).[6]

Nach allem, was man weiß, ist auch die Aktiengesellschaft eine Erfindung italienischer Kaufleute.[7] In der Literatur wird des Öfteren die 1407 gebildete genuesische Staatsbank *Casa di San Giorgo* als erste Aktiengesellschaft genannt.[8] Diese ist jedoch aus verschiedenen Maone hervorgegangen, Staatsgläubigervereinen, die dem Staat gegen Privilegien Darlehen gaben. Auch diese Gesellschaften, deren erste 1234 erwähnt wurde, kann man bereits im Kern als Aktiengesellschaften ansehen. Ebenfalls für das 13. Jahrhundert sind ein Silberbergwerk bei Siena sowie die Mühlen in Toulouse in einer vergleichbaren Gesellschaftsform bezeugt. Jedenfalls ist das Material umfangreich genug, die Behauptung zu wagen, dass seit dem Hochmittelalter die Aktiengesellschaft im weiteren

Sinn eine zwar nicht häufige, aber doch in verschiedenen Gewerben durchaus anzutreffende Organisationsform wirtschaftlicher Tätigkeit war. Man konnte sie insbesondere unter Bergwerken, Partenreedereien, Mühlen und Banken finden. Allerdings ist die Übertragbarkeit der Anteile teilweise noch stark eingeschränkt. So bedurfte es zur Abtretung des Anteils einer Toulouser Mühlen-AG noch bis ins 19. Jahrhundert hinein eines notariellen Vertrages.[9]

Außerdem scheinen die Wertschwankungen dieser frühen Aktien nicht bedeutend gewesen zu sein. Dies änderte sich erstmals im Zeitalter des Frühkapitalismus. Nachdem auch Nordeuropa im Hochmittelalter auf breiter Basis von der Versorgungs- zur Marktwirtschaft und von der Tausch- zur Geldwirtschaft übergegangen war und eine unabsehbare Stadtgründungswelle das bürgerliche Element in der Gesellschaft Mitteleuropas deutlich gestärkt hatte, bildeten sich neben Norditalien in Flandern (Brügge) und im Nord- und Ostseeraum (Hanse) weitere wirtschaftliche Schwerpunkte Europas. Die dadurch eingeleitete Entwicklung beschleunigte sich in der zweiten Hälfte des 15. Jahrhunderts deutlich. Humanismus und Reformation, Bauernkriege, Ritteraufstände und der erwachende Nationalismus der Völker waren Symptome der Auflösung der alten Ordnung. Die nun endlich gelungene wirtschaftliche Erholung nach der großen Pest Mitte des 14. Jahrhunderts und eine erste, auf der systematischen Nutzung der Wasserkraft beruhende technische Revolution taten ein Übriges. Der Aufstieg Portugals, Antwerpens, aber auch vieler oberdeutscher Städte – allen voran Augsburgs und Nürnbergs – zeigte deutlich, dass man mit Tüchtigkeit sein eigenes Los durchaus verbessern kann.[10]

Die genannte Entwicklung hatte Deutschland stark begünstigt.[11] Insbesondere der deutsche Bergbau verzeichnete durch eine verbesserte Entwässerung, Bewetterung, Förderung und Aufbereitung etwa ab 1470 einen gewaltigen Aufschwung.[12] Da die neuen Techniken jedoch einen sehr hohen investiven Aufwand erforderten, der die Finanzkraft eines einzelnen Handelsherrn deutlich überstieg, griff man sehr bald auch hier auf Aktiengesellschaften zurück.[13] Spätestens in den Jahren 1472 bzw. 78 sind in Schneeberg (Sachsen) die alte Fundgrube bzw. die Fundgrube St. Georg in dieser Weise bezeugt. Ähnliches gilt für Metallhandelsgesellschaften im deutschen Raum. Hier ist die *Allgemeine Eisenhandelsgesellschaft* in Leoben bereits 1415 erwähnt. 1482 folgten die *Steyrer Allgemeine Eisenhandelscompagnie* sowie zur Jahreswende 1533/34 die *Amberger Zinnblechhandelsgesellschaft.* Die Papiere lauteten meist auf den Inhaber und waren von diesem nicht kündbar. In der Regel war die Beteiligung auswärtiger Aktionäre ausdrücklich erwünscht. Von dieser Möglichkeit wurde rege Gebrauch gemacht.

Zwar ist der Handel in Schneeberger Kuxen für 1477 auch auf der Frankfurter Messe bezeugt, der Handel in derartigen Papieren erfolgte jedoch primär in standortnahen Städten über Makler, sog. Kux-Kränzler. Die Börsen standen hierfür nicht zur Verfügung – einerseits weil sie größtenteils noch gar nicht existierten, andererseits weil sie nahezu ausschließlich Wechselbörsen waren. Dennoch entwickelte sich sehr bald ein lebhafter Handel, da die stark schwankenden Erträge des Bergbaus jener Zeit erstmals ein günstiges Spekulationsobjekt boten. So ist uns für die ungarischen Gruben des Hauses *Fugger* folgende Gewinnreihe überliefert: 1513–16 140 000 Gulden (fl), 1519–26 14 000 fl, 1526–39 1 297 000 fl.[14] Die neu erschlossenen bzw. ausgebauten sächsischen Bergbaugebiete bewirkten insbesondere in Leipzig einen so lebhaften Handel in Kuxen, an dem sich neben vielen Nürnberger Kaufleuten und Niederländern auch die Philosophische Fakultät der Universität, der Bürgermeister und der Rat der Stadt beteiligten, dass Letzterer schon bald in Form von Kux- oder Kränzler- Ordnungen regelnd eingriff. Damit war der Handel nicht mehr wie bisher wilden Maklern, sondern nur noch obrigkeitlichen und eigens dazu vereidigten Maklern erlaubt.[15]

Aufgrund der starken Gewinnschwankungen machten auch die Kurse wilde Sprünge. So war ein Kux der alten Fundgrube in Schneeberg 1472 135,5 fl wert; 1476 war er bereits auf 3000 fl gestiegen. Andererseits verzeichnet die Chronik auch den ersten Aktienkurssturz der Geschichte. Da die Gewinne nachließen und im Erzgebirge neue ergiebige Vorkommen entdeckt worden waren, fiel der Preis der Kuxe von St. Georg von 1478 bis 88 von 2000 auf 181 fl.[16] Kriege, das Wiedereinbrechen der Pest sowie die gewaltigen Edelmetallimporte aus Spanisch-Amerika beeinträchtigten den deutschen Bergbau seit der Mitte des 16. Jahrhunderts zunehmend. Spätestens mit dem Dreißigjährigen Krieg wurde auch den Metallhandelsgesellschaften die Existenzgrundlage entzogen, nachdem sie zu Beginn der Kämpfe noch einen kurzzeitigen Boom erlebt hatten (s. Abb. 1).[17] Dieses frühe Kapitel der Geschichte des Aktienmarktes ist daher heute weitgehend vergessen.

Das 16. Jahrhundert war vielmehr die Zeit der absoluten Vorherrschaft der damaligen Weltbörsen Antwerpen und Lyon.[18] Hier handelte man ausschließlich Wechsel und Anleihen wie französische Königsbriefe oder holländische Rentmeisterbriefe. Die erste Hälfte des Jahrhunderts verlief relativ krisenfrei. Danach wurden einerseits dem Privatpublikum seit 1542 Möglichkeiten zur Teilnahme am Börsengeschäft eröffnet, was sehr bald ein größeres Auf und Ab der Kursentwicklung bewirkte. (Die privaten Anleger waren damals offensichtlich spekulativer eingestellt als die professionelen Marktteilnehmer.) Andererseits ist die zweite Hälfte des Jahrhunderts durch eine Reihe bedeutender Krisen gekennzeichnet. Hier sei nur der französische Staatsbankrott vom Jahre 1557, dem seit 1550

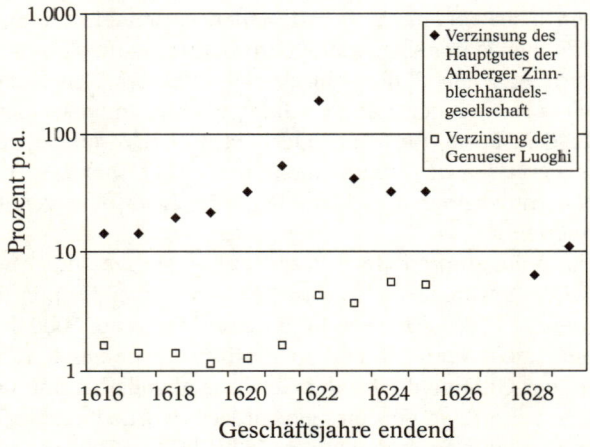

Abb. 1: Die Eigenkapitalverzinsung der Amberger Zinnblechhandelsgesellschaft 1616–29

(Quellen: Wanner, Homer)

eine ausgeprägte Baisseströmung an der Börse voranging, der Bildersturm und der Einzug des *Herzogs von Alba* in Antwerpen 1566 sowie der zweite spanische Staatsbankrott 1575 genannt. Der Niedergang der Börsen alten Stils war endgültig besiegelt, als *Alessandro Farnese* 1585 die Schelde-Stadt erneut einnahm und das Handelsleben großenteils zerstört wurde.[19]

Angesichts der genannten Risiken war es nicht verwunderlich, dass sich die 1611 gegründete neue Börse des aufblühenden Amsterdams erstmals im Wesentlichen auf Teilhaberpapiere konzentrierte. Es bildete sich damals in Amsterdam ein Markt heraus, der unseren heutigen Aktienbörsen bereits recht ähnlich war. Das galt sowohl für die Form der Geschäfte als auch für die Hauptgruppen von Marktteilnehmern und ihre Motive. Bereits 1612 waren 300 vereidigte Makler registriert, deren Zahl bis 1657 auf 500 anstieg und danach wieder leicht zurückging. Daneben gab es 1720 700–800 unvereidigte Makler, wovon 100 auf Aktien spezialisiert waren. Als Besonderheit der Amsterdamer Börse bestand die Institution der Kursmakler. Neben den Maklern, denen Geschäfte auf eigene Rechnung zwar verboten waren, die dies aber oft umgingen, nennen die zeitgenössischen Quellen noch die in ihren Engagements sehr kurzfristig ausgerichteten, auf jedes Gerücht eingehenden Spieler und Spekulanten, die mittelfristig orientierten kleinen und mittleren Kaufleute sowie die eine langfristige Anlage suchenden Großkapitalisten.

Die letzten beiden Gruppen waren die Träger des Kassageschäftes, das im Übrigen aufgrund des hohen Aktienpreises sowie der umständlichen Umschreibung nur selten zu Spekulationszwecken getätigt wurde. Seit Beginn der Börse gab es daneben Termingeschäfte, wobei offensichtlich zunächst die Futures üblich waren. Bereits 1609 ist von massiven Leerverkäufen die Rede. Der Einschuss betrug 10–15 Prozent. Bei Liquidation wurde im Allgemeinen nur die Kursdifferenz bezahlt. Im Laufe der Zeit erfuhr das Geschäft eine immer stärkere Vereinheitlichung. Nachdem der Abschluss zunächst üblicherweise auf den 20. des nächsten oder eines Folgemonats abgeschlossen wurde, gab es ab 1771 nur noch vier jährliche Abrechnungstermine (Februar, Mai, August, November). Neben diesen festen bestanden vermutlich schon in der ersten

Hälfte des 17. Jahrhunderts auch bedingte Zeitgeschäfte. Sie entsprachen unserem heutigen Optionsgeschäft, worauf bereits die damals üblichen Bezeichnungen Opsies oder Optiones hinweisen. Da die Kursdifferenz am Kassamarkt manchmal 30 Prozent pro Tag betrug, war eine Prämienhöhe von neun Prozent üblich. Die meisten derartigen Kontrakte lauteten auf den Inhaber und benutzten ein Normformular. Breite und Transparenz des Marktes nahmen im Laufe des 17. Jahrhunderts schnell zu. Die zunächst sehr hohen Courtagen (für Ostindische Aktien $1/2$ Prozent vom Nominal-, für Westindische $1/5$ Prozent vom Realwert) betrugen ab 1688 im Allgemeinen nur noch zwei Promille. Zur Börse hatte jedermann Zutritt. 1720 erschien der erste Kurszettel für Effekten; er verzeichnete 34 Aktien.[20]

Dabei spielten die Papiere der am 20.3 1602 aus mehreren Vorgängerinnen gebildeten *Vereinigten Ostindischen Kompanie* von Anfang an eine beherrschende Rolle. Die *V. O. C.* war jedoch nicht die erste der großen überseeischen Handelskompanien in der Rechtsform einer Aktiengesellschaft. Bereits drei Jahre zuvor gründete man in London die dortige *Ostindische Kompanie* und sehr viel früher datierten ebenfalls in England die nach dem Modell der deutschen bergrechtlichen Gewerkschaften errichtete[21] *Moskovitsche* (1555) sowie die *Levantinische Kompanie* (1581). Allerdings waren diese Gesellschaften zunächst keine Aktiengesellschaften im modernen Sinn. So behielten sich die Aktionäre lange Zeit das Recht vor, ihre Beteiligung aufzukündigen. Erst ab 1612 war es nicht mehr üblich, die Einlage lediglich für eine Reise zu gewähren. Ab 1658 war das Gesellschaftskapital dem Zugriff der Aktionäre entzogen, und von 1688 an wurden die Aktien der englischen *Ostindischen Kompanie* an der Londoner Börse gehandelt. Die beiden anderen Gesellschaften wandelte man sogar 1622 bzw. 1605 in Regulated companies um.

Mit den Anteilen der *V. O. C.* stand dem Aktienmarkt erstmals ein wirklich börsengängiges Spekulationsobjekt zur Verfügung. Einerseits war das Kapitel groß genug; sechs zu diesem Zweck gebildete Kammern zeichneten bereits bei der Gründung 6,5 Mio. Gulden. Zwar wurden die Aktien der einzelnen Kammern gesondert notiert, eine regelmäßige Notiz kam jedoch nur in den Amsterdamer Anteilen zustande. An sich war die Fungibilität der Aktien durch die Zeichnung mittels Kammern sowie den Umstand, dass es sich um Namensaktien handelte, unvollständig. Die Spekulation wich deshalb verstärkt auf Options- und Termingeschäfte aus. Zunächst waren die Anteile der *V. O. C.* beliebig groß. Schon sehr bald setzte sich aber ein einheitlicher Nennwert durch. Spätestens 1609 wurden nur noch auf 3000 Gulden lautende Aktien notiert. Damit kosteten sie – ganz abgesehen von den späteren Wertsteigerungen – für damalige Verhältnisse ein halbes Vermögen. Es kam deshalb nicht selten vor, dass mehrere Kleinaktionäre eine Aktie zusammen besaßen. Gedanklich teilte man deshalb jedes der Papiere in hypothetische Klein-, sog. Ducaton-(= Zehntel-)Aktien ein. Da die *V. O. C.* das Monopol für den Handel nach Ostindien erhalten hatte, entwickelte sich in ihren Aktien von Anfang an eine lebhafte Spekulation. Bereits kurz nach der Zeichnung waren die Papiere der Amsterdamer Kammer nur mit einem Aufgeld von 10–15 Prozent zu erhalten. Im folgenden Jahr stiegen die Kurse bis auf 130 Prozent, 1605 auf 140 Prozent und 1607 auf 200 Prozent. Da die Gewinne und damit die Dividenden zu diesem Zeitpunkt bereits wieder nachließen (Letztere 1605: 15 Prozent, 1606: 75 Prozent, 1607: 40 Prozent, 1608: 20 Prozent), gingen die Kurse im Folgejahr wieder bis auf 130 Prozent zurück, zumal ausländische Mitbegründer der Gesellschaft die Krise künstlich verschärften.

Wesentlich stärkere Schwankungen wiesen die Aktien der 1621 etablierten holländischen *Westindischen Kompanie* auf, was auf deren höchst unterschiedlichen Geschäftsgang zurückzuführen ist. Bereits die Zeichnung kam nur zustande, weil die am grauen Markt getätigten Leerverkäufe der Baissiers eine Eindeckung verlangten. Durch Kaperei und Wegnahme von meist spanischen Schiffen florierte die Gesellschaft einige Jahre, und ihre Aktien erreichten die Kurshöhe der *Ostindischen Kompanie.* Als dann 1661 die brasilianischen Kolonien für Holland verloren waren und der Handel mit Gewürznelken vernichtet wurde, fiel der Kurs der Aktien der *Westindischen Kompanie* innerhalb weniger Jahre auf 3,25 Prozent des Nennwertes. 1674 musste die Gesellschaft schließlich sogar saniert werden. Aber nicht nur mit Aktien befasste sich die holländische Spekulation. Besonders gut dokumentiert ist eine Warenhandelskrise in den Jahren 1634 bis 37.[22] Diese sog. Tulpenkrise kann als Prototyp einer mit allen Börseninstrumenten abgewickelten spekulativen Bewegung ohne fundamentale Hintergründe angesehen werden, die bereits damals weite Bevölkerungskreise einbezog. Es würde jedoch an dieser Stelle zu weit führen, näher auf die Tulpenkrise einzugehen.[23]

2.1. Die Southsea Bubble

Obwohl einige der englischen Aktiengesellschaften älter als die holländische *Ostindische Kompanie* waren, entwickelte sich in London ein voll ausgebildeter Aktienmarkt doch erst deutlich nach Amsterdam. Im Gefolge *Wilhelms von Oranien* kamen 1689 viele holländische Kaufleute in die Stadt. Von ihnen übernahm die Börse einen Großteil der ausgereiften holländischen Organisation und Geschäftsarten. So dürften erst damals in London die Termingeschäfte eingeführt worden sein. Jedenfalls sind Futures erstmals 1694 bezeugt. Da die meisten Marktteilnehmer nur über einen relativ geringen Besitz verfügten, war auch in London das Kassa- sehr viel unbedeutender als das Termingeschäft. Wie in Amsterdam wurden hierin erstaunlich hohe Umsätze getätigt. Die Abrechnung (in der Regel nur der Differenz) erfolgte quartalsweise zu den gleichen Terminen wie in Holland. Zwar war zunächst auch das Optionsgeschäft bekannt, es geriet jedoch in der zweiten Hälfte des 18. Jahrhunderts mehr und mehr in Vergessenheit.

In London unterschied man als Börsenbesucher Brokers (Makler), Dealers (Händler) und Jobbers (Spekulanten). Da der Börsenbesuch im 17. und 18. Jahrhundert jedermann offen stand, bezeichneten die letzten beiden Begriffe auch das gesamte Publikum, das sich bei fast allen Geschäften der Maklervermittlung bediente. Als bedeutende Anlegergruppe werden in den zeitgenössischen Quellen die Ausländer genannt. Von ihnen hatten holländische Kaufleute das größte Gewicht. Anders als in ihrem Heimatland neigten sie jedoch in London zu spekulativen Engagements. Aus diesem Umstand heraus ergab sich das gesamte 18. Jahrhundert hindurch eine sehr enge Verzahnung des Börsengeschehens in London und

Amsterdam. Für die schnelle Nachrichtenübermittlung sorgten eigene Kurierschiffe und Brieftauben. Eine Besonderheit Englands war das starke Interesse des einheimischen Adels am Börsengeschehen. Ebenso wie die der englischen und ausländischen Kaufleute waren ihre Käufe primär mittelfristig ausgerichtet. Daneben bestand eine breite Schicht von überwiegend mittellosen Spielern, deren Engagements zum größten Teil auf Kredit und sehr kurzfristig liefen. Sie waren auch für die vergleichsweise hohen Umsätze verantwortlich. Allerdings dürfte der Markt lange Zeit die Breite des holländischen nicht erreicht haben. Noch 1760 lag die Zahl der vereidigten Makler lediglich bei 150. In die gleiche Richtung deutet auch die hohe Courtage: 1697 bei fünf Prozent, betrug sie rd. ein Jahrzehnt später knapp 1,5 und schließlich 0,5 Prozent. Dagegen war London seinem Konkurrenten in puncto Publizität schon damals voraus. Bereits 1697 erschien der erste private und 1714 der erste amtliche Kurszettel und um 1700 verbreitete eine Nachrichtenagentur Kurse und sonstige Informationen von den wichtigsten Börsenplätzen.[24]

Erst nach der vollen Einzahlung der Aktien der *East India Company* 1676 und der Bildung eines gewissen Free float im Jahr 1680 war die Voraussetzung für eine regelmäßige Notiz an der Londoner Börse im Jahr 1688 gegeben. Hinsichtlich der Zahl der Gesellschaften war der Londoner Platz seinem Vorbild jedoch bald überlegen. Hatte es bis 1688 nur drei Aktiengesellschaften gegeben, so wuchs deren Anzahl bis 1694 auf 53 an. Darunter befand sich als zweite große Gesellschaft die *Bank of England* (1694 errichtet). Nach zwei weiteren Gründungswellen war die Zahl der börsennotierten Aktiengesellschaften bis Mitte 1720 auf über 200 gestiegen.[25] Die bedeutendste unter ihnen war die *Südseegesellschaft*. Ihre Etablierung im Jahr 1711 erfolgte zu dem Zweck, ihr gesamtes Kapital dem Staat vorzuschießen. Als Zeichnungsanreiz erhielt die Gesellschaft das Handelsmonopol mit Spanisch-Amerika sowie das Recht, bislang unentdeckte Inseln in diesem Raum für die britische Krone in Besitz zu nehmen und wirtschaftlich zu nutzen. Die englische Regierung überließ der Gesellschaft für deren Handel nach und nach vier Schiffe. Aufgrund der verliehenen Privilegien waren die Aktien der *Südseekompanie* von Anfang an Gegenstand lebhaftester Spekulationen.[26]

Während die Handelsaktivitäten der Gesellschaft durch einen erneuten Krieg mit Spanien 1718 zurückgeworfen wurden, ergab sich Ende 1719 für sie die Gelegenheit, gegen Ausgabe neuer Aktien weitere Schulden des Staates zu günstigen Konditionen zu übernehmen. Schon auf das bloße Gerücht dieser Aktion hin stieg der Kurs der Südseeaktie auf 126 Prozent und erhöhte sich noch im gleichen Jahr während der Unterhausdebatte über den Vertrag auf 319 Prozent. Der Kontrakt kam trotz des erbitterten Widerstandes der *Bank of England,* die das Geschäft selbst gern gemacht hätte, zustande. Nach der Verleihung einiger weiterer Privilegien verpflichtete sich die Gesellschaft, die gesamten Staatsschulden in Höhe von 31,7 Mio. £ in eigene Aktien zu tauschen. Sie war deshalb an möglichst hohen Börsenkursen interessiert. Die erste Kapitalerhöhung erfolgte zu Beginn des Jahres 1720. Sie vermehrte das Kapital der Gesellschaft zum Kurs von 300 Prozent um nominal 2,25 auf 14 Mio. £. Obwohl inzwischen in Paris das Lawsche Finanzsystem bereits bedenklich zu schwanken begann, stiegen die Aktien der *Südseegesellschaft* bereits am nächsten Handelstag auf 325 Prozent.

Um die Kurse weiterzutreiben, setzte die Generalversammlung der Gesellschaft die halbjährige Dividende der alten wie der jungen Aktien auf zehn Prozent fest und beschloss zur Erleichterung des Börsenhandels, die Papiere bis zu einem Betrag von 500 Pfund zu fünf Prozent p. a. auf vier Monate zu beleihen. Gleichzeitig wurde an der Londoner Börse das Optionsgeschäft eingeführt, das in England außerhalb des Börsensaals bereits seit 1694 bekannt war. Eine groß angelegte Werbung, die die Schätze Amerikas und die Gewinnmöglichkeiten der Gesellschaft auf diesem Kontinent in den grellsten Farben ausmalte, fiel insbesondere beim Privatpublikum, das sich bisher kaum für Börsengeschäfte interessiert hatte, auf äußerst fruchtbaren Boden. So konnte die zweite Kapitalerhöhung am 30. April vom Volumen (nominal 15 Mio. £) wie vom Kurs her (400 Prozent) bereits bedeutend höher ausfallen. Auch diese Emission war binnen kurzem überzeichnet und musste erhöht werden. Die Schnelligkeit der Kursbewegung wurde noch gesteigert durch *John Law,* der aus Paris im April gut 20 000 und im Mai noch einmal 10 000 Aktien aufkaufte. Bis zum 25. Mai stieg der Kurs der Papiere deshalb auf über 500 Prozent und erhöhte sich bis zum 2. Juni 1720 auf 890 Prozent.

Am gleichen Tag setzten Gewinnmitnahmen ein und drückten ihn vorübergehend auf 640 Prozent. Der Kurs erholte sich jedoch in den nächsten Tagen wieder und stand am 6. Juni bei 820 Prozent. In diesen Tagen meldeten sich auch die ersten fundamentalen Bedenken. Ein gewisser *Archibald Hutcheson* wies durch gründliche Berechnungen nach, dass der innere Wert der Papiere weit unter ihrem Marktkurs lag. Aus diesem Grunde und weil viele Aktionäre gezwungen waren, Papiere zu verkaufen, um die zweite Einzahlung leisten zu können, fiel der Kurs der Aktie wieder auf 710 Prozent. Da die *Südseegesellschaft* ihre Aktien zur Finanzierung weiterer Käufe in großem Umfang belieh, konnte sich der Kurs in der Folge fast bis auf

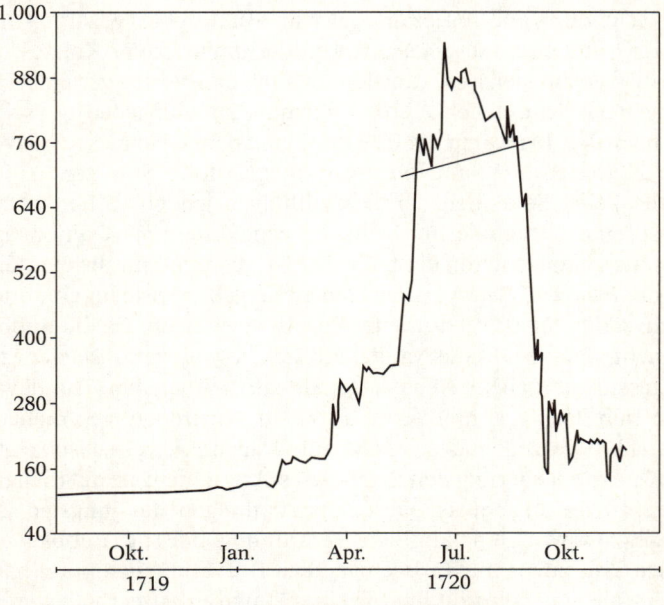

Abb. 2: Die South-Sea-Bubble 1720

(Quelle: Tvede)

800 erholen. In dieser Situation kündigte die Gesellschaft ihre dritte Aktienemission über nominal fünf Mio. £ zum Kurs von 1000 Prozent an, zahlbar in zehn Raten à 100 £. Da sie gleichzeitig an einem einzigen Tag Kredite i. H. v. drei Mio. £ zur Finanzierung weiterer Käufe ausreichte, stieg der Kurs der Aktie in der Folge bis auf 1050.

Diese Kursbewegung zog auch die beiden anderen Hauptgesellschaften sowie die übrigen börsennotierten Kompanien mit. Man hat errechnet, dass die gesamte Börsenkapitalisierung Englands 1720 kurz nach dem Kurshoch rd. 500 Mio. £ betrug – fünfmal mehr als das in Europa damals umlaufende Bargeld.

Die Zahl der Hochspekulationen bei den großen Gesellschaften war auch die Zeit der Bubbles. 100 Pfund pro Südseeaktie konnte sich der kleine Mann auch dann nicht leisten, wenn er sie zunächst nur teilweise einzahlen musste. An der Börse, in den Cafés und Büros rundherum lagen jetzt jeden Tag meist mehrere Emissionen zur Zeichnung auf. Insgesamt hat man 202 Bubbles gezählt – viele davon ohne oder mit abgelaufener oder unpassender Konzession, auf die verschiedensten, zum Teil unsinnigen Zwecke gerichtet. Bei einigen handelte es sich auch einfach um Zeichnungsbetrug – schon am nächsten Tag waren die Initiatoren mit dem Geld auf und davon. Die Nominalwerte lauteten zwar oft auf hohe Summen. 1000 £ waren keine Seltenheit. Die Einzahlungen jedoch variierten zwischen einem Promille und zehn Prozent. Eine gute Gallionsfigur war auch damals schon der halbe Erfolg. Während für die eine Bubble der *Prince of Wales* seinen Namen hergab, musste für eine andere ein schon längst verstorbener Reverend genügen. Da die Bubbles in nicht geringem Maße Kapital auf sich zogen, waren sie der *Südseegesellschaft* ein Dorn im Auge. Sie sah in ihnen den Grund, weshalb sich der Kurs ihrer Aktie trotz aller Anstrengungen nicht auf über 1100 Prozent steigern ließ. Auf Drängen der Gesellschaft hin verfügte die Regierung den Scire-facias-Act, in dem sie aufs schärfste gegen die unseriösen Geschäftsgründungen der jüngsten Zeit vorging. Obwohl eine ähnliche Verordnung, der sog. Bubbles-Act, einige Zeit zuvor nur für wenige Tage Beachtung gefunden hatte, schlug die neue Verordnung wie eine Bombe ein. Innerhalb weniger Tage stürzten die Kurse der allermeisten Bubbles buchstäblich ins Nichts. Doch das war nur das Vorspiel.

Nach Bekanntgabe des Scire-facias-Actes stand die Aktie der *Südseekompanie* am 24. Juni bei 850 Prozent. Trotz großer Anstrengungen konnte die *Südseegesellschaft* nicht verhindern, dass der Kurs bis zum 22. August auf 820 Prozent fiel. Zu dieser Zeit glückte eine letzte Einzahlung. Die Kurse der Gesellschaft bröckelten weiter ab. Daher wurde die Dividende für das nächste halbe Jahr auf 30 Prozent festgesetzt und die nächsten zwölf Jahre 50 Prozent Ausschüttung p. a. versprochen. Dennoch waren die Aktien bis zum 8. September auf 680, bis zum 20. September auf 410 Prozent gefallen. Zwar gelang durch gezielt gestreute positive Gerüchte noch einmal eine Kurserholung auf 670 Prozent, bereits am nächsten Tag lautete die Notiz jedoch wieder 550 Prozent. Am 29. September war sie bei 120 Prozent angelangt.[27]

Die Baisse ging einher mit einer ganzen Reihe von Bankrotten. Die Ziehungen auf die *Bank von England* waren so umfangreich, dass das Institut seinen Kredit schließlich einschränkte und auch dadurch viele Kaufleute und Bankiers ihre Zahlungen zumindest zeitweise aussetzen mussten. Das Parlament konstituierte einen geheimen Untersuchungsausschuss, der Unterschlagungen und Begünstigungen, die Vernichtung von Belegen und eine Reihe anderer Vergehen im Zusammenhang mit der *Südseegesellschaft* zutage förderte. Dennoch kam bei der anschließenden Parlamentsberatung ein Vergleich zustande, der den Fortbestand der Gesellschaft sicherte.[28] Sie existierte noch bis in die zweite Hälfte des 18. Jahrhunderts. Ihre Unternehmungen (Handel und Fischerei) warfen jedoch eher dürftige Gewinne ab.

Sicherlich ist dieser erste relativ gut dokumentierte Kurssturz am Aktienmarkt mit unseren modernen Crashs nicht voll vergleichbar. Fehlende Börsenaufsicht und -vorschriften sowie die teilweise Nichtbeachtung des Konzessionierungsgebots für die Gesellschaften machten den Betrug am Aktienmarkt allzu leicht. Die Unerfahrenheit des Publikums und der im Vergleich zu heute viel geringere Informationsfluss taten ein Übriges. Zudem war damals auch bei der „seriösen" *Südseegesellschaft* etwas üblich, das man Agiotage nannte und heute z. T. verpönt oder verboten ist. Hierunter verstand man Maßnahmen, die bewusst ergriffen wurden, um den Aktienkurs zu treiben. So hat die *Südseegesellschaft* ihren Nennwert mit

zehn £ für die damalige Zeit sehr niedrig angesetzt. Bei Kapitalerhöhungen waren ferner Ratenzahlungen üblich, sofern die Einzah-
lungsquoten nicht überhaupt auf Dauer sehr niedrig blieben.
Typisch für die *Südseegesellschaft* waren umfangreiche Wertpapierkredite zu relativ günstigen Konditionen für den Kauf der eigenen Aktie. Andere Mittel der Agiotage muten da schon etwas
moderner an, so die geschickte Werbung der Gesellschaft und die
Einführung des Optionsgeschäftes zur Verbreiterung des Marktes.

Trotz der aufgezeigten Unterschiede lassen sich auch aus der vor
270 Jahren geplatzten Southsea-Bubble einige interessante Hinweise für den heutigen Börsenspekulanten gewinnen. Zwar war der
Kursaufschwung der Südseeaktie mit rund 800 Prozent sehr hoch
und mit gut sechs Monaten äußerst kurz. Dennoch sollte uns das
Schema der Kursbewegung bekannt vorkommen: Nach einem steilen Anstieg in mehreren Schüben (erster Schub: Ende 1719, letzter
Schub: Ende Mai 1720) kam es durch Gewinnmitnahmen zu einer
ersten ausgeprägten Korrektur (Tagesverlust am 2. Juni 1720: – 28
Prozent) sowie einer technischen Reaktion darauf (bis zum 6. Juni:
+28 Prozent). Eine gewisse Zeit vor dem Kurshöhepunkt stieg die
Volatilität also drastisch. Kurz darauf wiesen laut geäußerte fundamentale Bedenken und die knapper werdende Liquidität zusätzlich
auf die Verletzlichkeit des Marktes hin. In der Folge fiel der Markt
erneut um gut 13 Prozent. In einem letzten Aufbäumen schossen die
Kurse noch einmal buchstäblich in den Himmel (+54 Prozent). In
dieser Phase machte sich Hysterie breit. Der Optimismus kannte
keine Grenzen, die Seriosität blieb auf der Strecke (Bubbles), und
das spekulative Element war allein marktbeherrschend.

Von den nominal 34 Mio. £ Kapital, über die die Gesellschaft
Ende Juni 1720 verfügte, waren 65 Prozent im letzten halben Jahr
begeben worden. Zählt man in Gedanken die Abgaben der Altaktionäre hinzu, so erhält man einen Eindruck von dem gewaltigen
Potenzial an schwachen Händen auf dem Kurshoch 1720. Der
Abstieg aus diesen luftigen Höhen ging deshalb sehr schnell. Auch
er ist in seinem Verlauf wieder typisch für derartige Bewegungen.
Nach einem Kursrutsch um 22 Prozent innerhalb weniger Tage bis
zum 24. 6. folgte eine letzte, zweimonatige Beruhigungsphase, in der
der Kurs bis zum 22. 8. lediglich um 3,5 Prozent nachgab. Danach

ging es Schlag auf Schlag. Der Kurssturz des folgenden Monats (bis zum 29. 9.) brachte ein Minus von 79 Prozent.

Zum Schluss sei noch auf eine Lücke in der Quellenlage hingewiesen. Leider ist es nicht möglich, Aussagen zum Zins zu machen. Langfristig gesehen liegt das Jahr 1720 in einer Periode fallenden Zinses. So brachte 1712 eine Lotterieanleihe des Staates noch effektiv 8,7 Prozent. 1726 lag die Verzinsung einer solchen Anleihe nur noch bei drei Prozent.[29] Zwar sorgten neu emittierte Schatzscheine sowie die lebhafte Kreditierung durch Bankiers und Aktiengesellschaften für eine gewisse Aufblähung des Geld- und Kreditvolumens und in der Folge insbesondere bei Luxusgütern sogar für Ansätze zu einer inflationären Entwicklung. Dennoch dürfte dies 1720 nicht zu einer weiteren Ermäßigung des Zinssatzes geführt haben, da andererseits der Geldbedarf des Aktienmarktes zu gewaltig war. Allein die *Südseegesellschaft* nahm ja in der ersten Jahreshälfte fast 120 Mio. £ auf. Obwohl ein Teil dieses Kapitals den Quellen nach aus dem Ausland stammte, dürfte dies auch am heimischen Rentenmarkt für Kapitalknappheit gesorgt haben. Ab wann die Zinsen allerdings nach oben zeigten, ist heute nicht mehr feststellbar. Es ist jedoch nicht unwahrscheinlich, dass dieser Zeitpunkt nahe der zweiten Kapitalerhöhung der *Südseegesellschaft* im Jahr 1720 (30. 4., Volumen 60 Mio. £) und dem massiven Auftreten der Bubbles im Mai d. J. lag. Der Rentenmarkt hätte damit vor dem Aktienmarkt gedreht.

2.2. Der Lawsche Finanzskandal

Wenden wir uns dem zweiten Kurssturz des Jahres 1720 zu, dem Zusammenbruch des Lawschen Finanzsystems in Paris. Die Pariser Börse war 1563 gegründet worden – in einer Zeit, in der die Börse in Lyon auf dem Gipfelpunkt ihrer Bedeutung stand und auch andere französische Börsen eröffnet wurden (1556 Rouen, 1564 Bordeaux). Die Börse in der französischen Hauptstadt war jedoch, von einem gelegentlichen Handel in Regierungspapieren abgesehen, eine reine Wechselbörse. Daran hatte in der zweiten Hälfte des 17. Jahrhunderts auch die Konstituierung verschiedener überseeischer Handelskompanien (1664 die *Französisch Ostindische* sowie die *Französisch Westindische Kompanie*, 1669 *Compagnie du Nord*, 1679 *Compagnie de Levante)* nichts geändert, zumal all diese neuen Aktiengesellschaften entweder mit einem Fiasko endeten, sehr bald aufgelöst wurden oder ihr Privileg verloren.[30]

Als *Ludwig XIV.* am 1. September 1715 starb, hinterließ er die ungeheure Schuldenlast von 2,4 Mrd. Livre. Allein die Zinsen erforderten über 90 Mio. Livre jährlich, während die Gesamtsteuereinnahmen lediglich 160 Mio. Livre betrugen, der Staatsschatz zwischen 700 und 800 000 Livre enthielt und die Einnahmen der Jahre 1715–18 jeweils zur Hälfte im Voraus ausgegeben waren. Trotz verschiedener Maßnahmen (Reduzierung der Zahl der Beamten, Pensionskürzungen, Überprüfung der Ansprüche der Gläubiger, Bestrafung derjenigen, die den Fiskus übervorteilt hatten) drohte 1716 für das nächste Etatjahr ein Defizit von fünf Mio. Livre.

Der Regent für den unmündigen *König Ludwig XV.,* der *Herzog Philipp von Orléans,* zeigte sich in dieser Situation den Plänen des schottischen Bankierssohns, Wirtschaftstheoretikers und Abenteuerers *John Law,* die Staatsschuld abzubauen und gleichzeitig den Wohlstand des Landes zu fördern, geneigt. Dieser gründete im Mai 1716 als Privatnotenbank die *Banque Générale.* Ihr Kapital in Höhe von sechs Mio. Livre war in 1200 Namensaktien à 5000 Livre eingeteilt. Für die Zeichnung wurden (damals zu 50 Prozent notierende) Staatsanleihen zum vollen Nennwert angenommen. Im laufenden Geschäft diskontierte die Bank Wechsel gegen ihre eigenen Noten, die jedoch jederzeit in Gold einlösbar waren, sie betrieb das Einlagen- und Giralgeschäft. Die Bank florierte gut und konnte als erste Halbjahresdividende 7,5 Prozent ausschütten.

Bereits am 6. September 1717 übernahm *Law* das von einem angesehenen Kaufmann wegen mangelnder Rentabilität zurückgegebene Monopol für den Handel mit den nordamerikanischen Kolonien des Königs (Mississippital) und gründete kurz darauf zur Ausnützung des Patents die *Compagnie d'Occident.* Sie erhielt mit 100 Mio. Livres ein ungleich größeres Kapital als die Bank. Die Aktien lauteten auf 500 Livres und – erstmals bei einer derart großen Gesellschaft – auf den Inhaber. Neu für den französischen Ständestaat war, dass die Zeichnung jedem Franzosen ohne Standesunterschiede offen stand, dass also auch dem Adel mit seinem großen Reichtum die Beteiligung an dieser Handelsgesellschaft gestattet wurde. Wie schon bei der Bank, musste auch bei der Gesellschaft das Kapital in Staatsanleihen zu pari eingeschossen werden. Damit stand das Lawsche System in den Grundzügen.

Allerdings war es trotz umfangreicher Werbung nicht ganz einfach, das riesige Kapital der Gesellschaft schnell aufzubringen. Das lag sicherlich zum Teil daran, dass *Crozat*, der das Mississippi-Privileg zurückgegeben hatte, als tüchtiger Kaufmann galt und der neuen Gesellschaft daher zunächst mit einem gewissen Misstrauen begegnet wurde. Immerhin stiegen die Aktien der *Compagnie d'Occident* bis zum Spätsommer 1718 auf 530 Livres. Als allerdings die Brüder *Paris*, die Hauptgegenspieler *Laws*, am 16. September 1718 die Generalsteuerpacht erwarben und ebenfalls eine Aktiengesellschaft mit 100 Mio. Livres Kapital gründeten, sanken die Anteile der *Compagnie d'Occident* auf 280 Livres. Da jedoch das Staatsdefizit u. a. durch den spanischen Krieg weiter anwuchs – der Voranschlag für 1719 wies 24 Mio. Livres aus –, wurde *Law* gestattet, sein System weiter auszubauen.

Am 4. Dezember 1718 erfolgte die Umwandlung der Bank in die *Banque Royale*. *Law* blieb weiter ihr Direktor. Die Aktien, die auch zuvor nur selten gehandelt worden waren, hatte der Regent aufgekauft. Als Notenemission waren fürs Erste 110 Mio. Livres vorgesehen. Nach der Ersteigerung des Tabakmonopols durch die Gesellschaft, wofür sie dem Staat 100 Mio. Livres niedrig verzinslich überließ, und dem Kauf der Rechte der *Senegal-Gesellschaft* stiegen die Aktien der *Compagnie d'Occident* noch Anfang Dezember 1718 auf 300 Livres. *Law* versuchte nun den Kurs weiterzutreiben. Er bediente sich dafür u. a. als Erster in Frankreich des Optionsgeschäftes und erwarb auf Sicht eines halben Jahres 200 Aktien der Gesellschaft zu einem Preis von je 500 Livres. Diese Vorgehensweise hat sehr viel Staub aufgewirbelt, sofort Nachahmer gefunden und das Optionsgeschäft in den nächsten Monaten zu einer der häufigsten Handelsformen gemacht.

Als *Law* dann im Mai 1719 die Privilegien der *Ostindischen* sowie der *Chinesischen Kompanie* erwerben konnte und beide Gesellschaften mit der *Compagnie d'Occident* zur *Compagnie des*

Indes vereinigte, stieg der Börsenkurs der Gesellschaft tatsächlich auf 500 Livres. Zur Finanzierung dieser Transaktion erfolgte eine erste Kapitalerhöhung über 25 Mio. Livres nominal zu 550 Livres pro Aktie. Die Einzahlung sollte in 20 gleichen Monatsraten in den Noten der *Banque Royale* erfolgen, die zu diesem Zeitpunkt ebenfalls zu 110 Prozent notierten. Da der Andrang zur Zeichnung außerordentlich hoch war, wurden nur Altaktionäre zugelassen und ein Bezugsverhältnis von 4:1 festgelegt. Der Kurs der Aktie war inzwischen auf 750 Livres gestiegen. Am 20. Juli erwarb die Gesellschaft für 50 Mio. Livres das Münzrecht. Der Kurs stieg auf 1000 Livres. Am 27. 7. erhöhte die Gesellschaft erneut ihr Kapital um nominal 25 Mio. Livres. Die Bedingungen: 5 : 1 : 1000 Livres, zahlbar wiederum in 20 Monatsraten. *Law* sicherte den Aktionären eine Dividende von zwölf Prozent zu. Die Aktien stiegen weiter.

Immer noch bestand jedoch das „Anti-System" der Brüder *Paris*. Als die *Compagnie des Indes* dem Staat zur Tilgung von dessen verbliebenen Schulden einen Kredit von 1,2 Mrd. Livres zu drei Prozent p. a. und für die Übernahme der Generalpacht der Steuern eine Jahresrente von 52 Mio. Livres – die Brüder *Paris* mussten nur 48,5 Mio. Livres bezahlen – anbot, entzog der Regent diesen die Pacht rechtswidrig und übertrug sie auf die Gesellschaft. Nachdem die Finanzierung des Kredites über die Ausgabe dreiprozentiger Rentenbriefe misslang, schritt *Law* zur nächsten Kapitalerhöhung. Sie wurde in drei Teilschritten am 13. und 28. 9. sowie am 2. 10. 1719 vorgenommen zu einem Kurs von 5000 Livres je Aktie. Da die Kapitalerhöhung auf nominal 150 Mio. Livres lautete, konnte *Law* der Regierung sogar ein Darlehen von 1,5 Mrd. Livres gewähren. Diese riesige Emission ging im Wesentlichen ohne kursdrückende Effekte vor sich, wenn man einmal von einem kurzzeitigen Zurückfallen der alten Aktien absieht, die das unerfahrene Publikum zum Teil abstieß, um die gleich ausgestatteten neuen zu erwerben.

Obwohl der Emissionserlös nur nach und nach einging – dieses Mal waren zehn Monatsraten vorgesehen –, erhielt der französische Staat seinen Kredit von der Gesellschaft doch sofort. Zur Zwischenfinanzierung druckte die Bank neue Noten und streckte sie der Kompanie vor. Damit diese sprunghafte Vermehrung der Noten nicht ihre Entwertung nach sich zog, war es notwendig, die Nachfrage nach ihnen durch die Steigerung der Aktienkurse deutlich zu erhöhen. Dies gelang durch breit angelegte Werbung (Journals, Auftritte auf Jahrmärkten, Flugblätter usw.) umso eher, als das Publikum bereits aufgrund der vorangegangenen Kurssteigerungen auf die Aktien versessen war. Die Spekulation wuchs sich zu einer regelrechten Volksbewegung aus. Die Kurse erreichten bereits im September 6–8000 Livres. Am 30. September 1719 fand die ordentliche Generalversammlung der Gesellschaft statt. *Law* versprach eine Dividendenerhöhung von zwölf auf 40 Prozent des Nominalkapitals. Dies genügte, den Kurs der Aktie innerhalb der darauf folgenden acht Tage auf 18 000 Livres zu treiben.

Damit war jedoch das Ende der Fahnenstange erreicht. Auch die angekündigte Ausschüttung ergab nur eine sehr niedrige Rendite. Andererseits war fraglich, wie die Gesellschaft das erhöhte Dividendenerfordernis aufbringen könnte. Dies war für die professionellen Anleger, deren Aktien meist noch aus den Emissionen stammten – unter ihnen vielen Ausländer –, das Zeichen zur Gewinnrealisation. Daraufhin sank der Kurs der Aktien auf 15 000, später auf 12 000 Livres und darunter. Erst als die *Compagnie des Indes* über ein Einlösungsbüro rd. 100 000 ihrer eigenen Aktien zurückkaufte, stabilisierten sie sich bei 9600 Livres. Für diese Aktien wurden neue Banknoten in Höhe von rd. einer Mrd. Livres ausgegeben. Damit erhöhte sich die Geldemission der *Banque Royale* seit der Jahresmitte auf gut 2,1 Mrd. Livres.

Die ausgestiegenen Aktionäre legten ihr Vermögen sobald wie möglich in Sachwerten an. Ausländische Spekulanten erwarben vorzugsweise Edelmetalle und schafften sie außer Landes. Immobilien vervierfachten sich im Preis. Aufgrund der explosionsartigen Vermehrung der Geldmenge verteuerten sich auch die Verbrauchsgüter. Brennmaterialien verdoppelten ihren Preis, Kerzen erhöhten ihn von 32 Sous auf neun Livres, Kaffee von 50 Sous auf 18 Livres. In dieser Situation gelang es *Law*, durch umfangreiche Werbemaßnahmen sowie eine zusätzliche Notenausgabe am 29. 12. 1719 in Höhe von 360 Mio. Livres zur Aktienbeleihung den Kurstrend gegen Jahresende noch einmal umzukehren. Am 5. 1. 1720 notierte die Aktie wieder bei 18 000 Livres und erreichte nach anderen Quellen sogar 20 000 Livres.

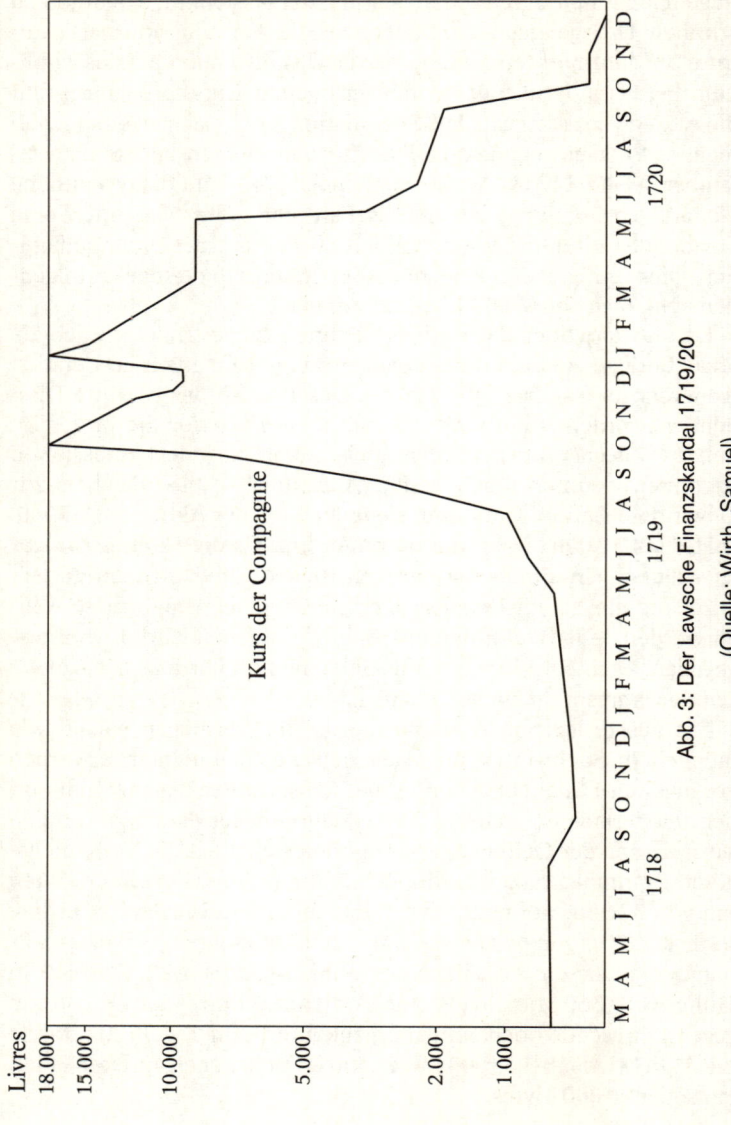

Kurs der Compagnie

M A M J J A S O N D | J F M A M J J A S O N D | J F M A M J J A S O N D
1718   1719   1720

Abb. 3: Der Lawsche Finanzskandal 1719/20

(Quelle: Wirth, Samuel)

Livres
18.000
15.000
10.000
5.000
2.000
1.000

Dies war das Ende der Haussebewegung. Im Laufe des Januars gewannen die Baissiers endgültig die Oberhand. Daran änderten auch eine verstärkte Werbung sowie verschiedene Verordnungen auf Dauer nichts. So durften Aktien nicht mehr gegen Edelmetalle abgegeben werden. Schließlich ordnete *Law* nach und nach eine Reihe von Münzverschlechterungen an und verbot zuletzt den Besitz von Gold und Silber. Die Folge war, dass die Noten unter pari sanken und sich zwei verschiedene Warenpreise bildeten. Im Februar untersagte die Regierung jegliche Optionsgeschäfte. Auch das half nichts; die Kurse fielen immer tiefer. Die außerordentliche Generalversammlung vom 22. Februar 1720 beschloss die Fusion von Gesellschaft und Bank. Die Aktienkurse sanken jedoch weiter. Erst als die Gesellschaft vom 20. 3. bis zum 20. 5. 1720 erneut über ein Einlösungsbüro 230 000 Aktien aufkaufte, stabilisierte sich deren Kurs bei 9000 Livres.

Inzwischen hatte sich der erbittertste Feind *Laws*, der Finanzminister *d'Argenson*, in der Gunst *Philipps von Orléans* durchgesetzt. Er erreichte eine Verordnung, die bis zum Dezember die schrittweise Reduzierung des Wertes der Aktien der Kompanie auf 5000 Livres sowie der Banknoten auf 50 Prozent vorsah. Gleichzeitig schloss am 31. Mai 1720 das Ankaufsbüro. Damit war das Vertrauen in das Lawsche System endgültig zerstört. Es kam zum Aufruhr und zur Zurücknahme der Verordnung. Der Kurs der Aktien sank im Juni auf 2400 bis 3500 Livres. Nach diesem Kursrutsch folgte einige Wochen eine gewisse Stabilisierung. Am 17. Juli verpflichtete sich die Gesellschaft, monatlich 50 Mio. Livres an Banknoten aufzukaufen. Zur Finanzierung emittierte sie Ende Juli und Anfang August für insgesamt 35 Mio. Livres nominal neue Aktien zum Kurs von 9000 Livres, die zu pari in den stark abgewerteten Noten bezogen werden konnten. Zwar erreichten die Banknoten dadurch Anfang August wieder ihren Nominalwert; bis zum Ende des Monats waren sie jedoch erneut auf 33 Prozent abgesunken.

Negative Gerüchte brachten auch die Kurse der Aktien wieder unter Druck. Einander widersprechende Verordnungen – je nachdem, ob *Law* oder der neue Finanzminister *Pelletier de Houssaye* gerade Gehör beim Regenten fanden – taten ein Übriges. Am 15. September 1720 musste zur Kursstützung wieder ein Einlösungsbüro eröffnet werden. Diesmal lautete der Kurs auf 2000 Livres in Metall. Das Büro scheint jedoch bald wieder geschlossen worden zu sein. Die Folge war ein erneuter Kurssturz bei Aktien und Banknoten. Als am 10. Oktober 1720 die Außerkurssetzung der Noten zum 11. November bekannt gegeben wurde, fielen diese auf 20 Prozent ihres Nominalwertes. Die Aktien notierten nur noch bei 150 Livres in Metall. Am 24. Oktober ordnete der Regent die Überprüfung der Aktionäre und ihre Aufteilung in Spekulanten und Daueranleger („böswillige und gutwillige Aktionäre") an. Da niemand wusste, was diese Untersuchung bringen würde, fiel der Aktienkurs erneut ins Bodenlose. Die niedrigste überlieferte Notiz lautete auf 40 Livres in Metall. Über eine Mio. der 4,4 Mio. verbliebenen Aktien der Gesellschaft wurden für ungültig erklärt und vernichtet. Am 27. November nahm die Kompanie eine Anleihe in Höhe von 22,5 Mio. Livres auf, die durch einen Nachschuss der Aktionäre in Höhe von 150 Livres (teils in bar, teils in Noten) je Aktie aufgebracht wurde. Dividendenpapiere, auf die die Nachzahlung geleistet worden war, wurden gestempelt, der Rest am 2. Dezember für ungültig erklärt. Es kam zum Aufruhr; Mitte Dezember entging *Law* nur mit viel Glück der Lynchjustiz der Pariser. Kurz vor Weihnachten verließ er die Stadt und starb 1729 völlig mittellos in Venedig.

Mit dem Lawschen Finanzsystem hatte sich in Frankreich zum ersten Mal ein breiter Aktienmarkt gebildet. Im Vergleich zu Amsterdam und London mutet er jedoch urwüchsig an, wenig ausgebildet. Zum einen war die Anzahl der Papiere nur gering. Neben den Aktien der *Compagnie d'Occident* bzw. später der *Compagnie des Indes* wurden nur noch die Papiere der Gesellschaft der Brüder *Paris* (das sog. „Anti-System") häufiger gehandelt. Demgegenüber traten die Aktien der *Banque Générale* sowie die der übrigen, später von *Law* aufgekauften Handelsgesellschaften völlig zurück. In der Spätzeit des Kursaufschwungs existierte dann sogar nur noch ein einziges Dividendenpapier. Auch die Börsenusancen waren wenig entwickelt. Zwar führte *Law* im Frühjahr 1719 das Optionsgeschäft ein, in dem dann in der Folge ein Großteil der Umsätze getätigt wurde, Termingeschäfte waren jedoch vermutlich ebenso unbekannt wie offizielle Kurszettel und feste Börsenzeiten. Nachdem zunächst sowohl in der Nacht als auch an Feiertagen gehandelt worden war, setzte man ab November 1719 die Börsenzeit täglich von 8 bis 21 Uhr fest. Der Ort der Handlung war nie die offizielle Wechselbörse, sondern bis zum März 1720 die Rue Quincampoix. Hier konnte jedermann Aktien kaufen und verkaufen. Die Abrechnungen erfolgten in Banknoten. Auf dem Höhepunkt der Spekulation wurde ein eigener Gerichtshof für Börsenstreitigkeiten eingerichtet.

Law forcierte die Kurssteigerung der Aktien seiner Gesellschaft mit allen Mitteln. Nach der Rückzahlung der Staatsschuld gab es außer dem Spezialpapier Handelswechsel für die immer größere Summe emittierter Banknoten keinerlei Wertpapieranlagen. Daneben wurde der Erwerb der Aktien auch durch ihre gute Fungibilität (Inhaberpapier, gleicher Nennwert in Höhe von 500 Livres), die z. T. sogar noch verlängerte Einzahlung auf die Aktienzeichnungen in Form von zehn bis 20 Monatsraten und die Kreditgewährung zum Aktienkauf durch die Gesellschaft (bis zu 80 Prozent des Kurswertes, Zins zwei Prozent p. a.) gefördert. Zudem ließ *Law* bereits relativ früh in kritischen Momenten eigene Aktien durch die Gesellschaft zurückkaufen, wie er es zunächst überhaupt verstand, durch Aufträge an verschiedene Makler den Kurs der Aktie in die ihm genehme Richtung zu lenken.

Die überschießende Spekulation wurde erst ermöglicht durch eine explosionsartige, an Edelmetallvorräte nicht gebundene Vermehrung der Noten der *Banque Royale*. Nachdem vom Juni bis zum Oktober 1719 bereits für 530 Mio. Livres Noten emittiert worden waren, denen bis Ende November allenfalls Einzahlungen auf die Aktienausgaben der Gesellschaft in Höhe von 172,5 Mio. Livres gegenüberstanden, gab die Bank Ende Dezember noch einmal 360 Mio. Livres an neuen Noten aus. Hinzu kamen vermutlich rd. 50 Mio. Livres an gefälschten Scheinen. Auch von daher erhielt die Zinssenkung, die mit der Übernahme der Staatsschulden durch Bank und Gesellschaft im *Lawschen* System ja auch offiziell betrieben wurde, Unterstützung.

Dadurch fielen die Kreditzinsen während dieser Periode auf zwei bis drei und in Ausnahmefällen sogar bis auf 1,25 Prozent. Sie hatten während der Kriege Frankreichs im ersten Jahrzehnt des

18. Jahrhunderts noch sieben Prozent betragen. Zu derselben Zeit war der Coupon für die Anleihen des Staates bis auf 8,33 Prozent gestiegen. Zwar sank er 1710 bereits auf fünf und 1713 bis 15 noch einmal auf vier Prozent; die zwei bis 2,5 Prozent der Lawschen Periode markierten jedoch auch bei den Anleihezinsen einen absoluten Tiefpunkt. Leider sind wir auch im Falle Frankreichs nicht genau über den Wendepunkt in der Zinsentwicklung informiert. Sicher ist, dass bereits kurz nach dem Zusammenbruch des Lawschen Systems die Zinsen für Kredite und Anleihen zwei bis drei Prozent über ihrem Low lagen.[31] Vielleicht befand sich der Wendepunkt zu Beginn der hochspekulativen Phase im Spätsommer 1719, als für ungesicherte Wertpapierkredite Wucherzinsen von einem Prozent pro Stunde verlangt wurden.

Zumindest war dies ein deutliches Warnzeichen, dass die Hausse nicht mehr lange dauern würde. Es gab noch andere Indizien. So machten schon während des Beginns der hochspekulativen Phase im September 1719 fundamentale Bedenken unter den professionellen Börsenbesuchern die Runde. Die zugesicherte Dividende in Höhe von zwölf Prozent vom Nominalkapital versprach bei Kursen bis zu 8000 Livres lediglich eine Verzinsung von 0,75 Prozent. Auf der ordentlichen Generalversammlung vom 30. September kündigte *Law* daher eine 40-prozentige Ausschüttung an. Nachdem die Aktien der Gesellschaft daraufhin jedoch innerhalb von acht Tagen auf 18 000 Livres hochgeschossen waren, erhöhte auch diese Maßnahme die Dividendenrendite lediglich auf 1,11 Prozent. Andererseits überstieg nun das Dividendenerfordernis (124,8 Mio. Livres) deutlich den von *Law* genannten Jahresgewinn (91 Mio. Livres, von denen sich zudem durch einen Außenstehenden nur 67 Mio. Livres nachvollziehen ließen). Die Profis (die sog. Mississippier) schritten daraufhin zu breiten Gewinnrealisierungen. Da andererseits immer noch eine sehr hohe Nachfrage aus dem Privatpublikum bestand, begannen die Aktien der Gesellschaft im letzten Quartal 1719 intraday wie auf Sicht mehrerer Wochen wild zu schwanken. So sind uns Kursunterschiede innerhalb einer Stunde von 10–30 Prozent überliefert. Auch diese erhöhte Volatilität deutet auf die Nervosität des Marktes und ist ein Warnzeichen vor einem Kurssturz. Ferner kennen wir für die fragliche Zeit genügend Kurse, um zu vermuten, dass

sich charttechnisch eine Umkehrformation ausgebildet hatte. Am
7. 10. 1719 und am 5. 1. 1720 notierten die Aktien mit jeweils 18 000
Livres (nach anderen Quellen 20 000 Livres) auf ihrem High. Das
Zwischentief Anfang Dezember lag bei 9600 Livres. Es bildete sich
also wohl eine M-Formation.

Die Folgen des Lawschen Finanzkraches unterschieden sich
deutlich von denen des Südseeschwindels. Durch seine hemmungs-
lose Geldmengenvermehrung wälzte *Law* einen Teil der Auswirkungen via Preissteigerungen und Münzverschlechterungen auf die
Allgemeinheit ab. Da sich Bankiers und Kaufleute großenteils
bereits rechtzeitig zurückgezogen hatten, die Aufnahme von Spe-
kulationskrediten bei weitem nicht das Londoner Ausmaß erreichte und die Gesellschaft in großem Ausmaß eigene Aktien zu festen
Kursen zurückkaufte, kam es in Frankreich nicht zu der in England
beobachteten Konkurswelle. Dagegen waren auch hier spektaku-
läre Vermögensverschiebungen zu beobachten.[32]

2.3. Weitere Kursstürze des 18. Jahrhunderts

Trotz des erstaunlichen zeitlichen Zusammenfallens in den Jahren 1719/20 kann man wohl nicht von einer zusammenhängenden
internationalen Spekulations- und Krisenwelle sprechen. Dies
ergibt sich bereits aus dem zeitlichen Ablauf. So hatte der Zusammenbruch der Pariser Kurse keinerlei Einfluss auf London. Zum
Teil mag das an den schlechten Verkehrsverbindungen gelegen
haben. Wichtiger erscheint jedoch, dass die Hauptspekulationspa-
piere am jeweils anderen Platz nicht gehandelt wurden und ganz
generell die Kreditverflechtungen zwischen England und Frankreich relativ gering waren. Einige berufsmäßige Spekulanten waren
dagegen Anfang des 18. Jahrhunderts wie bereits lange zuvor auch
international tätig. So nahmen am Südseeschwindel wie am Lawschen Finanzskandal holländische, flämische, italienische und
Schweizer Spekulanten teil.

Für denselben Zeitraum sind auch an anderen Börsenplätzen
(insbesondere Amsterdam und Hamburg) Haussebewegungen überliefert. Amsterdam ist dabei allerdings insofern ein Sonderfall, als

zwischen ihm und London sowohl hinsichtlich der gehandelten Papiere als auch hinsichtlich der Akteure enge Verflechtungen bestanden. Ein ausgefeiltes Kurierwesen ermöglichte sogar untertags Arbitrage. Es nimmt daher nicht wunder, dass die für Amsterdam überlieferten Kurse der englischen *Südseegesellschaft* auch für einzelne Tage exakt mit denen in London übereinstimmen. Die alten holländischen Papiere der *Ost-* sowie der *Westindischen Kompanie* machten diese Bewegung in Maßen ebenfalls mit. So standen die Aktien der *V. O. C.* Anfang 1720 bei 700 Prozent, hatten im August bei 1200 Prozent ihr High und waren im November wieder auf 850 Prozent gefallen. Ähnlich die Anteile der holländischen *Westindischen Kompanie*. Sie hatten 1719 noch bei 40 Prozent und im März 1720 bei über 80 Prozent notiert. Nach dem Hoch im August (600 Prozent) waren die Aktien im Oktober aber bereits wieder auf 100 Prozent gesunken. Auch die Niederlande hatten ihre „Bubbles"-Zeit. Unter ihnen ragen zwei Versicherungsgesellschaften in Rotterdam und Gouda heraus, deren Kapital in Höhe von zwölf bzw. zehn Mio. hfl jeweils nur zu einem Prozent eingezahlt werden musste. Die eine Gesellschaft war Anfang Juli 1720 gegründet worden. Ihre Aktien stiegen innerhalb kurzer Zeit auf 100 Prozent und fielen fast ebenso schnell wieder auf 18 Prozent. Demgegenüber war die Kursentwicklung der anderen Kompanie fast moderat; ihre Aktien kletterten nur auf 30 Prozent des Nennwertes.[33]

Die Papiere der *V. O. C.* wurden sporadisch auch in Hamburg gehandelt. Umgekehrt waren Hamburger Handelsherren und Bankiers auch an den Börsenplätzen Amsterdam und London tätig. Im Juli 1720 gründeten einige Kaufleute der Stadt eine Seeversicherungsgesellschaft. Das Kapital in Höhe von acht Mio. Mark lübisch, das zu zehn Prozent eingezahlt werden sollte, war innerhalb von 14 Tagen gezeichnet. Bereits während dieser Zeit entwickelte sich ein lebhafter Börsenhandel in selbst gefertigten Verpflichtungsscheinen zur späteren Lieferung der Aktien. Schon am 18. Juli, drei Tage nach Auflegung der Zeichnung, notierten diese bei etwa 250 Prozent. Einige angesehene Hamburger Kaufleute kündigten deshalb noch am gleichen Tage die Gründung einer zweiten Versicherungsgesellschaft mit einem Kapital von 900 000 Tlr an. Bereits am nächsten

Tag verbot der Senat der Hansestadt den Aktienhandel. Bei Zuwiderhandlungen wurde den Maklern mit Verlust ihrer Lizenz gedroht. Zwar versuchten beide Gesellschaften ihr Stadtparlament noch umzustimmen – die ältere bot dem Hamburgischen Staat z. B. ein sehr niedrig verzinsliches Darlehen in Höhe von 300 000 Mark an[34] –, der Senat blieb jedoch bei seiner Verordnung und löste die beiden Versicherungsgesellschaften schließlich auf. Die Kurse waren bereits nach dem ersten Dekret wie Steine gefallen und die Zertifikate in kurzer Zeit völlig wertlos.

Bis nach den Befreiungskriegen kam an der Hamburger Börse kein regelmäßiger Effektenhandel mehr zustande. Die Börsennotiz spekulativer Papiere war in Deutschland im 18. Jahrhundert überhaupt weitgehend ungebräuchlich. Lediglich in Wien fand sich bereits vor der Errichtung der Börse im Jahre 1771 ein zum Teil lebhafter Verkehr in Noten der 1706 gegründeten *Wiener Stadtbank*. Auch Papiere der 1714 eingerichteten *Girobank in Wien* wurden gehandelt. Besonders lebhaft war die Spekulation im Jahr 1733 rund um die sog. Stadtbankkrise. Ausgelöst wurde sie durch die Nachricht, dass der Bank die Pachtung einiger Steuern entzogen würde. Die darauf getätigten Panikverkäufe lösten einen Kurssturz aus.[35]

Während die Spekulationsperiode von 1720 in Hamburg nur eine ganz kurze Episode blieb, entwickelte sich in Paris aus den Restquoten der Papiere der Lawschen Epoche nochmals eine Hausse. Ende 1720 stand bei der *Compagnie des Indes* und der mit ihr vereinigten *Banque Royale* Vermögenswerte in Höhe von 289 Mio. Livres ein Notenumlauf von ca. drei Mrd. Livres gegenüber. Man liquidierte deshalb die Bank, wobei für die freien Aktionäre eine Quote von lediglich einem Prozent erreicht werden konnte. Die Kompanie wurde Ende Januar 1721 unter königliche Verwaltung gestellt und am 22. März 1723 reorganisiert. Dabei kam es durch Kapitalzusammenlegung zur Verminderung der Aktienzahl auf 56 000. Den dann noch verbleibenden Verlust glich der Regent aus. Für ihre laufenden Geschäfte behielt die Gesellschaft das Tabakmonopol. Wie bereits weiter oben erwähnt, mussten in Frankreich sämtliche Effekten, also auch die Aktien der Kompanie, Anfang 1721 zur Überprüfung an eine speziell gebildete Kommission eingereicht werden. Die Papiere selbst wurden später vernichtet.

Denjenigen Effekteninhabern, die anerkannt worden waren, stellte die Kommission dafür nach längerer Zeit ein Liquiditätszertifikat aus.

Als sich die *Compagnie des Indes* nach einiger Zeit wirtschaftlich zu fangen begann, entbrannte etwa ab Mitte 1722 in diesen Papieren eine lebhafte Spekulation. Die Zertifikate, die wie die alten Aktien einen Nennwert von 500 Livres hatten, stiegen innerhalb kurzer Zeit auf 800 Livres. Obwohl der Regent versuchte, dieser erneuten Bewegung durch Verordnungen entgegenzutreten, schlug sich die zunehmende Gesundung der Gesellschaft doch in weiter steigenden Kursen nieder. So notierte die Aktie nach der Reorganisation und der Bestätigung des Tabakmonopols Mitte 1723 bereits bei 1200 Livres. Als Dividende wurde für das Jahr 1723 100 Livres und für später 150 Livres festgesetzt. Am 31. August 1723 erhielt die Kompanie ferner das Kaffeemonopol. So war es kein Wunder, dass ihre Aktien trotz des Todes eines wichtigen Vorstandsmitgliedes und der Verbreitung von Gerüchten über die Aufhebung des Tabakmonopols, die jeweils kurzzeitig Kursrückschläge bis auf 1000 Livres brachten, im September 1723 bereits bei 1500 Livres standen.

Nachdem das Papier kurz nach dem plötzlichen Tod *Philipps von Orléans* am 2. Dezember 1723 noch einmal die Unterstützungslinie getestet hatte, führte die Eindeckung massiver Leerverkäufe Anfang 1724 für ein Ausbrechen aus der bisherigen Tradingrange. Die Kurse stiegen auf 1600 und kurz danach auf 1700 Livres. Zwar sorgte eine Münzverschlechterung kurzfristig für einen geringfügigen Rückschlag (1550 Livres), die Aktienkurse strebten danach jedoch bei deutlich gesteigerten Umsätzen und unter verstärkten Schwankungen ihrem Höhepunkt zu, den sie Ende März 1724 bei 3000 Livres erreichten. Getrieben wurden sie durch Gerüchte über neue Privilegien der Gesellschaft sowie die Erlaubnis, eine Lotterie abzuhalten. Plötzliche Gewinnrealisierungen drückten den Kurs sehr schnell auf 2000 Livres. Als der König am 22. September 1724 eine bedeutende Münzverschlechterung verkündete, fielen die Aktien weiter von 1700 über 1000 auf 600 Livres. Das Interesse an den Papieren erlosch zusehends. Im Januar 1725 notierten sie nur noch bei 500 Livres. Zwar bestätigte der König im darauf folgenden Juni die Gesellschaft in ihren Privilegien, der Handel in den Aktien der

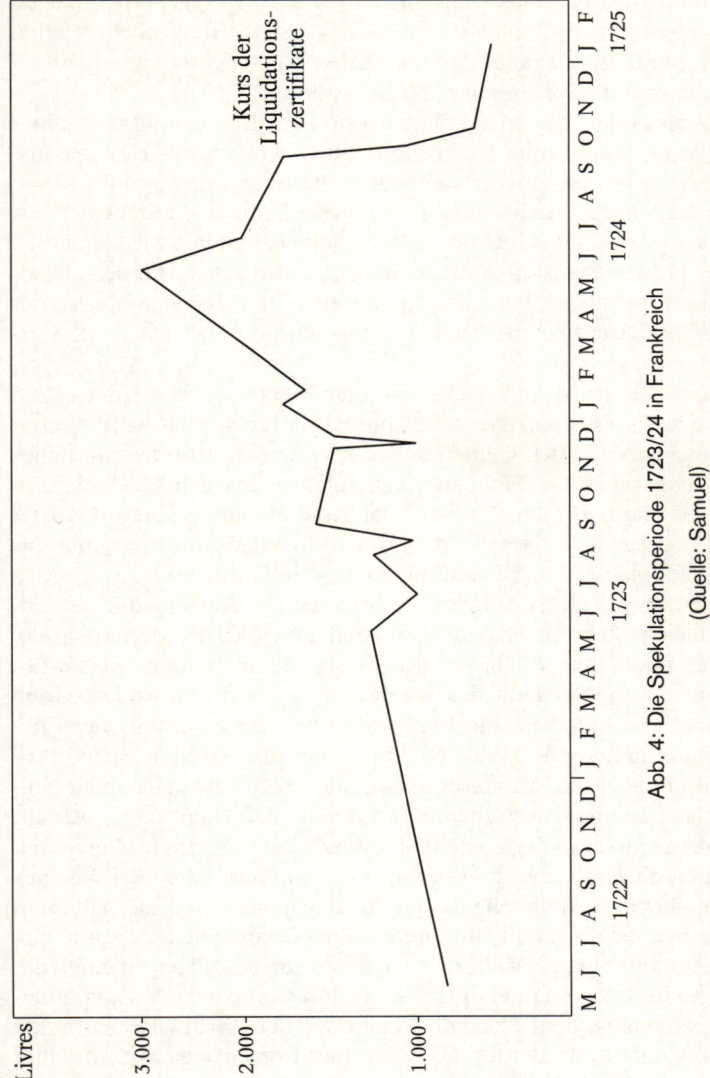

Kurs der Liquidationszertifikate

Abb. 4: Die Spekulationsperiode 1723/24 in Frankreich

(Quelle: Samuel)

Compagnie des Indes – seit Mitte 1724 an einer eigenen offiziellen Effektenbörse beheimatet – intensivierte sich jedoch nicht wieder. Die nun folgenden 60 Jahre der Pariser Börsengeschichte kannten weder spekulative Blasen noch Kursstürze.[36]

Ganz anders der Börsenplatz Amsterdam: Er war aufgrund seiner breiten Kulisse, seiner ausgefeilten Börsentechnik sowie seiner Ausrichtung auf die großen Handelsgesellschaften des Landes schon seit langem spekulativ geprägt. An dieser Stelle seien drei Kursstürze in der zweiten Hälfte des Jahrhunderts behandelt. Sie ließen den seit 1730 einsetzenden Bedeutungsrückgang des Handelsplatzes Amsterdam gegenüber London, der auch den Zeitgenossen ab der Jahrhundertmitte zunehmend bewusst wurde, augenscheinlich werden.

Der Kurssturz von 1763 folgte dem Siebenjährigen Krieg (1756 bis 63). Fast als einzige große Handelsnation war Holland neutral geblieben und erlebte einen außerordentlichen Aufschwung seines Außenhandels. Die Finanzierung erfolgte über Wechsel, Zwangsanleihen und natürliche Kredite. Das Kreditvolumen übertraf zuletzt das ausgegebene Bargeld (d. h. das vollwertige Münzgeld) um das Fünfzehnfache. Die Börsenkurse schossen in die Höhe.

Die Beendigung des Krieges führte auch in England zu einer lebhaften Spekulation in Staatspapieren und Aktien. Man erwartete einen deutlichen Rückgang des Zinses, der sich zuvor wegen des großen Kapitalbedarfs des Staates stark erhöht hatte. Dies trieb öffentliche Anleihen und Bankaktien von der Eröffnung der Friedenspräliminarien (3. 11. 1762) bis zum März 1763 um 50–60 Prozent in die Höhe. An dieser Spekulation beteiligten sich auch einige bedeutende Amsterdamer Kaufleute. Die englischen Zinsen sanken jedoch in der Folge nicht im erhofften Ausmaß. Zum einen zogen ausländische Investoren ihre während des Krieges aus Bonitätsgründen in englischen Staatspapieren – diese galten in Kriegszeiten als erste Wahl – aufgelegten Gelder wieder ab, und viele abenteuerlustige Männer realisierten ihr Vermögen in England, um es in dessen neu erworbenen Kolonien anzulegen. Zum anderen stieg nach dem Krieg die Nachfrage der Privatwirtschaft nach Finanzmitteln wieder an. Die Kurse der Börsenwerte gingen daher bis in den Herbst hinein wieder um 10–15 Prozent zurück.

Auch in Amsterdam hielten sich, wohl unter dem Einfluss Londons, die Aktien- und Wechselkurse nach den Friedensschlüssen von Paris und Hubertusburg am 10. bzw. 15. 2. 1763 noch einige Zeit in etwa auf der zuvor erreichten Höhe. Eine beträchtliche Anzahl von Prolongationen und Wechselreitereien verbreitete jedoch im Markt bereits eine erhebliche Unsicherheit. Preußen und andere deutsche Staaten führten gleich nach Friedensschluss eine durchgreifende Münzreform mit Einschmelzen und Umprägen der umlaufenden Zahlungsmittel durch (Rückkehr zum Graumannschen Münzfuß). Der sich daraus ergebende Geldmangel führte zu einer weiteren Ausdehnung des Wechselkredits. An den besonders betroffenen Handelsplätzen Hamburg und Amsterdam weigerten sich immer mehr Marktteilnehmer, weitere Wechsel zu diskontieren. Die Riesenkonkurse (sechs bzw. 1,2 Mio. hfl Schaden) der beiden angesehenen Amsterdamer Handelshäuser *Gebr. Neufville* und *Josef Aron* brachten das Kartenhaus schließlich am 2. August 1763 zum Einsturz. Nach einem plötzlichen Crash der Amsterdamer Aktien- und Wechselkurse waren keine weiteren Geschäfte möglich. Umfangreiche Edelmetallimporte nach Holland und die Zustimmung der Amsterdamer Bank, ungeprägtes Edelmetall in die Geldzirkulation einzuschleusen, halfen innerhalb weniger Tage dem Bargeldmangel ab, der technisch der Auslöser für den Kurssturz gewesen war. Die Aktienkurse brauchten allerdings noch einige Jahre, bis sie die alten Höchststände wieder erreichten. Die Zahlungseinstellung des Hauses *Neufville* hatte im ganzen nördlichen Europa eine Kettenreaktion von Pleiten zur Folge. Hunderte von Unternehmen in Berlin, Hamburg, Altona, Bremen, Leipzig, Kopenhagen und London waren betroffen. Erstmals zog eine Börsenkrise ihre Kreise in halb Europa.[37]

Knapp zehn Jahre danach erlebte die Amsterdamer Börse erneut eine Liquiditätshausse des Aktienmarktes. Man hoffte in Amsterdam wie in London, die *Ostindischen Handelskompanien* der Niederlande wie Englands könnten nach den in Europa äußerst schlechten Ernten der Jahre 1771 und 72 (sog. Krise des Ancien Régime) ihre Gewinne deutlich steigern, indem sie Getreide aus anderen Kontinenten einführten. Als jedoch bekannt wurde, dass in Indien als dem hauptsächlichen außereuropäischen Getreideproduzenten ebenfalls eine Hungersnot ausgebrochen war, verfielen die Aktienkurse der Gesellschaften zusehends. Seit 1767 hatte die Londoner *Ostindische Kompanie* die Ausfuhr ihrer Produkte aus England stark vermehrt, obwohl die neuenglischen Kolonien 1770 die Einfuhr von Kolonialwaren aus dem Mutterland unter Protest eingestellt hatten (Höhepunkt 1773 in der „Boston Tea Party"), und ab 1770 die gesetzliche Maximaldividende von 12,5 Prozent gezahlt. Der erhöhte Export traf insbesondere auf dem europäischen Kontinent auf ohnehin überfüllte Märkte. 1771 und 72 sanken die Verkäufe der Gesellschaft daher plötzlich, ihre Läger füllten sich und die Verschuldung stieg sprunghaft. Allein in Indien hatte sie Wechsel i. H. v. 1.2 Mio. £ auf sich ziehen lassen.

Im Sommer 1772 gestand die englische *Ostindische Kompanie* ihre Zahlungsunfähigkeit ein. Die Regierung musste mit einer Anleihe über 1,5 Mio. £ und einem zeitweiligen Steuererlass helfend eingreifen. Die Krise der Gesellschaft war aber nur ein Symptom für die in den Jahren zuvor allgemein vorherrschende, durch die beginnende industrielle Revolution ausgelöste Überproduktion, während gleichzeitig die Massenkaufkraft wegen einiger Missernten und der daraufhin stark gestiegenen Nahrungsmittelpreise in ganz Europa zurückgegangen war. Die Krise erreichte ihren Höhepunkt am 10. Juni 1772 mit der Flucht des angesehenen Londoner Bankiers *Fordyce,* der durch gewagte Spekulationen sein Vermögen verloren und große Schulden gemacht hatte, dem Zusammenbruch seines Institutes und zwölf Tage später der Zahlungseinstellung einer weiteren großen Bank. Die nachfolgende Panik an Börse und Bankschaltern konnte aufgrund der solidarischen Haltung von Kaufmannschaft, Adel und *Bank of England* schnell überwunden werden.

Den Kontinent erreichte die Krise erst einige Zeit später. Auch hier hatten ihr Überproduktion und hohe Warenlager, Kreditanspannung, hochgetriebene Effektenkurse und wiederholte Missernten den Boden bereitet. Der unmittelbare Auslöser war ähnlich wie 1763. Das alteingesessene Amsterdamer Handelshaus *Clifford und Söhne* hatte in London in großem Umfang Aktien der englischen *East India Company* erworben. Es brach am 28. Dezember 1772 unter einem Schuldenberg von fünf Mio. hfl zusammen. Dieser riesige Betrag war möglich, da in London bei Kassageschäften gewöhnlich nur ein Einschuss von 20 Prozent notwendig war, der Rest aber bis zur Auflösung des Engagements als Kredit stehen blieb. Da die *Bank of England* ihre Wechseldiskontierung einschränkte und schließlich ganz aussetzte, um sich selbst vor Schaden zu bewahren, verschärfte sich die Krise zusehends. Allein in Amsterdam gingen über 40 Handelshäuser in Konkurs. Unternehmen und Börsen halb Europas wurden in Mitleidenschaft gezogen. Erneut gelang es den Holländern relativ schnell, und zwar bis Ende Januar 1773, durch Edelmetallimporte in großem Umfang die akute Börsenkrise zu beenden. Noch nach einem Jahr herrschte allerdings am Amsterdamer Börsenplatz Pessimismus.[38]

Sieben Jahre danach war davon jedoch keine Rede mehr. Holland zog erneut aus seiner Neutralität in einem Krieg Nutzen, den einige Haupthandelskonkurrenten miteinander austrugen. Es war dies der Amerikanische Unabhängigkeitskrieg (1775 bis 1783), in dem Frankreich, Spanien und die USA gegen England kämpften. Die holländische Aktienhausse stand jedoch auf etwas tönernen Füßen, fand doch gleichzeitig als umfassende europäische Wirtschaftskrise der sog. Interzyklus statt, und war wohl wesentlich durch die Erinnerung an den großen Handelsaufschwung während des Siebenjährigen Krieges bestimmt. Die Hausse wurde erneut von einer erheblichen Ausweitung des Kreditvolumens begleitet. Ihre Endphase ging mit einer starken Erhöhung des Diskontierungssatzes einher. Auch dieser dritte Crash des holländischen Aktienmarktes in der zweiten Hälfte des 18. Jahrhunderts wurde durch einen bedeutenden Bankrott eingeleitet. Im Oktober 1780 fallierte das angesehene Handelshaus des Bürgermeisters *van Faerelink* durch einige sehr schlechte Geschäfte im Ostseeraum. Der Börse wurde schlagartig bewusst, dass sie die Lage der holländischen Unternehmen viel zu positiv eingeschätzt hatte. Ein ausgeprägter Kurssturz war die Folge. Diesmal erholte sich die holländische Börse jedoch nicht mehr. Im gleichen Jahr brach die sog. Batavische Revolution der Partei der Patrioten aus. Ende 1780 erklärte England den Niederlanden den vierten Englisch-holländischen Krieg, der bis 1784 dauerte und den Verlust der reichen Kolonie Ceylon bedeutete.[39] Die akute Baisse endete erst 1783. Sie hinterließ einen Amsterdamer Börsenplatz, der in seiner Bedeutung nunmehr endgültig weit hinter London zurückgeblieben war.

Die zuletzt beschriebenen Aktiencrashs haben einige Gemeinsamkeiten. Die Kursaufschwünge zuvor gingen einher mit einer explosionsartigen Erhöhung des Kreditvolumens – im Wesentlichen der Wechselfinanzierung. Einige Zeit vor dem Aktienmarkt drehten die Zinsen und erreichten gegenüber den üblichen zwei bis drei in der Spitze 10–15 Prozent. Dies verunsicherte insbesondere die etwas besonneneren Kaufleute. Auslöser der Kursstürze waren jeweils größere Unternehmenszusammenbrüche. Institutionelle Gründe wirkten verstärkend. Hierzu zählten die mangelnde staatliche Garantie der verwendeten Zahlungsmittel, ein weiches Wechselrecht und der geringe Einschuss für getätigte Aktienkäufe in London. Die holländischen Aktienkrisen des späten 18. Jahrhunderts dauerte umso länger, waren umso heftiger und folgten umso kürzer aufeinander, je mehr die niederländische Wirtschaft relativ zur englischen zurückfiel. Die Spekulation hatte die Ressourcen der holländischen Unternehmen überschätzt und war immer noch in alten Denkmustern nationaler Größe befangen.[40]

3. Kursstürze des 19. Jahrhunderts

3.1. Die Eisenbahnspekulation

Deutschland war zu Beginn des 19. Jahrhunderts weitgehend agrarisch geprägt. So arbeiteten im Jahr 1800 auf dem Gebiet des späteren Deutschen Reiches 61,8 Prozent der Beschäftigten in der Landwirtschaft. Dieser Anteil ermäßigte sich in den folgenden 25 Jahren nur geringfügig auf 59,0 Prozent.[41] Andererseits nahm auch in diesen Jahren die industrielle Produktion relativ stetig zu. Zwar liegt der entsprechende Index erst ab 1850 vor, sowohl die Steinkohlenförderung als auch die Roheisen- und Stahlerzeugung sowie die Produktion der Baumwollspinnereien und -webereien stiegen jedoch kontinuierlich an. In dieses Bild passt auch der Ausbau der Verkehrswege sowie die Zunahme der Warenanlieferungen an den fünf großen deutschen Messeplätzen. Es ist deshalb nicht verwunderlich, dass auch das reale Nettosozialprodukt absolut und pro Kopf der Bevölkerung peu à peu zulegen konnte.[42] Immerhin erhöhte sich dieses in den ersten 25 Jahren des Jahrhunderts um 28 Prozent – eine Steigerungsrate, wie sie in dem darauf folgenden Vierteljahrhundert nur unwesentlich übertroffen wurde.

Zwar entstanden nach und nach zusätzliche Industriezweige und andere erweiterten oder stellten ihre Produkte auf eine neue technische Grundlage (in den dreißiger Jahren etwa die Rübenzucker- und Branntweinindustrie bzw. die Eisen-, Baumwoll- und Zigarrenherstellung). Dennoch war die Verflechtung mit den Weltmärkten noch 1836 und 39 so gering, dass die in diesen Jahren auftretende Weltmarktkrise in Deutschland kaum Auswirkungen hatte. Ausnahmen stellten nur manche Bankausweise und der Zins dar. Der Deutsche Bund bot insbesondere in der zweiten Hälfte dieser Periode das Bild großer Autarkie. Während Frankreich und Belgien ihre Investitionen in Industrie und Verkehrswege zu einem nicht geringen Teil durch Aufnahme ausländischer Mittel finanzierten, gingen die entsprechenden Ausgaben in Deutschland zulasten des Verbrauchs. Umso erstaunlicher ist es, mit welcher Geschwindigkeit manche

Berliner Amtlicher Kurszettel vom 9. August 1805.

Herausgegeben auf Grund des allerhöchst genehmigten
Börsen-Reglement vom 15. Juli 1805.

Wechsel Course.	Briefe	Geld	Fonds-Course.	Briefe	Geld
Amsterdam in Courant 1/Monat	—	140¹/₂	Pommersche Pfandbriefe	107¹/₂	107¹/₄
Hamburg in Banco . .	151¹/₂	151¹/₄	Chur- und Neumärkische	—	—
London 3/Monate . .	6 Rthlr.	13³/₄ bis 13¹/₄			
Wien 2/Monate . . .	76¹/₄	—	Westpreußische Pfandbriefe	104	103¹/₂
Paris 2/Monate (in Franken)	78¹/₄	—	Ostpreußische Pfandbriefe	103³/₄	103¹/₄
Augsburg 2/Monate	103	—			
Breslau in Courant 2/Monate à vista .	99¹/₈	—	Südpreußische Obligationen	—	—
Frankfurt a. M. 2/Monate à vista . . .	6¹/₃	—	¹) Tabaks-Actien . . .	—	—
			²) See-Actien	103¹/₂	—
			³) Zucker-Actien . . .	—	—
Geld-Course.			Assecuranz-Actien . .	—	—
Friedrichsdor	111⁵/₈	111³/₈	⁴) Herings-Actien . .	—	—
Holländische Randducaten	119³/₄	119¹/₂	Schlesische Pfandbriefe	107	106⁵/₈
Kaiserliche Ducaten .	115³/₄	—	
Münze	101⁵/₈	101³/₈	
Wiener Banc-Zettel .	78	77¹/₂	
Sächs. Courant . . .	—	—	

Das Original dieses Kurszettels ist unterschrieben von den vereideten Wechsel-Mäklern:

J. Ehrhart, Elkan Flesch;
E. D. Cohn; L. B. Philippe;
Sal. J. Moser; Spieß; Gumperß;
Beer; Möring; J. S. Weiß.

Zur Erklärung:

¹) Actien der von Friedr. d. Großen errichtet. Tabaks-Regie-Gef.
²) Actien der noch heute bestehenden Seehandlungs-Gesellschaft.

³) Actien der Zuckersiederei-Actien-Gesellschaft.
⁴) Actien der Embener Herings-Compagnie.

Abb. 5: Berliner Kurszettel 1805

Fonds= und Geld-Cours von Berlin.

Berlin, den 2. Januar 1813.	Frenß. Courant in Species:	
	Brief.	Geld.
Berliner Banco Obligation	33	—
4% Staats Schuld Scheine	32	—
Berliner Stadt Obligation	28	—
Churmärkische Landsch. Obligat. . .	22	—
Neumärkische „ dto.	21	—
Holländische Obligation	50	—
4½ Wittgensteinsche Obligat. . . .	—	—
4% dto. „	—	—
¹) Reconnaissancen (4% Interims=Schuld= scheine)	19	—
West Preuß. Pfandb. Pr. Anl. . . .	42	—
dto. Anleihe	22	—
Ostpreuß. Pfandbfe.	37	—
Pommersche Pfandbriefe	81	—
Chur=Neumärkische Pfandbfe. . . .	77½	—
Schlesische Pfandbriefe	70	—
²) Zins=Scheine pro 1814	34	—
Gehalt=Scheine pro 1814	–	30
³) Tresorscheine	44	—
Holländische Ducaten	29½	—
dto. Napoléons	—	—
Kaiserl. Ducaten	—	—
Friedrichsd'or	15	14⅓
Münze	77¼	76¼

Privatim.
H. A. Hertel, vereideter Wechsel=, Geld= und Fonds=Mäkler. Heiligegeiststr. Nr. 14

Erläuterungen zum Kurszettel

¹) Reconnaissancen waren 4% In= terims=Schuldscheine, die Preußen 1800 für die altpolnische Schuld aus= gab; tiefster Kurs dieser Reconnais= sancen 1813: 18½%; im Jahre 1815 waren sie wieder bis 79½% gestiegen. Restierende zwei Millionen Thaler wurden 1819 in Preuß. Staats= Schuldscheine umgeschrieben.

²) Zinsscheine wurden 1810 für die rückständigen Zinsen der Preuß. See= handlungs=Obligationen zc. als vor= läufige Zahlung ausgegeben und bis

zum Jahre 1821, soweit nicht eingelöst, in Staats=Schuldscheine umgewan= delt. Niedrigst waren diese Zins= scheine 28½% (5. Aug. 1812), mit dem Eintritt der Friedensjahre stiegen dieselben und sind 1814 wieder mit 89% im Kursblatt notiert.

³) Tresorscheine waren unverzins= liches Papiergeld, das 1806 ausge= geben wurde. Im Jahre 1807 mußte die Bareinlösung dieser Scheine sei= tens des Staates eingestellt werden.

Abb. 6: Cours-Bericht, Berlin 1813

dieser Prozesse abliefen. So verfügte Deutschland zehn Jahre nach der Eröffnung der ersten Eisenbahnlinie bereits über ein Schienennetz von 2315 km. Es lag damit nicht weit hinter dem in vielerlei Hinsicht sehr viel fortschrittlicheren Großbritannien (inkl. Irland 3277 km). Frankreich (883 km) und Österreich-Ungarn (728 km) hinkten deutlich hinterher.[43]

Die deutschen Börsen waren auch im 18. Jahrhundert vorwiegend Wechselbörsen. Lediglich Frankfurt baute in der zweiten Hälfte dieses Jahrhunderts seine Stellung als Handelsplatz deutscher und internationaler Staatsanleihen aus. Maßgeblich daran beteiligt waren die dortigen Privatbankhäuser *Bethmann, Metzler* und in späterer Zeit insbesondere *Rothschild,* dessen internationale Aktivitäten in Frankfurt Ursprung und Zentrum hatten. Nachdem die Börsentätigkeit während der napoleonischen Kriege auf ein Minimum zurückgegangen war, machten sich die europäischen Staaten nach deren Ende an eine Konsolidierung ihrer Finanzen. Die in den Jahren 1818–20 aufgelegten bedeutenden Anleihen Preußens, Österreichs, Russlands und anderer Länder entwickelten sich bald zu beliebten Objekten der Spekulation. Nachrichten aus dem politischen Bereich wie z. B. 1824/25 der Plan der französischen Regierung, seine fünfprozentigen Renten in dreiprozentige zu konvertieren, spielten dafür eine wichtige Rolle. Aktien, die zu Beginn des Jahrhunderts wenigstens noch an manchen Börsenplätzen notiert worden waren, verschwanden nach und nach völlig von den Kurszetteln. So ging in Berlin von 1805–1830 die Zahl der gehandelten Dividendenpapiere von fünf auf eines zurück, obwohl sich die insgesamt notierten Papiere von elf auf 49 vermehrten.[44]

Dies änderte sich erst wieder Ende der dreißiger Jahre des vorigen Jahrhunderts mit dem Aufkommen der Eisenbahngesellschaften. Am 7. 12. 1835 wurde als erster deutscher Schienenweg die Linie Nürnberg–Fürth feierlich eröffnet. Das Kapital in Höhe von 132 000 fl war bereits im Mai 1833 aufgebracht worden. Da die verschiedensten Kreise der Bevölkerung dem Projekt jedoch z. T. heftigen Widerstand entgegengesetzt hatten, befürchtete die Börse finanzielle Einbußen der Gesellschaft. Am Tag der Eröffnung notierte die 100 Gulden-Aktie daher lediglich mit 80 Prozent. Das Fahrgastaufkommen war jedoch von Anfang an recht hoch und steigerte sich

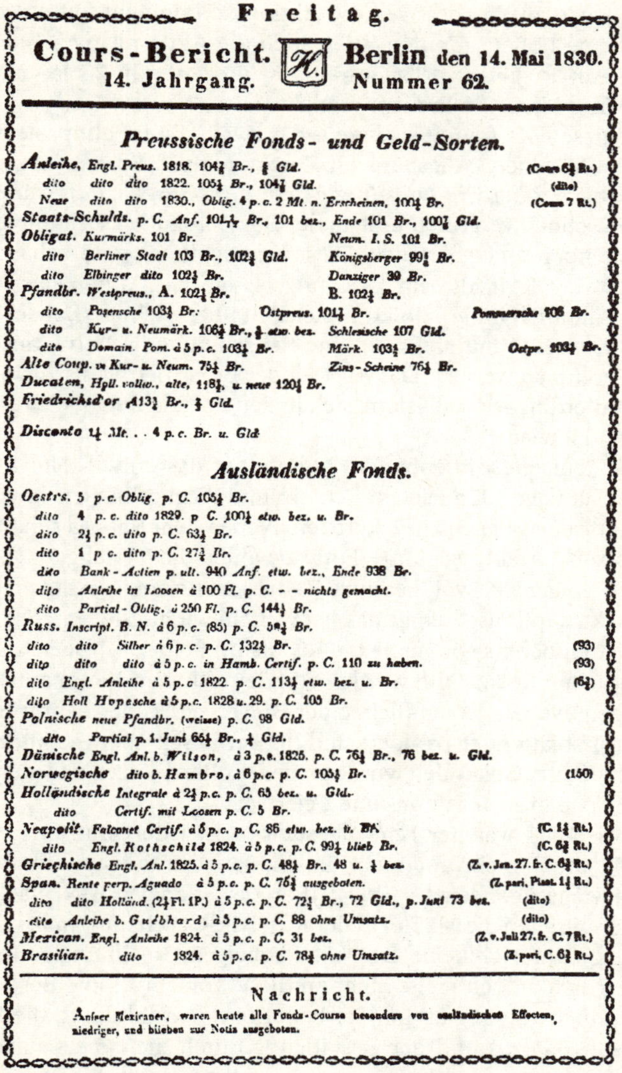

Freitag.

Cours-Bericht. Berlin den 14. Mai 1830.
14. Jahrgang. Nummer 62.

Preussische Fonds- und Geld-Sorten.

Anleihe, Engl. Preus. 1818. 104⅞ Br., ⅝ Gld.   (Cours 6½ Rt.)
  dito   dito   dito   1822. 105⅝ Br., 104⅞ Gld.   (dito)
  Neue   dito dito   1830., Oblig. 4 p. c. 2 Mt. n. Erscheinen, 100¼ Br.   (Cours 7 Rt.)
Staats-Schulds. p. C. Anf. 101⅛ Br., 101 bez., Ende 101 Br., 100⅞ Gld.
Obligat. Kurmärks. 101 Br.   Neum. I. S. 101 Br.
  dito   Berliner Stadt 103 Br., 102⅛ Gld.   Königsberger 99⅛ Br.
  dito   Elbinger dito 102⅛ Br.   Danziger 39 Br.
Pfandbr. Westpreus., A. 102⅛ Br.   B. 102⅛ Br.
  dito   Posensche 103⅛ Br.   Ostpreus. 101⅛ Br.   Pommersche 106 Br.
  dito   Kur- u. Neumärk. 106⅛ Br., ⅜ etw. bez.   Schlesische 107 Gld.
  dito   Domain. Pom. à 5 p.c. 103⅛ Br.   Märk. 103⅛ Br.   Ostpr. 103¼ Br.
Alte Coup. vu Kur- u. Neum. 75⅛ Br.   Zins-Scheine 76⅛ Br.
Ducaten, Holl. vollw., alte, 118⅛ u. neue 120⅛ Br.
Friedrichsd'or 113⅛ Br., ⅜ Gld.

Disconto 1⅓ Mt. . . 4 p.c. Br. u. Gld.

Ausländische Fonds.

Oestrs. 5 p.c. Oblig. p. C. 105⅛ Br.
  dito   4 p.c. dito 1829. p. C. 100¼ etw. bez. u. Br.
  dito   2½ p.c. dito p. C. 63⅛ Br.
  dito   1 p c. dito p. C. 27⅛ Br.
  dito   Bank-Actien p. ult. 940 Anf. etw. bez., Ende 938 Be.
  dito   Anleihe in Loosen à 100 Fl. p. C. - - nichts gemacht.
  dito   Partial-Oblig. à 250 Fl. p. C. 144⅛ Br.
Russ. Inscript. B. N. à 6 p.c. (85) p. C. 54⅛ Br.
  dito   dito   Silber à 6 p.c. p. C. 132⅛ Br.   (93)
  dito   dito   dito   à 5 p.c. in Hamb. Certif. p. C. 110 zu haben.   (93)
  dito   Engl. Anleihe à 5 p.c 1822. p. C. 113⅛ etw. bez. u. Br.   (6⅛)
  dito   Holl Hopesche à 5 p.c. 1828 u. 29. p. C. 105 Br.
Polnische neue Pfandbr. (weisse) p. C. 98 Gld.
  dito   Partial p. 1. Juni 65⅛ Br., ⅛ Gld.
Dänische Engl. Anl. b. Wilson, à 3 p.c. 1825. p. C. 76⅛ Br., 76 bez. u. Gld.
Norwegische dito b. Hambro. à 6 p.c. p. C. 103⅛ Br.   (150)
Holländische Integrale à 2½ p.c. p. C. 63 bez. u. Gld.
  dito   Certif. mit Loosen p. C. 5 Br.
Neapolit. Falconet Certif. à 5 p.c. p. C. 86 etw. bez. u. Br.   (C. 1⅛ Rt.)
  dito   Engl. Rothschild 1824. à 5 p.c. p. C. 99⅛ blieb Br.   (C. 6⅛ Rt.)
Griechische Engl. Anl. 1825. à 5 p.c. p. C. 48⅛ Br., 48 u. ⅛ bez.   (Z. v. Jan. 27. fr. C. 6⅛ Rt.)
Span. Rente perp. Aguado à 5 p.c. p. C. 75⅛ ausgeboten.   (Z. pari, Piast. 1⅛ Rt.)
  dito   dito Holländ. (2½ Fl. 1P.) à 5 p.c. p. C. 72⅛ Br., 72 Gld., p. Juni 73 bez.   (dito)
  dito   Anleihe b. Guebhard, à 5 p.c. p. C. 88 ohne Umsatz.   (dito)
Mexican. Engl. Anleihe 1824. à 5 p.c. p. C. 31 bez.   (Z. v. Juli 27. fr. C. 7 Rt.)
Brasilian.   dito   1824. à 5 p.c. p. C. 78⅛ ohne Umsatz.   (Z. pari. C. 6⅛ Rt.)

Nachricht.

Ausser Mexicaner, waren heute alle Fonds-Course besonders von ausländischen Effecten, niedriger, und blieben zur Notis ausgeboten.

Abb. 7: Cours-Bericht, Berlin 1830

von Woche zu Woche. Weil die Aktionäre nunmehr auf eine gute Dividende hoffen konnten, stieg auch die Aktie relativ schnell im Preis. Am 11. Januar 1836 waren 136 Prozent, am 26. Januar 200 und Mitte März 400 Prozent erreicht.

Zu diesem Zeitpunkt lag bereits das zweite Eisenbahnprojekt, die Strecke Nürnberg–Augsburg zur Zeichnung auf. Ebenso wie wenig später bei der *Leipzig-Dresdner Eisenbahn-Gesellschaft* waren die Aktien schnell vergriffen und an der Börse in kurzer Zeit mit einem bedeutenden Agio gehandelt. Diese Entwicklung setzte sich im Jahr 1837 fort. Die in diesem Jahr aufgelegten vier Aktienemissionen waren sämtlich innerhalb kürzester Zeit überzeichnet. Bei der *Taunus-Eisenbahn* musste sogar eine Repartierung im Verhältnis 40:1 vorgenommen werden. Das Agio an der Börse betrug bis zu 70 Prozent. Allerdings normalisierte sich in den Folgejahren auch der Börsenhandel wieder.

Der deutsche Aktienhandel konnte auf das entwickelte Instrumentarium der inländischen Renten- und Wechselbörsen sowie der ausländischen Plätze zurückgreifen. Neben dem Kassageschäft und dem fixen Termingeschäft (= Future) zählen die damaligen Quellen nicht weniger als zwölf bedingte Zeitgeschäfte auf, von denen allerdings das Optionsgeschäft das bei weitem wichtigste war. Die Börsen hatten bereits wie heute die Rechtsform einer Körperschaft des öffentlichen Rechts und wurden von der örtlichen Kaufmannschaft getragen. Neben den amtlichen der Börsen bestanden sehr früh private Kursblätter der Bankiers und (in Berlin seit 1816) ausführliche Kursberichte. Gehandelt wurde an den großen Plätzen an jedem Tag der Woche inkl. der Sonn- und Feiertage.

Noch 1861 war der Börsenbesuch meist jedermann erlaubt, es wurde jedoch mehr und mehr üblich, dass das Privatpublikum seine Aufträge über seinen (Privat-)Bankier erledigen ließ. Nach wie vor vermittelten die Makler in der Regel die Geschäfte. Nach wie vor durften sie an sich keine Geschäfte auf eigene Rechnung betreiben, hielten sich jedoch meist nicht an diese Vorschrift. Die Bestellung der amtlich vereidigten Makler bedurfte der Wahl durch die Kaufleute des Platzes und der Bestätigung durch die Börsenaufsichtsbehörde. Von England hatte man die obligatorische Eintragung der Geschäfte in ein Maklerbuch übernommen. Nach Börsenschluss war bis zu einer bestimmten Uhrzeit des gleichen oder des nächsten Tages die Ausfertigung sog. Schlussscheine an die Kontrahenten vorgeschrieben. Wie in den Jahrhunderten zuvor zog es auch kurzfristig ausgerichtete Spekulanten und um langfristige Anlage bemühte Geschäftsleute an die Börse. Neu war dagegen die Rolle der Bankiers. Sie übernahmen den größten Teil der neu emittierten Aktien und platzierten sie im Publikum, führten Kundenaufträge an der Börse aus und handelten dort auch im eigenen Interesse.[45] Bereits vor der Jahrhundertmitte gingen die deutschen Privatbankiers mehr und mehr spekulative Engagements ein und übernahmen damit die Rolle der berufsmäßigen Jobbers im englischen System.

Die Zeit bis 1842 war im Aktienhandel recht ruhig. Die Kulisse wandte sich wieder den Staatspapieren zu. Daran änderten auch einige in dieser Zeit neu aufgelegte Zeichnungen von Eisenbahnaktien nichts. Immerhin hatte diese frühe Spekulationswelle in Dividendenwerten der Berliner Börse zu einem starken Bedeutungszuwachs gegenüber der Frankfurter Konkurrenz verholfen, die sich weit weniger aufgeschlossen zeigte. Bereits Anfang der 1840er Jahre sollte sie diese übertreffen.[46] In dieser erhielt der Aktienmarkt der preußischen Hauptstadt weitere Impulse. Zum einen verbot die Regierung im Mai 1840 Termin- und Optionsgeschäfte in sämtlichen nicht-preußischen Titeln. Da aber gerade ausländische Renten die größten Schwankungen versprachen, fühlte sich der Berufshandel behindert und hielt nach neuen Papieren Ausschau. Zum Zweiten setzte die preußische Regierung 1842 die Verzinsung ihrer sämtlichen Staatsschuldscheine von vier auf 3,5 Prozent herab. Die Folge war, dass viele Anleger ihre Papiere verkauften und eine höher rentierende Anlage suchten. Sie fanden diese in den Eisenbahnaktien.

Nachdem das Kabinett im November 1838 den auf ihrem Gebiet konzessionierten Gesellschaften das Recht der Enteignung von Grund und Boden zugestanden hatte, garantierte es vier Jahre später den Aktionären der bereits genehmigten Bahnen eine Verzinsung von 3,5 Prozent auf den Nominalwert der von ihnen gehaltenen Titel. Damit war eine Mindestverzinsung in der Höhe der Staatsschuldscheine gegeben, und es bestand darüber hinaus die Chance einer Dividendenerhöhung. Da der Eisenbahnbau im Laufe des Jahres auch in Preußen, das zunächst weitgehend abseits

gestanden war, deutlich an Schwung gewann, wurde der Aktienmarkt erstmals auch von seiner Breite her eine Alternative zum
Bondmarkt. Ende des Jahre 1841 waren erst vier Eisenbahnaktien
in Berlin notiert; ein Jahr später waren es bereits sieben und nach
weiteren elf Monaten 17 Papiere.[47]

Die Spekulation reagierte auf die Zinsgarantie des preußischen
Staates lebhaft, und die Kurse zogen zum Teil deutlich an. So stiegen
Düsseldorf-Elberfelder vom 22. November 1842 bis zum 1. April
1843 von 50 auf 70 Tlr. Stellt man aus den an der Berliner Börse
gehandelten Werten einen ungewichtigen Aktienindex zusammen
und verknüpft ihn mit dem Index des *Statistischen Bundesamtes*
(1980 = 100), so ergibt sich in diesem Zeitraum ein Zuwachs von 41,6
auf 45,6 und bis zum 8. August 1843 ein solcher auf 53,3. Damit war
der erste Teil der Hausse abgeschlossen. Bis zum 15. November ergaben sich per saldo keine Kursavancen mehr (Indexstand 53,2). Die
Zeichnungsergebnisse der im Jahr 1843 aufgelegten Eisenbahnakti-
enemissionen waren durchwegs sehr gut. Selbst die im November für
die *Sächsisch-Schlesische Eisenbahn* benötigte hohe Summe von
rd. 6 Mio. Tlr konnte mühelos aufgebracht werden. Es war sogar eine
Repartierung im Verhältnis $9^1/_3$:1 notwendig.

Am 22. Dezember 1843 erließ die preußische Regierung eine Verordnung, in der sie denjenigen Eisenbahnaktien, deren Dividende
sie bereits garantiert hatte, auch noch die Mündelsicherheit
zusprach. Damit erschlossen sich der Aktienspekulation weitere
Bevölkerungsschichten. Da zu Beginn des Jahres 1844 die Konvertierung der preußischen Staatsschuld von vier auf 3,5 Prozent wirksam wurde, kam es zu weiteren bedeutenden Umschichtungen. Die
Nachfrage nach Aktien wurde immer stürmischer. Die Aktienpromessen auf die zuletzt erfolgten Gründungen wiesen sofort ein Agio
von 20–30 Prozent auf.

Das relativ kapitalschwache Deutschland hatte im Zuge der
Gründungen 1837–44 Jahr für Jahr Beträge zwischen 20 und
40 Mio. Mk aufzubringen. In der Spitze summierten sich die Einzahlungen 1845 auf 94 und 1846 auf 105 Mio. Mk (s. Abb. 8). Da
sich das Ausland kaum am inländischen Aktienmarkt engagierte,
wurden andere Teile des Finanzmarktes in Mitleidenschaft gezogen.
So waren auf dem Anleihe- wie auf dem Hypothekenmarkt kaum

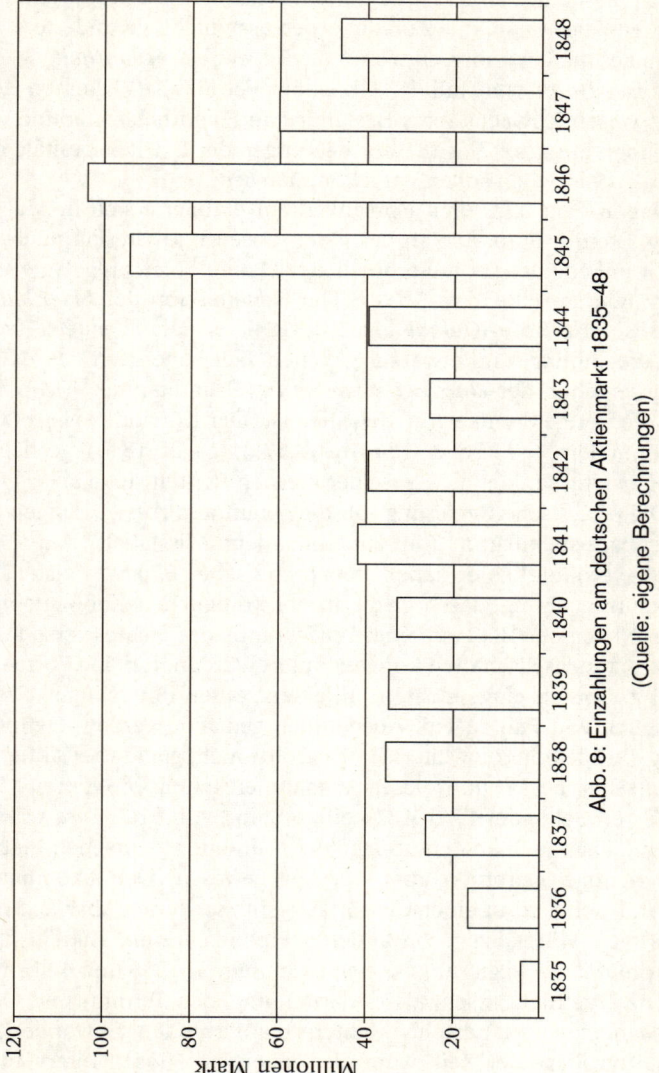

Abb. 8: Einzahlungen am deutschen Aktienmarkt 1835–48

(Quelle: eigene Berechnungen)

mehr langfristige Mittel zu erhalten. Dies war z. T. auch dadurch bedingt, dass man die Zinssätze bewusst nicht veränderte.[48] So nimmt es nicht wunder, dass etwa die *Bayerische Hypotheken- und Wechsel-Bank* vom Juli 1843 bis zum Februar 1844 keinen nennenswerten Zuwachs ihres Bestandes an Hypothekarkrediten verzeichnen konnte.[49] Sogar Herabsetzungen des Betriebskapitals von Gewerbebetrieben sollen vorgekommen sein.

Neben dem offiziellen Börsenverkehr etablierte sich in Magdeburg, Stettin, Frankfurt an der Oder, Posen und Breslau auch ein nicht unbedeutender außerbörslicher Handel. Neu aufgelegte Projekte fanden reißenden Absatz. Die Neuemission der *Eisenbahngesellschaft Köln-Krefeld* am 3. 4. 1844 erbrachte eine 21fache Überzeichnung, und etwa zur gleichen Zeit belief sich das Zeichnungsergebnis der *Thüringischen Bahn* (Grundkapital 16 Mio. Tlr) auf die riesige Summe von 167 Mio. Tlr. Der Kursindex war inzwischen über 56,9 (26. 1. 1844) auf 57,8 (19. 2. 1844) gestiegen. Gleichzeitig sanken die Kurse der meisten Renten stetig ab.

Die preußische Regierung sah die genannten Auswirkungen der Eisenbahnspekulation mit zunehmendem Missfallen. Am 11. 4. 1844 veröffentlichte daher der preußische Finanzminister die Bekanntmachung, dass nur die in der königlichen Kabinettsordre vom November 1842 mit einer Zinsgarantie des Staates versehenen Eisenbahngesellschaften konzessioniert würden. Bei den 56 zu diesem Zeitpunkt eingereichten Projekten sollten in wichtigen Fällen lediglich von Fall zu Fall Ausnahmen gemacht werden. Dennoch ging die Spekulation weiter: Warum sollte nicht gerade die Aktie, die man selbst besaß, von dieser Ausnahmeregelung profitieren? Der Index erreichte am 17. 5. 1844 einen Stand von 62,7. Dies wäre in Berlin, aber auch an den übrigen west- und norddeutschen Plätzen der richtige Zeitpunkt zum Ausstieg gewesen. Der Aktienmarkt befand sich jetzt in einer Überhitzungsphase – erkennbar auch am massiven Mittelabzug von anderen Finanzmärkten. Zudem hatte die preußische Regierung bereits in den Jahren 1836 und 40 Konsequenz erkennen lassen, als es darum ging, den Termin- und Optionshandel in ausländischen Renten zu unterbinden. Es war deshalb nur eine Frage der Zeit, wann der ersten erfolglosen Intervention des Staates ein stärkeres Geschütz folgen würde.

Bereits am 24. 5. des gleichen Jahres war es soweit. Der König ordnete an, dass vor der ausdrücklichen Genehmigung des Finanzministers weder Eisenbahngesellschaften gegründet noch gar mit der Ausgabe ihrer Aktien begonnen werden dürfe. Die Verordnung enthielt ferner die Nichtigkeitserklärung aller zukünftigen Zeitgeschäfte über Aktienpromessen, Interimsscheine und Quittungsbögen sowie Strafbestimmungen für Emittenten und Makler. Schon in den nächsten Tagen fielen die Aktienkurse in Einzelfällen um 10–20 Prozent. Der Index stand am 4. 7. 1844 bei 59,3. Dadurch kam es zu einer Zinsversteifung am Geldmarkt. Obwohl sich die *Preußische Bank* daraufhin am 12. Juni bereit erklärte, Aktien bis zur Höhe von einer Mio. Tlr mit 90 Prozent ihres Nennwertes zu beleihen und die *Preußische Seehandlung* Zusicherungsscheine bis zur Höhe von zwei Mio. Tlr lombardierte, gab der Index weiter nach und erreichte am 9. 8. 1844 einen Stand von 55,3. Zwar wies der Rentenmarkt gegen Jahresende eine leichte Zwischenerholung auf und gab so den Anstoß für den Aktienmarkt, sein altes Hoch nochmals fast zu erreichen (Indexstand 30. 4. 1845: 62,3). Die Renten hatten jedoch zu diesem Zeitpunkt bereits wieder gedreht.[50] Mit einer klassischen M-Formation war auch das Ende der Hausse am Aktienmarkt markiert. Die Kurse gingen in der Folge sehr schnell zurück. Der Aktienindex lag im Jahresdurchschnitt bei 50,1.

In den folgenden Jahren bröckelten sie weiter ab – unterbrochen nur durch kurzzeitige Erholungsphasen. Dasselbe galt für die Staatspapiere. Hierzu hat sicherlich die allgemeine Geldknappheit in Deutschland beigetragen, die die Geldsätze 1845 und 46 weiter nach oben trieb. Die *Preußische Bank* sah sich im Oktober 1845 gezwungen, ihren Diskontsatz von vier auf fünf Prozent anzuheben und ihre Ausreichungen sehr restriktiv zu handhaben. Sie war damit noch vergleichsweise moderat vorgegangen. Hamburg registrierte zur selben Zeit Diskontsätze von 7–7,25 Prozent. Um diesem Zustand wenigstens zum Teil abzuhelfen, gestattete der preußische Staat, die im Dezember 1845 fälligen Steuerzahlungen in Wechseln zu begleichen. In der Geldknappheit der Zeit kommt zum Ausdruck, in wie großem Umfang der Eisenbahnboom der Jahre zuvor Mittel gebunden hatte. Allein die Einzahlungen auf die an den Börsen gehandelten Aktien summierte sich von 1835–48 auf über

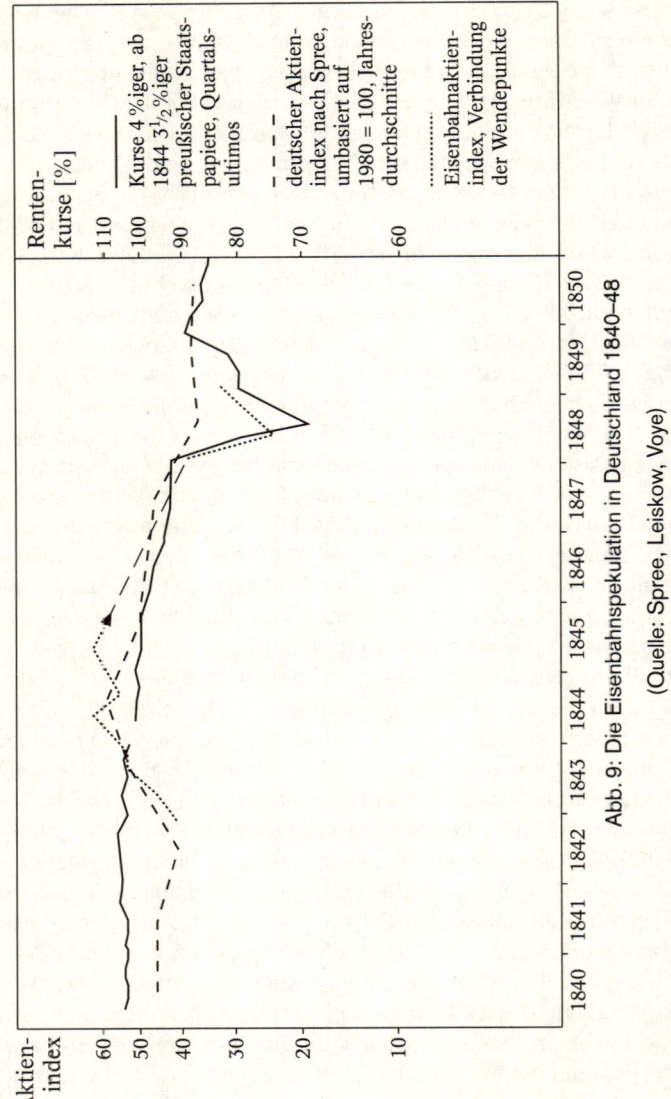

Abb. 9: Die Eisenbahnspekulation in Deutschland 1840–48

(Quelle: Spree, Leiskow, Voye)

600 Mio. Mk (zum Vergleich: im Jahr 1850 liefen in Deutschland schätzungsweise erst 94,4 Mio. Mk an Banknoten und 1,03 Mrd. Mk an Münzgeld um).[51] Die Zeichnungen erforderten in der Regel nicht die sofortige Einzahlung des gesamten Betrages. Die später fälligen Ein- und Nachzahlungen auf Aktien und Interimsscheine belasteten daher in den Folgejahren den Kapitalmarkt und machten oft den Verkauf dieser oder anderer Papiere notwendig. Hinzu kam wegen der um sich greifenden politischen Unsicherheit eine verständliche Liquiditätspräferenz der Anleger. So wurde Geld zwar im Laufe des Jahres 1846 zeitweise billiger: Der Diskont der *Preußischen Bank* sank Anfang des Jahres von fünf auf vier Prozent, bevor er im Juli wieder auf den alten Satz angehoben wurde. Wegen der Unruhen insbesondere im Ausland (Krakau, Frankreich, Schweiz, Italien) gingen die Kurse der Eisenbahnaktien jedoch weiter zurück. Im Inland führte die zunehmende Mechanisierung der Wirtschaft und die verschärfte Konkurrenzsituation (englische Importe, Aufhebung vieler innerdeutscher Zollschranken) zu Arbeitslosigkeit und Pauperismus, die sich bereits im Juni 1844 im schlesischen Weberaufstand niedergeschlagen hatten.

Die *Preußische Bank* versuchte zunächst, dem herrschenden Geldmangel durch eine verstärkte Ausreichung von Lombarddarlehen entgegenzutreten. Ihre gegen pfandmäßige Sicherheit gewährten Kredite stiegen 1846 um 29,2 Prozent. (Die Hausse der Jahre 1843 und 44 hatte zu Steigerungsraten von 13,2 bzw. 27,7 Prozent geführt.) Der Rückgang ihres Lombardkreditbestandes im Jahr 1845 (−10,4 Prozent) trug dagegen zur Verschärfung der beginnenden Baisse bei. Als die Aktienkurse nach der Diskontsatzerhöhung der *Preußischen Bank* in der zweiten Hälfte des Jahres 1846 verstärkt unter Druck gerieten, griff die preußische Regierung erneut ein. Um das Interesse der Anleger auf inländische Aktien zu konzentrieren, wurde für Berlin die Notiz außerpreußischer Dividendenwerte verboten. Obwohl die *Preußische Bank* gleichzeitig vermehrt Papiergeld ausgab, hatten diese Maßnahmen jedoch keinen Erfolg. Die Kurse von Aktien und Staatspapieren tendierten weiter nach unten.

Allerdings waren die Verluste zunächst nicht allzu gravierend. Die durchschnittlichen Kurse preußischer 3,5-prozentiger Staatsschuldscheine gingen von September 1845 bis zum Dezember 1847

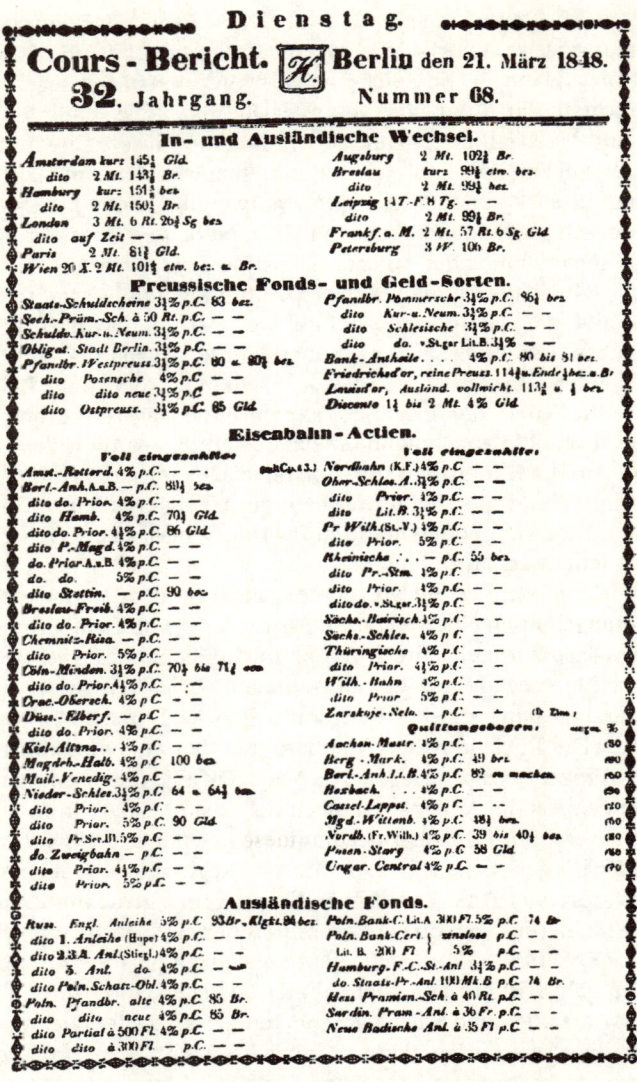

Abb. 10: Cours-Bericht, Berlin 1848

von 98 auf 92,25 zurück und der jahresdurchschnittliche Aktienkursindex ermäßigte sich von 50,1 (1845) über 47,9 (1846) auf 46,5 (1847). Gegen Ende des Jahres 1847 verstärkte sich die Talfahrt am Aktienmarkt wieder. Der Index wies am Jahresultimo einen Stand von 38,9 auf. Die März-Unruhen des Jahres 1848 brachten weitere gravierende Verluste. Zum Teil kann man von einem regelrechten Sell out sprechen. An der Berliner Börse gingen Renten- und Aktienkurse um 30 bis 45 Prozent zurück. Zwischen dem 31. März und dem 23. Mai waren schließlich bei den einzelnen Papieren die niedrigsten Notizen erreicht. Der Aktienindex dürfte in dieser Zeit auf unter 25 gefallen sein. 3,5-prozentige preußische Staatspapiere notierten Ende Juni nur noch zu 69. Dies stellte eine letzte Übertreibung dar, die nur aufgrund der äußerst dünnen Umsätze möglich war. Bereits kurz danach erholten sich die Kurse wieder spürbar, bevor die monatelang anhaltenden politischen Spannungen zu einem Ende gekommen waren. Erst als am 5.12. die preußische Nationalversammlung aufgelöst wurde und der preußische König seinem Staat eine Verfassung oktroyierte, *Kaiser Franz Joseph* den österreichischen Thron bestieg sowie fünf Tage später der konservative *Prinz Louis Napoléon* Präsident der neuen französischen Republik wurde, kehrte auch politisch wieder Ruhe ein.[52]

Am Jahresultimo 1848 notierten 3,5-prozentige preußische Staatspapiere bei 97,5, und der Aktienindex hatte sich auf 32,2 erholt. Obwohl es im folgenden Jahr nur noch in Ungarn und Baden zu revolutionären Unruhen kam und sich der Rentenmarkt kontinuierlich verbesserte (Ende September 89$^3/_8$), dümpelte der Index 1848/49 (38,4 bzw. 37,9) vor sich hin. Daran konnte auch nichts ändern, dass der Geldmarkt zumindest in der ersten Jahreshälfte 1849 äußerst flüssig war. Der in Frankfurt am Main übliche Diskontsatz sank am 12.3. auf ein Prozent und erreichte am 23.6 mit 0,5 Prozent seinen niedrigsten Stand. Selbst nachdem er Anfang Juli langsam wieder anstieg und Mitte November ein Niveau von 2,5 Prozent erreicht hatte, war dies doch – verglichen mit den Jahren zuvor – ein sehr niedriger Satz.[53]

Die Eisenbahnaktienkrise der Jahre 1845 bis 48 war weitgehend abgehoben von den realwirtschaftlichen Vorgängen in Deutschland. Der Hintergrund war vielmehr die Überbeanspruchung des nicht besonders leistungsfähigen inländischen Kapitalmarktes. Mit den politischen Unruhen des Jahres 1848 wanderte zudem Kapital aus Frankreich und Deutschland nach England und vor allem in die USA ab. Diese Entwicklung fand erst 1854 ihr Ende. Sie trug mit dazu bei, dass im März und April 1848 in Frankreich und Deutschland regelrechte Kreditklemmen auftraten. Es wurden hier wie dort so große Mengen an Banknoten präsentiert, dass in Frankreich die Einlösungspflicht aufgehoben wurde und die *Preußische Bank* Staatskredite in Anspruch nehmen musste. Während all dieser Jahre stiegen in Deutschland die Kohleförderung, die Stahlerzeugung sowie der Personen- und Güterverkehr stetig an. Lediglich die Eisenerzförderung, die Roheisenerzeugung sowie die Warenanlieferung an den deutschen Messeplätzen ging 1848 zurück. Zwar stagnierten die Nominaleinkommen der Arbeitnehmer in Deutschland von 1847 bis 1850. Da der Index der Lebenshaltungskosten jedoch aufgrund einiger guter Ernten in der gleichen Zeit deutlich zurückging, lagen die Realeinkommen 1850 um rd. 40 Prozent über denen fünf Jahre zuvor. Eine Nürnberger Arbeiterfamilie konnte daher 1849, sofern sie Beschäftigung fand, 8,7 Prozent ihres Einkommens sparen. Die Zahl der Sparkassen sowie die Summe der Sparguthaben insgesamt und pro Einwohner stieg (mit Ausnahme des Revolutionsjahres 1848) Jahr für Jahr deutlich an.[54]

3.2. Die Bankaktienspekulation

Mit den revolutionären Wirren erreichte der Aktienmarkt im Durchschnitt des Jahres 1848 seinen Tiefpunkt. Sein Index verlor gegenüber dem Vorjahr 20,4 Prozent. Es folgte eine zweijährige Seitwärtsentwicklung, bevor der Index 1851 und 52 durchschnittlich jeweils knapp elf Prozent zulegte.[55] Zwar nahm der Staat Anfang der fünfziger Jahre den Kapitalmarkt verstärkt in Anspruch. Gegenüber den sehr hohen Anforderungen der Eisenbahnspekulationsphase fiel dies jedoch nicht ins Gewicht, zumal die privaten Eisenbahngesellschaften kaum noch Mittel aufnahmen.[56] Obwohl der Privatdiskontsatz vom einmalig niedrigen 1,25-prozentigen Durchschnitt des Jahres 1849 wieder langsam anstieg, blieb der Diskontsatz der

Preußischen Bank stabil und der Zinssatz langfristiger Staatsanleihen lag im Jahr 1852 sogar im Durchschnitt um 34 Basispunkte unter dem des Jahres 1849.[57]

1850 brachten die unmittelbare Kriegsgefahr zwischen Preußen und Österreich sowie die Fortsetzung des ersten deutsch-dänischen Krieges noch einmal politische Verwicklungen, die die Börse beeinträchtigten. Nach dem Frieden von Berlin mit Dänemark (2. 7.), der Niederlage der Schleswig-Holsteiner bei Idstedt (24./25. 7.) und dem preußisch-österreichischen Vertrag von Olmütz (29. 11.) waren die Hindernisse für einen erneuten Kursaufschwung jedoch ausgeräumt, und die relativ stetig aufwärts gerichtete Wirtschaftsentwicklung konnte sich auch an der Börse wieder durchsetzen. Zwar wies die noch sehr wichtige landwirtschaftliche Produktion weiterhin ausgeprägte Schwankungen auf, die immer bedeutendere Produktion der Bereiche Bergwerke, Industrie und Dienstleistungen konnte diese jedoch bereits mehr als ausgleichen, sodass das Nettosozialprodukt bis 1854 stetig anstieg. Besonders die für die Aktienbörse bestimmenden Sektoren Verkehr, Bergwerke und Banken folgten einem stabilen Wachstumspfad, der auch durch die spätere Weltwirtschaftskrise (1857–59) nicht unterbrochenen wurde.[58]

Die erste Hälfte des 19. Jahrhunderts ist angefüllt mit Klagen der Kaufleute über die Kapitalknappheit. Obwohl davon in dieser Pauschalität nicht die Rede sein kann,[59] ist dies doch ein Zeichen dafür, dass die vorhandenen Geldmittel insgesamt wenig mobil waren und private Investitionsvorhaben oftmals am fehlenden Kredit scheiterten. Gegen Ende dieser Periode entstand daher neben den traditionellen Privatbankiers, die durch Diskontierung von Handelswechseln vor allem den laufenden Geschäftsbetrieb finanzierten, eine Vielzahl von neuen Kreditinstituten. Hier sind einerseits die Kreditgenossenschaften zu nennen, die bäuerlichen und gewerblichen Kleinbetrieben günstige Darlehen gewähren sollten, andererseits die Aktienbanken. (Die Sparkassen gehören zum Großteil bereits einer früheren Epoche an.) Nachdem bereits einige Jahre zuvor vereinzelt Banken in der Rechtsform der Aktiengesellschaft gegründet worden waren (*Bayerische Hypotheken- und Wechsel-Bank* 1835, *Leipziger Bank* 1839, *Dessauer Landesbank* 1847, *Schaaffhausen'scher Bankverein* 1848, *Rostocker Bank* 1850) kam nach der

Jahrhundertmitte in Deutschland eine regelrechte Gründungswelle ins Rollen.[60] Erfolgte die Einrichtung der *Discontogesellschaft* am 6. 6. 1851 in Berlin aufgrund der restriktiven Genehmigungspraxis der preußischen Regierung noch als Kommanditgesellschaft, so entstanden ab 1853 außerhalb Preußens nach dem Vorbild der französischen Neugründungen *Crédit Foncier* und *Crédit Mobilier* (1852) weitere echte Aktienbanken.

Am 2. 4. 1853 gründeten vier Kölner Bankiers nach vergeblichen Versuchen, eine Konzession in Köln oder Frankfurt zu erhalten, die *„Bank für Handel und Industrie in Darmstadt"*, eines der ersten Industriekreditinstitute Deutschlands. Das Kapital betrug nominal 25 Mio. fl. Es war in 100 000 Aktien à 250 fl aufgeteilt. Allerdings wurden zunächst lediglich Aktien in Höhe von nominal zehn Mio. fl ausgegeben. Die restlichen 60 000 Aktien sollten nach und nach im Markt untergebracht werden. Die Bank hatte mit Ausnahme des Hypothekarkredites und des Erwerbs von Immobilien die Berechtigung zu allen bankmäßigen Geschäften. Der Andrang zur Zeichnung war sehr groß. Allein bei *Bethmann* in Frankfurt, wo am 25. 4. eine Liste zur Zeichnung von nominal einer Mio. fl auflag, gingen bis 12 Uhr mittags Zeichnungsgebote in Höhe von 106 Mio. fl ein. Am Abend wurden die Aktien bereits außerbörslich mit einem Aufgeld von 28 Prozent gehandelt. Der Start der Leitaktie des nun folgenden Spekulationszyklus war damit gelungen.[61]

Er rief sofort Nachahmer auf den Plan. Bereits am 11. April erfolgte die Gründung der *Frankfurter Bank* als Konkurrenzinstitut sowie einen Monat darauf die der *Braunschweiger Bank*. Für das letztere Institut wurden zwei Mio. Tlr gezeichnet. Das Agio betrug sogleich 20 Prozent. Auch bei der am 17. September erfolgten Etablierung einer Bank mit Notenausgaberecht in Weimar ergab sich sofort ein hohes Aufgeld. Anders als zehn Jahre zuvor erfasste die Gründungswelle nicht nur eine einzige Branche. Insbesondere im Rheinland entstand gleichzeitig eine Reihe von Industrie-AGs, wie die *Gesellschaft für Bergwerks- und Kupferhüttenbetrieb* in Köln, die *Dampfschleppschiffahrtsgesellschaft* zu Mülheim an der Ruhr und die *Mosel Dampfschiffahrtsgesellschaft* in Trier. Auch in diesen Fällen war das Kapital schnell aufgebracht, und die Aktien stiegen sofort über pari, da die Konjunkturaussichten der gewerblichen

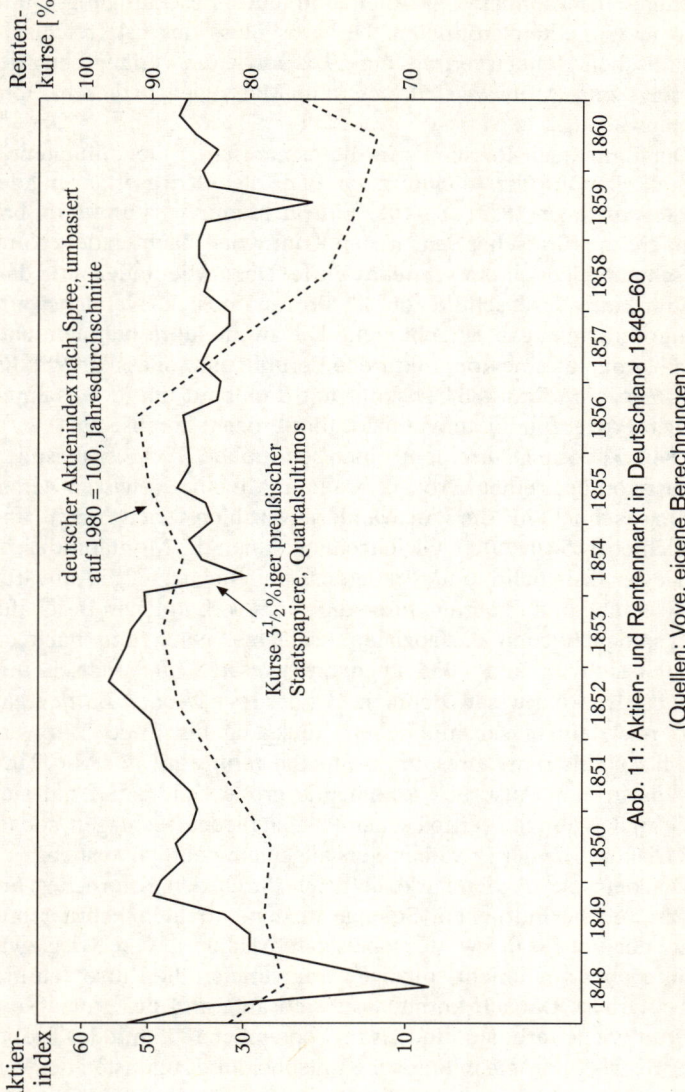

Abb. 11: Aktien- und Rentenmarkt in Deutschland 1848–60

(Quellen: Voye, eigene Berechnungen)

57

Betriebe insbesondere im Rheinland gute Beschäftigungs- und Gewinnaussichten eröffneten. Der Abschluss des österreichisch-preußischen Handelsvertrags am 19. 2. sowie die Verlängerung der Verträge zum *Deutschen Zollverein* im Mai trugen zu diesem Optimismus bei.

Der Einmarsch Russlands in die osmanischen Donaufürstentümer, die im Oktober 1853 kurz darauf erfolgte Kriegserklärung der Türkei sowie am 28. 3. 1854 der Eintritt Frankreichs und Großbritanniens auf türkischer Seite in den Krim-Krieg machten dem Kursaufschwung jedoch ein schnelles Ende. Der Aktienindex ging darauf im Jahresdurchschnitt um 4,7 Prozent zurück. Nennenswerte Neugründungen gab es nicht mehr. Die zweite Jahreshälfte brachte darüber hinaus eine konjunkturelle Beruhigung, sodass die *Preußische Bank* im Mai 1854 Diskont und Lombard um jeweils einen halben Prozentpunkt auf vier bzw. fünf Prozent herabsetzte.[62]

1849–51 hatte Deutschland einen sehr hohen Bevölkerungsüberschuss von über einem Prozent pro Jahr. Mit einer gewissen Verzögerung schnellten die Auswanderungszahlen nach oben und erreichten 1854 162 000. Gleichzeitig nahmen die Montanindustrie sowie der Eisenbahn- und Straßenbau weiter eine zügige Aufwärtsentwicklung und linderten durch die damit verbundenen Beschäftigungsmöglichkeiten die sozialen Probleme. Nach und nach erhöhten sich im Jahr 1855 auch die Umsätze im Wechsel- und Lombardverkehr wieder deutlich. Bei der *Preußischen Bank* ergab sich nach einem saisonüblichen Rückgang bis Ende März auf 29 Mio. Tlr bis zum Jahresultimo eine Steigerung auf 47,5 Mio. Tlr.[63] Der darin zum Ausdruck kommende große Geldbedarf hat sich auch an den übrigen europäischen Plätzen niedergeschlagen, sodass der Diskontsatz der Privatbankiers allgemein deutlich anstieg.

Der deutsche Aktienmarkt ließ sich durch den Krim-Krieg nur kurze Zeit beeindrucken. Solange in den Monaten Februar und März der Eintritt der westeuropäischen Mächte in den Krieg zwar drohte, aber noch nicht vollzogen war, gerieten die Kurse deutlich unter Druck. Danach konnten sie sich aufgrund der guten Konjunktur wieder erholen, und als im September 1855 mit der Eroberung Sewastopols die militärische Entscheidung zugunsten der Verbündeten gefallen war, nahm die Entwicklung hausseartige Züge an.

Die Eisenbahnaktien stiegen um durchschnittlich 30–40 Prozent. Die erst kurz zuvor entstandenen Banken sorgten für neues Material. Bereits vom Sommer 1854 bis zum Sommer 1855 waren einige westfälische Bergwerksaktien an den Markt gekommen (u. a. *Harpener, Eschweiler* und *Hörder). Die Darmstädter Bank* brachte die restlichen 60 000 Aktien aus erster Emission unter. Neben einer Vielzahl von Neugründungen aus den Bereichen Banken und Industrie sind vor allem die in dieser Zeit entstandenen Notenbanken von Interesse. Da die preußische Regierung nach wie vor auf ihrem Gebiet keine Aktienbanken konzessionierte, entstanden diese insbesondere in den Klein- und Mittelstaaten rundherum. Das bedeutendste dieser Institute war die mit der *Darmstädter Bank* in Personalunion sowie durch Kapitalverflechtungen verbundene *„Bank für Süddeutschland"* in Darmstadt (Kapital 20 Mio. fl, Banknotenausgaberecht bis zum doppelten Kapital). Sie erhielt am 5. 11. 1855 die großherzogliche Konzession.[64] Das Kapital in all diesen Fällen war schnell aufgebracht. Die Konjunktur lief immer besser.

Um die überschäumende Nachfrage nach ihren Diskont- und Lombardkrediten etwas zu dämpfen, erhöhte die *Preußische Bank* am 6. November die entsprechenden Zinssätze wieder um je einen halben Prozentpunkt auf 4,5 bzw. 5,5 Prozent und am 7. Januar 1856 auf fünf bzw. sechs Prozent. Die Rentenkurse blieben gleichzeitig im Großen und Ganzen stabil oder zogen gegen Ende 1855 sogar nochmals an. Abgesehen vom Privatdiskont waren diese Maßnahmen der *Preußischen Bank* damit die ersten Zinserhöhungen in der hier betrachteten Spekulationsperiode, bevor auch der Rentenmarkt im Februar 1856 drehte. Dennoch kannte die Nachfrage nach Aktien gerade in der nun folgenden Zeit keine Grenzen. Symptomatisch war die Entwicklung der *Darmstädter Bank*. Sie emittierte 1856 einerseits die Aktien von sieben Industrieunternehmen im Nominalwert von rd. drei Mio. fl und brachte zu Beginn des Jahres weitere 40 000 eigene Aktien unter. Andererseits beteiligte sie sich an dem erst kurz zuvor gegründeten Bankhaus *Julius Bleichröder u. Co.* in Berlin sowie an anderen Instituten in Heilbronn, Mannheim, Breslau, Leipzig und Paris. Die Kursentwicklung ihrer Aktien schien nur noch eine Richtung zu kennen. Standen sie am 14. Januar 1856 noch bei 284 fl, so notierten die Papiere am 17. März nach

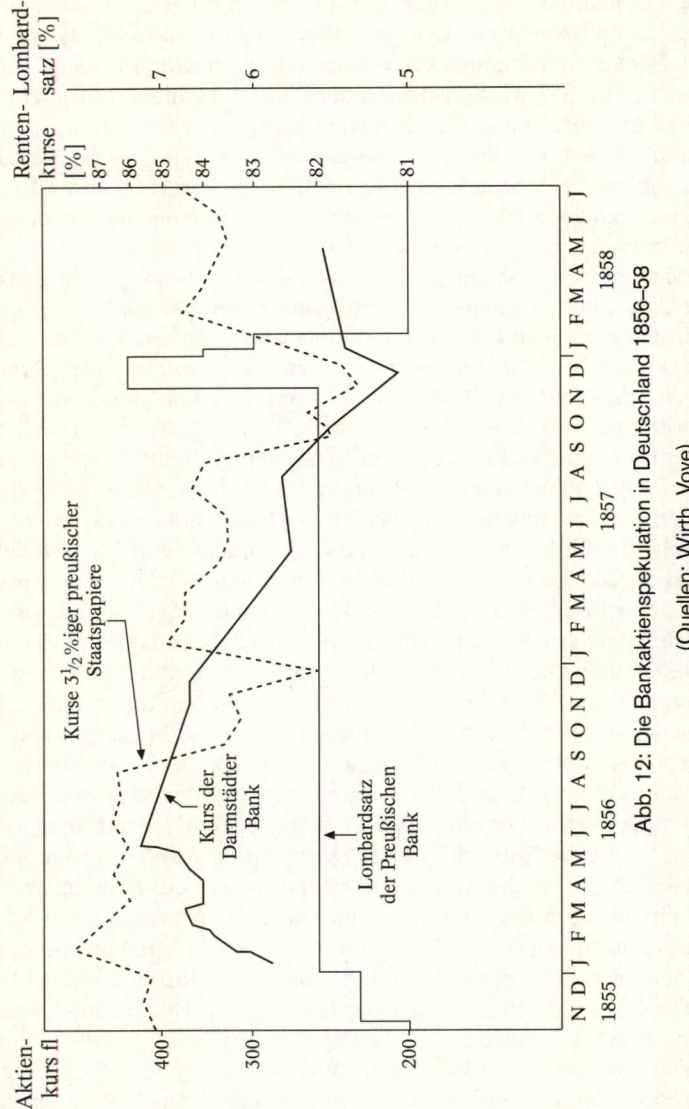

Abb. 12: Die Bankaktienspekulation in Deutschland 1856–58

(Quellen: Wirth, Voye)

zwei Monaten ununterbrochenem Anstieg bei 375 fl. Als die Direktion der *Darmstädter Bank* sowie der *Bank für Süddeutschland* daraufhin in großem Umfang eigene Aktien auf den Markt warfen, ging der Kurs der *Darmstädter Bank* auf 350 fl zurück und verharrte rd. fünf Wochen auf diesem Niveau.

Am 19. 3. 1856 erinnerte der preußische Handelsminister in einem Erlass an die Berliner Kaufmannschaft an sein 1844 ausgesprochenes Verbot des Terminhandels. Dies hätte zusammen mit der bereits zehn Tage zuvor erfolgten offiziellen Erklärung der französischen Regierung, sie werde für den Rest des Jahres keine weiteren Konzessionen für Aktiengesellschaften mehr erteilen, eine Warnung für die Aktienmärkte sein können. Stattdessen machte sich nach dem offiziellen Ende des Krim-Krieges mit dem Pariser Frieden am 30. 3. erneut Optimismus breit. Zwar brachte am 4. 4. 1856 die Veröffentlichung eines zweiten Erlasses des preußischen Handelsministeriums gegen die Spekulation die Kurse kurzzeitig deutlich unter Druck. Als das befürchtete Vorgehen gegen die freien Makler jedoch unterblieb, nahm die Aktienbörse ihre alte Haussebewegung wieder auf. Die Aktien der *Darmstädter Bank* standen Anfang Mai auf 362 fl und kletterten bis zum High am 2. Juni auf 438 fl.[65]

Danach begannen die Kurse auf breiter Front abzubröckeln. Trotz auffallender Bemühungen der Direktion der *Darmstädter Bank,* die Kurse ihrer Aktien durch Reklame zu stützen, konnte der Kapitalmarkt die immer mehr anschwellende Flut von Beanspruchungen nicht mehr bewältigen. Zwar waren aussichtsreiche Neugründungen auch Mitte des Jahres noch gefragt. So erbrachte die Neuemission der Aktien der *Berliner Handelsgesellschaft* (Grundkapital 30 Mio. Tlr) im Juli 1856 ein Zeichnungsergebnis von 115,8 Mio. Tlr, und auch die *Norddeutsche Bank* in Hamburg (Kapital 20 Mio. M bco, Zeichnungsergebnis 1591 Mio. M bco) und die *Hamburger Vereinsbank* (Kapital 20 Mio. M bco, Zeichnungsergebnis 600 Mio. M bco) hatten keine Probleme ihre Aktien zu platzieren.

In der zweiten Hälfte des Jahres änderte sich dies jedoch sehr bald, zumal jetzt neben den Neugründungen auch verstärkt zweite und dritte Einzahlungen auf frühere Emissionen angefordert wurden. Allein die Sektoren Bergbau und Metallerzeugung steigerten 1856 ihr eingezahltes Aktienkapital von 82,1 auf 225,7 Mio. M und das der Kreditbanken stieg von 60 auf 154 Mio. M.[66] Da zudem in den Monaten zuvor auch spekulativ überhöhte Vorräte aufgebaut worden waren, sahen sich die Handelsleute unter den Aktionären zur Erfüllung ihre Verpflichtungen zum Verkauf von Effekten gezwungen. Die Kurse der preußischen Staatspapiere gingen daraufhin zurück. Zwar stieg der Notenumlauf in Deutschland 1856 sprunghaft an (von 129 Mio. M ein Jahr zuvor auf 245 Mio. M). Dennoch wuchs auch die Beanspruchung der Diskontierungsmöglichkeiten der Banken, sodass sich die *Preußische Bank* im September 1856 gezwungen sah, ihren Diskontsatz auf sechs Prozent anzuheben.

Die europäischen Börsen befanden sich bereits Ende August sowie im gesamten September 1856 deutlich unter Druck. Während in Frankreich die Eisenbahnaktien im Mittelpunkt der Baisse standen, litten in Deutschland insbesondere die zuvor so hochgetriebenen Bankaktien unter dem Kursverfall.[67] Den Anstoß hierzu hatte Preußen gegeben, das der Verdrängung des eigenen Papiergeldes durch die rund um ihr Territorium herum entstandenen Notenbanken mit zunehmendem Misstrauen begegnete. Bereits am 14. Mai 1855 erfolgte deshalb ein Verbot der Zahlungsleistung in nichtpreußischem Papiergeld unter zehn Tlrn. Als im Sommer 1856 die *Preußische Bank* zudem das unbeschränkte Notenausgaberecht erhielt, verfielen die Kurse der neu gegründeten Notenbanken in den mitteldeutschen Kleinstaaten und mit ihnen die übrigen Bankaktien zusehends.

Die Wirtschaftspresse war im September 1856 hin- und hergerissen zwischen optimistischen und pessimistischen Prognosen für Konjunktur und Kapitalmarkt. Zwar kann man in den Zeitungen der damaligen Zeit z. T. düstere Vorhersagen lesen, an der Börse war jedoch die Überzeugung nach wie vor weit verbreitet, dass die Kurse bald wieder steigen würden, wenn nur die Baissepartei nicht mehr durch ihre „verwerflichen Manöver" den Handel störe. Schon die enormen Kapitalanforderungen sorgten jedoch für ein weiteres Nachgeben der Kurse. So wurde Ende 1856 der Kapitalbedarf der in Deutschland konzessionierten Eisenbahnen bis 1860 auf 302 Mio. fl geschätzt. Die in Österreich projektierten Bahnen erforderten, verteilt auf die nächsten acht bis neun Jahre 325 Mio. fl. Allein für die Zeit vom 20. 10. bis zum 20. 12. 1856 veröffentlichte die *Augsburger Allgemeine Zeitung* 90 Einzahlungen auf Effekten der unterschiedlichsten Art.[68] Die Aktien der *Darmstädter Bank* gingen zurück. Sie notierten am 22. 9. bei 389 fl und am 17. 11. 1856 bei 369 fl.

Zwar konnten sich zu Beginn des Jahres 1857 die Renten wieder etwas erholen, und auch der Geldmarkt zeigte eine gewisse Entspannung. Bereits im April desselben Jahres erfolgte jedoch ein weiterer schwerer Kurseinbruch. Der äußere Anlass hierfür war die Diskontsatzerhöhung der *Bank of England* auf 6,5 Prozent. Insbesondere in Deutschland spielte jedoch auch das Gerücht eine gewichtige Rolle, dass die preußische Regierung bald ein allgemeines Zahlungsverbot für außerpreußische Noten erlassen werde sowie der Stopp aller weiteren Aktienemissionen in Österreich, wo von 1854–57 immerhin Effekten im Nominalwert von insgesamt 1,6 Mrd. fl emittiert worden waren. Im Mai 1857 notierte die Aktie der *Darmstädter Bank* nur noch bei 270 fl. Dieses Mal waren auch die Eisenbahnaktien betroffen. Eingeleitet wurde ihr Kurssturz durch den Verfall der *Kosel-Oderberger* Aktien. Nachdem sie im Februar 1857 noch bei 136 fl gestanden hatten, wurden sie im November nur noch mit 42 fl notiert. Der Grund für diesen besonders rapiden Kursverfall lag im Streichen der zuvor auf 16 Prozent geschätzten Dividende. Während die gesamtwirtschaftliche Produktion und der Warenhandel weiterhin deutliche Zuwachsraten aufwiesen, machte sich an der Börse im Verlauf des Frühjahrs und Sommers lustloses Geschäft bei weiter abbröckelnden Kursen breit.

Dennoch stand die Aktie der *Darmstädter Bank* immer noch über pari. Die Generalversammlung im Jahr zuvor hatte beschlossen, das Grundkapital der Gesellschaft auf 50 Mio. fl nominal zu erhöhen. Vom 15. 2. bis zum 31. 3. 1857 lief für die Altaktionäre die Frist zum Bezug neuer Aktien im Verhältnis 5:1 zu 250 fl. Die Einzahlung sollte bis zum 1. Juli 1858 erfolgen. Aktien für fünf Mio. fl erhielt die großherzogliche Regierung zu pari. Die restlichen 60 Prozent der Aktien sollten in drei Tranchen à nominal fünf Mio fl ab dem 1. 1. 1858 an das Publikum freihändig zu den Tageskursen verkauft werden. Es war vorgesehen, das Agio zu einem Drittel für die

Dividende und zu zwei Dritteln zur Stärkung der Rücklagen zu verwenden. Gleichzeitig hatte die Generalversammlung beschlossen, die Dividende auf 16 Prozent zu erhöhen und dies durch den Verkauf von 20 000 Aktien der *Süddeutschen Bank* zu finanzieren. Diese Ankündigung stützte lange Zeit den Aktienkurs der Gesellschaft.

Gleichzeitig mit dem Beschluss wurden Berechtigungsscheine für den Bezug zu pari emittiert, deren Kurs aufgrund der scheinbar günstigen Gewinnaussichten der Gesellschaft bald 50 fl betrug. Da jedoch bereits die Dividende des Jahres 1856 zum größten Teil auf Gewinnrealisierungen von Wertpapieren aus dem Going public beruhte, griffen in Frankfurt und Berlin Terminverkäufe der Berechtigungsscheine immer mehr um sich. In der ersten Hälfte des Jahres 1857 erreichten diese durch Leerverkäufe einen solchen Umfang, dass die Zahl der tatsächlich emittierten Scheine bald deutlich übertroffen wurde. Die Direktion der *Darmstädter Bank* bildete daher mit anderen ein Konsortium und kaufte massiv Scheine auf. Der Kurs der Berechtigungsscheine stieg bis auf 120 fl. Da vor dem Liquidationstag in der zweiten Juniwoche kein Material vorhanden war, ergaben sich schwere Verluste der Fixer. Der Gewinn der Darmstädter Bank betrug über 400 000 Tlr.[69]

Dies blieb jedoch eine Episode. Im Spätsommer kündigten sich schwerere Turbulenzen an. Das Ende der Exportbehinderungen Russlands mit dem Pariser Frieden sowie die in Europa sehr gut ausgefallene Getreideernte des Jahres 1856 hatten bereits mehrere Monate die zuvor durch massive Getreideausfuhr angefachte Kaufkraft Amerikas geschwächt. Von Ende 1856 bis zum Juli 1857 sorgten dort spekulativ überhöhte Lagerbildung, finanziert durch Wechselreiterei dennoch für weiter steigende Warenpreise. Als im August 1857 endgültig klar war, dass auch die folgende Weizenernte nicht schlecht ausfiel, sanken die Weizenpreise rapide und rissen viele andere Warenpreise mit sich. Bankrotte und Panikreaktionen waren in den USA die Folge.

Der Auslöser für den Kurssturz an *Wall Street* war am 24. 8. 1857 der völlig unerwartete Konkurs der *Ohio Life and Trust Company*. Diese Depositen- und Diskontobank, die noch wenige Tage vor ihrem Zusammenbruch als äußerst solide galt, hatte durch Eisenbahnkredite gegen ungenügende Sicherheit Verpflichtungen in Höhe von fünf Mio. $ aufgehäuft, denen lediglich ein Kapital von zwei Mio. $ gegenüberstand. Da die Bank an der New Yorker Börse ein Büro unterhielt und dort üblicherweise bedeutende Geschäfte machte, fielen die Bankaktien sofort wie Steine und rissen auch die übrigen Kurse mit sich, obwohl der Konkursschaden für *Wall Street* in Wirklichkeit nicht mehr als 20 000 $ betrug. Ein lang anhaltender Kurssturz und der Run auf die New Yorker Banken waren die Folge. Aufgrund der engen wirtschaftlichen Verflechtungen sowie des gleichzeitigen Ausbruchs eines großen Aufstandes in Indien (Sepoy-Aufstand) erreichte die Krise Ende Oktober England. Auch hier gingen zahlreiche Handelshäuser in Konkurs. Banken in London, Edinburgh, Dublin und anderen Orten wurden berannt. Das Parlament suspendierte die *Peel*sche Bankakte, und die *Bank of England* setzte ihren Diskont alle ein bis zwei Wochen um einen Prozentpunkt nach oben, bis dieser schließlich am 9. November zehn Prozent betrug.[70]

Bis Mitte November bestand in Deutschland die Hoffnung, von der akuten Warenhandels- und Produktionskrise verschont zu bleiben. Zwar war in Wien im Herbst eine Handelsstockung ausgebrochen, deren Höhepunkt der Bankrott des großen Pest-Wiener Hauses *Waskowitz* aufgrund dessen ausgedehnter Fehlspekulationen in Getreide war. Die Krise griff jedoch nicht sofort auf Deutschland über. Die Situation war angespannt, aber oberflächlich ruhig. Daran änderten auch nichts die erneute Diskontsatzerhöhung der *Preußischen Bank* am 7. November 1857 auf den seit 1818 nicht mehr erreichten Satz von 7,5 Prozent und die Ankündigung des preußischen Handelsministers, er werde bis auf weiteres keine neuen Aktiengesellschaften mehr konzessionieren. Die Ruhe trog jedoch. Die in den letzten zehn Jahren gewachsenen Verbindungen Deutschlands zu den angelsächsischen Ländern waren zu eng. Dies galt vor allem für Hamburg, wo die Vorräte insbesondere an Luxus- und Kolonialwaren in Erwartung einer weiter sehr guten Konjunktur 1857 mehr als das Doppelte des Durchschnitts früherer Jahre betrugen. Als zur beginnenden Absatzkrise noch massive Verluste aus Handelswechseln auf London und die USA kamen, brachen in der zweiten Hälfte des Monats November und im Dezember reihenweise Hamburger Handelshäuser zusammen. Die Chronik verzeichnet 145 Bankrotte mit einem Passivum von insgesamt 130 Mio. Tlr.

Zwar stieg der Diskontsatz am Platz Hamburg auf über zehn Prozent und die Aktien- und Anleihekurse sanken in einer ersten Panikreaktion rapide. Mithilfe einer von der Stadt gegründeten Diskontokasse sowie eines aus Österreich gewährten Darlehens in Höhe von zehn Mio. M bco konnte die Krise jedoch relativ schnell überwunden werden. Die Konkurswelle erreichte auch Berlin. Beginnend mit dem 24. 11. 1857 wurden nach und nach 80 Unternehmenszusammenbrüche gezählt. Hinzu kamen weitere in der preußischen Provinz sowie an anderen deutschen Orten. Aber nicht nur Deutschland war betroffen. Besonders in Mitleidenschaft wurde Skandinavien gezogen, und auch in Australien und Südamerika gingen reihenweise Unternehmen in Konkurs. Dagegen spürten Frankreich, die Niederlande und die Schweiz die beginnende Rezession nicht in dieser krisenhaften Zuspitzung. Dennoch spricht man wohl mit Recht von der Weltwirtschaftskrise 1857–59, da sich in ihr erstmals die stark gewachsenen internationalen Handels- und Produktionsverflechtungen weltweit in einem kumulativen Abschwung niederschlugen.[71]

Die Berliner Aktienbörse zeigte sich während der Krisenwochen Ende November überraschend widerstandsfähig. Dies war jedoch zum Großteil auf die vorangegangenen bedeutenden Kursverluste zurückzuführen. Die notwendigen Zahlungen und Sicherstellungen von protestierten Wechseln auf Hamburg brachten jedoch die Berliner wie auch andere deutsche Banken in eine schwierige Lage. Um Gewinn- und Ausschüttungsmöglichkeiten zu verbessern und gleichzeitig das Dividendenerfordernis zu senken, wurde es ein beliebtes Manöver, eigene Aktien über pari zurückzukaufen und das Agio als Gewinn zu verbuchen. Die von der Verdrängung ihrer Noten aus Preußen betroffenen Banken beschlossen Ende 1857 auf einer Konferenz in Frankfurt am Main die gegenseitige Akzeptanz ihrer Scheine, die Veröffentlichung eines monatlichen Status sowie gemeinsame Deckungs- und Emissionsvorschriften. Da die Reihe von Berliner Konkursen nicht abriss, wurde die *Preußische Bank* ermächtigt, Lombardkredite bis auf weiteres auch auf Waren zu gewähren und auf die Dividenden ihrer Aktien Abschlagszahlungen zu leisten.

Die Aktienkurse der *Darmstädter Bank* erreichten im Dezember einen Tiefpunkt. Während sie im Oktober noch bei 241 fl, also knapp unter pari notiert hatten, lag der niedrigste Dezemberkurs bei 204 fl. Die meisten Renten machten diese Kursbewegung nicht mehr mit. Ihre Kurse erreichten Ende Dezember in etwa die Höhe des letzten Quartalsultimos. Zwar war das Nettosozialprodukt zu Faktorkosten in laufenden Preisen bereits 1857 um 1,8 Prozent gesunken und sollte im neuen Jahr nochmals um 4,7 Prozent zurückgehen,[72] die Produktion insbesondere der für den Aktienmarkt relevanten Branchen war jedoch weiter aufwärts gerichtet. Die Börse empfand die beschriebene Kursentwicklung daher als Übertreibung. Die Notiz der *Darmstädter Bank*-Aktie erhöhte sich im Januar auf 233 fl und stieg im Mai nach der Generalversammlung vom 4. 5. sogar auf 246 fl an. Diese Veranstaltung brachte die Verlängerung des Bezugsrechts auf fünf Jahre sowie die Ermächtigung an die Bank, eigene Aktien für insgesamt fünf Mio. fl zu oder unter pari zu kaufen. Dies wog in den Augen des Marktes offensichtlich die Enttäuschung auf, dass die Bank aufgrund ihrer stark rückläufigen Gewinne für 1857 neben der garantierten vierprozentigen Verzinsung lediglich eine einprozentige Dividende gewährte.

Auch der Rentenmarkt konnte sich wieder erholen. Einzelne Anleihen machten im Jahresverlauf sogar die gesamten Kursverluste der vorangegangenen eineinhalb Jahre wett.[73] Dagegen tendierte der Aktienmarkt in der zweiten Jahreshälfte wieder schwächer. Die niedrigsten Börsenkurse wurden im Dezember notiert. Hier wirkte sich insbesondere die nach wie vor sehr hohe Beanspruchung des Marktes aus. Während sich die Aktienbanken durch Kreditabschreibungen, Kapitalherabsetzungen, Aktienzusammenlegungen und Dividendenreduktionen gesundschrumpften (und damit außer dem mit einer Quote von 102 Prozent liquidierten *Berliner Bankverein* alle überlebten), stieg das eingezahlte Kapital der börsennotierten Bergwerks- und Industrieaktien in den Jahren 1858 und 59 nochmals spürbar an. Bei den in diesem Zeitraum ohnehin schon niedrigen Börsenumsätzen führte dies zu einer weiteren Austrocknung des entsprechenden Marktsegments.

Hinzu kam, dass die Gesellschaften die Gelegenheit ergriffen und trotz der relativ guten Konjunktur die Dividenden massiv kürzten. Von den 94 börsennotierten deutschen Bergbau- und Hüttengesellschaften zahlten 59 für das Jahr 1857 keine Dividende. In den beiden darauf folgenden Jahren stieg diese Zahl sogar auf 74 bzw. 76 an. Die durchschnittliche Ausschüttung der bis 1856 gegründeten Maschinenfabriken betrug im Jahr darauf 9,42 Prozent. Sie sank 1858 und 59 auf 6,17 bzw. 5,25 Prozent. Zahlreiche Skandale um Bilanz- und Prospektfälschungen neu gegründeter Aktiengesellschaften taten ein Übriges und sorgten im Verlauf dieser Jahre für einen weiteren Rückgang der Börsenumsätze sowie der Neuemissionen. Während man 1856 und 57 allein in Preußen 39 bergbauliche Unternehmen mit einem Grundkapital von 37 Mio. Tlr gründete, waren es 1859–61 lediglich drei Gesellschaften mit 3,8 Mio. Tlr Kapital. Die Unergiebigkeit des Aktienmarktes führte dazu, dass die auch in diesem Zeitraum stark ausgeweiteten gewerblichen Investitionen nunmehr primär über Industrieobligationen finanziert wurden. Die Zahl der emittierenden Gesellschaften erhöhte sich 1858/59 von 24 auf 72. Das Gesamtkapital der Industrie-Aktiengesellschaften betrug zum Jahresultimo 1859 282 Mio. Tlr. Davon entfielen 43 Mio. Tlr auf Obligationen. Gleichzeitig wandten sich auch die Aktienbanken notgedrungen vom Emissionsgeschäft ab. In Zukunft stand vielmehr die Kreditgewährung im Vordergrund. Je nach der Bedeutung des Instituts ergab sich damit eine schärfere Trennung zwischen Groß- und Lokalbanken.[74]

Im Laufe des Jahres 1858 entspannte sich der Geldmarkt nach und nach. Die Lombard- und Diskontbeanspruchung lag bei der *Preußischen Bank* im Schnitt um 1,6 Prozent unter Vorjahr, sodass die Bank ihre beiden Leitzinsen bis zum Februar schrittweise auf vier bzw. fünf Prozent zurücknehmen und mit einer kurzen Unterbrechung (Anfang Oktober bis Anfang Dezember) auf diesem niedrigen Niveau festhalten konnte. Mit Ausnahme der Zeit von Anfang Mai bis Mitte Juli, als die Leitzinsen um einen Prozentpunkt heraufgesetzt worden waren, galt dies auch für das Jahr 1859.

Obwohl die deutsche Volkswirtschaft in diesem Jahr wieder wuchs (Nettosozialprodukt nominal + 1,8 Prozent) und das Preisniveau zudem zurückging (Preisindex des Nettosozialproduktes –3,6

Prozent),[75] konnten sich die Kapitalmärkte auch 1859 nicht erholen. Der Aktienindex lag im Jahresdurchschnitt um 12,2 Prozent unter dem des Vorjahres und auch die Rentenkurse tendierten insgesamt schwächer. Der Grund lag in der politischen Entwicklung. Am 28. 4. 1859 erklärte Österreich nach über drei Jahren Frieden in Europa an Sardinien und Frankreich den Krieg. Nachdem die Börse bereits mit Baisse reagiert hatte, als *Napoleon III.* bei seinem Botschafterempfang zu Neujahr die Möglichkeit einer Revanche der 1815er Verträge angedeutet hatte, brach jetzt die offene Panik aus. Die Aktien der *Darmstädter Bank,* die bei Jahresbeginn noch zu 233,75 fl notiert hatten, sanken am Tag der Kriegserklärung bis auf 205 fl. Besonders betroffen waren österreichische Papiere. So stürzten österreichische Kreditaktien im gleichen Zeitraum von 119 auf 43 Prozent und österreichische Metalliques von 82,75 auf 32,5 Prozent. Die Reaktion der nächsten Tage fiel sehr gemäßigt aus.

Die schnellen Siege der Verbündeten (4. Juni Schlacht bei Magenta, 24. Juni Schlacht bei Solferino) und der bereits am 12. Juli erfolgte Frieden von Villafranca sorgten schon bald für eine Erholung der Börse, die am Tag nach dem Friedensschluss sogar zu einem regelrechten Kurssprung ansetzte. Die andauernden finanziellen Probleme des österreichischen Staates sowie die Nachwirkungen des Konkurses der einst königlichen Bankiers *Arnstein & Eskeles* in Wien Ende April und weiterer Insolvenzen in Brünn, Prag, Triest und Pest dämpften den Optimismus jedoch bald wieder. Auch eine Zwischenhausse Mitte Dezember brachte die Kurse des Jahresanfangs nicht wieder.

Dies galt mit einigen wenigen Ausnahmen auch für die Renten, die diese im Allgemeinen erst wieder im Laufe des folgenden Jahres erreichen konnten. Obwohl die Zinsen damit 1860 insgesamt nicht unwesentlich zurückgingen, hatte das doch zunächst noch keine Auswirkungen auf den Aktienmarkt. Die Durchschnittsverzinsung langfristiger Staatsanleihen lag in diesem Jahr bei 4,18 Prozent und damit um 18 Basispunkte unter dem Vorjahr. Die *Preußische Bank* beließ Diskont- und Lombardsatz bei vier bzw. fünf Prozent.[76] Obwohl auch die Konjunktur insbesondere in der zweiten Jahreshälfte weiter anzog, beeinflusste dies den Aktienmarkt nicht. Der Index lag vielmehr im Jahresdurchschnitt nochmals um 4,2 Prozent unter dem des Jahres 1859. Einzelne Aktien verloren im Laufe des Jahres nochmals 50 Prozent. Dies mag darin seinen Grund gehabt haben, dass die Krise zahlreicher deutscher Bergwerksunternehmen einige Verluste verursachte und das Misstrauen des Publikums weiter schürte. In die gleiche Richtung wirkten die mit der italienischen Einigung verbundenen politischen Unruhen sowie das wachsende Misstrauen in die Solidität der österreichischen und russischen Staatsfinanzen. Dagegen hatte die am 16. März 1860 erfolgte Aufhebung des Verbots von Termingeschäften an der Berliner Börse keine Wirkung. Sie war vielmehr bereits Anfang des Jahres eskomptiert worden.

Der Aufschwung der Jahre 1851–56 und der sich bis 1860 anschließende Kurssturz zeigten ein typisches Verlaufsschema. Nach einer ersten heftigen Bewegung, die im Durchschnitt der Jahre 1851 und 52 ein Kursplus von 22,6 Prozent ergeben hatte, folgten zwei Jahre der Seitwärtsentwicklung, bevor der Aktienindex 1855 und 56 nochmals insgesamt 12,7 Prozent zulegen konnte.[77] In Wirklichkeit unterzeichnen diese Jahresdurchschnittswerte jedoch die Entwicklung, da der Kursrückgang 1856 bereits vor der Jahresmitte einsetzte. Er wurde vier Monate zuvor angekündigt durch das Kurshoch am Rentenmarkt. Dagegen haben die Geldmarktsätze zu dieser Zeit weniger Signalcharakter, weil sich die *Preußische Bank* bei ihren Leitzinsen an ihren Deckungsvorschriften orientierte. Neben dem Drehen des Rentenmarktes stellte auch die Zunahme der Volatilität in den Wochen vor dem High ein Warnzeichen dar. Hinzu kam, dass der Kurs der *Darmstädter Bank*-Aktie als des Leitpapiers der damaligen Aktienbörse im April erstmals seit Monaten unter dem Durchschnitt des Vormonats lag. Charttechnisch trat als Umkehrformation erstmals nicht mehr, wie bei den zuvor beschriebenen Crashs, ein Double top auf. Vielmehr deuten die vorhandenen Kursdaten diesmal ein Head-and-shoulder-top an.

3.3. Der Gründerkrach

Die Industrialisierung Deutschlands, die bis weit in die fünfziger Jahre des 19. Jahrhunderts hinein fast unmerklich vor sich ging, beschleunigte sich in den sechziger Jahren deutlich. Zwar war das ökonomische Gewicht der Landwirtschaft immer noch erheblich, sodass wetterbedingte Ernteschwankungen auch jetzt noch stark auf die volkswirtschaftlichen Größen einwirkten. In der fraglichen Zeit ging das Gewicht des Agrarsektors jedoch merklich zurück. Die konjunkturelle Bewegung wurde glatter als zuvor. Die Berliner Börse hat auf die verbesserten Wachstumsaussichten sehr früh reagiert. Bereits 1861, also in einem Jahr, das die Wirtschaftshistoriker im Allgemeinen noch zur Stockungsphase rechnen, stieg der Aktienindex im Jahresdurchschnitt um 4,3 Prozent. Ausschlaggebend hierfür war eine sehr gute Entwicklung der Eisenbahnen in Preußen. Dementsprechend konnten diese Papiere auch besonders zulegen. So stiegen *Köln-Mindener* von 124 auf 161,5, *Berlin-Potsdamer* von 128 auf 154 Prozent. Dies führte dazu, dass sich die Berliner Börse von den zuvor tonangebenden Plätzen Wien und Paris emanzipieren konnte.[78]

Trotz dieser positiven Entwicklung dominierte nach den vorangegangenen Verlusten Vorsicht das Parkett. Im Wesentlichen wurden Tagesengagements eingegangen. Nachdem Anfang 1862 die Börse 14 Tage von der Furcht um eine militärische Auseinandersetzung zwischen England und Frankreich wegen der *Trent*-Affäre beunruhigt worden war, kehrte im Laufe des Jahres langsam das allgemeine Selbstvertrauen zurück. Daran konnte der inzwischen voll aufgeflammte, im Jahr zuvor ausgebrochene amerikanische Sezessionskrieg nichts ändern. Er führte zwar zu einem Ausfall der amerikanischen Baumwolllieferungen und damit zur Beeinträchtigung des deutschen Textilgewerbes. Die Konjunktur der übrigen Industrien entwickelte sich jedoch weiterhin gut. So stieg das Nettosozialprodukt wieder stärker an (nominal zu Faktorkosten +3,4 Prozent). Produktion, Bau- und Anlageinvestitionen sowie die Gründungstätigkeit erhöhten sich weiter.[79]

Der Aktienmarkt wurde durch eine Reihe weiterer Faktoren begünstigt. So war der Geldumlauf (Metallgeld und Banknoten) in den beiden Jahren zuvor um 10,5 bzw. 7,8 Prozent angestiegen. Der Rentenmarkt hatte sich daraufhin – abgesehen von den kurzzeitigen Turbulenzen des Jahres 1860 – bis ins Jahr 1862 hinein stetig verbessert, d. h., der Zins war gesunken. Da festverzinsliche Papiere zu der damaligen Zeit in der Regel mit einem Kündigungsrecht des Schuldners verbunden waren, kam es in der Folge zu zahlreichen Konvertierungen. Das Freiwerden dieser Mittel muss den Gläubigern recht gelegen gekommen sein – die hochschießende Investitionsquote deutet auf reiche sonstige Anlagemöglichkeiten in der Volkswirtschaft hin. Jedenfalls gelang die Anschlussfinanzierung der gekündigten Schuldverschreibungen nur zum kleinsten Teil. Die Konsortialbanken mussten vertragsgemäß den Rest übernehmen, was später zu einer gewissen Marktbelastung führte.

Dies konnte dem Optimismus der Börse jedoch keinen Abbruch tun, zumal günstige Resultate der meisten Banken und Eisenbahnen sowie die Besserung der russischen und österreichischen Verhältnisse ein Gegengewicht darstellten. Russland beschloss die Emanzipation seiner Bauern und forcierte den Bau neuer Eisenbahnen. Österreich setzte eine neue, liberalere Verfassung in Kraft und machte endlich Ernst mit Einsparungen in seiner Verwaltung. Die Aktienkurse lagen daher im Jahresdurchschnitt um 13,9 Prozent über denen des Vorjahres. Im Jahresverlauf ergaben sich in der Regel noch weit höhere Zuwachsraten. So notierten *Berlin-Potsdamer* am 2. 1. mit 149 und schlossen das Jahr mit 217 Prozent.[80]

Trotz weiterhin stetigen Wirtschaftswachstums bei inzwischen sogar leicht rückläufigen Preisen konnte sich am deutschen Aktienmarkt diese positive Entwicklung 1863 nicht fortsetzen. Dies lag an den inzwischen wieder zunehmenden politischen Spannungen. Ende Januar brach im (russischen) Kongresspolen ein allgemeiner Aufstand aus, bei dem sich Preußen aus Angst vor einem Übergreifen der Unruhen auf die eigenen polnischen Bevölkerungsteile in der Militär-Konvention von Alversleben auf die Seite Russlands stellte. Auch die deutsche Frage, also die Rivalität zwischen Österreich und Preußen um die Führung im Deutschen Bund, spitzte sich spätestens im August wieder zu, als der deutsche Fürstentag in Frankfurt am Main ohne Preußen stattfand. Im November sah schließlich eine neue dänische Verfassung die Einverleibung Schleswigs in das Königreich und damit die Trennung von Holstein vor. Dies wurde in den Herzogtümern und im gesamten Deutschland als Bruch bestehender Verträge aufgefasst und führte zu einer raschen Zunahme der Spannungen zwischen beiden Ländern.[81] Zwar resul-

Abb. 13: Blick durch die drei Säle der Berliner Börse (1863)

(Quelle: Buss)

tierte aus den politischen Ereignissen des Jahres kein Verkaufsdruck, sondern lediglich eine gewisse Kaufunlust der Anleger. Trotz
der guten wirtschaftlichen Entwicklung reichte dies jedoch aus, dass
der Aktienindex im Jahresdurchschnitt lediglich noch um 3,7 Prozent zulegen konnte.

Die Hypothek der deutsch-dänischen Auseinandersetzung belas-
tete auch den Jahresbeginn 1864. Die Baisse, die bereits in den letzten beiden Monaten des Vorjahres eingesetzt hatte, zog sich noch
bis in den Februar hin. Als dann allerdings in diesem Monat der
preußische Einmarsch in Schleswig-Holstein erfolgte, löste sich der
Bann, und die Aktienkurse stiegen unter der Führung der Eisen-
bahnpapiere bis in den Hochsommer hinein. Im September wurde
die Börse kurzzeitig von einer „Geldkrise" beunruhigt. Zur Abwehr
steigender Silberabflüsse und der von der *Banque de France* und
der *Bank of England* verfügten Diskontsatzerhöhungen steigerte
die *Preußische Bank* ihren Leitzins im Laufe dieses Monats schrittweise von fünf auf sieben Prozent. Bereits Anfang Dezember war die
Gefahr jedoch überstanden, und am 18. Februar des Folgejahres lag
der Ankaufsatz für Handelswechsel mit vier Prozent so niedrig wie
seit zwei Jahren nicht mehr.

Nach einer Phase der Seitwärtsentwicklung der Zinsen wurde
dagegen der Rentenmarkt wieder zu einer gewissen Hypothek.
Russland, Italien und Schweden begannen 1864 die europäischen
Kapitalmärkte zunehmend in Anspruch zu nehmen. Für den deutschen Markt stellte der verstärkte Absatz österreichischer und US-
amerikanischer Papiere eine besondere Belastung dar. So hat die
Donaumonarchie in den Jahren 1864 und 65 Anleihen in einem
Gesamtvolumen von über 200 Mio. fl auf dem Markt geworfen. Der
amerikanische Staat emittierte bis Ende 1865 in eineinhalb Jahren
Schuldverschreibungen im Gegenwert von fast einer Mrd. M. Rund
die Hälfte davon soll in Europa, davon ein Großteil in Deutschland
abgesetzt worden sein. Da diese von den Anlegern als erstklassig
bewerteten Papiere einen effektiven Ertrag von sechs bis sieben Prozent abwarfen, zogen sie auch den deutschen Zins nach oben, der
zuvor sowohl für Pfandbriefe als auch für lang laufende Staatstitel
bei etwa vier Prozent lag.[82] Dennoch konnte der Aktienindex 1864
im Jahresdurchschnitt leicht zulegen (+2,4 Prozent).

Trotz einer leicht schrumpfenden Wirtschaft (Nettosozialprodukt nominal −1,4 Prozent) gelang dies auch 1865 noch einmal (Aktienindex +2,3 Prozent). Das erste Halbjahr brachte per saldo deutlich steigende Kurse. Zwar spitzte sich die deutsche Frage zeitweise wieder zu, dies wurde von den Anlegern am Aktienmarkt jedoch nicht so recht wahrgenommen. Auch der Rentenmarkt stellte an sich eher eine Belastung dar. So setzte mit dem endgültigen Ende des amerikanischen Sezessionskrieges eine regelrechte Kapitalflucht in amerikanische Regierungspapiere ein. Von der nahezu drei Mrd. $ umfassenden Staatsanleihe von 1862 wurden nach den Siegen der Union fast eine Mrd. $ in Europa, davon wohl mehrere 100 Mio. $ in Deutschland abgesetzt. Der Grund lag in den attraktiven Konditionen (Laufzeit 20 Jahre, Nominalzins sechs Prozent). Auch nach den kriegsentscheidenden Schlachten im März des Jahres stand das Papier noch bei 40–50 Prozent. Aufgrund der großen Nachfrage – es löste 1865 die österreichischen Staatsanleihen als marktgängigste Renten ab – stieg sie bis zum Jahresultimo auf 80 Prozent.

Zwar schien die deutsche Frage mit dem Vertrag von Gastein am 14. 8. d. J. und der Aufteilung Schleswig-Holsteins vordergründig gelöst, dennoch reagierte der deutsche Aktienmarkt in der zweiten Jahreshälfte auf die anhaltenden Zinssteigerungen am langen Ende zunehmend nervös. Lustloses Geschäft, kleinere Einbrüche und Zwischenhaussen wechselten sich fast wöchentlich ab. Die Kulisse tätigte in dieser Zeit umfangreiche Leerverkäufe, deren Abwicklung im November und Dezember bei den Eisenbahnaktien trotz des inzwischen wieder deutlich angehobenen Diskontsatzes der *Preußischen Bank* zu steigenden Kursen führte.

Auch im Jahr 1866 setzte sich diese Bewegung kurzzeitig fort. Schon bald überschatteten jedoch politische Ereignisse die Börsenentwicklung. Bereits am 15. Januar brach mit der Eröffnung des Preußischen Landtags der alte Verfassungsstreit um das Budgetrecht des Parlament wieder aus. Spätestens Anfang Februar herrschte am Aktienmarkt eine lustlose Stimmung. Erneut waren Spannungen zwischen Preußen und Österreich um Schleswig-Holstein aufgeflammt. Der Konflikt zwischen beiden Parteien wurde noch verschärft, als nach einer Revolution in den Donau-Fürstentümern *Prinz Karl von Hohenzollern* zum Fürsten von Rumänien gewählt wurde. Anders als zwei Jahre zuvor war der drohende Krieg jedoch alles andere als populär. Hinzu kam, dass der Bankdiskont, ausgehend von England, seit Jahresbeginn neue Höchststände erreicht hatte. So berechnete die *Preußische Bank* seit dem 7. 1. einen Diskontsatz von fünf Prozent;[83] andere Banken verlangten vielfach sieben Prozent. Dies führte dazu, dass spätestens seit dem März auch Anleihen vom Markt nur noch zögerlich aufgenommen wurden. Die Emission polnischer Liquidations-Pfandbriefe misslang völlig. Dennoch herrschte bei vielen Marktteilnehmern immer noch ein gewisser Optimismus.

Bereits in der zweiten Hälfte des Monats sorgten jedoch die „Rüstungen" der potentiellen Kriegsgegner für zunehmende Kursverluste, die bis Ende des Monats nahezu alle Papiere weit unter das Niveau vom Jahresbeginn führten. Nach dem preußischen Antrag beim Bundestag auf Verfassungsreform des Deutschen Bundes am 9. 4. schwankte die Börse im April wild zwischen Hoffnung und Furcht. Der 3. 5. brachte dann die preußische Mobilmachung und drei Tage später den Einmarsch Preußens in Holstein. Gleichzeitig wurde mit der vorübergehenden Einstellung der Barzahlungen Italiens klar, dass Preußen in seinem Kampf gegen Österreich einen neuen Bundesgenossen gefunden hatte, und zudem brach in London eine große Handelskrise aus. Sie wurde eingeleitet durch die Zahlungseinstellung des alten Bankgeschäfts *Overend, Curney & Co.Ltd.* und führte dort zu einem Anstieg des Bankdiskonts auf zehn Prozent. Am 11. 5. war das englische Parlament erneut zur Aufhebung der *Peel*schen Bankakte gezwungen, Wechsel auf London sanken stark im Kurs.[84] Da die deutschen Banken ihre flüssigen Mittel in den letzten Jahren zunehmend in Londoner Akzepten angelegt hatten, erlitten auch sie große Verluste. Am gleichen Tag erhöhte die *Preußische Bank* ihren Diskontsatz um zwei auf neun Prozent, nachdem sie ihn bereits eine Woche zuvor um einen Prozentpunkt gesteigert hatte. Zusammen mit dem wachsenden Pessimismus hinsichtlich der deutschen Frage führte dies tags darauf zu einem bis dahin an der Berliner Börse beispiellosen Kurssturz. 3,5-prozentige preußische Staatsschuldscheine sanken von 75 auf 65 Prozent.

Nun folgte eine der letzten Zahlungsstockungen alten Stils. Alle Welt hortete Bargeld (= vollwertiges Kurantgeld). Misstrauen gegen

Papiergeld machte sich breit und ein Run auf die Sparkassen. Die Kurse der Banknoten sanken deutlich, die der Goldmünzen stiegen an. In dieser Situation versuchten die preußischen Garnisonstädte verzweifelt, die durch die Mobilmachung notwendigen Gelder durch Anleihen aufzutreiben. Es war dies nur zu hohen Zinsen möglich. Berlin musste effektiv 5,5 Prozent, Stettin sogar acht Prozent bieten. Auch der Handelsverkehr stockte. Hypothekarkredite wurden nicht mehr vergeben. Wechsel waren unanbringbar. Kurz darauf scheiterte in Paris ein Kongress zur Lösung der deutschen Frage. Ein noch größerer Kurssturz als am 12. 5. war die Folge. Am 10. 6. beantragte Preußen beim Bundestag die Bildung eines neuen Deutschen Bundes unter preußischer Führung und unter Ausschluss Österreichs. Daraufhin setzte Österreich am 14. 6. die Bundesexekution unter Mobilmachung des Bundesheeres gegen Preußen durch. Ihm folgten darin alle mittelgroßen sowie einige der kleineren deutschen Staaten. Preußen trat aus dem Deutschen Bund aus. Am 15. Juni erreichte der Aktienmarkt daraufhin seinen tiefsten Stand. Die einzelnen Papiere hatten seit Mitte Februar zwischen 20 und 35 Prozent ihres Wertes eingebüßt.[85]

Bereits am Tag darauf eröffnete Preußen mit dem Einmarsch in Sachsen den Krieg. Jetzt stiegen die Aktienkurse wieder. Bis Ende Juni war ein großer Teil der Verluste aufgeholt. Dies galt vor allem für preußische Papiere, insbesondere Eisenbahnaktien. Dabei mögen einerseits die schnellen preußischen Erfolge eine Rolle gespielt haben, andererseits jedoch auch die Lehren, die man aus der Panik des Jahres 1859 gezogen hatte, und die Deckungskäufe falsch liegender Baissiers. Zwar brachte die Niederlage Preußens gegen Hannover bei Langensalza Ende Juni die Kurse noch einmal unter Druck. Der kriegsentscheidende Sieg Preußens über Österreich bei Königgrätz am 3. Juli führte jedoch zwei Tage später zur Hausse. Bei enormen Umsätzen schossen fast alle Kurse nach oben und standen innerhalb von drei Tagen um mindestens zehn Prozent höher. Ihr Niveau lag damit über dem ein Jahr zuvor. So waren *Köln-Mindener* vom 16. Juni bis zum 8. Juli von 117 auf 150 Prozent gestiegen. Dies stellte freilich eine Übertreibung dar. Trotz der weiteren militärischen Erfolge Preußens im Mainfeldzug (4.–26. 7.) und des schnellen Abschlusses des Vorfriedens von Nikolsburg (26. 7.) erfolgte eine technische Reaktion, die zudem durch die Kapitalmarktbeanspruchung aufgrund bayerischer und badischer Anleihen sowie die missliche Finanzlage Österreichs und Italiens verstärkt wurde.

Ab August 1866 kehrte dann bei leicht abbröckelnden Kursen wieder etwas Ruhe am Aktienmarkt ein. Der Friede von Prag am 23. 8., der für Österreich den Verlust Venetiens bedeutete, mag dazu beigetragen haben. Nun waren zwei der wichtigsten politischen Streitpunkte dieser Zeit gelöst, die deutsche und die italienische Frage. Die anschließende Seitwärtsentwicklung des Marktes wurde lediglich durch kurze Zwischenerholungen unterbrochen. Hierzu gaben eine liquiditätsbedingte eintägige Hausse in Wien, bessere Ausweise der preußischen Eisenbahnen im September und Oktober sowie eine Krankheit *Napoleons III.* die Anlässe, die die Hoffnung aufkeimen ließ, der Kaiser mit seinen immer wieder einmal geäußerten Expansionsplänen nach Osten könnte abgelöst werden. In der zweiten Jahreshälfte normalisierte sich auch der Geldmarkt zusehends. Der Diskont der *Preußischen Bank* lag ab dem 13. Dezember wieder bei vier Prozent. Dennoch notierte der Aktienindex 1866 im Jahresdurchschnitt um 11,2 Prozent unter Vorjahr. Zum zweiten Mal seit 1850 hatte ein Krieg den Konjunkturzyklus in Deutschland in einem frühen Stadium abgebrochen.[86]

Das Jahr 1867 setzte mit einer nominalen Steigerung des Nettosozialprodukts von 5,7 Prozent (1865 –1,4 Prozent, 1866 + 5,0 Prozent) die konjunkturelle Aufwärtsbewegung verstärkt fort. Sie wurde angeschoben durch eine deutliche Ausweitung des Geldumlaufs (Metallgeld und Banknoten +8,4 Prozent). Dies führte allerdings auch zu einer spürbaren Inflationsbeschleunigung. Wie bereits im Vorjahr beanspruchte die öffentliche Hand den Kapitalmarkt in sehr starkem Ausmaß (1866: 193 Mio. M, 1867: 202 Mio. M). Nach einer kurzzeitigen Erholung der Renten im ersten Quartal begannen die Zinsen in der Folge daher wieder zu steigen. Zunächst schien es so, als sei mit der Gründung des *Norddeutschen Bundes* (sog. August-Bündnis vom 18. 8. 1866), der freien, gleichen und geheimen Wahl seines Reichstages am 12. 2. 1867 und der Ausarbeitung einer liberalen Verfassung des Bundes endlich politische Ruhe in Deutschland eingekehrt. Die Kurse begannen am Jahresanfang wieder zu steigen. Die Pariser Weltausstellung ließ die Überzeugung aufkommen, dass auch aus Frankreich keine Irritationen drohten. Allenthalben war überreichlich Liquidität vorhanden, sodass Wechselprolongationen ohne Mühe vorgenommen werden konnten und in Wien sogar eine regelrechte Liquiditätshausse ausbrach.[87]

Schon bald sorgte jedoch die Luxemburgische Krise wieder für deutlich fallende Kurse. *Napoleon III.* war von *Bismarck* als Kompensationsmöglichkeit für sein Nichteingreifen im deutschen Krieg auf Belgien und Luxemburg verwiesen worden. Als der niederländische König den Verkauf des von ihm in Personalunion regierten Großherzogtums an Frankreich von der Zustimmung Preußens abhängig machte und die Verhandlungen vorzeitig publik wurden, riet *Bismarck* dem niederländischen König unter dem Druck der deutschen öffentlichen Meinung vom Verkauf ab. Die Börse rechnete nun mit einer kriegerischen Auseinandersetzung und setzte auf Baisse. Selbst von der im Mai stattfindenden Londoner Konferenz erwartete man sich keine Lösung und hatte sich damit nach der Beilegung des Konfliktes zum zweiten Mal in diesem Jahr massiv verspekuliert. Im Juni erfolgten Besuche der Monarchen Preußens und Russlands und ihrer Regierungschefs in Paris. Dies sah man als endgültige Ausräumung der Spannungen zwischen den beteiligten Ländern an und reagierte mit deutlichen Kurssteigerungen. Als kurz darauf das Misstrauen im deutsch-französischen Verhältnis wieder aufbrach, war die Enttäuschung umso größer. Das zweite Halbjahr 1867 war deshalb durch eine lustlose Aktienbörse bei gedrückter Stimmung gekennzeichnet, obwohl der am 10. 9. erstmals zusammengetretene Reichstag des Norddeutschen Bundes bereits kurz darauf eine Vielzahl zukunftsweisender wirtschaftlicher Rechtsnormen verabschiedete, so die Neuschaffung der deutschen Zollvereinsverträge sowie die Gesetze über die Freizügigkeit und die Herabsetzung der Gebühren im Post- und Telegrafenverkehr. Der Aktienindex ist deshalb im Durchschnitt des Jahres 1867 auch nur um 2,5 Prozent angestiegen.

Im nun folgenden Jahr beschleunigte sich die Wirtschaftsentwicklung zusehends. Das Nettosozialprodukt stieg nominal um 11,4 Prozent an. Allerdings standen dem auch Preissteigerungen von 6,2 Prozent gegenüber. Internationalisierung und Bedeutungszuwachs des Bankplatzes Berlin machten große Fortschritte. Die

Stadt war inzwischen zum ersten Börsenplatz Deutschlands geworden. Die durchschnittliche Gesamtkapitalrendite der deutschen Eisenbahnen erhöhte sich zum dritten Mal in Reihe und erreichte den stolzen Wert von 7,7 Prozent.[88]

Trotz fortgesetzt hoher Beanspruchung des Kapitalmarktes durch öffentliche Schuldner (öffentliche Inlandsanleihen +324 Mio. M), einer nur noch mäßigen Ausweitung des Geldumlaufs (+3,2 Prozent) sowie weiter leicht steigender Zinsen am Rentenmarkt konnte der Aktienindex 1868 im Jahresdurchschnitt 6,2 Prozent zulegen. Das Jahr stand allerdings auch politisch unter einem glücklichen Stern. In Berlin trat das deutsche Zollparlament unter süddeutscher Beteiligung zusammen. In London wurde mit *Gladstone* erstmals ein Liberaler Premierminister.[89]

Unter ähnlichen Auspizien begann auch 1869. Zwar führten in Frankreich die scharfen Angriffe der Opposition unter *Thiers* wegen der Nachgiebigkeit *Napoleons III.* gegenüber *Bismarck* sowie die Beinahe-Niederlage der kaiserlichen Regierung in den vorangegangenen Wahlen zum Übergang zum Empire Libéral, und mit der Gründung der Sozialdemokratischen Arbeiterpartei in Eisenach kündigte sich auch in Deutschland ein neues politisches Kapitel an, die Börse stand jedoch zunächst ganz im Bann des realen wirtschaftlichen Aufschwungs. Einerseits sank das nominale Nettosozialprodukt um 2,7 Prozent, andererseits ging der entsprechende Preisindex um 4,8 Prozent zurück. Dies war im wesentlichen Folge der bereits zum zweiten Mal in Reihe sehr guten Ernte und des daraufhin einsetzenden rapiden Preisverfalls der meisten pflanzlichen Produkte. Die Produktion in den übrigen Bereichen stieg ebenfalls deutlich, was besonders für die Industrie galt; aber auch die Bereiche Verkehr und Handel konnten ihre Wertschöpfung spürbar erhöhen. Die Börsenumsätze nahmen weiter zu. Gleichzeitig ging die Beanspruchung des deutschen Kapitalmarktes zurück.[90] Zwar wurden 1869 mehr ausländische Anleihen emittiert. Dies dürfte jedoch nicht ausgereicht haben, die Abnahme der Neuemissionen öffentlicher Inlandsanleihen von 324 Mio. M im Jahr zuvor auf 72 Mio. M zu kompensieren, zumal auch die Zahl der Aktienemissionen (rd. 20) noch im Rahmen des gewohnten blieb.

Im Gegensatz zu der relativ ruhigen Entwicklung in Deutschland hatten in der Donaumonarchie die Reformen des Jahres 1867 (Ausgleich mit Ungarn, Dezember-Verfassung, Einleitung der liberalen Ära) und eine reichliche Liquiditätsausstattung zu einem sich immer mehr verstärkenden Kursaufschwung geführt, dessen Höhepunkt unter dem Eindruck sehr guter Ernten 1869 erreicht wurde. Mit ihm ging insbesondere in Ungarn ein ausgesprochenes Gründungsfieber einher. Während in Pest vor 1868 lediglich 21 Aktiengesellschaften mit einem Kapital von insgesamt 30 Mio. fl notiert waren, kamen 1868 42 weitere Gesellschaften mit einem Kapital von 104 Mio. fl und bis inklusive September des Folgejahres noch einmal 38 Gesellschaften mit einem Kapital von 222 Mio. fl hinzu. Insgesamt traten 1869 in der Monarchie 90 Gesellschaften (85 davon erstmals) an den Aktienmarkt heran und emittierten Dividendenpapiere in einem Gesamtvolumen von 421 Mio. fl.[91] Da in Deutschland gleichzeitig ein gewisser Materialmangel vorherrschte, wurden viele dieser Gesellschaften auch dort eingeführt und sorgten für ständig steigende Notierungen. Der Rentenmarkt, der seine Talfahrt in den ersten drei Quartalen weitgehend eingestellt hatte, unterstützte diese Bewegung.

Die Ereignisse der drei letzten Monate machten jedoch die zunächst sehr gute Jahresperformance weitgehend zunichte. Zur Zügelung der Gründungswut hatte die *Österreichische Nationalbank* bereits Ende Juli zu der bei ihr sehr seltenen Maßnahme einer Diskonterhöhung (von 4,5 auf fünf Prozent) gegriffen. Dies wie auch im Laufe des August verfügte mengenmäßige Einschränkungen ihres Kredits hatten jedoch keine Folgen. Erst als die Notenbank am 26. August auch den Zins für Platzwechsel und Lombardkredite leicht anhob, gab der österreichische Aktienmarkt deutlich nach. In den ersten Tagen des September trafen sodann aus der Donaumonarchie in rascher Folge höchst beunruhigende Nachrichten ein. In Wien, Pest, Prag und Brünn gingen große, angesehene Firmen in Konkurs. Jetzt reagierte auch die Berliner Börse äußerst nervös. In dieser Situation führte am 5. September das Gerücht vom Tode *Napoleons III.* zu einem panikartigen Kurssturz, von dem die österreichischen Papiere ganz besonders betroffen waren. Die Börse befürchtete den Regierungsantritt *Thiers*.

Österreichisch-französische Staatsbahn-Aktien verloren an diesem Tag 19 Tlr, österreichische Kreditaktien 16 Tlr.

Die deutschen Anleger waren durch diesen Wiener „Mini- Crash" zunächst so verschreckt, dass sie bis Ende Oktober äußerst vorsichtig agierten. Sie wurden darin noch vom Schwarzen Freitag (23. 9. 1869) an der New Yorker Börse bestärkt. Der nun folgende Oktober war durch eine fast ängstliche Haltung der Akteure am Aktienmarkt geprägt. Die Kurse entwickelten sich unter geringen Umsätzen seitwärts. Als jedoch im November aufgrund der guten konjunkturellen Aussichten der deutschen Wirtschaft wieder eine gewisse Nachfrage auftrat, führte der herrschende Materialmangel, zum Teil unterstützt durch Haussesyndikate, in den letzten beiden Monaten des Jahres wieder zu deutlichen Kurssteigerungen. Aufgrund seiner vorangegangenen Schwächephase konnte der Aktienindex im Jahresdurchschnitt dennoch lediglich 5,8 Prozent zulegen.[92]

Das Jahr 1870 begann zunächst zuversichtlich. Die deutsche Börse hatte es sich seit 1859 angewöhnt, aus den Ausführungen des französischen Kaisers beim Neujahrsempfang auf die in diesem Jahr drohende Kriegsgefahr zwischen Deutschland und Frankreich zu schließen. *Napoleon* machte jedoch 1870 keinerlei derartige Andeutungen. Optimismus zog man auch aus der Tatsache, dass mit der Bildung der Regierung *Ollivier* nunmehr ein Staatsmann an der Macht war, dem man besondere Sympathie für die neu geordneten deutschen Verhältnisse nachsagte. Bereits am 11. 1. erschoss jedoch das Enfant terrible des Kaiserhauses, *Pierre Napoléon*, den Literaten *Victor Noir* in einem Duell. Der schnell inszenierte Freispruch des Cousins des Kaisers, eine ungute Szene beim Begräbnis des Literaten, Arbeitertumulte sowie Verhaftung und Prozess des oppositionellen Abgeordneten und politischen Schriftstellers *Rochefort* machten das Regiment des Kaisers zunehmend unbeliebt und führten zu einer hartnäckigen Verstimmung der Pariser Börse. Negative Einflüsse kamen auch aus Wien. Eine große Emission türkischer Lose scheiterte, die Kurse am Aktien- und Rentenmarkt gingen zurück.[93] Die Berliner Börse konnte sich diesen Entwicklungen nicht ganz entziehen. Sie tendierte in den ersten beiden Monaten des Jahres seitwärts. Allerdings schloss sie sich auch der Baisse der anderen Plätze nicht an.

Nachdem die Einnahmen der preußischen Eisenbahnen unerwartet stark stiegen und sich der Geschäftsgang der Montanindustrie, aber auch anderer Gewerbezweige deutlich belebte, kam wieder Bewegung in die Aktienkurse. Gleichzeitig zogen jedoch auch die Renten wieder an, da mit den amerikanischen Prioritäten und der 7,5-prozentigen rumänischen Anleihe des „Eisenbahnkönigs" *Bethel Henry Strousberg* zwei umfangreiche hochverzinsliche, aber als erstklassig angesehene Schuldverschreibungen zunehmend Kapital an sich zogen. Auf dem Aktienmarkt gaben die Anleger ihre mehrmonatige Vorsicht auf. Am 12. 3. erhielt die mit dem Zweck der Unterstützung des deutschen Handelsverkehrs mit den überseeischen Märkten gegründete *Deutsche Bank* ihre Konzession. Die wenige Tage später angesetzte Zeichnung über fünf Mio. Tlr erbrachte ein Ergebnis von 294 Mio. Tlr. Damit war auch für Deutschland die Welle der Kapitalerhöhungen und Neugründungen, die die Jahre bis 1873 bestimmen sollten, eingeläutet. Bereits im laufenden Jahr erhöhte sich die inländische Marktbeanspruchung sprunghaft. Das eingezahlte Kapital der Aktiengesellschaften aus Industrie und Dienstleistungssektor, das in den beiden Jahren zuvor noch zurückgegangen war, stieg um 301 Mio. M, wobei mit 251 Mio. M erstmals die Industrieunternehmen weitaus das Übergewicht hatten. Hinzu kamen 1870 noch Emissionen von Eisenbahnaktien in Höhe von schätzungsweise rd. 200 Mio. M.[94]

Im Juli nahm die Kursbewegung, die sich in den beiden Vormonaten etwas beruhigt hatte, wieder an Fahrt auf. Der Grund waren die verbesserten wirtschaftlichen Aussichten der für die Börse besonders interessanten Branchen. Zwar nahm die Produktion der Landwirtschaft, des Bergbaus, des Handels und der Versicherungen etwas ab, was 1870 insgesamt zu einem leichten Rückgang des realen Nettoinlandsprodukts von 0,1 Prozent führte. Andererseits wiesen die Industrieproduktion sowie die Wertschöpfung der Banken weiter Zuwachsraten auf. Auch die ersten Juli-Tage standen im Zeichen der Hausse. Von der politischen Seite drohte scheinbar keine Gefahr, hatten sich doch die meisten Fürsten, Staatsmänner und Generäle bereits in die Sommerfrische begeben und der französische Premierminister *Ollivier* am 30. Juni im Parlament erklärt, „dass zu keiner Zeit der Friede mehr gesichert (war), als gegenwärtig".[95] Und er fuhr fort: „Wohin man auch blicken mag, nirgends ist eine Frage zu entdecken, die Gefahr in sich bergen könnte".[96]

Darin hatte er sich gründlich verschätzt. Bereits am nächsten Tag wurde durch eine Indiskretion die Kandidatur des *Erbprinzen Leopold von Hohenzollern-Sigmaringen* für den vakanten spanischen Thron bekannt. Schon im September 1869 hatten die spanischen Regenten sondiert, ob der Prinz zu einer Thronbesteigung bereit wäre, und im Februar des laufenden Jahres hatten sie, gefördert durch *Bismarck*, aber gegen einen widerstrebenden preußischen König, ihr Angebot erneuert. *Leopold* gab nach anfänglichem Schwanken seine Zustimmung. Die Reaktion der französischen Presse war außerordentlich erregt. Daraufhin erklärte der französische Außenminister *Gramond* am 6.7., die Kandidatur gefährde das Gleichgewicht Europas und „die Interessen und die Ehre Frankreichs". Dies wurde – wie beabsichtigt – als Kriegsdrohung gegen Preußen aufgefasst.

Nachdem bereits am Tag zuvor das Aufsehen in der französischen Öffentlichkeit die Berliner Börse irritiert hatte, gingen die Kurse am 6. Juli zunächst unter dem Eindruck der sehr schwachen Pariser Renten weiter zurück. Gerüchte über den Verzicht des Prinzen auf den spanischen Thron führten dann jedoch gegen Ende der Sitzung zu einer Kurserholung. Nach zwei ruhigen Börsentagen, an denen die Anleger den Frieden noch für möglich, ja für wahrscheinlich hielten, platzte am Montag, den 11. Juli die Nachricht an der Börse wie eine Bombe, dass Frankreich vom preußischen König „Erklärungen" über die Beeinflussung des Prinzen zur Verzichtleistung verlange. Eine Panik war die Folge. Am Tag darauf überstürzten sich die Ereignisse. Obwohl *Leopold* die spanische Kandidatur aufgab, verlangte Frankreich die Versicherung *Wilhelms,* dass er auch fortan keine Bewerbung des Hohenzollern genehmigen werde. Der preußische König, der darin eine bewusste Erniedrigung sah, lehnte ab.

Die Ereignisse wurden in Berlin bereits am Abend in einem Extrablatt bekannt. Die Börse reagierte am Folgetag mit einer Fortsetzung des Kurssturzes. Inzwischen hatte *Bismarck* von einem seiner Beamten einen telegrafischen Bericht über die Ereignisse des Vortages erhalten. Er veröffentlichte diese sog. Emser Depesche in verkürzter und damit verschärfter Form. Ein Proteststurm gegen Frankreich erhob sich in ganz Deutschland und im übrigen Europa. Frankreich fühlte sich gedemütigt. Als am 15. Juli in Berlin die Nachricht von der Kriegserklärung an Preußen eintraf, hatten die Börsen das Ereignis bereits weitgehend eskomptiert. Innerhalb von zwei bis drei Wochen waren die meisten Papiere um 20 bis 30 Prozent gefallen. *Darmstädter Bank*-Aktien hatten ihren niedrigsten Kurs bei 96,5 nach 133 Prozent am 1. Juli, *Berlin-Potsdamer Eisenbahn* bei 175 nach 207 Prozent.

Bereits am nächsten Tag begann sich das Blatt zu wenden. Die süddeutschen Staaten erklärten den Bündnisfall, Österreich verhielt sich neutral. Unter wilden Schwankungen und bei hohen Umsätzen regte sich am 16. Juli erstmals wieder Kauflust; die Kurse stiegen per saldo. Zwar folgten noch einige wenige schwache Tage, als französische Truppen am 19. 7. bei Saarbrücken die deutsche Grenze überschritten, und es ergab sich eine deutliche Kreditklemme.

In der letzten Juliwoche legte sich dann jedoch die Aufregung, als klar wurde, dass der befürchtete massive französische Angriff auf deutsches Gebiet ausblieb. Die Kurse tendierten insgesamt seitwärts. Wegen der Nähe zu Frankreich, aber auch aufgrund des Umstandes, dass es hier im Gegensatz zu Berlin eine Medio-Regulierung gab, war Frankfurt stärker betroffen. Hier sanken die Kurse bis zum 19. um 30–45 Prozent und lagen auch am Monatsultimo noch ein Fünftel bis ein Viertel unter den Vormonatsständen.[97] Die schnellen Siege der Alliierten zunächst am 4. und 6. 8. bei Weißenburg und Wörth auf deutschem Gebiet, schon bald aber in Frankreich (16.–18. 8. Schlachten um Metz) ließen im August die Aktienkurse steil nach oben schießen. Am 2. September erfolgte die Kapitulation Sedans und die Gefangennahme *Napoleon III.* Der Krieg schien beendet; die Aktienkurse stiegen weiter. Dabei war der Berliner Börsenplatz besonders euphorisch. Während der deutsche Aktienkursindex[98] im September im Durchschnitt noch um 3,5 Prozent unter dem Juni-Stand lag, hatten in Berlin bereits am 1. September die meisten Kurse wieder die hohen Werte zwei Monate zuvor überschritten.

Am 4. 9. erfolgte der Umsturz in Paris. Man rief den Volkskrieg aus. Am 18. September begann die Belagerung der französischen Hauptstadt. Von nun an machte sich an der Börse Enttäuschung breit. Die Zähigkeit, mit der sich Paris verteidigte, sowie die Bildung immer neuer französischer Armeen ließen einen Winterfeldzug zunehmend wahrscheinlich werden. Ab dem 10. 10. kämpften die Deutschen gegen die neu aufgestellte Loire-Armee um Orléans und erlitten dabei auch die eine oder andere Niederlage. Hinzu kam der mehrmalige Abbruch der Friedensverhandlungen und Mitte November die Erklärung Russlands, es halte sich bezüglich der Neutralisierung des Schwarzen Meeres nicht mehr an den Friedensvertrag des Krim-Krieges gebunden (sog. Pontus-Frage). Da die deutschen Staaten zur Finanzierung ihrer Kriegskosten mehr und mehr Anleihen aufnahmen, herrschte zudem ein gewisser Geldmangel. Die Verlegung der Zahlung der rumänischen Kupons vom 1. 1. 1871 um zwei Monate – der erste Vorbote des Sturzes *Strousbergs* – irritierte die Börse zusätzlich, galt der Eisenbahnkönig doch bisher als bonitätsmäßig völlig einwandfrei. Der Aktienmarkt reagierte verstimmt. Große Kurs-schwankungen bei geringen Umsätzen gingen bald in totale Geschäftslosigkeit über. Auffällig war dennoch, dass bei zu großen Fluktuationen immer wieder Meinungskäufe auftraten.

Das neue Jahr begann etwas optimistischer. In den sog. Novem-ber-Verträgen hatten die süddeutschen Länder am 15., 23. und 25. 11. der Bildung eines kleindeutschen Staates unter der Führung Preußens zugestimmt. Nachdem *Wilhelm I.* widerstrebend einge-willigt hatte, die „deutsche" Kaiserwürde anzunehmen, war 1871 der Weg zur Kaiserproklamation am 18. 1. im Versailler Spiegelsaal frei. Am Tag darauf scheiterte durch die Niederlage bei St. Quentin der letzte französische Versuch, Paris zu entsetzen. Am 28. 1. erfolg-ten die Kapitulation der französischen Hauptstadt und der allge-meine Waffenstillstand. Zwar reagierte die deutsche Börse darauf zunächst mit Gewinnrealisierungen. Insgesamt war das erste Bör-senquartal jedoch durch eine ruhige Entwicklung bei ganz langsam steigenden Kursen gekennzeichnet. Nach dem Vorfrieden von Ver-sailles (26. 2.) ging die Liquiditätspräferenz des Publikums offen-sichtlich stark zurück. Die Zahl der Privatorders stieg, und der Akti-enindex lag im Durchschnitt des Monats März um vier Prozent über dem des Januar. Gleichzeitig regte sich wieder die erste, noch betont solide und wenig umfangreiche Gründungstätigkeit.[99]

In den nun folgenden Monaten explodierte der Aktienindex regelrecht. Bis zu einer geringfügigen Korrektur im September konnte er in sechs Monaten fast 20 Prozent zulegen. Die Aufbruchstimmung der Märkte nach dem gewonnenen Krieg und die plötzlich wieder glänzenden ökonomischen Aussichten (reales Nettoinlandsprodukt 1871 +3,4 Prozent) trugen hierzu bei. Gleichzeitig wurde auch der Rentenmarkt, unterstützt von einem leichten Rückgang der Marktbeanspruchung durch die öffentliche Hand, immer freundlicher. Die Kursbewegung verstärkte sich, als man am 10. 5. den Frieden von Frankfurt abschloss und bekannt wurde, dass Frankreich nicht nur Elsass-Lothringen an Deutschland abzutreten, sondern auch die als unerhört hoch empfundene Summe von fünf Mrd. Gold-Francs (= 4,46 Mrd. M) als Kriegsentschädigung zu entrichten hatte. Ihr standen lediglich 2,2 Mrd. M an deutschen Kriegskosten gegenüber.

Der Geldmarkt, der ohnehin zusehends freundlicher tendierte – die *Preußische Bank* hatte mit Wirkung vom 6. März ihren Diskontsatz wieder auf vier Prozent ermäßigt –, wurde noch flüssiger. Bereits am 26. 6. nahm Frankreich, organisiert von *Rothschild* in London, in einer ersten Emission zwei Mrd. Frs zu fünf Prozent auf. Die Zeichnung wurde in aller Welt ein großer Erfolg; der Kurs der Anleihe stieg innerhalb kurzer Zeit von 82,5 auf 94 Prozent. Es ist vielfach darüber geschrieben worden, inwieweit die französische Kriegsentschädigung für den deutschen Gründerboom 1871–73 verantwortlich war. Es lässt sich wohl nicht bestreiten, dass die Zahlungen Frankreichs neben dem psychologischen Moment des gewonnenen Krieges und den neuen, liberalen Wirtschaftsgesetzen die Zeit des Gründerbooms gekennzeichnet haben.

Der Krieg von 1870/71 hatte den Beginn des deutschen Konjunkturaufschwungs zum dritten Mal in einem Jahrzehnt abgeschnitten und so für eine erneute Verlängerung des Zyklus gesorgt. Deutschland erlebte deshalb im Gegensatz zu den meisten anderen industrialisierten Ländern weiterhin einen wirtschaftlichen Boom. Die französische Kriegsentschädigung floss sehr schnell in den Markt. Einerseits forcierte der Staat Bau- und Rüstungsvorhaben. Andererseits zahlte er insbesondere 1872 und 73 aus ihr auch in wachsendem Maße staatliche Anleihen zurück, sodass, gefördert durch hochschießende Einkommen, die Kapitalmärkte immer flüssiger wurden. Immerhin betrugen die Reparationsleistungen gut das Eineinhalbfache des Geldumlaufs im Jahre 1870. Mit einem Plus von 25 bzw. 13 Prozent[100] war die Geldmengenausweitung der Jahre 1872 und 73 wesentlich für die Entwicklung von Konjunktur und Kapitalmärkten. Bereits in der zweiten Hälfte des Jahres 1871 bestimmte die Erwartung auf diese Gelder die Börse.

Der August 1871 markierte den eigentlichen Beginn der Gründungshausse. Insbesondere Bankgründungen kamen groß in Mode. Daneben wurden umfangreiche Kapitalerhöhungen platziert. Spezialitäten dieser Zeit und besondere Objekte der Spekulation waren die Bau- und Makler-Banken. Diese Institute verbanden die Vermittlung von Immobilien bzw. die Übernahme und Platzierung von Effektenemissionen mit den üblichen Bankgeschäften. Bei Maklerbanken könnte man aus heutiger Sicht von Investmentbanken sprechen. Die Umsätze an der Berliner Börse schossen steil nach oben. Lag im Jahr 1870 der höchste Tagesumsatz (Renten und Aktien zusammen, Einfachzählung) bei 24,5 Mio. Tlr, so stieg er im Jahr darauf auf 60,5 Mio. Tlr. Die Jahresumsätze explodierten von 2,474 auf 4,296 Mrd. Tlr. Es war dies nicht zum geringsten Teil auf die stark ansteigende Zahl von notierten Papieren zurückzuführen. Allein in Berlin wurde der Kurszettel 1871 um 104 neue Aktiengesellschaften mit einem Grundkapital von 241 Mio. M bereichert. In ganz Deutschland waren es 264 neue Werte und nominal 447 Mio. Tlr. Zwar waren nur 70 dieser Neuemissionen Banken, mit 220 Mio. Tlr vereinigten sie jedoch fast die Hälfte des erstmals notierten Kapitals auf sich. Die Nachfrage nach den Papieren war enorm. Als die am 30. September gegründete *Berliner Maklerbank* kurz darauf zur Zeichnung auflag, betrug das Ergebnis bei einem Kapital von einer Mio. Tlr 326 Mio. Tlr. Während die Kurse am Rentenmarkt zum Jahresende hin immer weniger stiegen, nahm der Aktienmarkt ab Oktober seine Kletterpartie wieder auf. Im Durchschnitt des März 1872 konnte sein Index damit nochmals gegenüber der kleinen Korrektur im September 1871 um 22,4 Prozent zulegen. Die gesamte schnelle Bewegung der letzten 15 Monate hatte damit 54 Prozent gebracht.[101]

Auch im neuen Jahr war diese Entwicklung von gleich bleiben-

den Rentenkursen und im Februar sogar von einem leichten Zins-
anstieg begleitet. Umfangreiche Liquidität durch die inzwischen
volkswirtschaftlich wirksam werdende erste Tranche der französischen Kriegsentschädigung bewirkten jedoch, dass der Rentenmarkt nicht drehte, wie zu diesem Zeitpunkt zu erwarten. Zudem
steuerte die *Preußische Bank* dem Boom in keiner Weise gegen. Ihr
Diskontsatz betrug den größten Teil des Jahres vier Prozent und
wurde erst am 16. September auf fünf Prozent erhöht.

Im März 1872 erfolgte der erste Rückschlag am Aktienmarkt. Er
ging von Österreich aus. Um die auch dort hochbrandende Grün-
dungswoge ein wenig einzudämmen, verkündete der Innenminister
Anfang März, dass pro Tag nur noch zwei Konzessionen für Aktiengesellschaften vergeben würden. Mitte des Monats kam es in-
folgedessen zu einem deutlichen Kursrückgang, der für einzelne
Aktien ein Minus zwischen fünf und 20 Prozent brachte. Auch an
der deutschen Börse sanken daraufhin die Notizen.

Bereits Ende April tendierte der Wiener Aktienmarkt jedoch wieder freundlich, und der deutsche Markt schloss sich dem einige Zeit
später an. Die Aktienkurse stiegen, begünstigt durch den fortgesetz-
ten Konjunkturboom, weiter und weiter. Das Nettoinlandsprodukt
legte real 8,1 Prozent zu. Die Unternehmen verdienten so gut wie
noch nie. Die Dividenden betrugen 1872 bezogen auf den Nominalwert der Aktien 15,1 Prozent (zum Vergleich: 1870: 9,5; 1871:
12,9 Prozent). Dies ergab trotz der enormen Kurssteigerungen im
Durchschnitt immer noch eine Dividendenrendite von 7,7 Prozent
(1870: 7,5; 1871: 8,7 Prozent).[102]

Zwar ging die Aktienemissionstätigkeit in (Nord-) Deutschland
bereits wieder etwas zurück. 265 Neugründungen des Jahres 1871
mit einem Kapital von insgesamt 390,7 Mio. Tlr standen nunmehr in
Preußen nur noch 167 Unternehmen mit 211,4 Mio. Tlr gegenüber.
Dies dürfte insbesondere auf einen Rückgang neu etablierter Industrieunternehmen zurückzuführen sein. Dagegen erhöhte sich das
eingezahlte Kapital der Banken-Aktiengesellschaften noch einmal
spürbar (1870: +50; 1871: +100; 1872: +460 Mio. M). Dies stellte
jedoch keinerlei Belastung des Markts dar, da die öffentliche Hand
aus den Zahlungen Frankreichs per saldo Anleihen in Höhe von
904 Mio. M zurückzahlte.

Bereits am 28. 7. – viel früher als erwartet – legte Frankreich eine zweite und letzte Tranche seiner nationalen Anleihe zu fünf Prozent auf. (Diesmal wurde auch in Deutschland lebhaft gezeichnet. Das erforderliche Volumen von drei Mrd. Frs übertraf man um das 14,5-fache.) In Frankreich verdrängte die öffentliche Hand die übrigen Schuldner damit fast völlig vom Kapitalmarkt. Einer privaten Kapitalaufnahme von 474 Mio. Frs stand 1872 eine solche der öffentlichen Hand in Höhe von 3,5 Mrd. Frs gegenüber. In Deutschland war es gerade umgekehrt. Die Gebietskörperschaften nahmen brutto lediglich für umgerechnet 26 Mio. Frs Schuldverschreibungen auf, während auf Banken, Eisenbahnen und Industrieunternehmen insgesamt gut 1,3 Mrd. Frs entfielen. Damit war Deutschland innerhalb von zwei Jahren von niedrigstem Niveau aus mit knappem Abstand hinter Großbritannien (1,44 Mrd. Frs) und noch vor den USA (1,14 Mrd. Frs) zum weltweit zweitgrößten Emissionsmarkt für Aktien aufgestiegen.[103]

Das Jahr 1872 brachte jedoch auch wieder politische Irritationen. Schon die schnelle, vorzeitige Zahlung der Reparationen hatte die wirtschaftliche Stärke Frankreichs und die Zahl seiner Freunde in der Welt gezeigt. Die Einführung der allgemeinen Wehrpflicht in Frankreich, nationalistische Stimmen in der französischen Presse („Rache für Sedan") und der vertragsgemäße Rückzug der letzten deutschen Okkupationstruppen aus Ostfrankreich ließen politische Befürchtungen aufkommen. Dennoch konnte der deutsche Aktienmarkt von Mai bis November noch einmal 28 Prozent zulegen. Ohne dass dies die Börse geahnt hätte, war damit die Spitze des seit zwölf Jahren mit kurzen Unterbrechungen anhaltenden Kursaufschwungs erreicht. Er hatte gegenüber dem Durchschnitt des Jahres 1860 fast eine Verzweieinhalbfachung gebracht. Im Vergleich zum Beginn des Jahres 1871 belief sich das Plus auf 85 Prozent.

Bereits im November 1872 gingen die Kurse am Aktienmarkt kurzzeitig deutlich zurück. In den Monaten zuvor hatte die Zahl der kritischen Stimmen sowohl in Deutschland als auch am weiter boomenden Börsenplatz Wien deutlich zugenommen. Während Österreich jetzt in die heißeste Phase seiner Bankspekulation eintrat, drückten in Deutschland erste Gewinnrealisationen die Kurse. Im Anschluss daran verschlechterten ungünstige Nachrichten aus

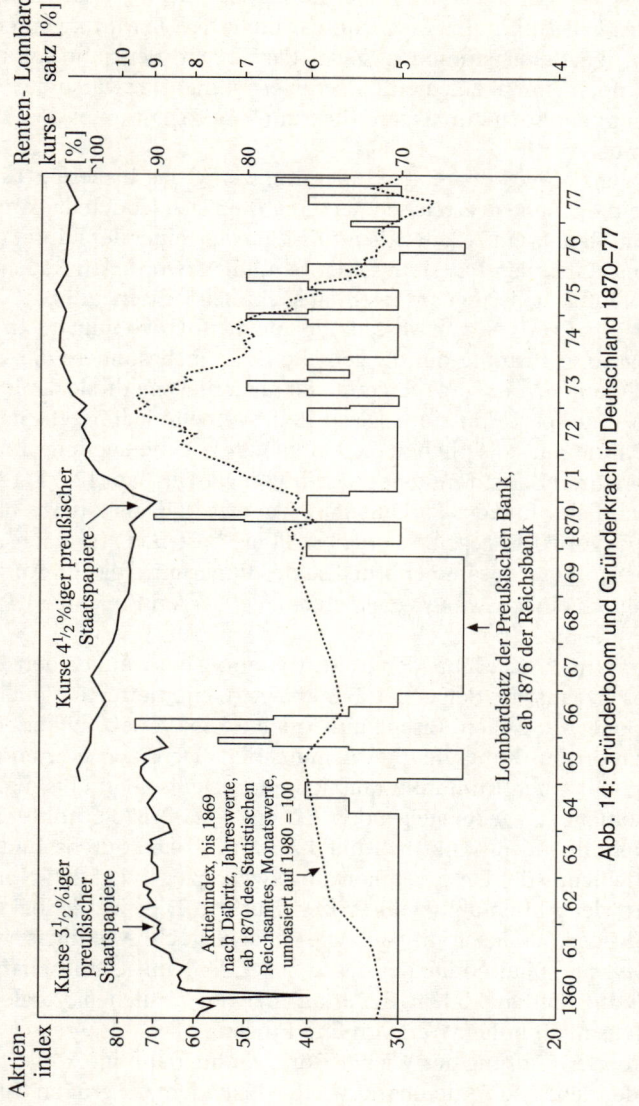

Abb. 14: Gründerboom und Gründerkrach in Deutschland 1870–77

(Quellen: Spree, Statistische Bundesamt, Voye)

Wien sowie der am 17. 12. veröffentlichte Monatsausweis der *Preußischen Bank,* der ganz und gar nicht den Erwartungen entsprach, die Börsenstimmung. Zwar kam es um den Jahresultimo herum noch einmal zu einer Zwischenerholung. Der Kursindex lag im Januar dennoch durchschnittlich um 7,4 Prozent unter dem des November.

Bis zum März konnte der Index kurzzeitig das bisherige Topp noch einmal nahezu erreichen. Jetzt mehrten sich jedoch die Warnzeichen. Bereits am 7. 2. deckte *Eduard Lasker,* einer der Führer der National-Liberalen Partei, in seiner berühmt gewordenen Rede vor dem preußischen Abgeordnetenhaus die beim Eisenbahnbau der letzten Jahre verbreiteten Missstände und die Involvierung höchster Adeliger und Beamter auf. Er geißelte darin insbesondere die von ihm „System-*Strousberg*" genannte Finanzierungsmethode der indirekten unter-pari-Emission. Diese Rede wirbelte gehörigen Staub auf. Da die auf kaiserlichen Befehl gebildete Untersuchungskommission ihren Bericht (und neue Enthüllungen) erst am 12. 11. 1873 veröffentlichte und das Parlament ihn gar erst 1876 diskutierte, blieben die Vorwürfe gegen *Strousberg* lange bestehen. Im nächsten Jahr begann der Zusammenbruch seines Imperiums, das im August 1878 durch einen Zwangsvergleich endete, der am Ende nur 1 Prozent erbrachte.[104]

Bereits im Januar hatte der große Misserfolg einer auf beiden Seiten des Ozeans von den ersten Bankhäusern emittierten umfangreichen amerikanischen Eisenbahn-Anleihe die Verletzlichkeit der internationalen Kapitalmärkte demonstriert. Dennoch führten die weiter sehr guten Konjunkturaussichten in Deutschland bis in den März hinein zu wieder steigenden Aktienkursen. 1873 erhöhte sich das Nettoinlandsprodukt real um 4,2 Prozent. Die durchschnittliche Dividende der Unternehmen ging zwar bezogen auf den Nominalwert der Aktien auf zwölf Prozent zurück. Dies war jedoch im langjährigen Durchschnitt nach wie vor sehr hoch. Allerdings sank die Gesamtkapitalrendite der deutschen Eisenbahn-Gesellschaften 1873 zum fünften Mal in Reihe auf den im zeitlichen Vergleich durchaus nicht hohen Wert von fünf Prozent.

Unter der Führung der Wiener Börse drehte dann im April 1873 auch der deutsche Aktienmarkt wieder. Nachdem die großen österreichischen Banken bereits im vorangegangenen Dezember insbesondere durch die Kündigung von Effekten- und anderen zweifelhaften Lombarddarlehen und die Zurücknahme von Kontokorrentlinien ihre Kreditexposition systematisch zurückgeführt hatten, verkauften sie bis Ende April Effekten in einem Volumen von insgesamt rd. 20 Mio. fl. Der Wiener Markt wurde zusehends nervöser. Ab Anfang April sanken die Kurse. Ein gewisser Optimismus verband sich jedoch mit der Eröffnung der Wiener Weltausstellung am 1. 5. Wie sich bereits in den ersten Tagen andeutete, verlief diese jedoch mit lediglich sieben gegenüber den erwarteten 20 Mio. Besuchern sowie einem Defizit von 19 Mio. fl enttäuschend.[105]

Schon am Tag der Eröffnung kam es zu den ersten Insolvenzen und Vollstreckungen. Die Kurse gingen weiter zurück. Am 5. und 6. Mai beschleunigte sich diese Entwicklung. Am 8. Mai brachen rd. 100 börsennotierte Gesellschaften zusammen. Die Kursverluste betrugen nun bereits nahezu 300 Mio. fl. Als am folgenden Tag aus Paris die Nachricht vom Sturz *Thiers* eintraf, folgte eine regelrechte Panik. Trotz großer Anstrengungen (Stützungskredite, Aufhebung der Deckungspflicht) gelang es der Nationalbank auch in den kommenden 14 Tagen nicht, den Kurssturz entscheidend abzubremsen. Dafür hatte sie in der am 21.5. ablaufenden Bankwoche ihren Notenumlauf von 330 auf 345 Mio. fl, ihren Diskontkredit von 174 auf 187 Mio. fl und ihre Darlehen von 32 auf 39 Mio. fl gesteigert.

Die Berliner Börse begann den Monat Mai ziemlich lustlos. Sie ließ sich darin auch von der deutsch-russischen Militärkonvention vom 6. 5. nicht umstimmen, *Bismarcks* ersten Schritt aus der politischen Isolierung. Der Wiener Aktien-Crash vom 9. 5. hatte in Berlin eine sehr matte und lustlose Börse zur Folge. Die aufbrandende innenpolitische Auseinandersetzung um die vom 11. bis zum 14. 5. erlassenen, den Höhepunkt des Kulturkampfes *Bismarcks* gegen die katholische Kirche darstellenden Mai-Gesetze bestärkten den Aktienmarkt der preußischen Hauptstadt noch in seiner pessimistischen Haltung. Als sich die Wiener Kurse wider Erwarten nicht fingen und gleichzeitig die Nachrichten über die amerikanische Eisenbahn-Krise und den möglichen Zusammenbruch zahlreicher US-Unternehmen, deren Bonds die Berliner in den Jahren zuvor so fleißig gekauft hatten, immer bedrohlicher wurden, ging am 13. 5.

auch der Berliner Aktienmarkt zu einem panikartigen Kurssturz über. Von den am Platz gehandelten 375 Industrieaktien notierten danach nur noch 75 über pari. Zwar konnte sich der deutsche Aktienmarkt im Laufe des Juni wieder leicht erholen; schon im Folgemonat erlitt er jedoch einen weiteren Einbruch und tendierte danach bis Anfang September nur etwas freundlicher.[106]

Die Kurse am Rentenmarkt waren bereits im ersten Quartal wieder gestiegen. Da nur sehr wenig Material angeboten wurde – die verstärkt emittierten Pfandbriefe reichten bei weitem nicht aus, die Tilgungen der öffentlichen Hand wettzumachen – genügten die durch die unruhige Aktienbörse induzierten Umschichtungen, die Zinsen am Rentenmarkt weiter zu senken. Dies konnte jedoch den Aktienmarkt nicht mehr stützen.

Am 20. September stellte in New York das große Bankhaus *Jay, Cook & Co.* seine Zahlungen ein. Eine Reihe weiterer Unternehmen am Platz und in London sowie der Run auf die New Yorker Banken, ein Moratorium für seine Sparkassen und die Schließung seiner Börse folgten am gleichen Tag. Die sofort per Draht nach Deutschland weitergegebenen Nachrichten sorgten zwar für erhebliche Aufregung an der Börse, haben sie aber zunächst nicht gravierend beeinträchtigt. Gerade die Obligationen der Nordpazifik-Bahn, die den Fall des Hauses *Jay, Cook & Co.* veranlasst hatten, waren in Norddeutschland nur in sehr geringem Umfang platziert worden. Der Warenhandel mit seinen engen Austauschbeziehungen zwischen beiden Ländern war darüber hinaus von der Krise nicht tangiert.[107]

Die Berliner Finanzwelt versuchte daher die vorbereiteten Gründungen bei den immer noch recht stattlichen Kursen weiter durchzuziehen. Allerdings ging deren Zahl im zweiten Halbjahr deutlich zurück. Nachdem von Januar bis Juni allein in Preußen noch 196 Unternehmen mit einem Kapital von 166 Mio. Tlr etabliert worden waren, folgten in den Monaten darauf nur noch zwölf, sieben bzw. vier Gesellschaften. Die Gründungskapitalien betrugen im August und September lediglich 22 bzw. 2,3 Mio. Tlr. Hiervon wurde allerdings nur ein geringer Teil tatsächlich emittiert (im August sechs Mio. Tlr). Spätestens im Oktober zeigte sich, dass das auf ständig steigende Notierungen abgestellte Emissionskarussell durch die

Kursverluste der vorangegangenen Monate bereits deutlich beschädigt war.

Anfang des Monats stellte die *Quistorp'sche Vereinsbank* in Berlin ihre Zahlungen ein. Sie hatte als Maklerbank die Aktien von 27 Unternehmen en bloc übernommen und bei 21 von ihnen die Papiere wenigstens teilweise an der Börse eingeführt. Zum Zeitpunkt der Zahlungseinstellung gab man an der Berliner Börse nur 14 der 27 Gesellschaften eine gewisse Überlebenschance. Ihr Grundkapital in Höhe von 13,6 Mio. Tlr war am 1. April mit 18,5 Mrd. Tlr bewertet. Am 10. Oktober summierte sich ihre Börsenkapitalisierung nur noch auf 4,5 Mio. Tlr. Verhandlungen, die *Quistorp'sche Bank*, an der einige Prominente beteiligt waren, durch die *Preußische Bank* oder ein Konsortium großer Häuser zu stützen, scheiterten.[108]

Der Aktienindex, der im Oktober bereits um 5,9 Prozent gefallen war, ging im Monat darauf nochmals durchschnittlich um 6,4 Prozent zurück. Zwei Monate lang häuften sich die Konkurse von Eisenbahnen, Banken, Bau- und Industriegesellschaften. Schockiert registrierte die Öffentlichkeit, dass Bestechungen, Betrügereien und Unterschlagungen im Zusammenhang mit den Gründungen bekannt wurden. Mit Letzteren war es jetzt weitgehend vorbei. Zwar wurden im Oktober in einer Art Torschlusspanik in Preußen noch einmal mindestens 13 neue Aktiengesellschaften mit einem Grundkapital von insgesamt 7,7 Mio. Tlr eingetragen, an eine Aktienausgabe war jedoch nicht mehr zu denken. Der Aktienmarkt konnte sich im Dezember noch einmal kurzzeitig stabilisieren, die Stimmung war jedoch äußerst nervös. Dazu hatte mit Sicherheit auch die jetzt hohe Zahl Not leidender amerikanischer Eisenbahn-Obligationen beigetragen, von denen viele in deutschen Portefeuilles ruhten. Am 22. November 1873 wurden in den USA derartige Anleihen im Gesamtbetrag von 207 Mio. $ nicht mehr bedient.

Nach den starken Verlusten des Vorjahres hielt sich der Aktienmarkt 1874 etwas besser. Die ersten beiden Monate brachten noch einmal deutliche Kursrückgänge (im Monatsdurchschnitt –3,1 bzw. –4,7 Prozent). Danach tendierte der Markt jedoch bis gegen Jahresende unter starken Schwankungen seitwärts. Auch das Wirtschaftswachstum konnte sich wieder fangen. Da die Preise nur noch wenig zunahmen, erhöhte sich das Nettoinlandsprodukt real um 7,3 Pro-

zent. Zwar sank die Dividende weiter ab (8,6 Prozent vom Nominalwert der Aktien), bei den stark reduzierten Aktienkursen bedeu-
tet dies jedoch immer noch eine Dividendenrendite von 6,2 Prozent.[109]

Dennoch saß bei den Anlegern der Schock der Krise vom Herbst
1873 tief. Es war nun nicht mehr möglich, Aktien zu platzieren. Die
fehlende Nachfrage musste über kurz oder lang zu weiter sinkenden
Kursen führen. Wie ein Damoklesschwert hingen die jederzeit möglichen Unternehmenszusammenbrüche über dem Markt. Durch sie,
aber auch durch Kapitalzusammenlegungen schrumpfte das Aktienkapital der Kreditbanken, das im Jahr zuvor noch um 215 Mio. M
gestiegen war, 1874 um 110 auf 965 Mio. M.

Von 1870–73 waren in Deutschland 1018 Aktiengesellschaften
neu gegründet worden. In den darauf folgenden drei Jahren mussten
180 davon wieder liquidiert werden, wobei die Verlustquoten bei
den meisten der 61 Banken noch glimpflich, bei der Mehrzahl der
Eisenbahn- und Industriegesellschaften jedoch katastrophal ausfielen. Die Marktkapitalisierung hatte sich 1874 gegenüber dem Vorjahr um 1,5 Mrd. M,[110] das eingezahlte Aktienkapital um 384 Mio. M
vermindert und ging im Jahr darauf nochmals um 150 Mio. M
zurück.

Hatte den größten Teil des Jahres noch der Gedanke die Börse
beherrscht, der Abschwung könnte mit einer kurzen Bereinigungs-
krise der vorangegangenen Überspekulation sein Bewenden haben
– derartige Krisen betrachtete die Wirtschaft über Jahrhunderte hinweg als positiv und notwendig zur Korrektur von Fehlentwicklungen –, so sah sich die *Preußische Bank* nach mehreren Monaten
rückläufiger Kreditbeanspruchung im Herbst plötzlich erneut einer
sprunghaft wachsenden Nachfrage nach ihren Diskont- und Lombardkrediten ausgesetzt. Sie erhöhte deshalb ihre Leitzinsen am
3. 10. und 23. 11. um jeweils einen Prozentpunkt auf letztendlich
sechs bzw. sieben Prozent.[111] Der Rentenmarkt gab daraufhin etwas
nach. Da sich die wirtschaftlichen Aussichten für das folgende Jahr
zusehends eintrübten, nahm in der Folge der Aktienmarkt seine
Abwärtsbewegung wieder auf.

Auch die noch im Januar 1875 erfolgte Rücknahme von Diskont-
und Lombardsatz der *Preußischen Bank* auf das alte Niveau konn-

te daran nur kurzzeitig etwas ändern. Das Wirtschaftsklima trübte sich nun zusehends ein. Das Nettoinlandsprodukt wuchs real lediglich um 0,6 Prozent. Die Dividende betrug 1875 nur noch 5,2 Prozent des Nominalkapitals. Die Dividendenrendite sank dadurch trotz des anhaltenden Kursrückgangs auf 4,9 Prozent. Dies war gegenüber dem zwischen vier und 4,5 Prozent liegenden Zins für öffentliche Renten nicht mehr allzu attraktiv, zumal bei Aktien durchaus die Gefahr eines weiteren Kursrückganges oder sogar des Totalverlustes in einem Konkurs drohte.

An dieser Stelle sind noch einige Bemerkungen zur Frage angebracht, warum der Rentenmarkt in der Gründerkrise den Kurssturz am Aktienmarkt nicht, wie an sich zu erwarten gewesen wäre, mitgemacht oder sogar eingeleitet hat. Der Schlüssel zum Verständnis lag zum Teil in der Natur des vorangegangenen Aufschwungs. Wie bereits weiter oben erwähnt, wurde die lang anhaltende wirtschaftliche Prosperitätsphase im Deutschland der sechziger und beginnenden siebziger Jahre des 19. Jahrhunderts immer wieder in einem frühen konjunkturellen Stadium durch größere Kriege unterbrochen. Industrieproduktion, Produktivität und Entwicklung des Dienstleistungssektors nahmen in all diesen Jahren dennoch einen recht stetigen Aufschwung. Der im Deutsch-Französischen Krieg zurückgestaute Verbrauch, der überschäumende Optimismus danach und die plötzlich überreichlich vorhandene Liquidität – zur französischen Kriegsentschädigung kamen ab 1871 durch die Einführung der Mark weitere 762 Mio. M hinzu – setzten auf diese relativ kontinuierliche Entwicklung von 1871–73 in Deutschland einen Boom ohnegleichen, während sich die Konjunktur in wichtigen anderen Industrieländern bereits abkühlte.

Gleichzeitig führte die Liquiditätsschwemme einerseits über die Rückzahlung von Staatsanleihen zu einer Kontraktion des Rentenmarktes und andererseits zu einer verstärkten Nachfrage des Publikums nach Kapitalmarktpapieren. Als sich die wirtschaftlichen Aussichten an der Jahreswende 1873/74 zunehmend verschlechterten, drängten diese Gelder verstärkt in festverzinsliche Werte. Zwar dürfte in diesen Krisenjahren auch die Liquiditätspräferenz des Publikums deutlich zugenommen haben. Das gestiegene Vertrauen in die Solidität der Staatsfinanzen und das trotz eines explodierenden Pfandbriefabsatzes[112] per saldo recht knappe Material sorgten jedoch dafür, dass die Zinsentwicklung von 1874 bis über das Konjunkturtief hinaus relativ flach verlief.

In die gleiche Richtung wirkte auch das Verhalten ausländischer Schuldner. Während die Vereinigten Staaten in den Jahrzehnten zuvor zu sehr hohen Zinsen in Europa für Mrd. von Dollar Anleihen abgesetzt hatten, schloss sich nun eine Periode der Rückzahlung dieser Papiere an, und auch die meisten anderen großen ausländischen Schuldner (wie Österreich), verfolgten eher eine Politik der Konsolidierung ihrer Staatsfinanzen. Hinzu kam, dass nach der Konvertierung amerikanischer Regierungsbonds und dem reihenweisen Ausfall von US-Eisenbahn-Anleihen ausländische Papiere deutlich an Popularität eingebüßt hatten. Das daraus resultierende atypische Verhalten des Rentenmarktzinses während des Aktienkurssturzes 1873–77 steht jedoch in der gesamten mehrhundertjährigen Geschichte der Aktiencrashs einmalig da.

Während das Jahr 1874 politisch sehr ruhig verlief – die Wahl *Disraelis* zum Premierminister, die Einführung der allgemeinen Wehrpflicht in Russland und das Verbot der SPD in Deutschland beunruhigten die Börse nicht weiter – kamen in der nun beginnenden letzten Phase des Kurssturzes auch noch politische Irritationen hinzu.

Am 30. Januar 1875 wurde Frankreich offiziell zur Republik erklärt. Die in der Zwischenzeit in der französischen Presse immer lauter werdenden Revanche-Rufe irritierten die deutsche Öffentlichkeit zusehends. Im März 1875 vermehrte Frankreich durch ein Kadergesetz die Offiziersstellen und gliederte seine Armee so, dass zu jedem Regiment nunmehr vier statt bisher drei Bataillone gehörten. Ohne die Friedenspräsenzstärke zu erhöhen, war hierdurch die Möglichkeit einer raschen Verstärkung geschaffen. Um das Nachbarland einzuschüchtern, inspirierte *Bismarck* am 8. 4. einen Artikel „Ist Krieg in Sicht?" in der *Post*. Auch wenn der Reichskanzler kurz darauf in der *Norddeutschen Allgemeinen Zeitung* sowie durch den deutschen Botschafter in Paris beruhigende Erklärungen verbreiten ließ, reagierte der französische Außenminister am 6. 5. auf ein privates Gespräch von zwei Mitarbeitern *Bismarcks* mit dem französischen Botschafter über die Möglichkeit eines Präventivkrieges mit einem von ihm angeregten Artikel in der *Times*, in dem die englische und russische Regierung um Schutz gegen einen angeblich drohenden deutschen Angriff gebeten wurde. Nach Rücksprache mit Berlin versicherte der russische Außenminister, dass irgendeine Kriegsgefahr nicht bestehe.[113]

Die Krieg-in-Sicht-Krise, aber auch die beschleunigte wirtschaftliche Talfahrt waren für die deutsche Aktienbörse Grund genug, ab April die zu Jahresbeginn nur kurz unterbrochene Baisse wiederaufzunehmen. Wegen der restriktiven Politik der *Preußischen Bank* sank die Geldmenge 1875 um sieben Prozent. Das Nettosozialprodukt zu Faktorkosten ermäßigte sich nominal um 3,3 Prozent. Da der entsprechende Preisindex gleichzeitig um 5,5 Prozent zurückging, ergab sich (indirekte Steuern, Subventionen und Saldo der Erwerbs- und Vermögenseinkommen zwischen Inländern und der übrigen Welt fielen noch nicht ins Gewicht) nochmals ein geringer Zuwachs des realen Nettoinlandsprodukts von 0,6 Prozent. Bei immer noch leicht steigendem privaten und lediglich etwas rückläufigem öffentlichen Verbrauch fand die Stagnation der Wirtschaft 1875 insbesondere im drastischen Rückgang der Nettoinvestitionen (real –19,2 Prozent) ihren Ausdruck. Andererseits verharrte die Industrieproduktion während der gesamten Krise auf dem zuvor erreichten hohen Niveau.

Da sich jedoch das Produktivitätswachstum fortsetzte und die Zahl der Erwerbspersonen gerade in diesen Jahren besonders schnell stieg, ist auch die Arbeitslosigkeit nach allem, was wir wissen, in den späten siebziger Jahren des 19. Jahrhunderts in eine bis dahin nicht gekannte Höhe geschnellt. Dies war neben der großen Zahl von Unternehmenszusammenbrüchen und dem Kurssturz am Aktienmarkt einer der Hauptgründe für das Erstarken von Sozialdemokratie und Gewerkschaftsbewegung, den Aufbau eines staatlichen Sozialversicherungssystems, das Aufkommen des politischen Antisemitismus in Deutschland (*Christsoziale, Deutschsoziale*) sowie die Abwendung *Bismarcks* vom bisher verfolgten liberalen Wirtschaftssystem (Schutzzollpolitik) und den Niedergang der liberalen Parteien.[114] An der Aktienbörse brachte das Jahr 1875 nach einer zwischenzeitlichen Stabilisierung der Kurse im Herbst einen erneuten Einbruch.

Damit war die weitere Verschlechterung des wirtschaftlichen Klimas in den kommenden zwei Jahren zum größten Teil vorweggenommen. Auch 1876 und 77 ging die Geldmenge noch einmal zurück (um zwei bzw. acht Prozent). Das Nettoinlandsprodukt ermäßigte sich real um jeweils 0,6 Prozent. Die Schrumpfung des börsennotierten Aktienkapitals setzte sich weiter fort. Allein das eingezahlte Grundkapital der Banken ging um 101 bzw. 92 Mio. M zurück. Allerdings stand dem seit 1874 ein zunächst leichter, bald jedoch wieder kräftiger Zuwachs des Umlaufs inländischer öffentlicher Anleihen gegenüber. Bei der Gewinnsituation der Unternehmen zeigten sich erste Hoffnungsschimmer. Zwar ging die Dividende, bezogen auf das Nominalkapital 1876 auf 4,2 Prozent zurück, die Dividendenrendite sank dadurch jedoch lediglich von 4,9 auf 4,8 Prozent. 1877 verzeichneten dagegen beide Kennzahlen bereits eine Verbesserung. Die Dividende stieg auf 4,3, die Rendite auf 5,4 Prozent. Da das Jahr 1876 einige Monate fast stabiler Aktienkurse beschert hatte, lag dies im Wesentlichen an der nach dem Oktober 1876 einsetzenden letzten Phase des Kursturzes, die erst im Mai des Folgejahres ihren Abschluss fand.

Der Abschwung hatte insgesamt 54 Monate gedauert. Er brachte für den deutschen Aktienmarkt Kursverluste von gut 64 Prozent. Obwohl das Nettosozialprodukt nominal selbst im Tiefpunkt 1879 noch um 40 Prozent über dem zehn Jahre zuvor lag, war der Aktienmarkt Mitte 1877 auf einem Niveau angelangt, das sich exakt ein Drittel unter dem Kursstand des Jahres 1869 befand. Damit hatte jeder der bisher beschriebenen drei Aktien-Crashs des 19. Jahrhunderts die Kurse auf ein neues Rekordtief geführt. Entscheidend für die Frage, ob und inwieweit in diesen Jahrzehnten eine positive Aktienperformance erwirtschaftet werden konnte, war also die Frage nach dem Erkennen der richtigen Ein- und Ausstiegszeitpunkte.

In den vorangegangenen Kapiteln wurden bereits einige Warnzeichen vor bevorstehenden Kursstürzen behandelt. Das Drehen des Rentenmarktes fiel 1872 aus. Dagegen hätte die überschäumende Gründungstätigkeit und ihre zunehmende Unseriosität bereits gegen Ende des Jahres ein Warnzeichen darstellen können. Als dann mit der Wiener Börsenkrise auch in Deutschland ein erster Kurssturz vom High eintrat, hat sich zwischen August 1872 und Mai

1873 als klassische Umkehrformation ein Double- top gebildet. Diese Formation gehörte als Kopf zu einer längeren Figur. Mit dem Unterschreiten der Nackenlinie vollendete sich im November 1873 ein Head-and-shoulders-top. Nachdem sich diese Figur über nicht weniger als 21 Monate erstreckte und sich der vorangegangene Aufschwung außergewöhnlich lang hinzog und einen sehr hohen Kurszuwachs brachte, war dies ein Hinweis, dass dem deutschen Aktienmarkt eine ausgedehnte und tiefe Baisse bevorstand.

Ende 1872, spätestens jedoch gegen Mitte des folgenden Jahres, sprachen darüber hinaus gravierende fundamentale Gründe für ein Ende der Hausse. Die sehr hohen Preis- und Lohnsteigerungen sowie die stark ausgeweiteten Kapazitäten brachten die Unternehmen in die Klemme. Die Kosten explodierten, während die Umsätze nur noch einen geringen Zuwachs aufwiesen. Es fanden deshalb nach der Jahreswende zunehmend skeptische Artikel Eingang in die Wirtschaftsteile der Zeitungen. Tatsächlich sank ja bereits 1873 die Durchschnittsdividende der deutschen Unternehmen. Auch auf einen Frühindikator sei an dieser Stelle noch hingewiesen. Nach einer 27-monatigen, nahezu ununterbrochenen steilen Aufwärtsbewegung erfolgte in den Monaten April und Mai 1872 erstmals ein empfindlicher Rückschlag, der von einer deutlichen Erhöhung der Volatilität begleitet war. Auch dies war ein Hinweis, dass bei der folgenden Wiederaufnahme der Haussebewegung Vorsicht geboten war.

In der ersten Hälfte des 19. Jahrhunderts waren die Privatbankiers von besonderem Gewicht für den deutschen Aktienmarkt gewesen. Ihre Bedeutung stieg noch, als mit der Beschränkung des Börsenzutritts die Privatleute im Kaiserreich vom Börsenbesuch ausgeschlossen wurden. Es ist damals viel polemisiert worden über die Rolle dieser Banken, von denen immer wieder die eine oder andere aufgrund ausgedehnter Fehlengagements in Futures Konkurs anmelden musste. Nach einer besonders ausgedehnten Spekulationsphase Ende der achtziger Jahre und einigen Betrugsfällen führte das Misstrauen des Publikums in den Jahren danach zu reihenweise Liquidationen, Übernahmen und Übersiedlungen nach London.[115]

Das Börsengesetz von 1896 mit seinem Verbot bestimmter Termingeschäfte setzte den Schlusspunkt. Ab nun waren die Großbanken die bedeutendsten Akteure an den deutschen Börsen. Auch in der Zeit vor und nach dem Ersten Weltkrieg treten uns ansonsten wieder die bekannten Kreise von Marktteilnehmern entgegen. Bestimmten Gruppen von Maklern waren nun eigene Engagements erlaubt. Sie nutzten dies primär zu Spekulationen in Futures, soweit Termingeschäfte nicht wie von 1896–1908 teilweise oder wie von 1914–25 und ab 1931 vollständig verboten waren. Spekulative Engagements gingen darüber hinaus Bankangestellte, Insider und Teile des Privatpublikums ein. Dies galt in verstärktem Maße in der Weimarer Republik, wo zunächst die Hyperinflation die Anleger massiv in die Sachwerte drängte („Beamtenhausse") und danach starke Kurssprünge Gewinne versprachen. Im Kaiserreich waren die Privatleute dagegen primär auf längerfristige Engagements ausgerichtet. Allenfalls bei hochgetriebenen Kursen erfolgten Verkäufe auf breiter Front. Das Engagement der Ausländer war insgesamt noch verhältnismäßig gering. Zwar nutzten diese die in Devisen äußerst günstigen Inflationskurse zeitweise recht massiv. Mitte 1923 befanden sich jedoch immer noch nur zehn Prozent der deutschen Aktien in ausländischem Besitz. Selbst gegenüber dieser Bewegung hatten sowohl die Käufe US-amerikanischer Investmenttrusts gegen Ende der zwanziger Jahre als auch 1926 die Kapitalflucht aus Frankreich, Belgien und Luxemburg als Folge der nun dort einsetzenden Hochinflation nur geringe Bedeutung. Dagegen bestimmten die Aufkäufe großer Unternehmen durch einzelne Industrielle *(Stinnes, Thyssen, Haniel)* zeitweise sehr wohl die Kursentwicklung.

Insgesamt erhält man beim Studium der zeitgenössischen Literatur den Eindruck, dass die deutsche Aktienbörse im Kaiserreich und in der Weimarer Zeit von ganz ähnlichen Kräften getrieben wurde wie direkt nach dem Zweiten Weltkrieg oder heute. Es gab die gleichen Probleme bei der Kursfestsetzung der Neuemissionen, die Insiderproblematik wurde breit diskutiert, die Zahl der Calls überschritt die der Puts fast immer ganz deutlich, und die detaillierte Beschreibung der einzelnen Marktphasen liest sich, als ob sie in den achtziger Jahren stattgefunden hätten. Darüber hinaus gab es auch eine große Übereinstimmung bei den Usancen. Zwar waren die Stücke beim Kassageschäft erst am vierten Tag nach Abschluss zu liefern (in der Inflationszeit sogar erst am 10.–14. Tag), sodass das Kassafixen ein größeres Betätigungsfeld als heute fand, und Einschüsse und Beleihungsgrenzen wichen etwas ab. Andere Bestimmungen dagegen sind seit Jahrzehnten gleich geblieben. So gibt es seit dem November 1917 in den großen Werten eine variable Notiz (vor dem Ersten Weltkrieg existierte am Kassamarkt nur die einheitliche Notiz), und in Berlin mussten schon sehr früh die Kundenorders zum Einheitskurs abgerechnet werden.[116]

Gründeraufschwung und -krise zählten zur 40 Jahre währenden Anfangsphase des deutschen Aktienmarktes, die durch große Schwankungen der Wirtschaftstätigkeit und eine zyklische Überbeanspruchung der Kapitalmärkte gekennzeichnet war. Viele schwerwiegende politische Irritationen sowie die in Krisenzeiten regelmäßig hochschießende Zahl von Unternehmenszusammenbrüchen sorgten dafür, dass der Aktienmarkt in dieser Zeit kaum Boden gutmachen konnte. Dies änderte sich ab 1877. Sein Trend war nunmehr eindeutig aufwärts gerichtet. Die Tiefpunkte der Kursschwankungen lagen nicht mehr, wie bisher, von Mal zu Mal niedriger, sondern sie stiegen an, und die Oszillationen des Marktes verminderten sich von Schwankung zu Schwankung. Diese Entwicklung hatte gravierende volkswirtschaftliche Gründe. Auch die gesamtwirtschaftlichen Aggregate wiesen gegen Ende des Jahrhunderts eine größere Stetigkeit auf. Im gesamten betrachteten Zeitraum ging das Nettoinlandsprodukt lediglich in einem Jahr (1901: –2,3 Prozent) real zurück, sodass sich das durchschnittliche Wachstum im fraglichen Zeitraum gegenüber der Anfangsphase der Industrialisierung sogar noch etwas beschleunigte.

Dagegen sank die Kapitalmarktbeanspruchung relativ zu den nun sprunghaft gestiegenen Selbst- und Kreditfinanzierungsmöglichkeiten der deutschen Wirtschaft. Sie wies zudem nicht mehr die starken Schwankungen auf, die für die vorangegangenen Jahrzehnte typisch waren und damit immer wieder zu einer Überbeanspruchung der Finanzmärkte geführt hatten. Deutschland wuchs unter den großen Volkswirtschaften nach den USA am stärksten. So ist es kein Wunder, dass die hohe Arbeitslosigkeit der Gründerkrise im Kaiserreich einzig dasteht und die sozialen Spannungen in Deutschland zurückgingen. In der ersten Hälfte der hier kurz beschriebenen

Periode verbesserten sich auch die übrigen volkswirtschaftlichen Rahmenbedingungen. So stieg die Arbeitsproduktivität bis 1888 deutlich an, die Großhandelspreise industrieller Grundstoffe sowie der langfristige Zins sanken vor 1895. Bis gegen Ende des Jahrhunderts erhöhte sich zudem die Nettoinvestitionsquote. Sie betrug 1898 im Höhepunkt 18 Prozent. Im letzten Jahrzehnt vor dem Ersten Weltkrieg kehrte sich diese Entwicklung teilweise um. Zwar waren die Wachstumsraten immer noch recht kräftig, die emporschießenden Konkursquoten sowie die relativ stark steigenden Zinsen begrenzten aber den Spielraum der Aktienkurse nach oben. Der Index lief daher in ein lang gestrecktes Dreieck hinein.[117]

4. Kursstürze des 20. Jahrhunderts

Der Ausbruch aus dem Kursbild der steten Aufwärtsentwicklung bei immer geringerer Amplitude erfolgte nach dem Mord in Sarajevo während der Juli-Krise, die den Ersten Weltkrieg einläutete. Zwar waren die deutschen, wie auch sämtliche anderen europäischen Börsen von August 1914 bis November 1917 geschlossen, der Freiverkehr riss jedoch während des gesamten Krieges nicht ab. Fast in allen marktgängigen Titeln kamen auch jetzt tägliche Kurse zustande. Angetrieben von der Kriegskonjunktur und getragen von der Euphorie über die ersten schnellen Siege erholten sich die Aktienkurse bereits gegen Ende des Jahres 1914 zusehends und legten in der Folge drei Jahre nahezu ununterbrochen zu. Mit der Wiederaufnahme der amtlichen Notiz im November 1917 kehrte sich diese Entwicklung um. Zunächst hatte dies seinen Grund darin, dass die Kulisse wegen der starken Einschränkung der Zahl variabel notierter Aktien verstimmt war und Gerüchte über eine geplante Erhöhung der Börsenumsatzsteuer umliefen. Der Frieden von Brest-Litowsk, größere Geländegewinne in Frankreich („Große Schlacht in Frankreich") und die einsetzende Flucht des Publikums in die Sachwerte bei immer spürbarer werdender kriegsbedingter Aufblähung der Geldmenge ließen die Kurse in Papiermark gerechnet im Februar sowie im April und Mai wieder deutlich ansteigen. Nach zwei flauen Monaten erfolgte in den Monaten August und September eine letzte kurze Haussebewegung.

Nachdem die Irritation über die Lage an den Kriegsschauplätzen bereits in den Monaten zuvor stetig zugenommen hatte, führte der Zusammenbruch Bulgariens, der Türkei und Österreichs im letzten Quartal 1918 zu einem bis dahin beispiellosen Kurssturz. Anfang November musste die Börse deshalb wieder für eine Woche geschlossen werden.[118] In Goldmark gerechnet, also inflationsbereinigt, verlor der Aktienindex bereits seit dem Juni 1918 immer schneller an Wert. Beschleunigt wurde diese Entwicklung durch die überraschend harten Waffenstillstandsbedingungen von Compiègne (11.11.) und den Versailler Frieden (28.6.1919). Als der Kurssturz im Februar 1920 sein vorläufiges Ende fand, lag der Aktienindex bei lediglich 7,5 Prozent des realen Wertes vom Mai 1918.

Während in der gesamten Inflationsperiode die Aktienkurse in Papiermark gerechnet sprunghaft anstiegen, wiesen die Notizen in Goldmark lediglich während der kurzen Restrukturierungsperiode bis zum September 1921 Steigerungen auf (insgesamt +132,5 Prozent). Mit der nun beginnenden Hyperinflation[119] erlahmte die Wirtschaftätigkeit in Deutschland in der Folge jedoch zusehends. Die gesamtwirtschaftliche Produktion fiel wieder unter ihren Vorkriegsstand zurück, und die Arbeitslosigkeit schoss in die Höhe. Im Oktober 1922 hatte der Index real gegenüber dem Vorjahr 86,2 Prozent und gegenüber dem Nachkriegshoch 97,6 Prozent an Wert eingebüßt.[120]

Wenn der aufgezeigte Kurssturz auch der bei weitem krasseste in der deutschen Börsengeschichte war, soll an dieser Stelle doch nicht weiter auf ihn eingegangen werden. Zum einen sind die Informationen über die vorangegangene Kursentwicklung im Ersten Weltkrieg relativ spärlich und die Börse unterschied sich 1914–17 in organisatorischer Hinsicht deutlich von normalen Zeiten. So durften zwar die Börsensitzungen in den gewohnten Räumen stattfinden, die offizielle Kursfeststellung und die Veröffentlichung von Kurszetteln war jedoch untersagt, sodass Markttransparenz und -teilnehmer stark abwichen. Zwar gibt es Literatur über die Börsenentwicklung in dieser Zeit, hinsichtlich der volkswirtschaftlichen Aggregate herrscht jedoch große Unsicherheit. Zudem wurde, wie in vielen Kriegen, die auf Hochtouren laufende Produktion weitgehend mit der Notenpresse finanziert, sodass sich im Laufe der Kriegsjahre ein immer größerer anlagesuchender Geldüberhang bildete. Diese Entwicklung setzte sich mit den übersteigerten Anforderungen der Siegermächte an das deutsche Sozialprodukt auch Anfang der zwanziger Jahre fort. Durch die Hoch- und Hyperinflation und die hektische, immer wieder in anderer Richtung verlaufende wirtschaftliche Aktivität geben die wenigen erhobenen volkswirtschaftlichen Aggregate kein klares Bild.

Im Laufe des Jahres 1922 verloren die Anleger die letzten Hoffnungen auf eine Wiedergesundung der Wirtschaft. Seit dem Sommer war die Papiermark in das Stadium der Hyperinflation eingetreten.

Während der Stückgeldumlauf bis in die ersten Monate des Jahres hinein ziemlich gleichmäßig um etwas mehr als 50 Prozent pro Jahr gestiegen war, erhöhte sich nun das Expansionstempo immer stärker. Mit dem inneren und äußeren Wertverfall der Mark konnte es dennoch nicht Schritt halten, sodass die Umlaufgeschwindigkeit des Geldes stark anstieg. Seit dem Sommer 1922 kam es zudem in zunehmendem Maße zur Kapitalflucht aus Deutschland. Das Signal dazu hatte die Ermordung des Reichsaußenministers *Walter Rathenau* am 24. 6. d. J. gegeben. Gleichzeitig verschlechterte sich die Situation der Arbeitnehmer drastisch. Zwar sorgte die aufblühende Scheinkonjunktur für sehr niedrige Arbeitslosenraten (1921: 354 000, 1922: 213 000), die Löhne und Gehälter blieben jedoch zusehends hinter den Lebenshaltungskosten zurück. Besonders hart traf es den bisherigen Mittelstand. Einerseits erhöhte man die mittleren und höheren Gehälter aus sozialen Gründen in weit geringerem Ausmaß als die Arbeiterlöhne, sodass auch die Zahl der Immobilien-Zwangsverkäufe dieser Bevölkerungsgruppe sprunghaft stieg. Andererseits war sie die Hauptleidtragende bei der inflationsbedingten Vernichtung der Kapitalvermögen. Dies trug zur Austrocknung der deutschen Aktienmärkte in den nächsten Jahren bei. Gravierender noch war, dass dieser Prozess den Grundstein zur Radikalisierung des seit dem preußischen Verfassungskonflikt so unpolitischen deutschen Mittelstandes legte und entscheidend zum späteren Aufstieg der Nationalsozialisten beitrug.

In dieser Zeit setzten die ersten ernsthaften Versuche zur Stabilisierung der Währung bzw. eines Ausweichens auf wertbeständige Verrechnungseinheiten ein. Zwar scheiterte die Kabinettsvorlage einer vierprozentigen Goldmark-Reichsanleihe (8. 8. 1922) am 20. 10. d. J. noch am entschiedenen Widerstand der *Reichsbank*. Im August 1922 erfolgte jedoch bereits die Gründung der *Roggen-Rentenbank-AG* zwecks wertbeständiger Beleihung landwirtschaftlicher Grundstücke auf Roggenbasis. Sie refinanzierte sich durch Ausgabe von Roggen-Rentenbriefen, deren Wert sich ebenfalls in diesem Getreide bemaß. Gegen Ende des Jahres ging der Warenverkehr nach und nach zur „Goldrechnung" über. In der zweiten Jahreshälfte machte sich bei der *Reichsbank* ein gewisser Meinungswandel hinsichtlich der inflatorischen Wirkung einer Aufblähung des Diskontgeschäftes bemerkbar. Die deutsche Zentralbank war bisher der Meinung gewesen, vom Ankauf von Handelswechseln könne grundsätzlich kein inflatorischer Impuls ausgehen, und sie hatte daher die Ausweitung des Diskontkreditvolumens von einer auf 422 Mio. M im Laufe des Jahres 1922 noch begrüßt (zum Vergleich: Reichsschatzanweisungen Ende 1922: 1185 Mrd. M). Vom 28. 7. 1922 bis zum 18. 1. 1923 erfolgte dann schrittweise die Erhöhung der Diskont- und Lombardsätze von fünf auf zwölf bzw. von sechs auf 13 Prozent.[121]

Im Oktober 1922 hatte der Aktienindex in Goldmark gerechnet seinen niedrigsten Stand erreicht. Fast genau ein Jahr, bevor die Stabilisierung der deutschen Währung gelang, drehte im darauf folgenden Monat der Index. Im November übernahm der parteilose Generaldirektor der *Hapag, Wilhelm Cuno*, an der Spitze einer rechtsgerichteten Koalition die Regierung. Sein Kabinett der Wirtschaftsfachleute („Minister mit diskontfähiger Unterschrift") wurde an der Börse allgemein begrüßt. In Goldmark gerechnet konnten sich die Aktienkurse in den nächsten zwölf Monaten einer sich immer mehr überschlagenden Inflation mehr als vervierzehnfachen. Dies geschah vor dem Hintergrund eines im neuen Jahr sehr bald stark eingetrübten politischen Szenarios. Am 11. Januar 1923 benutzten Frankreich und Belgien den Vorwand eines geringfügigen Rückstandes der Holz- und Kohlelieferungen bei den deutschen Reparationen zur militärischen Besetzung des Ruhrgebietes. Die Reichsregierung rief daraufhin den passiven Widerstand an der Ruhr aus. Es kam zu Unruhen, Anschlägen und Erschießungen. *Krupp* und *Thyssen* wurden verhaftet. Seinen Höhepunkt erreichte der Ruhrkampf mit der hochgespielten Verhaftung (8. 5.) und Erschießung (26. 5.) des Nationalsozialisten *Schlageter*, dem die Franzosen eine Reihe von Anschlägen zur Last legten.[122]

Der Ruhrkampf bedeutete eine ungeheure Anspannung der Reichsfinanzen. Da man erst sehr spät zu einer wertbeständigen Steuererhebung überging – vollständig geschah dies erst am 19. 11 1923, also über einen Monat nach der Verkündigung der Rentenbankverordnung! –, sanken die Steuereinnahmen des Reiches 1922 und 23 real immer mehr ab. Hatten sie 1921 noch 3,6 Mrd. Goldmark betragen, so halbierten sie sich in den beiden Folgejahren jeweils. Dagegen schossen die Ausgaben des Reiches gerade 1923 hoch. So kostete der Ruhrkampf vermutlich allein ca. 3,5 Mrd. Goldmark, da einerseits die Einnahmen aus diesem Gebiet nun fehlten, andererseits soziale Unterstützungen an die durch den passiven Widerstand arbeitslos gewordenen Arbeiter gezahlt werden mussten. Die Reichsregierung finanzierte dies nahezu ausschließlich über Notenbankkredite und gab so selbst den Anstoß für die völlige Funktionslosigkeit der Papiermark in der zweiten Jahreshälfte. Von den Reichseinnahmen des Jahres 1923 in Höhe von 8,7 Mrd. Goldmark entfielen sieben Mrd. auf diese sog. „schwebende Schuld".[123] Gleichzeitig gelang den Gebietskörperschaften jedoch auch die völlige Rückzahlung der bis dahin aufgenommenen, auf (Papier-)Mark lautenden Staatsschulden.

Angetrieben von einem wilden Spekulationsfieber und dem Bestreben, sofort jede verfügbare Mark in Sachwerten anzulegen, ließ sich der Aktienmarkt 1923 auch von den übermächtigen wirtschaftlichen Problemen nicht irritieren. Man konnte sich geradezu darauf verlassen, dass die Kurse nach jedem Gehaltstermin in die Höhe schossen („Beamtenhausse"). Im Mai war der monatelange Interventionskampf der Reichsbank gegen den Markverfall an den ausländischen Börsen, dem sie einen großen Teil ihrer Goldbestände geopfert hatte, endgültig gescheitert. Die Aktienkurse stiegen weiter. Seit Juli 1922 erhöhte sich die Arbeitslosigkeit sprunghaft von Monat zu Monat und erreichte im März die Quote von sieben Prozent der Gewerkschaftsmitglieder. Die Börse stieg weiter. (Sie ließ sich erst beeindrucken, als im Dezember 1923 nicht weniger als 28 Prozent der Gewerkschaftsmitglieder arbeitslos waren.[124]) Am 12. 8. trat *Wilhelm Cuno* zurück und hinterließ seinem Nachfolger *Stresemann* an der Spitze einer großen Koalition einen Scherbenhaufen. Dieser brach am 26. 9. den erfolglosen passiven Widerstand an der Ruhr ab.

Die Stabilisierung der Währung war inzwischen immer dringender geworden. Sollten die Menschen nicht bei vollen Scheunen verhungern, so musste schnellstens eine von den Landwirten als Zahlungsmittel akzeptierte Währung geschaffen werden. Außerdem war die Papiermark aus rein organisatorischen Gründen nicht mehr zu halten. In dieser Phase waren 132 Druckereien und 30 Papierfabri-

ken rund um die Uhr mit dem Notendruck befasst, und die Umlaufgeschwindigkeit hatte eine in der Geschichte einmalige Höhe
erreicht. Nach verschiedenen öffentlich diskutierten Plänen erließ
die gerade neun Tage zuvor umgebildete Reichsregierung am 15. 10.
die sog. Rentenbankverordnung. Bereits genau einen Monat später
konnten dann die ersten durch eine verzinsliche Grundschuld auf
sämtliche deutschen Grundstücke gesicherten Rentenbankscheine
ausgegeben werden.

Zwar musste sich das Vertrauen in die neue (Ersatz-)Währung
erst bilden, und in den besetzten Gebieten verhinderten die Siegermächte die Einführung. So blieb der Diskontsatz der Reichsbank
noch bis zum 28. 1. 1924 bei 90 Prozent p. a., und die Berliner Banken setzten am 27. 11. 1923 ihre Zinssätze für Papiermarkkredite
von sechs auf zehn Prozent pro Tag herauf. Andererseits stand nun
erstmals wieder ein wertbeständiges und zudem sehr knappes Geld
zur Verfügung, und am 22. 12. löste der dynamische Bankfachmann
Hjalmar Schacht den langjährigen, in den Jahren zuvor zusehends
in das Kreuzfeuer der Kritik geratenen, kurz zuvor verstorbenen
Reichsbankpräsidenten *Havenstein* ab.[125]

4.1. Die Weltwirtschaftskrise

Nach der ersten Euphorie, dass es gelungen war, neben der an
sich immer noch gültigen (Papier-)Mark die wertbeständige Rentenmark zu etablieren,[126] kehrte der deutsche Aktienmarkt sehr
schnell wieder zur Normalität einer Volkswirtschaft in immer noch
katastrophalem Zustand zurück. So konnten die Kurse ihr Hoch
vom November 1923 unter großen Schwankungen nur im Februar
des Folgejahres noch einmal knapp erreichen. Bereits Anfang 1924
schlug sich der mit 2,27 Mrd. RM äußerst geringe Bargeldumlauf in
übergroßer Kapitalknappheit nieder. Irritationen über das Ob und
Wie einer Umstellung des Geldwesens auf Goldmark – im Frühjahr
wurde die *Deutsche Golddiskontbank* mit dem Recht der gold-
und devisengedeckten Notenausgabe gegründet – sowie die Wirkungen der nun in Frankreich ihrem Höhepunkt zustrebenden
Inflation ließen die Aktienkurse jedoch bereits im März wieder
deutlich nachgeben. Um die in der Zwischenzeit entstandene star-

ke Devisennachfrage für Warenimporte sowie spekulative Baisse-
angriffe gegen die Mark an den Auslandsbörsen abzuwehren, griff
die *Reichsbank* im April 1924 zu scharfen Kreditrestriktionen. Die
Zinssätze stiegen trotz der niedrigen Inflationsonsrate auf mehrere
Prozent im Monat an.

Am 10. 4. 1924 starb *Hugo Stinnes,* der als einer der größten
„Inflationsgewinnler" 4554 Betriebe zusammengekauft hatte. Wie
die Börse sofort vermutet hatte, brach der Konzern nach seinem Tod
innerhalb kurzer Zeit auseinander. Dagegen hatte sie einen Tag
zuvor auf die Veröffentlichung des *Dawes*-Planes kaum reagiert, in
dem ein Ausschuss alliierter Sachverständiger erstmals als Vorbe-
dingung weiterer Reparationsleistungen die wirtschaftliche Gesundung Deutschlands (aktive Handelsbilanz) feststellte und einseitige
Gewaltaktionen seitens der Gläubigerstaaten (Ruhrbesetzung) ver-
urteilte. Die Talfahrt der deutschen Börse setzte sich vielmehr bis in
den Juni hinein fort, in dem die Aktienkurse im Schnitt um 55,5 Prozent unter denen des vorangegangenen Novembers lagen. Erst zur
Jahresmitte trat ein gewisser konjunktureller Aufschwung ein, und
der Geldmarkt verflüssigte sich. Daraufhin drehte auch der Aktienmarkt wieder. Der Index konnte sich bis zum Januar des Folgejahres im Schnitt mehr als verdoppeln. Wie wenig die politische Land-
schaft in dieser Zeit die Aktienbörse interessierte, zeigte sich daran,
dass das in Deutschland als Enttäuschung empfundene Ergebnis der
Londoner Konferenz vom 15. bis zum 16. 8. 1924 über den *Dawes*-
Plan nicht die Hausse störte.

Der ihr zugrunde liegende Konjunkturaufschwung war jedoch
sehr kurzlebig. Bereits im Februar 1925 zeigten die Auftragseingänge wieder nach unten. Im Juni folgten Produktion und Auslastung.
Da der Geld- wie der Rentenmarkt jedoch bereits Ende 1924
gedreht hatten, gingen am Aktienmarkt ab Februar des Folgejahres
die Notierungen wieder auf breiter Front zurück. Die Dividenden-
runde des Jahres enttäuschte nachhaltig. Bezogen auf den Nominalwert der Aktien stieg die durchschnittliche Dividende lediglich
von 3,5 auf 4,14 Prozent. Die sich daraus ergebende Rendite von 4,7
Prozent betrug damit weniger als die Hälfte des jahresdurchschnitt-
lichen Rentenzinses (9,5 Prozent).[127]

Die politischen Ereignisse der Zeit (28. 2.: Tod *Friedrich Eberts,*

26. 4.: Wahl *Hindenburgs* zum Reichspräsidenten, Juli bis August: Räumung des Ruhrgebietes durch Franzosen und Belgier) hatten dagegen keinen spürbaren Einfluss auf die Kursentwicklung. Zwar sorgte die Ankündigung, zum 1. Oktober den Terminhandel wiedereinzuführen, in den Wochen zuvor für eine kurze Zwischenhausse insbesondere in den betroffenen großen Werten. Danach dominierte die schlechte konjunkturelle Lage bis Jahresende erneut die Stimmung am Aktienmarkt. Besonders irritierte dabei die plötzlich hochschießende Zahl von Konkurs- und Vergleichsverfahren.[128]

Andererseits zeigten sich gleichzeitig die ersten Anzeichen einer nahen Trendwende am Aktienmarkt. Ausländisches Kapital hatte in den letzten Monaten zusehends Vertrauen in die Stabilität der deutschen Wirtschaft gewonnen, während es sich angesichts eines lähmenden Bergarbeiterstreiks vorübergehend von England abwandte. Die Folge war eine deutliche Verflüssigung des deutschen Geldmarktes, die bereits ab Oktober für eine schrittweise Rücknahme der Zinssätze am Geld- und ab Dezember am Rentenmarkt sorgte. Von Beginn des Jahres 1926 an erhöhten sich daher auch die Aktienkurse. Zwar schnellte gleichzeitig auch die Kapitalmarktbeanspruchung nach oben. Sie betrug 1926 4,58 Mrd. RM und überstieg damit die Zahl des Vorjahres um 173 Prozent. Da die Zinsen auf breiter Front weiter sanken, gleichzeitig die Dividende (nicht jedoch die Dividendenrendite) ebenso wie Auftragseingang, Produktion und Beschäftigungsgrad stark anstieg, konnte der Aktienindex während des gesamten Jahres 1926 steil nach oben schießen. Zwar sorgte der im Juni gescheiterte Volksentscheid der SPD über die Fürstenenteignung für einige Aufregung, insgesamt verlief das Jahr jedoch in politisch einigermaßen ruhigen Bahnen. Am 8. 9. wurde Deutschland in den Völkerbund aufgenommen und erhielt als Großmacht sogar einen ständigen Ratssitz.

Trotz der erfreulichen Kursentwicklung kehrte der deutsche Aktienmarkt, verglichen mit der Vorkriegszeit, auch 1926 nicht zur Normalität zurück. Zum einen waren die Marktumsätze immer noch relativ gering. Mit der Vernichtung der privaten Geldvermögen in der Inflationszeit fehlte der langfristig orientierte Privatanleger als wichtiges stabilisierendes Element. Dagegen hatten die enormen

Kursschwankungen der letzten Jahre und die „Umwertung der Werte" nach dem Ende des Kaiserreiches das spekulative Verhalten an der Börse deutlich gestärkt. Waren vor dem Ersten Weltkrieg Tageskursschwankungen von vier bis sechs Prozent bereits ungewöhnlich und darüber hinaus Ausdruck einer krisenhaften Wirtschaftsentwicklung, so kam es auch nach der Stabilisierung der Währung immer wieder in relativ kurzen zeitlichen Abständen zu derartigen Oszillationen. Die Gründe mögen auch in den häufig wechselnden Zinsen und Gewinnerwartungen sowie in einer geänderten Dividendenpolitik gelegen haben. Aufgrund der allgemein herrschenden Kapitalknappheit und ihrer schlechten Gewinnlage tendierten die Unternehmen dazu, bei ihrer Dividende nur das Allernotwendigste zu tun. Dagegen erhielt die Spekulation immer wieder Nahrung durch Unternehmenskonzentrationen und -aufkäufe.[129]

Der Konjunkturaufschwung in Deutschland war nur von kurzer Dauer. Bereits im April 1927 sank der Auftragseingang erstmals nach rd. eineinhalb Jahren wieder deutlich. Dagegen verharrte die Produktion noch bis zu den Streiks und Aussperrungen im Oktober 1928 auf einem hohen Niveau, und auch der Beschäftigungsgrad ging erst gegen Ende des Jahres peu à peu zurück. Allerdings hatten die Rentenkurse bereits im März 1927 erstmals etwas nachgegeben, und die Geldmarktzinsen waren sogar seit der Mitte des Vorjahres – unterbrochen von einer deutlichen Entspannungsphase in den ersten beiden Monaten des Jahres 1927 – wieder noch oben geschossen. Es zeigten sich daher auch am Aktienmarkt bereits im Herbst die ersten Ermüdungserscheinungen. Die Aktie der neu gegründeten *Vereinigten Stahlwerke* war seit ihrer Börseneinführung im August 1926 ein High flyer und Leitpapier gewesen. Dass sie ab Oktober d. J. kaum noch stieg, war mehr als ein Betriebsunfall. Ende 1926 drehte zudem auch das „Schlachtschiff" *IG Farben*.[130]

Ähnlich wie den Industrieunternehmen fiel es auch den Banken aufgrund niedriger Margen schwer, im ordentlichen Geschäft mit Gewinn abzuschließen. Eine Reihe großer Kreditinstitute engagierte sich deshalb mit immer bedeutenderen Beträgen in der Finanzierung von Wertpapier- und insbesondere Aktienpaketen. Sie tat dies

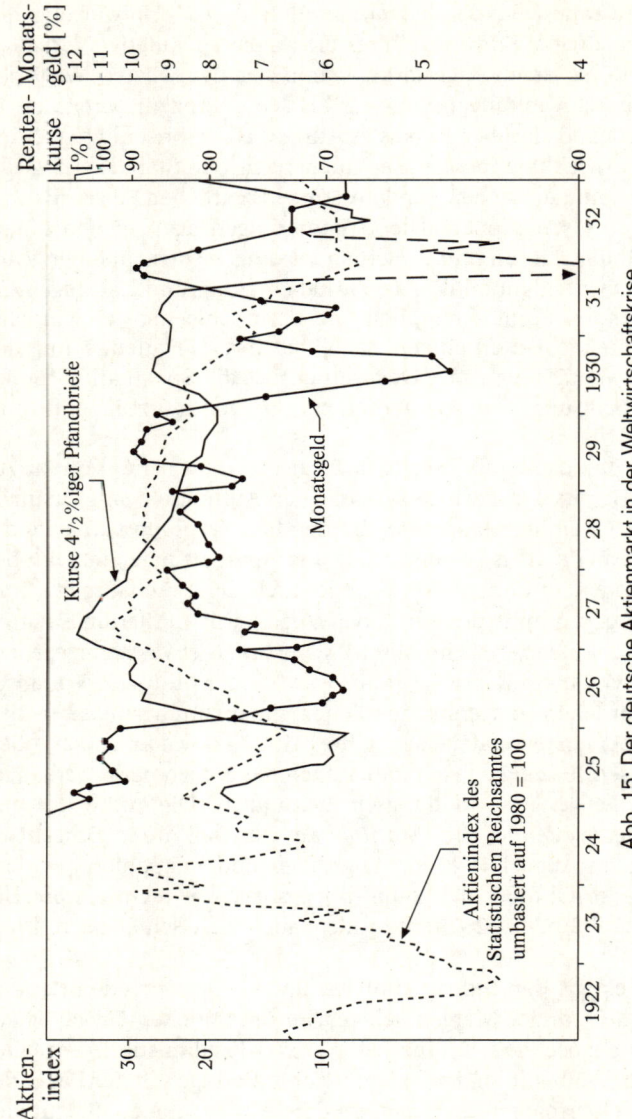

Abb. 15: Der deutsche Aktienmarkt in der Weltwirtschaftskrise

(Quellen: Wagemann, Statistisches Bundesamt)

teils auf eigene Rechnung, größtenteils jedoch im Kundenauftrag. Der *Reichsbank* und ihrem Präsidenten *Hjalmar Schacht* war das seit längerem ein Dorn im Auge. Anfang Mai veranlasste sie deshalb die deutschen Banken zur Kürzung ihrer Effektenkredite um 25 Prozent. Am darauf folgenden schwarzen Freitag, dem 13. 5. 1927, kam es vor allem bei den schweren Werten zum Kurssturz. Insgesamt verloren die auch am Terminmarkt gehandelten Papiere bis zum 18. Mai 7,6, bis zum 24. Mai 13,2 und bis zum 1. Juni 22,1 Prozent ihrer Kurse vom 11. 5. Damit war das Ende der Nachkriegshausse markiert.

In der ersten Hälfte des Jahres 1927 stieg die Beanspruchung des Kapitalmarktes insbesondere durch Anleihen der öffentlichen Hand weiter an. Dabei verstimmte eine große, überraschend emittierte Schuldverschreibung des Reiches besonders. Zwar gingen die Mittelaufnahmen danach wieder zurück und stellten sich für das Gesamtjahr 1927 auf 3,89 Mrd. RM nach 4,58 Mrd. RM im Jahr zuvor. Mit dem Abbrechen der Hausse am Aktienmarkt versiegte jedoch der bisherige Strom von Auslandsgeldern und gleichzeitig die großzügige Ausreichung von Wertpapierkrediten. Nach dem schwarzen Freitag 1927 war die Kursentwicklung am deutschen Aktienmarkt zunächst mehrere Monate deutlich abwärtsgerichtet. Der Novemberstand des Index lag im Durchschnitt um 25 Prozent unter dem des April, sodass sich die Dividendenrendite bis zu diesem Zeitpunkt auf rd. 4,6 Prozent erhöht hatte. Damit rentierten Aktien immer noch rd. drei Prozent niedriger als Goldmarkanleihen.

Da die Gesundung der börsennotierten Gesellschaften jedoch weitere Fortschritte machte – 1927 wurden bezogen auf das Nominalkapital 7,14 und 1928 8,29 Prozent ausgeschüttet –, konnte sich der deutsche Aktienmarkt vom Dezember 1927 bis zum Juni 1928 in zwei Schüben wieder etwas erholen. Dies mag zum Teil durch eine um den Jahreswechsel zu beobachtende kurzzeitige Verflüssigung des Geldmarktes unterstützt worden sein. Nach dieser jahreszeitlich üblichen Entspannung stiegen die Geldmarktsätze jedoch bis in den Herbst hinein wieder nahezu auf ihr altes Hoch. Der Rentenmarkt setzte seine Talfahrt ohnehin während der gesamten Periode unvermindert fort. Hierin spiegelte sich eine zunehmende Unergiebigkeit der Kapitalmärkte wider. Zeitweilig konnten selbst erstklassige Emissionen nur teilweise untergebracht werden. Lediglich Pfandbriefe, die sich einer traditionellen Beliebtheit erfreuten, waren etwas besser abzusetzen. Auch dies wäre jedoch ohne ein gewisses Auslandsinteresse nicht der Fall gewesen. Nach der kurzen Zwischenerholung bis zum Juni 1928 bröckelte dann auch der Aktienmarkt in den folgenden zwölf Monaten bei niedrigen Umsätzen weiter ab.

Die Jahre 1927–29 sind zwar aus späterer Sicht und verglichen mit der darauf folgenden Zeit tiefster Depression als goldene zwanziger Jahre bezeichnet worden. Dies darf jedoch nicht darüber hinwegtäuschen, dass auch 1928 und 29 bereits von einer abkühlenden Wirtschaftsentwicklung geprägt waren. Das Nettoinlandsprodukt, das 1927 noch real um 10,2 Prozent gestiegen war, legte im Jahr darauf nur noch 4,9 Prozent zu und schrumpfte 1929 sogar um 0,9 Prozent. Die Arbeitslosigkeit war bei der geringen gesamtwirtschaftlichen Arbeitsproduktivität (Nettosozialprodukt zu Marktpreisen je Beschäftigtem) bereits 1926 auf 2,01 Mio. angestiegen. Sie nahm 1927 trotz des hohen Wirtschaftswachstums lediglich auf 1,33 Mio. ab und erhöhte sich ab der Jahresmitte 1928 sprunghaft. Dabei mögen die großen Streiks und Aussperrungen vom Jahresende eine gewisse Rolle gespielt haben, die 1928 für 20,3 Mio. ausgefallene Arbeitstage sorgten (1927: 6,1 Mio.).

Die verhaltene wirtschaftliche Entwicklung vollzog sich vor dem Hintergrund einer boomenden Weltkonjunktur. Abgesehen von einigen Rohstoffländern (Australien, Malaysia) war damit Deutschland der erste Staat, der den Konjunkturhöhepunkt vor der späteren Weltwirtschaftskrise erreichte. Für die USA, Kanada und Italien kam dieser Zeitpunkt erst nach der Jahresmitte 1929 und für Großbritannien sogar im letzten Quartal. Volle zweieinhalb Jahre nach Deutschland folgte schließlich Mitte 1930 Frankreich. Die Beurteilung der wirtschaftlichen Situation in dieser ersten Phase des Abschwungs war für die Zeitgenossen sicherlich nicht einfach. Der Auftragseingang blieb nach dem Abbau seiner Spitze bis Ende des Jahres 1928 nahezu konstant. Letzteres galt auch für die Produktion, die allerdings am Ende dieses Zeitraums durch Streiks und Aussperrungen beeinträchtigt wurde. Dagegen sank der Beschäftigungsgrad bis in das erste Quartal des Jahres 1929 hinein.[131]

Größere Sorgen als die aktuellen Konjunkturdaten bereiteten strukturelle Probleme. Es gelang der deutschen Wirtschaft immer weniger, durch Gewinne oder Aufnahme langfristiger Mittel die notwendigen Kapitalien für Investitionen aufzubringen. Die Nettoinvestitionsquote, die 1927 noch 15,2 Prozent betragen hatte, sank deshalb in den beiden Folgejahren auf 12,8 bzw. 6,9 Prozent. Dies war zum Teil die Folge eines Rückgangs beim Zufluss langfristiger ausländischer Mittel. Während das Ausland 1926 per saldo noch von Deutschland für 1,38 Mrd. RM und in den beiden Folgejahren immerhin noch für 1,21 bzw. 1,27 Mrd. RM langfristige Anleihen und Kredite übernommen hatte, sackte diese Summe 1929 plötzlich auf 229 Mio. RM ab. Gleichzeitig ging auch der positive Saldo der Effektenbewegungen von 555 über 490 auf 185 Mio. RM zurück, sodass die kurzfristigen Kapitalzuflüsse (1,78; 1,34 bzw. 0,77 Mrd. RM) ein immer größeres Gewicht erhielten.

Der Anteil der kurzfristigen Schuldtitel an der Unternehmensfinanzierung stieg daher während dieses Zeitraums mehr und mehr an. Im Schnitt des Jahres 1929 entfielen auf sie über 60 Prozent aller in Schuldtiteln aufgenommenen Verbindlichkeiten. Im Rückgang der für die deutsche Volkswirtschaft aufgrund der stark defizitären Leistungsbilanz notwendigen Kapitalzuflüsse aus dem Ausland spiegelt sich einerseits das wieder schwindende Vertrauen in die Leistungsfähigkeit der deutschen Wirtschaft. Zwar stiegen die Dividenden in den drei hier betrachteten Jahren weiter an (bezogen auf das Nominalkapital 7,14; 8,29 bzw. 8,35 Prozent), die Zuwachsraten gingen jedoch von Jahr zu Jahr deutlich zurück. *W. G. Hofmann* hat den Versuch gemacht, die Rücklagen- und Rückstellungsbildung der Aktiengesellschaften inkl. derjenigen der Stillen Reserven zu schätzen. Nach ihm lagen die entsprechenden Steigerungsraten 1927 bei 15,2 Prozent und verminderten sich in den Jahren darauf auf 8,2 bzw. 3,1 Prozent.[132] Eine wichtige Rolle mag auch gespielt haben, dass die anderen Weltbörsen sich immer noch einer ungebrochenen Hausse erfreuten. Dies galt insbesondere für die USA, deren Aktienmarkt seit Mitte 1921 eine nahezu permanente Aufwärtsbewegung verzeichnete.

In dieser Situation beleuchtete die Pariser Konferenz (9. 2. bis 7. 6. 1929) über die Reparationsfrage (*Young*-Plan) mit ihrem für

Deutschland wiederum unbefriedigenden Ausgang schlaglichtartig die starke politische Abhängigkeit des deutschen Kredits und die besonderen Gefahren hoher kurzfristiger Auslandsverschuldung. Von Anfang März bis zum 17. 4., als die Konferenz endgültig gescheitert schien, flossen nahezu 1,5 Mrd. RM an Gold und Devisen aus dem Bestand der *Reichsbank* ab. Mit dem scheinbaren Fehlschlag der Pariser Konferenz trat die Vertrauenskrise an den deutschen Geld- und Kapitalmärkten offen zutage. Die Talfahrt des Aktienmarktes beschleunigte sich deutlich. Innerhalb der nächsten Woche verloren einige der größeren Werte *(z. B. Rheinstahl)* bis zu sieben Prozent. Die am 25. April vorgenommene Erhöhung des Diskontsatzes der *Reichsbank* um ein auf 7,5 Prozent bremste die Kapitalflucht nicht. Die deutsche Notenbank führte daher Anfang Mai erneut Beschränkungen des Zentralbankkredits ein. Dies verschaffte ihr die nötige Atempause. Mit dem Fortschritt der Pariser Verhandlungen stiegen auch die Gold- und Devisenbestände der *Reichsbank* wieder. Bereits Ende des Monats hatten sich die Kreditanforderungen an das Institut normalisiert, sodass die Restriktionsmaßnahmen bis etwa Mitte Juni nach und nach aufgehoben werden konnten.[133]

Zwar erholte sich der Aktienmarkt daraufhin wieder kurzzeitig und auch der Satz für Tagesgeld ging etwas zurück (von 9,4 auf 8,1 Prozent im Schnitt der Monate Mai und Juni). Das Monatsgeld, das noch im Februar 7,3 Prozent p. a. gekostet hatte, verteuerte sich im gleichen Zeitraum jedoch nochmals von 9,76 auf zehn Prozent und sank im weiteren Jahresverlauf nur noch unwesentlich im Zins.[134] Der Rentenmarkt zeigte sich völlig unbeeindruckt. Bedingt durch die angespannte Finanzsituation der Gebietskörperschaften aufgrund der verstärkten Inanspruchnahme der neu gegründeten Arbeitslosenversicherung (Gesetz über Arbeitsvermittlung und Arbeitslosenversicherung vom 16. 7. 1927), einer Vielzahl unterschiedlicher Investitionsprojekte sowie der primär kurzfristigen Kreditfinanzierung der Vergangenheit stiegen die Zinsen am langen Ende in den Jahren 1927–29 kontinuierlich weiter an. Wegen des sinkenden Vertrauens der in- und ausländischen Anleger litt gleichzeitig die Leistungsfähigkeit der deutschen Kapitalmärkte. Dies galt insbesondere für Investitionskredite der Geschäftsbanken, deren

Bestand im ersten Halbjahr 1929 sogar zurückging, sodass sich gerade große Unternehmen immer häufiger die benötigten Mittel über Direktbeteiligungen des Auslandes sicherten.

Dabei hatte sich die konjunkturelle Situation in Deutschland zur gleichen Zeit wieder etwas gebessert. Der Auftragseingang stieg 1929 ebenso wie der Beschäftigungsgrad seit Ende des ersten Quartals für einige Monate wieder deutlich, und nach dem Abklingen von Streiks und Aussperrungen setzte die Produktion im April mit stark erhöhten Werten ein. Die aktuellen Prognosen waren daher relativ gut. Noch im August erwartete das *Berliner Institut für Konjunkturforschung* einen einheitlichen Aufschwung in den Industrieländern. Tatsächlich wurde 1929 die Lage der deutschen Unternehmen dagegen mit der weiter zunehmenden Kapitalknappheit sowie den deutlichen Zinssteigerungen immer kritischer. Bereits in den ersten fünf Monaten war die Zahl der Fimenzusammenbrüche gegenüber dem Vorjahr um 20 Prozent angestiegen. In der zweiten Jahreshälfte klangen denn auch die konjunkturellen Erholungsansätze wieder ab. Der Auftragseingang sank nachhaltiger als zuvor, Produktion und Beschäftigungsgrad gingen zurück.[135] Im August 1929 erfolgte der Zusammenbruch des zweitgrößten deutschen Versicherungskonzerns, der *Frankfurter Allgemeinen Versicherungs AG (FAWAG)* und danach die Notfusion der *Nordstern* und ein 75-Mio.-RM-Betrugsfall, der die *Karstadt AG* an den Rand des Konkurses brachte. Nach einer kleinen Zwischenerholung im Juni nahm daher der deutsche Aktienmarkt seine Talfahrt (zunächst moderat) wieder auf.

Während die Aktienmärkte Großbritanniens und Italiens bereits im ersten Quartal des Jahres 1929 ihr Kurshoch erreicht hatten und Paris im zweiten Quartal drehte, strebte *Wall Street*, getragen von einer Welle überschäumenden Optimismus, zunächst immer neuen Rekorden entgegen. Zwar war im September und Oktober des Jahres der Markttrend zunächst per saldo nach unten gerichtet. Dies wurde jedoch allgemein auf eine sehr große Zahl von Neuemissionen zurückgeführt, zumal es immer wieder freundliche Tage gab und auch die hohen Umsätze von vier bis fünf Mio. Stück pro Tag und die große Zahl von Kreditkäufen auf die ungebrochene Zuversicht der Marktteilnehmer hindeuteten. So verlieh der damals

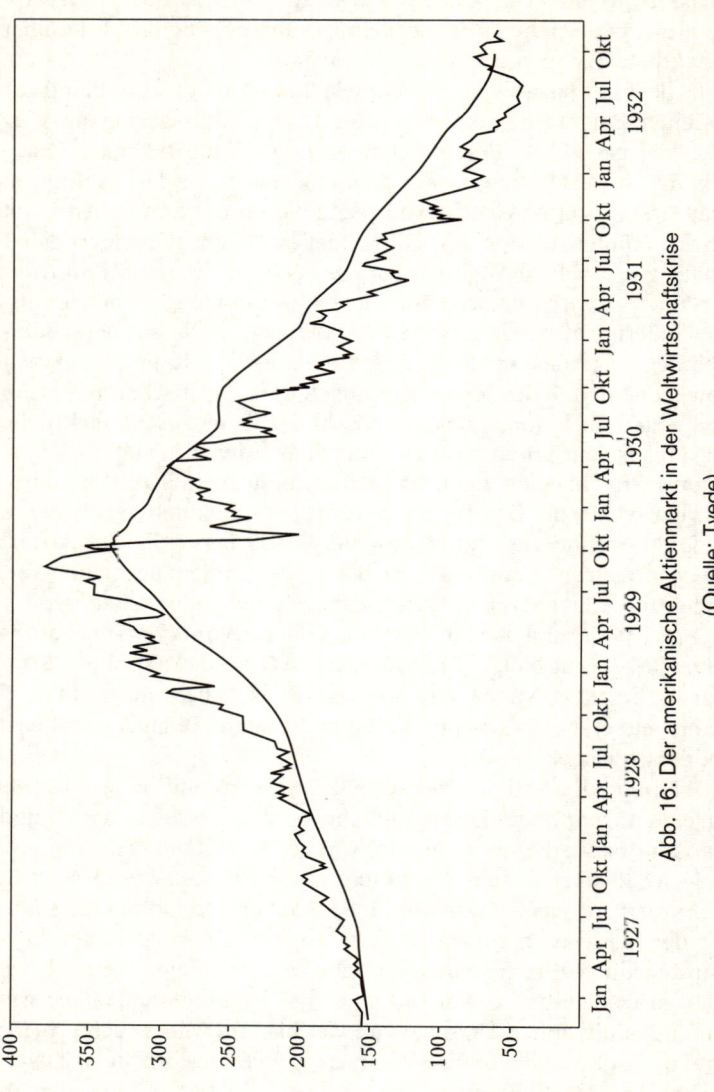

Abb. 16: Der amerikanische Aktienmarkt in der Weltwirtschaftskrise

(Quelle: Tvede)

berühmteste amerikanische Volkswirt, Professor *Irving Fisher,* im Spätsommer seiner Überzeugung Ausdruck, dass der heimische Aktienmarkt in einigen Monaten noch wesentlich höher stehen würde. Allerdings machte sich angesichts der nun schon seit Jahren anhaltenden Kursexplosion – der *Dow Jones Industrial* war vom Mai 1924 bis zu seinem absoluten Hoch am 3. September 1929 (381,17 Punkte) um das 4,3fache gestiegen – bei nicht wenigen Marktteilnehmern auch eine gewisse Skepsis breit.

Als die Sonntagszeitungen am 20. Oktober berichteten, dass der Wert vieler zu Sicherungszwecken hinterlegter Aktien nach den moderaten Kursrückgängen der vergangenen Wochen unter den kritischen Punkt gefallen wäre und damit Nachschuss oder Exekution erfolgen müsse, war dies für viele das Zeichen zum Verkauf. Nach zwei sehr schwachen Tagen mit hohen Umsätzen am Montag und Mittwoch kam es am Donnerstag sowie am darauf folgenden Montag und Dienstag bei exorbitanten Umsätzen von bis zu 16,4 Mio. Stück pro Tag zu immer neuen Wellen von Panikverkäufen. Die folgenden Wochen verliefen zwar etwas ruhiger, die Kurse hatten jedoch erst am 13. November 1929 ihr Jahrestief erreicht. Sie waren in drei Wochen um 50 Prozent gefallen. Bis zu ihrem Tiefpunkt im Juli 1932 sollten sie auf nur noch elf Prozent ihres ursprünglichen Wertes sinken.

Im Nachhinein lässt sich für diesen Zusammenbruch des amerikanischen Aktienmarktes sowie die nachfolgende Weltwirtschaftskrise eine Reihe von Indizien nennen. So war die Verzinsung von 60 erstklassigen festverzinslichen Werten bereits seit dem letzten Quartal des Jahres 1927 wenn auch nicht deutlich, so doch kontinuierlich gestiegen. Kurz darauf folgte der Geldmarkt. Vom ersten Quartal 1928 bis zum dritten Quartal 1929 erhöhte sich die Rendite vier- bis sechsmonatiger Prime Commercial Papers von vier auf über sechs Prozent. Damit ergab sich schon früh im Jahr 1928 eine inverse Zinsstruktur.

Der amerikanische Wirtschaftswissenschaftler *John Kenneth Galbraith* nannte in seinem Buch „Der große Crash 1929" mehrere Warnzeichen und Gründe für den Aktienkrach. So fiel der damals beste Indikator wirtschaftlicher Aktivität und industrieller Produktion, der *Federal Reserve* Index, nach dem Juni 1929 ziemlich konstant zurück. Für andere Gradmesser, wie die Lohnlisten der Fabriken, den Frachtenmarkt oder die Warenhausumsätze galt dies jedoch erst im Oktober oder noch später. *Galbraith* führt die Gründe für den Kurssturz einmal auf fundamentale Fehlentwicklungen in der US-Wirtschaft zurück. Er nennt die disproportionale Einkommensverteilung, die das konjunkturell stabilisierende Element des Grundkonsums stark zurückgedrängt hatte, eine Labilität des Bankwesens aufgrund leichtfertiger Kreditvergabe, die auf Dauer ungelöste Finanzierungslage der Leistungsbilanzdefizite einiger europäischer und südamerikanischer Länder, ein Umsichgreifen dubioser Managementmethoden sowie wackliger Holding- und Investment-Fonds-Konstruktionen.

Zum anderen sah er die Gründe aber auch in der Entwicklung, Organisation und Verfassung des Aktienmarktes selbst. So hat die Tatsache, dass an allen kritischen Tagen der Kursticker zeitlich weit hinter dem Geschehen auf dem Parkett herhinkte, die bedeutenden Kursverluste der letzten ein bis drei Stunden besonders plastisch vor Augen geführt und die Panikstimmung im Saal, aber auch zu Hause vor dem Rundfunkempfänger zusätzlich angeheizt. Als eigentlichen Grund begriff *Galbraith* jedoch die jahrelange exzessive Börsenspekulation: „Im Grunde sind diese Einzelheiten gar nicht so wichtig, denn bei der Natur eines Spekulations-Booms gibt es 1000 Anlässe für einen Zusammenbruch. Jede ernsthafte Erschütterung des Vertrauens verstärkt die Neigung zu verkaufen."[136]

Parallel zu den USA fielen auch in Deutschland die Aktienkurse – allerdings zunächst bei weitem nicht in gleichem Ausmaß. Der Index lag im Durchschnitt des November lediglich um 9,5 Prozent unter dem des September. Bis Anfang Mai stabilisierte sich der Aktienmarkt in Deutschland mit der konzertierten schrittweisen Rücknahme der Diskontsätze in den wichtigsten Ländern, und der deutsche Kapitalmarkt wurde wieder ein wenig aufnahmefähiger. Unbehagen bereitete dem Markt der Tod Außenminister *Gustav Stresemanns* (3. 10. 1929) und der Rücktritt *Hjalmar Schachts* als Reichsbankpräsident (7. 3. 1930). Dagegen wurden die Demission *Rudolf Hilferdings* (SPD) als Reichsfinanzminister (21. 12. 1929) und der Sturz der letzten parlamentarischen Regierung der Weimarer Republik unter Reichskanzler *Hermann Müller* (SPD, 27. 3.

1930) weniger beachtet. Nach den Kursverlusten im Herbst 1929 konnte sich der deutsche Aktienmarkt bis zum Mai in etwa halten. Die Produktion stabilisierte sich, und auch die Zahl der Arbeitslosen lag trotz eines sehr strengen Winters nicht besorgniserregend über der des Vorjahres.

Die erste negative Überraschung erfolgte, als der Abbau der Arbeitslosenzahl im März/April nicht im saisonüblichen Ausmaß gelang. Sie lag plötzlich mehr als eine Mio. über dem Vorjahresmonat. Hatte der Aktienmarkt zuvor die bemerkenswerte Zinssenkung am Geld- wie am Kapitalmarkt durchaus honoriert, so war dies nach der letzten Diskontsatzermäßigung Ende Juni 1930 nicht mehr der Fall. Nach und nach wurde es der Börse bewusst, dass die Entspannung der Kreditsituation in erster Linie die Folge eines konjunkturbedingten Nachfragerückgangs war. Dies zeigte sich auch daran, dass der Gesamtwechselumlauf bereits seit Juli des Vorjahres nachgab. Als die Sätze am Geldmarkt ab August 1930 kräftig anzogen, war dies auch für den Aktienmarkt das Signal, seine Talfahrt wieder aufzunehmen. Die Reichstagswahlen vom 14. September standen bereits ganz im Zeichen der sprunghaft anwachsenden Arbeitslosigkeit. Nachdem die *NSDAP* einen überraschend großen Erfolg verbuchen konnte (107 nach zwölf Mandaten) und damit zweitstärkste Fraktion wurde, schwollen die bereits im Wahlkampf einsetzenden Kapitalabflüsse zu einer regelrechten Flucht ins Ausland. Innerhalb von drei Wochen sank der Gold- und Devisenbestand der Reichsbank von 3,7 auf 2,5 Mrd. RM. Der Aktienmarkt konnte noch bis in den Januar 1931 kein Vertrauen fassen. Er fiel vom April des Vorjahres an um rd. ein Drittel.[137]

War das Nettoinlandsprodukt 1930 real um 3,1 Prozent gesunken, so glaubte man nun Grund zu haben, etwas optimistischer in die Zukunft sehen zu können. Die meisten Prognosen sagten am Jahresende 1930 eine gewisse konjunkturelle Belebung vorher, die im März und April mit einer kräftigen, über das saisonübliche Maß hinausgehenden Steigerung der Industrieproduktion auch einzutreten schien. Da zudem in der gleichen Zeit die Geldmarktsätze spürbar zurückgenommen wurden, konnte sich der Aktienmarkt wieder erholen. Das durchschnittliche Kursniveau lag im April immerhin um 13,1 Prozent über dem des Januar.

Danach verdüsterte sich das Szenario schnell Schritt für Schritt. Bereits im März 1931 war der Plan einer deutsch-österreichischen Zollunion vorzeitig bekannt geworden und auf heftigen Widerspruch insbesondere Frankreichs gestoßen. Die auch zuvor nie ganz abgerissenen Kapitalabflüsse aus Deutschland verstärken sich wieder. Am 11. Mai d. J. brach die *Österreichische Credit-Anstalt für Handel und Gewerbe* zusammen, und die Bewegung wurde zu einem regelrechten ausländischen Run auf Kapitalmarkt und Banken in Österreich und Deutschland. Bereits Ende Mai gerieten auch einige große deutsche Unternehmen in Zahlungsschwierigkeiten. Der Wechselumlauf erhöhte sich sprunghaft, die Verzinsung von Privatdiskonten schoss im Monatsdurchschnitt von Mai bis Juni von 4,65 auf 6,09 Prozent hoch.

Gleichzeitig verschlechterte sich das fundamentale Umfeld dramatisch. Die Industrieproduktion brach seit Juli regelrecht ein, die Entwicklung der Einzelhandelsumsätze zeigte steil nach unten, und die Zahl der Arbeitslosen konnte auch in den vom Wetter begünstigten Monaten Juni und Juli die Viermillionenmarke nur ganz knapp unterschreiten. Hatte man Anfang des Jahres noch geglaubt, ein erneuter Rückgang des Nettoinlandsproduktes könnte vermieden werden, so war daran jetzt nicht mehr zu denken. Insgesamt schrumpfte das Nettoinlandsprodukt 1931 real um 10,4 Prozent. Die Dividenden, die bezogen auf das Nominalkapital bereits im Jahr zuvor einen leichten Rückgang auf 8,05 Prozent erfahren hatten, sanken nun auf 6,51 Prozent.

Seit dem Zusammenbruch der *CA* verstärkten sich die Kapitalabflüsse aus Deutschland immer mehr. Dies führte schließlich Anfang Juli zu einer völligen Stockung im deutschen Kredit- und Zahlungsverkehr. *Reichsbank* und Reichsregierung versuchten verzweifelt, die Parität der Reichsmark zu verteidigen, ohne den Gold- und Devisenbestand zu stark anzugreifen oder große Banken zu gefährden. Dennoch sanken die Währungsreserven der *Reichsbank* in den Monaten Mai und Juni um rd. 800 Mio. auf 1,5 Mrd. RM ab. Als am 23. Juni 1931 die *Norddeutsche Wollkämmerei und Kammgarnspinnerei (Nordwolle)*, Bremen, aufgrund umfangreicher Spekulationen und Betrügereien ihre Zahlungen einstellte und die *Reichsbank* wegen ihrer Deckungsvorschriften trotz eines kurzfristigen Notenbankkredites der USA, Großbritanniens und Frankreichs die entstandenen Liquiditätsverluste einiger großer Banken nicht mehr ausgleichen konnte, manifestierte sich auch das Misstrauen des deutschen Publikums in einem Run auf die Banken. Die Folge war am 13. Juli die Zahlungseinstellung der *Darmstädter- und Nationalbank* sowie am 31. Juli die Notwendigkeit einer Stützungsaktion des Reiches zugunsten der *Dresdner Bank*. Die deutschen Börsen wurden am 13. 7. 1931 geschlossen. Als sie nach dem 2. September des Jahres wieder eröffneten, lagen die Aktien- wie die Rentenkurse[138] 38,4 Prozent unter dem Jahreshoch.

Den letzten Teil des Kurssturzes leitete der Zusammenbruch des seit dem Ersten Weltkrieg bestehenden Gold-Devisen-Standards ein, der wegen der grotesken Verzerrung der Kapitalbeziehungen und der politischen Rivalität der wirtschaftlichen Großmächte funktionsunfähig geworden war. Bereits am 15. Juli hob Deutschland die freie Konvertibilität der Mark für den Kapitalverkehr auf und führte die Devisenbewirtschaftung ein. Heftige Goldverluste bei anhaltender Passivität der Handelsbilanz veranlassten am 21. 9. 1931 Großbritannien und eine Reihe weiterer Länder, den Goldstandard auch formell aufzugeben. Bis zum Jahresende wertete sich das Pfund daraufhin um rd. 30 Prozent ab. Die Reichsregierung nahm diese erneuten Währungsturbulenzen zum Anlass, die Börsen wieder zu schließen. Im Gegensatz zur Zeit zuvor war jetzt jedoch die Veröffentlichung von Freiverkehrskursen erlaubt. Wir wissen daher, dass der Aktienmarkt bis zum Dezember 1931 nochmals rd. ein Viertel einbüßte. Die Kurse hatten ihren tiefsten Stand erreicht.[139]

Der Aktienindex verlor seit seinem Hoch 1927 76,4 Prozent seines Wertes. Davon entfielen auf die Zeit nach dem September 1929 68,5 Prozent. Damit gehört dieser Kurssturz zu den tiefsten in der deutschen Börsengeschichte. Zwar führte er nicht ganz so weit abwärts wie die auf die Weltkriege folgenden Crashs, wie diese fand aber auch er in einem schwierigen wirtschaftlichen Umfeld statt. Das Volkseinkommen lag weit unter dem der Vorkriegszeit. Inflation und Kapitalknappheit, Arbeitslosigkeit und Devisenkrisen lösten einander in kurzer Folge ab. Der Wirtschaft blieben immer nur kurze Phasen ungestörter Entwicklung. Wie rote Fäden zogen sich einige generelle Probleme durch diese Zeit. Die Unternehmen verdienten zu wenig, als dass sie auch nur den größeren Teil ihrer Investitionen selbst hätten finanzieren können. Andererseits waren die Privatvermögen durch den Inflationsprozess weitgehend vernichtet worden. Durch kurzfristige Auslandsverschuldung gelang es nur notdürftig, die Zahlungsbilanz ins Gleichgewicht zu bringen. Immer wieder sorgten krisenhafte Entwicklungen dafür, dass die Gold-und Devisenbestände der *Reichsbank* Besorgnis erregend dahinschmolzen und diese ihre Deckungsvorschriften nicht mehr erfüllen konnte.

Aus alldem ergab sich eines der Grundprobleme des Kapitalmarktes dieser Jahre: Die Verzinsung am Rentenmarkt war im Gegensatz zur Zeit vor dem Ersten Weltkrieg und zum Empfinden der Zeitgenossen im Verhältnis zur Dividendenrendite systematisch zu hoch. Dennoch ließen sich auch vor dem High vom April 1927 und erst recht vor den Kursstürzen nach dem September 1929 bzw. dem Mai 1930 wieder typische Warnzeichen erkennen. So drehten sowohl der Renten- als auch der Geldmarkt bereits im März 1927. Der Aktienmarkt knickte im gleichen Monat kurzzeitig ein, bevor er noch einmal neue Höhen erklomm. Zwar zeigt der Kursverlauf rund um dieses Hoch keine Umkehrformation, der Aktienindex markierte aber während der Jahre 1928 und 29 ein extrem lang gestrecktes Rounding top.

Bereits im Laufe des Jahres 1932 zeigten sich erste Ansätze einer wirtschaftlichen Stabilisierung. Zwar ging das Nettoinlandsprodukt real nochmals um 10,8 Prozent zurück und die Dividende sank auf durchschnittlich 2,83 Prozent. Dies war jedoch teilweise Ausfluss einer aus haushalts- und währungspolitischen Gründen bewusst betriebenen Deflationierungpolitik. So sank die Geldmenge 1932 um 15,2 Prozent. Andererseits zog die Industrieproduktion ab dem September des Jahres saisonbereinigt wieder deutlich an, und die Konkurshäufigkeit ging bereits seit März zurück. Die Zahl der Beschäftigten stieg seit dem September 1932 wieder spürbar an. Dies bedeutete jedoch immer noch 5,1 Mio. Arbeitslose. Angesichts dieser hohen Zahl ist auch die zunehmende politische Radikalisierung der Zeit erklärbar.

Am 11. 10. 1931 war die Harzburger Front als Zusammenschluss der sog. Nationalen Opposition aus *NSDAP, Deutschnationalen,*

Stahlhelm, Alldeutschem Verband und vaterländischen Verbänden gegen die Regierung *Brüning* zustande gekommen. Zwar erfolgte am 13. 4. 1932 drei Tage nach der Wiederwahl *Hindenburgs* ein Verbot von *SA* und *SS*. Nach dem Sturz *Brünings* Ende Mai und der Reichstagsauflösung vom 4. 6. wurde dieses Verbot jedoch bereits am 14. 6. wieder aufgehoben. Im Vorfeld der Neuwahl des Reichstages vom 31. 7., die der *NSDAP* einen Zuwachs auf 230 Sitze brachte, breiteten sich bürgerkriegsähnliche Auseinandersetzungen zwischen den Kampforganisationen der einzelnen politischen Parteien aus. Am 12. 9. löste *Hindenburg* den Reichstag erneut auf. Die Neuwahl am 6. 11. brachte einen leichten Stimmverlust der *NSDAP* (196 Sitze). Der Rücktritt des neuen Reichskanzlers *Papen* elf Tage später und das Intermezzo *Schleichers* konnten die Ernennung *Hitlers* zum Reichskanzler („Machtergreifung") am 30. 1. 1933 jedoch nicht mehr verhindern. Da sich die Überwindung der Wirtschaftskrise bereits vorher angedeutet hatte, ließ sich der Aktienmarkt 1932 von der Politik nicht irritieren. Sein Index lag im Januar bereits durchschnittlich wieder um 54 Prozent über dem Low 13 Monate zuvor.[140]

4.2. Das Wirtschaftswunder und sein Ende

Als die Nationalsozialisten an die Macht kamen, war ein Ende der Depression in Deutschland bereits abzusehen. Dies lag zum einen daran, dass in Deutschland eine rezessive Entwicklung schon wesentlich früher als in jedem anderen größeren Land eingesetzt hatte. Zum anderen mag auch eine Rolle gespielt haben, dass in der letzten Phase der Depression kaum eine Instanz den Wirtschaftsabschwung effektiv bremste. Im Gegenteil: Die katastrophale Haushaltssituation veranlasste die deutschen Gebietskörperschaften zu einer stark restriktiven Finanzpolitik. Die massiv einsetzende Kapitalflucht ins Ausland inklusive einer breiten Kündigung kurzfristiger Kreditlinien hatten darüber hinaus innerhalb sehr kurzer Zeit zum Zusammenbruch aller auch nur einigermaßen wackeligen Unternehmen geführt.[141]

War das Bruttosozialprodukt 1932 real noch um 7,5 Prozent

geschrumpft, so konnte es im Jahr darauf bereits wieder um 6,3 Prozent zulegen. Sofort sprang die Kapitalmarktbeanspruchung durch Schuldverschreibungen und Aktienbegebungen von 352 auf 949 Mio. RM. Da sich gleichzeitig bezogen auf den Nominalwert der Aktien die durchschnittlich bezahlte Dividende von 2,8 auf 3,3 Prozent erhöhte und die Umlaufsrendite festverzinslicher Wertpapiere von 8,4 auf 7,2 Prozent absank, konnte der Aktienmarkt im Durchschnitt des Jahres 1933 gegenüber dem niedrigen Vorjahresstand um 27,6 Prozent zulegen. Man sprach zum ersten Mal von einem deutschen Wirtschaftswunder.

Während sich die Geldmenge (Bargeld + Bankeinlagen) 1933 nochmals leicht (–0,2 Prozent) ermäßigt hatte, stieg sie in der Folgezeit rasch an. Die entsprechenden Veränderungsraten lagen bis inklusive 1937 zwischen +5,6 und 8,9 Prozent. Dies war jedoch immer noch weit niedriger als das Nominalwachstum des Bruttosozialproduktes. Die damals bereits auf Hochtouren laufende Aufrüstung Deutschlands wurde in dieser Zeit in erster Linie über eine ständig steigende Beanspruchung des Kapitalmarktes finanziert. Der Staat nahm im Jahr 1937 bereits 3,1 Mrd. RM über Schuldverschreibungen auf, sodass die gesamte Kapitalmarktbeanspruchung mit 4,05 Mrd. RM nur wenig unter der Rekordsumme des Jahres 1926 lag. Angesichts der niedrigen Ausgangsbasis, aber auch der guten konjunkturellen Entwicklung und der Bereicherung, die für viele Aktiengesellschaften durch die „Arisierung" jüdischen Vermögens möglich war, konnte der Aktienmarkt diese Belastung sehr gut verkraften.

Hinzu kam, dass die Umlaufsrendite sich vom Rekordniveau des Jahres 1932 (8,4 Prozent) nach und nach deutlich ermäßigte und fünf Jahre darauf den seit dem Ersten Weltkrieg nicht wieder gesehenen Stand von 4,5 Prozent erreichte, auf dem sie eingefroren wurde. Der deutsche Aktienmarkt konnte deshalb bis zum August 1937 von seinem Low rd. 175 Prozent zulegen. Zwar folgte in der Zeit darauf bis zum Juli 1939 eine gewisse Reaktion, die ein Kursminus von 13,4 Prozent brachte. Dies war jedoch angesichts der 1938 plötzlich explodierenden Marktbeanspruchung (8,9 Mrd. RM) nicht verwunderlich. Hieran konnte auch das nun stark forcierte, deutlich über das Wachstum des nominalen Bruttosozialproduktes hinausgehende Plus bei der Geldmenge (1938: +10,2 zu +14,7 Prozent) zunächst nichts ändern.

Erst als in den nun folgenden Kriegsjahren Bargeld und Einlagen Zuwächse von rd. 30 Prozent p. a. aufwiesen, schossen die Notierungen am Aktienmarkt wieder in die Höhe (im Jahresdurchschnitt 1940: +21,7, 1941: +19,4 Prozent). Dies war einerseits Ausdruck der boomenden Kriegskonjunktur, andererseits jedoch auch der nun verstärkt sichtbaren Flucht in die Sachwerte. Dabei störte die seit 1941 zunächst nur moderat, 1942 jedoch deutlich rückläufige Dividende (1940: 6,6, 1941: 6,4, 1942: 5,4 Prozent) bzw. die von 1938–42 von fünf auf 3,3 Prozent sinkende Dividendenrendite sowie die nun auch auf dem Aktienmarkt hochschießende Marktbeanspruchung wenig.[142] Dieser war in der ersten Kriegszeit fast der einzige Markt, der noch nicht durch Preisstopp und Bezugssysteme reguliert wurde. Das konnte jedoch aus Sicht der Machthaber nicht lange so bleiben. Bereits 1941 sorgten gesetzliche Vorschriften, wie die Gewinnabschöpfung durch die Dividendenabgabeverordnung und eine Anmeldepflicht für Aktienbesitz mit Abgabezwang in bestimmten Fällen dafür, dass keine echten Marktkurse mehr zustande kamen. Im Sommer 1943 erfolgte dann auf der Basis der Börsenkurse von Ende Januar d. J. ein sog. Kursstopp, der Höchstkurse festlegte und jeweils nur die Aufholung des Dividendenabschlages erlaubte. Auch die Ausschüttung war aber in ihrer Höhe auf rd. 3,3 Prozent der Börsenkurse fixiert.[143]

Trotz dieser Reglementierungen und im Gegensatz zum Ersten Weltkrieg blieben die deutschen Börsen bis zum Kriegsende von Amts wegen geöffnet. Erst als die Kampfhandlungen in Deutschland Ende April 1945 einen geordneten Börsenablauf unmöglich machten, schloss man die Pforten, und bereits im darauf folgenden September durften einige Börsen (München und Frankfurt) ihre Tätigkeit wieder aufnehmen. Sie gehörten damit zu den ersten unter deutscher Regie anlaufenden Wirtschaftsinstitutionen. Aufgrund der übergroßen Geld- und Kreditmenge, der im zerstörten Deutschland kein auch nur einigermaßen adäquates Güterangebot gegenüberstand, lag der Aktienindex des *Hessischen Statistischen Landesamtes* im Januar 1946 nur um 0,3 Prozent unter den letzten von den Nationalsozialisten erlassenen Stoppkursen vom 22. 3. 1945.

(Wie viele andere wirtschaftliche Regelungen der früheren Machthaber galten auch die Vorschriften zu den Stoppkursen in der Besatzungszeit fort.)

Eine gewisse reale Basis hatten diese Kurse, da sich herausgestellt hatte, dass die deutsche Industrie durch gezieltes Aussparen bei den Bombardements (z. B. *IG-Farben*-Gelände in Frankfurt) bzw. durch Auslagerung bei weitem nicht so stark geschädigt war wie die Wohnbebauung. Leichte wirtschaftliche Erholungsansätze, die schrittweise Lockerung des Besatzungsregimes sowie der nach wie vor anzutreffende Drang in die Sachwerte sorgten bis Mitte 1948 für per saldo gleich bleibende Notierungen. Allerdings schwankten die Aktienkurse aufgrund ständiger politischer Irritationen sowie der von Zeit zu Zeit akut werdenden Sorge vor Demontagen deutlich.

Eine neue Phase kündigte sich an, als sich im März 1948 die Gerüchte über eine nunmehr bevorstehende Währungsreform verdichteten – war doch am Ersten des Monats die *Bank deutscher Länder* gegründet worden. Zwar konnten sich die Industriewerte im Durchschnitt auch danach noch recht gut halten und die Verkehrswerte legten in ihren Kursen sogar noch etwas zu. Der Bankenindex des *Hessischen Statistischen Landesamtes* verlor jedoch von Januar bis Juni bereits 21,6 Prozent, war doch zu befürchten, dass gerade die Kreditinstitute mit ihrer geringen Anlageintensität und einer Aktivseite der Bilanz, die fast ausschließlich aus Schuldtiteln der öffentlichen Hand bestand, zu den Hauptverlierern einer Währungsreform zählen würden. Gegen Mitte des Jahres ebbten die Spekulationen über deren Zeitpunkt wieder etwas ab.[144] Der 18. 6. 1948, ein Freitag, war ein ganz normaler Börsentag mit nur mäßigen Umsätzen. Wie fast immer nach dem Ende des Krieges waren die Profis weitestgehend unter sich.

Als am darauf folgenden Sonntag die sofortige Einführung der Deutschen Mark und die genauen Bestimmungen dafür veröffentlicht wurden, empfand dies die breite Öffentlichkeit als Donnerschlag. Obwohl in Aktien verbriefte Forderungen nahezu als einzige nominal Eins zu Eins umgestellt worden waren, folgte am Tag darauf ein Kurssturz, wie er in der Geschichte der Aktienbörse völlig ohne Beispiel ist. Am 23. 6. führten die westlichen Alliierten auch in Westberlin die DM ein. Am Tag danach antwortete die Sowjetunion darauf mit der Berlin-Blockade. Nach kurzem Schwanken entschlossen sich die Westalliierten am 26. 6. zur Einrichtung einer Luftbrücke. Anfang Juli verließ die Sowjetunion die Berliner *Alliierte Kommandantur*, nachdem sie den gleichen Schritt bereits dreieinhalb Monate zuvor aus dem *Alliierten Kontrollrat* für ganz Deutschland getan hatte.

Nach der Londoner Sechs-Mächte-Konferenz (USA, Großbritannien, Frankreich, Benelux), auf der die wirtschaftliche Eingliederung Westdeutschlands in das westliche Europa und das Zusammentreten einer Verfassunggebenden Versammlung für die Trizone beschlossen worden war (23. 2.–6. 3. und 20. 4.–2. 6. 1948) sowie der kommunistischen Machtübernahme in Polen, Rumänien, Bulgarien und Ungarn waren die Beziehungen zwischen der Sowjetunion und den westlichen Alliierten auf einem Tiefpunkt angelangt. Die Aktienkurse gaben deshalb im Verlauf des Juli weiter nach und fielen nach einer kurzen Zwischenerholung im September noch einmal bis auf das alte Low zurück. Der Gesamtindex lag in diesem Monat noch bei 13,8 Prozent seines Juni-Standes, und der Bankenindex verlor sogar 91,8 Prozent. Einzelne Aktien wurden noch stärker in Mitleidenschaft gezogen. So notierte die Aktie der *Commerzbank* am 23. 9. 1948 94,7 und die der *Guten-Hoffnungs-Hütte* 94,1 Prozent unter ihrem Stand vom 18. 6. Substanzwerte wie *RWE, Conti-Gummi, Südzucker* oder *Löwenbräu* konnten sich dagegen noch vergleichsweise gut halten. Ihre Kursrückgänge lagen zwischen 71,9 und 78,5 Prozent.[145]

Zwar hatte das sog. Konklave die Einführung der DM sehr viel besser und detaillierter vorbereitet, als dies seinerzeit bei der Ablösung der Mark durch die Rentenmark der Fall gewesen war; der Erfolg der Währungsreform stand aber auch 1948 nicht von vornherein fest. Der Index der industriellen Produktion im gesamten zweiten Halbjahr stieg sprunghaft an, und das Angebot des Handels war plötzlich wieder in seinen Schaufenstern präsent. Obwohl die Arbeitslosenzahlen im zweiten Halbjahr von 400 auf 800 000 hochschossen, führten die so lange unerfüllbaren Konsumwünsche in Verbindung mit der Neigung der Unternehmen, aus Liquiditätsgründen – ihre DM-Ausstattung durch die Währungsreform war bewusst niedrig gehalten worden – die bisher überhöhten Warenlager zu räumen, zu einer förmlichen Explosion der Einzelhandelsumsätze und starken Steigerungen der Schwarzmarkt- und Industriegrundstoffpreise. Gleichzeitig vervielfachten sich die Refinanzierungskredite des Zentralbanksystems an die Geschäftsbanken. Das Geldvolumen stieg innerhalb weniger Monate von zehn auf 17 Mrd. DM. Je länger dieser Prozess anhielt, desto mehr drohte eine Inflationsspirale.[146]

Die *Bank deutscher Länder* erhöhte daher bereits zum 1. Dezember 1948 ihre Mindestreservesätze für Sichteinlagen an Bankplätzen von zehn auf 15 Prozent. Die Banken wurden darüber hinaus aufgefordert, ihr Kreditvolumen über den Stand vom 31. 10. d. J. nur nach vorheriger Absprache mit den *Landeszentralbanken* auszuweiten. Danach trat eine Beruhigung der Situation ein. Die Schwarzmarktpreise wie auch die Lebenshaltungskosten insgesamt und die Preise für Industriegrundstoffe gingen wieder deutlich zurück. Das Gleiche galt für den Zahlungsmittelumlauf sowie die Refinanzierungskredite des Zentralbanksystems an die Geschäftsbanken. War die Nachfrage zuvor offensichtlich übersteigert, so hielten sich im ersten Halbjahr 1949 Wirtschaftsunternehmen und Private stark zurück. Einzelne Wirtschaftszweige hatten mit erheblichen Schwierigkeiten zu kämpfen. Die Arbeitslosigkeit stieg bis Ende Juni auf fast 1,3 Mio. Der Aktienindex ging deshalb in den ersten drei Monaten des neuen Jahres nochmals etwas zurück. Er erreichte im März 1949 seinen tiefsten Stand – 87,3 Prozent unter den letzten Stoppkursen.

Als feststand, dass eine inflationäre Überhitzung nicht mehr zu erwarten war, hob die Zentralbank ihr allerdings sehr elastisch gehandhabtes Kreditmoratorium Ende März wieder auf und ermäßigte mit Wirkung vom 1. Juni d. J. auch ihre Mindestreservesätze. Im Mai und Anfang Juli wurde zudem der Diskontsatz der *Landeszentralbanken* um jeweils einen halben Prozentpunkt auf zuletzt vier Prozent gesenkt. Gleichzeitig hatten sich im zweiten Quartal für Deutschland auch auf der politischen Bühne einige positive Veränderungen ergeben.

Am 8. April erfolgte mit der Unterzeichnung des westdeutschen Besatzungsstatuts eine Einschränkung der Demontagen und Industrieverbote sowie die Errichtung einer internationalen Ruhrbehörde. Bereits in den Monaten zuvor lief die Ausarbeitung einer westdeutschen Verfassung auf Hochtouren (*Verfassungskonvent* in Herrenchiemsee vom 10.–23. August 1948, Beratungen des *Parlamentarischen Rates* ab 1. September 1948). Am 8. Mai beschloss der *Parlamentarische Rat* das Grundgesetz, am 23. Mai verkündete es sein Präsident *Konrad Adenauer*. Am 14. August erbrachte die Wahl zum ersten Bundestag eine stabile bürgerliche Mehrheit, die schließlich am 15. 9. 1949 zur Wahl *Adenauers* zum Bundeskanzler und fünf Tage später zur Bildung einer Koalitionsregierung aus *CDU, FDP* und *Deutscher Partei* führte.[147]

Ab dem Spätsommer 1949 ließ die *Bank deutscher Länder* den Notenbankkredit der Geschäftsbanken wieder verstärkt zu. Von Juli bis November erhöhte sich daraufhin die Summe an gewährten Refinanzierungskrediten von 1,3 auf vier Mrd. DM. Da der Kapitalmarkt bis dahin äußerst unergiebig gewesen war – der Rentenabsatz lag bei lediglich rd. 40 Mio. RM pro Monat[148] –, wurden für die erste Bundesbahnanleihe vom Mai/Juni 1949 die bis dahin blockierten, 400 Mio. DM betragenden „Anlagekonten" freigegeben. Aufgrund der Maßnahmen der *Bank deutscher Länder* sank die Rendite festverzinslicher Wertpapiere, die im zweiten Halbjahr 1948 je nach Papier um 2,2 bis 3,4 Prozent gestiegen war, nunmehr wieder langsam um einige Zehntelprozent ab. Dennoch herrschte an den Aktienmärkten bis zum Spätsommer weitgehende Interesselosigkeit, die sich in niedrigen Umsätzen (zwei bis vier Mio. RM pro Monat) und gleich bleibenden Kursen niederschlug. Die Ursache hierfür lag in den unübersichtlichen Bilanzverhältnissen der Aktiengesellschaften. In vielen Fällen war die Höhe der Kriegs- und Nachkriegsschäden unbekannt, und außerdem fehlte mit den gesetzlichen Bewertungsrichtlinien auch die bilanzielle Basis für eine Unternehmensbeurteilung.[149]

Als sich allerdings im Laufe des September 1949 bei einigen bedeutenderen Gesellschaften herausstellte, dass die Nominalkapitalien weitgehend erhalten geblieben waren, schossen die Aktien geradezu in die Höhe. Im Durchschnitt des Monats Januar 1950 lag der Aktienindex des *Hessischen Statistischen Landesamtes* bereits um etwas mehr als 160 Prozent über seinem August-Stand. Gleichzeitig vervielfachten sich die Umsätze. Sie betrugen am Platz Frankfurt in der Spitze (November 1949) 18,7 Mio. RM, wobei erstmals auch das Privatpublikum ein gewisses Interesse zeigte. Im Herbst 1949 waren wichtige Einfuhrbestimmungen liberalisiert worden. Da die deutschen Preise zuvor verglichen mit dem Weltmarktniveau überhöht waren, standen diese in den Folgemonaten deutlich unter Druck. Gleichzeitig ergab sich gegen Jahresende eine ungewöhnlich angespannte Zahlungsbilanzsituation. Die Kaufneigung der Verbraucher ließ nach, die Unternehmen reduzierten Vorräte und Anlageinvestitionen.

In den ersten Monaten des neuen Jahres wurde dieser Effekt noch durch beträchtliche Geldstilllegungen der öffentlichen Haushalte verstärkt. Da die Arbeitslosigkeit gleichzeitig in diesem Winter aufgrund des anhaltenden Zustroms von Flüchtlingen aus dem Osten und weiterer Rationalisierungen die Zweimillionengrenze fast erreichte, beschloss der Bundestag auf Antrag der Bundesregierung ein Arbeitsbeschaffungs- und Wohnungsbauprogramm. Dies und die bemerkenswerten Exporterfolge der jungen deutschen Industrie führten bereits in der ersten Jahreshälfte zu einem steilen Anstieg der Zahl unselbstständig Beschäftigter, aber auch der Geldmarktsätze. Am Aktienmarkt machte sich wieder weitgehende Lustlosigkeit breit. Die Unterbringung neuer Akien lag im ersten Halbjahr deutlich unter den entsprechenden Vorjahreszahlen. Die Kurse tendierten im Wesentlichen seitwärts.

Während die erste Hälfte des Jahres 1950 noch ganz im Zeichen einer leicht rezessiven Entwicklung sowie einer fortschreitenden Liberalisierung (z. B. Aufhebung der Lebensmittelrationierung am 1. 5.) stand, änderte sich dieses Szenario nach der Jahresmitte schlagartig. Am 25. 6. marschierte Nordkorea im Süden des Landes ein, und der *UN-Sicherheitsrat* erklärte Nordkorea zum Angreifer. Bereits zwei Tage später hatte dieser fast das gesamte Land besetzt; die *Vereinten Nationen* forderten alle Mitglieder auf, Südkorea zu unterstützen. In der Folge sandten 15 Nationen Truppen. Die Alliierten gingen zum Gegenangriff über.[150]

War bis dahin die deutsche Wirtschaftsentwicklung durch eine relativ schwache Ausgabeneigung bei Konsumenten und Unternehmen gekennzeichnet, so setzten starke Eindeckungen an den Rohstoffmärkten ein, nachdem anfängliche Befürchtungen vor einer

Ausdehnung des Krieges auf Europa gegenstandslos geworden waren. Diese weltweite Entwicklung war in Deutschland besonders ausgeprägt, da in den Monaten zuvor die Läger bewusst niedrig gehalten wurden. Gleichzeitig verminderten die Konsumenten ihre Spartätigkeit und entsparten sogar zeitweise. Der dadurch ausgelöste Konsumstoß wurde noch durch die im April beschlossenen, ab Juni wirksamen Steuerermäßigungen verstärkt. Nach einem ersten Lagerabbau erhöhten die Unternehmen auf breiter Front ihre Produktion und stießen dabei bald auf die noch sehr niedrigen Kapazitätsgrenzen. Preissteigerungen und eine dramatische Verschlechterung der Zahlungsbilanz waren die Folgen.

Seit Ende September 1950 erließ die *Bank deutscher Länder* daher in rascher Folge eine Reihe restriktiver Maßnahmen (Erhöhung der Mindestreservesätze am 20./21. 9., Beschränkung des Rediskonts von Bankakzepten am 13. 10., Hinterlegung eines Bardepots von 50 Prozent für Einfuhren am 16. 10., Diskonterhöhung von vier auf sechs Prozent am 26. 10. und Einführung von Rediskontkontingenten am 1./2. 11.).[151] Diese starke Mittelverknappung, die natürlich auch zu einer Erhöhung der Zinssätze führte, ließ am Aktienmarkt trotz der guten Konjunktur nur relativ geringe Kurssteigerungen zu, sodass der Index des *Statistischen Bundesamtes* im Dezemberdurchschnitt lediglich um 10,8 Prozent über dem des Juni lag. Daran konnte auch eine neue Entwicklung nichts ändern, die die schnelle und vollständige wirtschaftliche und politische Integration der Bundesrepublik in die westeuropäische und nordatlantische Völkergemeinschaft vorbereitete.

Vom 20. bis zum 27. Juni 1950 fand erstmals unter gleichberechtigter Teilnahme der Bundesrepublik eine internationale „Sechs-Mächte-Konferenz" statt. Bei ihr ging es in Verhandlungen mit den Benelux-Staaten, Frankreich und Italien um den sog. *Schuman*-Plan vom 9. Mai d. J. über den Zusammenschluss der Kohle- und Stahl-Industrie der betreffenden Länder. Im gleichen Monat trat die Bundesrepublik dem *Europarat* bei und schloss ihren ersten Handelsvertrag (mit Brasilien) ab. Im September (12.–23. 9.) fand dann in New York eine Außenministerkonferenz der drei Westalliierten statt, auf der erstmals im Rahmen längerfristig angelegter Verteidigungsüberlegungen des Westens auch die Wiederaufrüstung Westdeutschlands in Betracht gezogen wurde. Am 26. 10. reagierte die Bundesregierung auf diese Vorschläge mit der Bildung des *„Amtes Blank"*, dem Nucleus des späteren Verteidigungsministeriums.[152]

Das Jahr 1951 stand wirtschaftlich zunächst ganz im Zeichen des Korea-Krieges. Zum einen war die Bundesregierung gezwungen, die weitere Liberalisierung zeitweise auszusetzen (so die der Einfuhren aus den OECD-Ländern), zum anderen verschärfte die *Bank deutscher Länder* Schritt für Schritt ihre Geld- und Kreditpolitik (31. 1.: Kreditrichtsätze zur Normalisierung des kurzfristigen Kreditvolumens der Banken, 28. 2./1. 3.: Beschluss, das kurzfristige Kreditvolumen der Geschäftsbanken innerhalb von drei Monaten um eine Mrd. DM zurückzuführen). Schon sehr bald zeigte diese Politik Erfolg. Unterstützt durch die starke Entlastung, die das Ende der internationalen Rohstoffhausse für die deutsche Wirtschaft mit sich brachte, kam der Preisauftrieb gegen Ende des ersten Halbjahres zum Stillstand. Gleichzeitig sprang die Sparneigung wieder erheblich an, und die akute Zahlungsbilanzkrise, die im Dezember 1950 dazu geführt hatte, dass die Bundesrepublik bei der *Europäischen Zahlungsunion (EZU)* einen Sonderkredit in Höhe von 120 Mio. $ in Anspruch nehmen musste, konnte sehr schnell überwunden werden. Während die Einfuhren von Februar bis Mai scharf zurückgingen und auch dann nur allmählich wieder zunahmen, stieg die Ausfuhr das ganze Jahr hindurch fast kontinuierlich an, sodass die Handelsbilanz gegen Ende des Jahres wieder deutlich positiv wurde. Es war der *Bank deutscher Länder* daher am 20. September bereits möglich, das Bardepot für Einfuhrbewilligungen und am 24./25. Oktober die Kreditrestriktionen des ersten Halbjahres aufzuheben.[153]

Angesichts der überschäumenden Konjunktur hatte sich der Aktienmarkt von der Politik der Notenbank ohnehin nicht beeindrucken lassen. Der Index des *Statistischen Bundesamtes* legte das gesamte Jahr 1951 hindurch Monat für Monat und in immer schnellerer Fahrt zu. Im Januar 1952 erreichte er schließlich seinen vorläufigen Höhepunkt – knapp 214 Prozent über dem Stand vom November 1950. Besonders ausgeprägt war diese Entwicklung bei den Aktien der Grundstoffindustrie, die bis zum Herbst 1949 besonders tief standen. Hier wie auch in vielen anderen Fällen wirkte sich aus, dass die meisten Gesellschaften bis Mitte 1951 Umstellungsbilanzen vorlegen mussten, in der das Aktienkapital in DM auszuweisen war. Da das Ergebnis größtenteils günstiger war als erwartet, löste die Veröffentlichung vielfach bedeutende Kurserhöhungen aus. Hinzu kam, dass die Alliierten den Plan einer Entflechtung der Montanindustrie, den sie jahrelang verfolgt hatten, nunmehr endgültig aufgaben. Eine ähnliche Entwicklung hatten die Bankaktien zu verzeichnen, die aufgrund der günstigen Ertragslage der insgesamt 30 Nachfolgeinstitute der zerschlagenen Großbanken und ihrer Fusion zu je drei Banken im Laufe des Jahres kräftig stiegen. Begünstigt wurde die Entwicklung am Aktienmarkt ferner durch die relativ geringe Marktbeanspruchung bei nur etwas erhöhten Rentenzinsen. So steigerte sich die gesamte Aktienunterbringung zwar von 1950–51 von 51 auf 166 Mio. DM, inklusive der festverzinslichen Papiere ergab sich jedoch lediglich ein Anstieg von 728 auf 914 Mio. DM.[154]

Impulse dürfte der Aktienmarkt auch von der politischen Entwicklung erhalten haben. Einerseits machte die Integration der Bundesrepublik in die westliche Völkergemeinschaft Fortschritte. So fanden bereits am 23. Januar 1951 Verhandlungen über einen Beitrag der Bundesrepublik zu den *NATO*-Streitkräften statt, und am 6. März übertrug die New Yorker Außenministerkonferenz der Bundesrepublik gegen Anerkennung ihrer Schulden aus Vorkriegsanleihen und Nachkriegshilfe die Passhoheit. Vom April datiert auch der Vertrag über die *Montanunion*. Am 9. Juni beendeten Großbritannien und Frankreich formell den Kriegszustand mit Deutschland. Japan erhielt zwei Monate später im Friedensvertrag von San Francisco die volle Souveränität. Am 10. 7. läutete der Beginn der Waffenstillstandsverhandlungen die letzte Phase des Korea-Krieges ein. Während des ganzen Jahres zogen sich schließlich die Beratungen über den *Pleven*-Plan zur *Europäischen Verteidigungsgemeinschaft* hin.[155]

Die starke Hausse des Jahres 1951 erforderte trotz der anhaltend guten Konjunktur – das Bruttosozialprodukt stieg 1952 real um neun Prozent (1951: 9,4 Prozent) – eine technische Korrektur. Sie erfolgte, als dem Markt bewusst wurde, dass einige Branchen trotz eines guten Umsatzwachstums nur relativ geringe Fortschritte in der

Gewinnentwicklung machten. Dies galt insbesondere für die Verbrauchsgüterindustrie, die bis zum Frühjahr des Vorjahres auf einen in allen Bereichen aufnahmefähigen Markt gestoßen waren und sich nunmehr stärker um den Kunden bemühen mussten, was naturgemäß höhere Ausgaben und Preiszugeständnisse erzwang. Gegen Ende des Jahres fand daher an der Börse ein gewisser Umdenkungsprozess statt. Stand in den Jahren zuvor der Substanzwert einer Aktie im Mittelpunkt, so orientierte sich die Kulisse – das Privatpublikum war auch jetzt noch kaum vertreten – immer mehr am Ertragswert.[156]

Gesamtwirtschaftlich war 1952 gekennzeichnet durch Überwindung der bisherigen Produktionsengpässe (z. B. in der Steinkohlen-, Elektrizitäts- und Stahlversorgung), Erhöhung von Sparrate und Investitionsneigung sowie Kassenüberschüsse der öffentlichen Haushalte. Auch sonst stand das Jahr unter einem guten Stern. Einerseits machte die Liberalisierung des Wirtschaftslebens weitere Fortschritte. So gab die Bundesregierung am 22. August die Stahlpreise frei und hob alle Produktionsbeschränkungen auf. Gleichzeitig entschloss sich der Staat zu weiteren Wirtschaftsförderungsmaßnahmen. Am 7. Januar wurde das Investitionshilfegesetz unterzeichnet, am 17. März das Wohnungsbauprämiengesetz und am 15. Dezember das Kapitalmarktförderungsgesetz.[157]

Obwohl das zuletzt genannte Gesetz noch keine volle Liberalisierung des Rentenmarktes vorsah, brachte es doch in der Folgezeit eine spürbare Belebung dieses Segmentes und insbesondere wieder die verstärkte Beteiligung des Privatpublikums mit sich. So konnte der Nettoabsatz von Wertpapieren bereits im Folgejahr auf 3,14 Mrd. DM ansteigen (zum Vergleich: 1952: 1,82 Mrd. DM). Auch die Westintegration der Bundesrepublik kam voran. So signierten die Benelux-Staaten, Frankreich, Italien und die Bundesrepublik am 25. 2. den *EVG*-Vertrag und am 26. 5. folgte die Unterzeichnung des Deutschland-Vertrages zwischen den drei westlichen Siegermächten und der Bundesrepublik, die die Einbeziehung Deutschlands in Westeuropa festschrieb und die Herstellung der vollen Souveränität sowie die Aufhebung des Besatzungsstatuts in Aussicht stellte. Am 14. August wurde die Bundesrepublik schließlich Mitglied des *Internationalen Währungsfonds* und der *Weltbank*.

Die schrittweise Senkung der Leitzinsen sowie des Mindestreserveerfordernisses hatten bereits im zweiten Halbjahr 1952 dafür gesorgt, dass die Anpassung des Aktienmarktes an den neuen Bewertungsmaßstab (Ertragswert) nur noch geringe Minuskorrekturen erforderte. Die weiter ausgezeichnete Konjunktur (Bruttosozialprodukt 1953 real +8,5 Prozent), die insbesondere von verstärkten Investitions- und Ausfuhrbemühungen getragen war, sorgte bis zum Sommer des Jahres für ein Auslaufen des Kursrückgangs. Zwar kam es im Laufe des Jahres im Ostblock immer wieder zu politisch brisanten Entwicklungen. Am 5. März war Stalin gestorben, und in der Sowjetunion folgten heftige Machtkämpfe sowie eine Streikwelle in den Lagern. Anfang Juni wurde in Pilsen eine Volkserhebung niedergeschlagen, und kurz darauf brach in der DDR der Aufstand vom 16./17. Juni unter Militärgewalt zusammen. Die Konsequenz war, dass der Flüchtlingsstrom, der bereits von 1949–52 insgesamt 675 000 Menschen von Ost- nach Westdeutschland gebracht hatte, im laufenden Jahr auf 331 000 anschwoll.[158]

Andererseits stellte das Londoner Schuldenabkommen vom 27. Februar den Wertpapierverkehr mit dem Ausland wieder auf eine sichere Grundlage, und am 1. April bzw. am 18. Mai folgten wichtige Liberalisierungsschritte im Außen- und Devisenhandel. Damit bestanden lediglich noch gegenüber dem Dollar-Raum bedeutendere Einschränkungen der DM-Konvertibilität.

In der zweiten Hälfte des Jahres 1953 konnte der Aktienmarkt seine im Jahr zuvor unterbrochene Steigerung wieder aufnehmen. Hierbei spielte zum einen die am 1. Juni in Kraft getretene sog. kleine Steuerreform eine Rolle, die den Körperschaftsteuersatz auf den verteilten Gewinn von 60 auf 30 Prozent senkte und die Aktiengesellschaften damit in der Lage versetzte, ihre Ausschüttungen zu erhöhen. Die Folge war neben den genannten Kurssteigerungen auch eine erhebliche Erhöhung der Börsenumsätze. Sie vervierfachten sich nahezu von Mai bis Oktober auf zuletzt monatlich 58 Mio. DM. Da die Kurse im Dezember 1953 gegenüber dem Tiefpunkt im Juni bereits wieder um durchschnittlich 20,5 Prozent gestiegen waren und zum größten Teil über pari notierten, war es den meisten Aktiengesellschaften nunmehr möglich, neue Aktien am Kapitalmarkt zu emittieren.

Die erfreuliche Kursentwicklung setzte sich in den beiden Folgejahren fort. Zwar ging die Steigerungsrate des realen Bruttosozialproduktes 1954 leicht auf +7,1 Prozent zurück, im Jahr darauf wurde jedoch mit +11,8 Prozent wieder ein besonders hoher Wert erreicht. Gleichzeitig verschwanden nach und nach immer mehr Devisenbeschränkungen, und die Bundesregierung verfügte Mitte März 1955 weitere Zollsenkungen. Trotz der sehr guten Konjunktur blieb das Preisklima erstaunlich stabil. Der Preisindex für die Lebenshaltung erhöhte sich 1954 und 55 lediglich um 0,2 bzw. 1,7 Prozent. Gleichzeitig setzte sich zumindest bis zur Jahresmitte 1955 die leichte Zinssenkungstendenz am Rentenmarkt sowie die Verbreiterung der Wertpapiermärkte fort. Dies galt 1954 im Wesentlichen nur für den Rentenmarkt. Im Laufe des folgenden Jahres erhöhten sich dann jedoch auch die Aktienemissionen sprunghaft. Sie betrugen 1,72 Mrd. nach 360 Mio. DM. Die Kursteigerungen am Aktienmarkt beinhalteten insbesondere in der zweiten Hälfte des Jahres 1954 bereits ein deutliches spekulatives Element, gingen sie doch über die Erhöhung der Durchschnittsdividende von 2,95 auf 4,77 Prozent weit hinaus.

Die Aktienkursentwicklung des Jahres 1955 war von Beginn an durch eine hohe Volatilität gekennzeichnet. So kam es in der zweiten Januarhälfte und dann erneut im Mai zu vorübergehenden Kurseinbrüchen. Unter dem Einfluss einer hohen Liquidität, immer neuer positiver Überraschungen bei Jahresabschlüssen und Dividenden, starker Anregungen durch mehrere sehr attraktive Bezugsrechte, systematischer Aufkäufe in einzelnen Aktien zur Schaffung neuer Konzernverflechtungen und zur Bildung von Aktienpaketen sowie nun verstärkt auftretender Käufe ausländischer Interessenten stiegen die Aktienkurse während der ersten beiden Jahresdrittel nochmals deutlich und erreichten im Schnitt erst Ende August 1955 ihren Hochpunkt. Trotz der Dividendenerhöhungen von durchschnittlich 6,44 Prozent Anfang des Jahres auf 6,95 Prozent Ende September lag dadurch die Dividendenrendite mit 3,06 Prozent noch unter der vom vorangegangenen Jahresultimo (3,32 Prozent).

Als es im Juli in Großbritannien zu einem regelrechten Kurssturz am Aktienmarkt kam und die *Bank deutscher Länder* ihren Diskontsatz am 4. 8. 1955 erstmals wieder leicht erhöhte, erlitten im Oktober und noch einmal Anfang November auch deutsche Dividendenwerte merkliche Kursrückschlägen. Die Notenbank hatte in den Monaten zuvor mehrmals vor Kursübertreibungen gewarnt, was dann prompt zu vorübergehenden Verlusten führte. Der Rentenmarkt hätte bereits im Vorfeld gewisse Hinweise auf die sich anbahnende Gefahr liefern können. Zwar wies die Umlaufsrendite festverzinslicher Wertpapiere erst nach dem Oktober d. J. nach oben, einzelne wichtige Kategorien von Papieren, wie fünfprozentige Anleihen der öffentlichen Hand, drehten jedoch bereits im Juli, was lediglich durch eine kurzzeitige Fortsetzung des Kursaufschwungs bei Pfandbriefen und Industrieobligationen kompensiert wurde.

Da die *Bank deutscher Länder* die freien Liquiditätsreserven der Banken im September stark zurückgeführt hatte, konnten diese in der Folge am Aktienmarkt kaum noch stützend eingreifen. Verschiedene Verkaufswellen unter starker Beteiligung ausländischer Aktienbesitzer sorgten dafür, dass das Kursniveau im November durchschnittlich um 10,5 Prozent unter dem des August lag. Zwar konnte bis Mitte Januar 1956 im Zuge einer technischen Erholung rd. die Hälfte der zuvor erlittenen Kursverluste aufgeholt werden, danach setzte sich aber wieder eine abwärts gerichtete Tendenz durch.[159]

Sie war zum einen bedingt durch eine leichte Wachtumsabschwächung. Das Bruttosozialprodukt erhöhte sich 1956 und 57 real nur noch um 7,5 bzw. 5,9 Prozent. Zum anderen stieg die Umlaufsrendite festverzinslicher Wertpapiere während des gesamten Jahres 1956 kontinuierlich an und erreichte erst im April des Folgejahres mit 6,7 Prozent ihren höchsten Stand. Parallel dazu erfolgten in der ersten Jahreshälfte (7. 3. bzw. 18. 5.) zwei Erhöhungen des Diskontsatzes, die diesen auf das damals ungewöhnlich hohe Niveau von 5,5 Prozent trieben. Der Kursrückgang am Aktienmarkt wurde im ersten Halbjahr mehrfach von kürzeren Perioden steigender Kurse unterbrochen. So kam es im April durch Dividendenerhöhungen und günstige Jahresabschlüsse einiger Gesellschaften zu einer solchen kleinen Kursbefestigung. Im August d. J. war dann der tiefste Jahresstand erreicht – 17,5 Prozent unter dem High vom September des Vorjahres.

In der zweiten Jahreshälfte begann sich das binnenwirtschaftliche Szenario der deutschen Börse wieder etwas aufzuhellen. Zum einen traten Mitte des Jahres Zollsenkungen in Kraft, und die Bundesregierung legte kurz darauf ein Konjunkturprogramm vor. Zum anderen setzte die *Bank deutscher Länder* ihren Diskontsatz um einen halben Prozentpunkt herab. Hierauf sowie gegen Jahresende in Erwartung einer zweiten Diskontermäßigung, die dann am 10. Januar 1957 tatsächlich verkündet wurde, kam es zweimal zu kurzfristigen Kurserholungen. Anhaltende Verkäufe aus Umtauschoperationen zugunsten hochverzinslicher Anleihen sowie Abgaben ausländischer Aktienbesitzer im Zusammenhang mit den weltpolitischen Spannungen hielten den Markt jedoch weiterhin unter Druck, sodass dieser bis zur Jahresmitte seitwärts tendierte.[160] Bereits Ende Juni hatten Arbeiterunruhen in Posen zu einem Nachgeben der polnischen Führung und dem sog. „polnischen Oktober" geführt. Nachdem *Nasser* am 26. 7. 1956 die *Internationale Gesellschaft zur Verwaltung der Suezkanalzone* verstaatlicht hatte, waren die Spannungen in der Region nach und nach so eskaliert, dass am 29. 10. der Einmarsch israelischer Truppen in Ägypten und vom 31. 10. bis 5. 11. die Besetzung der Suezkanalzone durch Frankreich und Großbritannien die Folge waren. Noch stärker beschäftigte die Weltöffentlichkeit der Aufstand in Ungarn (19. 10. bis 9. 11.), der zeitweise sogar eine militärische Konfrontation zwischen Ost und West befürchten ließ. Im Februar 1957 sorgte dann der Kaschmir-Konflikt für Schlagzeilen.[161]

Da das Inlandspublikum an seinem Aktienbesitz festhielt und die überwiegend erst im Jahr 1956 gegründeten Investmentgesellschaften zunehmend Anlagekäufe tätigten, geriet der deutsche Aktienmarkt trotz dieser Krisen und der daraus resultierenden Marktbelastungen nicht stärker unter Druck. Zudem stieg die Durchschnittsdividende weiterhin deutlich an (von 7,11 Prozent Ende 1955 auf 8,05 Prozent Ende 1956). Die Dividendenrendite verbesserte sich dadurch von 3,3 auf 4,3 Prozent. Einige Standardaktien wiesen sogar Renditen von fünf Prozent und mehr auf. Dennoch verwandten die Aktiengesellschaften nach wie vor den größten Teil ihrer Gewinne für die Rücklagenbildung; entsprechend stieg auch der Substanzwert der Aktien.

Die aufgezeigten Entwicklungstendenzen setzten sich auch im Jahr 1957 fort. Einerseits ging das reale Wirtschaftswachstum nochmals leicht auf +5,9 Prozent zurück. Andererseits kamen die Zinssteigerungen nach dem ersten Quartal zur Ruhe und der Aktienabsatz sank netto um 14 Prozent, während die Umsätze an der Aktienbörse nur ganz leicht rückläufig waren. Die Dividende stieg weiter an. Sie erhöhte sich bis zum Dezember d. J. auf 8,64 Prozent (Dezember 1956: 7,54 Prozent). Von Seiten der Politik kamen im Jahr 1957 fast durchweg positive Meldungen. Am 23. Februar wurde das Rentenreformgesetz unterzeichnet, das allein im Bereich der Rentenversicherung der Arbeiter und Angestellten und mit einer besonderen Massierung im zweiten Quartal 1957 für einen Einkommensschub von rd. 4,3 Mrd. DM sorgte. Einen Monat später wurden die „Römischen Verträge" zur Gründung einer europäischen Wirtschafts- und Atomgemeinschaft unterzeichnet. Am 27. Juni folgte das Kartellgesetz, am 26. Juli das Bundesbankgesetz. Auf diese Anhäufung von positiven Nachrichten reagierten ausländische Anleger zu Beginn der zweiten Jahreshälfte mit sprunghaft gestiegenem Interesse für deutsche Aktien. Die Nettoauslandskäufe schossen im Juli auf 171 Mio. DM hoch – fast so viel wie im gesamten Jahr 1956.

Dies blieb eine Ausnahme. Den ersten Teil der sich nun ganz allmählich entwickelnden Hausse dominierten die Inländer. Das Jahr 1958 stand im Zeichen einer weiteren leichten Wachstumsabschwächung (reales Bruttosozialprodukt +4,1 Prozent). Während der Output in den Bereichen Auto, Elektro, Chemie und Ernährung weiterhin deutlich anstieg, wurden einige andere wichtige Bereiche (Montanindustrie, Maschinenbau, Textil/Bekleidung) mit einer mehr oder weniger deutlichen Schrumpfung der Produktion konfrontiert. Da sich das Preisklima trotz der lebhaften Geldmengenausweitung der letzten Jahre (M3 1957: +16,1 Prozent, 1958: +13,6 Prozent) importbedingt deutlich beruhigte, konnte die *Bundesbank* ihre Geld- und Kreditpolitik weiter lockern. Nachdem sie erst am 18. September des Vorjahres den Diskontsatz auf vier Prozent gesenkt hatte, verfügte sie am 16. Januar und 26. Juni 1958 zwei weitere Ermäßigungen auf schließlich drei Prozent.

Dennoch ging die Bankenliquidität wie bereits im Vorjahr auch 1958 zurück. Die Ersparnisbildung der privaten Haushalte, die 1956 erst 6,9 Mrd. DM ausgemacht hatte, stieg 1958 nochmals sprunghaft von 10,9 auf 12,5 Mrd. DM. Hinzu kam, dass nunmehr festverzinsliche Wertpapiere gegenüber anderen Anlageformen an Popularität gewannen, sodass die insgesamt zunehmende Nachfrage die Umlaufsrendite von Dezember 1957 bis Februar 1959 um einen ganzen Prozentpunkt auf 5,7 Prozent senkte. Dies wiederum gab dem Aktienmarkt zusätzliche Impulse, zumal die durchschnittliche Dividende bis zum Dezember auf 9,28 Prozent des Nominalkapitals anstieg.

Zinssenkungen und Dividendensteigerungen führten seit Jahresbeginn zu einer deutlichen Nachfragebelebung auch auf dem Aktienmarkt. Da jedoch relativ wenig neues Material auf den Markt kam – der Aktienabsatz ging 1958 gegenüber dem Vorjahr sogar von 1,68 auf 1,21 Mrd. DM zurück –, führte dies zu lebhaften Kurssteigerungen, die sich erst beruhigten, als die Zinsen 1959 im Laufe des ersten Quartals nicht weiter sanken. Bis zum Februar dieses Jahres hatte der Index des *Statistischen Bundesamtes* damit gegenüber dem Low vom Juni 1957 70,2 Prozent zugelegt.[162]

Die ersten Monate des Jahres 1959 standen für den Aktienmarkt im Zeichen eines eher negativen Umfeldes. Zum einen machten sich mit der Absatzflaute in der Montan-, Textil- und Bekleidungsindustrie sowie der allgemein rückläufigen Investitionsneigung gewisse Konjunktursorgen breit. Zum anderen gab es zunächst politische Irritationen. So hatte Anfang Januar ein sowjetischer Vorschlag über den Abschluss eines Friedensvertrages mit Deutschland und danach die Erkrankung des amerikanischen Außenministers die Börse verstimmt. Der Januar 1959 war überhaupt ein unruhiger Monat. Am 1.1. wurde *Batista* in Kuba gestürzt, und eineinhalb Monate später war *Fidel Castro* Ministerpräsident. Vom 4.–6.1. kam es zu ersten blutigen Unruhen in Leopoldville, Belgisch-Kongo. Obwohl die deutschen Zinsen weiter leicht nachgaben, tendierte deshalb der heimische Aktienmarkt im Februar sowie in der ersten Märzhälfte seitwärts. In dieser Zeit gab es aber auch schon einige Hoffnungsschimmer. In der letzten Februarwoche machte sich bereits wieder eine starke Nachfrage in- und ausländischer Investmentgesellschaften bemerkbar. Positiv nahm die Börse auch den Plan auf, die Gesellschaftssteuer von bisher drei Prozent deutlich zu senken und damit in dieser Hinsicht die Diskriminierung der Aktie gegenüber den festverzinslichen Papieren auszuräumen.

Unter der Führung der Blue chips (insbes. Farben, Elektro und Banken) und getragen von der Nachfrage in- und ausländischer Kapitalanlagegesellschaften und anderer ausländischer Anleger kam es bis Ende April zu einer regelrechten Haussebewegung. Der Index des *Statistischen Bundesamtes* stieg vom 13. 3. bis zum 23. 4. um 7,7 Prozent. Bereits im April 1959 tauchten die ersten Gerüchte über die Auflegung spezieller Deutschland-Fonds in Amerika auf. Bei der nun einsetzenden starken Nachfrage aus den USA spielten die laufend verbesserten Aussichten der deutschen Unternehmen, die sich gerade in dieser Zeit in einer Reihe sehr positiver Dividendenüberraschungen niederschlugen, sowie die Aufwertungsfantasie der DM nach der Einführung ihrer vollen Konvertibilität zu Jahresbeginn eine wichtige Rolle.

Noch bedeutender war jedoch das in amerikanischen Augen niedrige Bewertungsniveau des heimischen Aktienmarktes. Die Deutschen maßen dieses traditionell in der sog. Dividendenrendite, die jedoch seit Juni 1957 von fünf auf 3,22 Prozent zurückgegangen war. Angesichts einer Umlaufsrendite von 5,7 Prozent lag also aus der Sicht deutscher Anleger kein weiteres Kurspotenzial mehr vor. Dagegen verwendeten die Amerikaner damals bereits seit etlichen Jahren die sog. Price/earnings-ratio, das deutsche Kursgewinnverhältnis. Bei ihm wird der Gewinn pro Aktie dem aktuellen Börsenkurs gegenübergestellt. Daran gemessen waren die heimischen Unternehmen Anfang 1959 international gesehen deutlich unterbewertet, sodass insbesondere amerikanische Anleger plötzlich sehr stark deutsche Aktien nachfragten. Auf dem weiterhin sehr engen Markt – die Aktienunterbringung unterschritt im ersten Halbjahr die schon geringen Vorjahreszahlen um gut 21 Prozent – führte dies zu starken Kurssteigerungen.[163]

Dabei spielte keine Rolle, dass der Rentenmarkt seit April trotz eines verhältnismäßig hohen Wiederanlagebedarfs aus Zinszahlungen wegen der Furcht vor einem auflebenden Kreditbedarf des Bundes keine weiteren Kursfortschritte mehr machte. Die Seitwärtsentwicklung der Zinsen hielt noch bis zum August d. J. an. Allerdings gab es auch schon einige Anzeichen, dass der Rentenmarkt bald drehen würde. So wurde der Rentenabsatz, der in den Monaten zuvor noch sehr lebhaft gewesen war, im Juli zur Schonung des Marktes spürbar zurückgenommen. Dennoch machten sich in dieser Zeit bei einigen Marktsegmenten bereits mehr oder weniger deutliche Schwächetendenzen bemerkbar.

In der gleichen Zeit schoss der Aktienmarkt geradezu nach oben. Bei hoher Nachfrage machte sich jetzt der Materialmangel empfindlich bemerkbar. Während die Börsenumsätze seit dem Juni etwa doppelt so hoch wie in den Monaten zuvor lagen, brach der Aktienabsatz im zweiten Quartal regelrecht ein. Er betrug effektiv 127 nach 301 Mio. DM im Vorjahresquartal. Die Gründe hierfür waren einerseits steuerlicher Art, andererseits schlug sich hier jedoch auch der Kampf um die Behauptung bisheriger Aktienmajoritäten bei einigen wichtigen Unternehmen nieder.

Die gesamtwirtschaftlichen Daten fielen überraschend positiv aus. Bereits die Frühjahrsbelebung, die in den Monaten Mai und Juni im Allgemeinen ihren Höhepunkt erreichte, war 1959 auffallend stark. Seit der Jahresmitte ging die deutsche Volkswirtschaft fast aus dem Stand heraus zur Hochkonjunktur über. Der Bau boomte, Montan-, Textil- und Bekleidungsindustrie erholten sich zusehends. Bei diesem plötzlichen Szenenwechsel spielte die hochschießende Auslandsnachfrage bei wachsenden Staatsausgaben eine wichtige Rolle. Anlage- und Lagerinvestitionen folgten jedoch sehr bald nach. Trotz forcierter Erweiterungsinvestitionen produzierte die Wirtschaft schnell an ihrer Kapazitätsgrenze. Da der Flüchtlingsstrom in den letzten Monaten etwas nachgelassen hatte und die Zahl der Arbeitslosen nicht mehr sehr hoch war, machte sich auch bald eine Anspannung am Arbeitsmarkt bemerkbar. Die Preise, die in der ersten Jahreshälfte im Allgemeinen noch nachgegeben hatten, stiegen nun merklich.

Der Aktienmarkt ließ sich in dieser Situation jedoch weder von den nun folgerichtig erhobenen hohen Lohnforderungen der Gewerkschaften (zehn Prozent) noch von dem seit Anfang August wieder drehenden Rentenmarkt irritieren und erreichte erst Ende des Monats seinen Höchststand. Als die *Deutsche Bundesbank* jedoch mit ihrer leichten Diskontsatzerhöhung vom 4. 9. (von 2,75 auf drei Prozent) einen Kurswechsel deutlich machte und führende Auslandsbörsen in der gleichen Zeit einbrachen, verlor der deutsche Aktienmarkt bis Mitte September neun Prozent. Zwar konnte er sich bis zum Monatsultimo wieder leicht erholen (+1,5 Prozent), danach kam es jedoch in Erwartung weiterer Bundesbankmaßnahmen zu einem erneuten Nachgeben der Kurse.

Der Aktienindex des *Statistischen Bundesamtes* verlor bis Mitte Oktober sieben Prozent. Allein am 5. 10. büßte der Index der *Börsen-Zeitung* 2,8 Prozent ein. Die zweite Monatshälfte stand dann wieder im Zeichen einer deutlichen Erholung. So machte der Index der *Börsen-Zeitung* am 21. 10. einen Sprung von 5,6 Prozent. Angestoßen wurde diese Hausse bei hohen Umsätzen von wiederum beachtlichen Auslandskäufen, wobei sowohl Meinungskäufe als auch Leereindeckungen eine Rolle spielten, während die Renten weiter schwach tendierten. Nach den starken Kurseinbrüchen der Wochen zuvor war die Diskontsatzerhöhung vom 23. 10. (auf vier Prozent) bereits eskomptiert. Der Aktienmarkt ließ sich von ihr nicht mehr beeinflussen.

In der zweiten Hälfte des Jahres 1959 brachten einige große Kapitalerhöhungen – allein die der Großchemie hatten einen Umfang von 264 Mio. DM – ein gewisses Nachlassen des immer noch herrschenden Materialmangels mit sich. Aufgrund der lebhaften Kurssteigerungen der letzten Monate wurden dabei im Gegensatz zur allgemeinen Praxis der Vergangenheit die Ausgabekurse erstmals z. T. erheblich über pari festgesetzt. So erfreulich dies für die Unternehmen war, bereits im Herbst d. J. zeigten die ersten Warnzeichen andererseits auch die Verletzlichkeit des Marktes. Hierauf deuteten in einzelnen Monaten sowohl eine hochschießende Volatilität als auch deutliche Kursrückgänge. Zum anderen hatte der Rentenmarkt bereits gedreht, und das Gewicht der überwiegend spekulativ eingestellten Anlegergruppen „Banken" und „Ausländer" nahm in der zweiten Jahreshälfte deutlich zu.[164]

War die konjunkturelle Entwicklung bereits im Jahr 1959 wieder per saldo deutlich aufwärts gerichtet (reales Bruttosozialprodukt

+7,5 Prozent), so galt dies in verstärktem Maße für das Jahr 1960. Das Wirtschaftswachstum erhöhte sich auf 8,8 Prozent. Die Industrieproduktion stieg weiter spürbar an. Dies führte bei anhaltend hoher Investitionsneigung zu einer empfindlichen Arbeitskräfteknappheit. Die damit durchsetzbaren Lohnsteigerungen lagen deutlich über dem Produktivitätswachstum. Da die Sparquote leicht zurückging, erhöhte sich der private Verbrauch sprunghaft. Dies führte insbesondere im letzten Quartal des Jahres trotz eines relativ geringen Geldmengenwachstums – M3 stieg ohne Berücksichtigung des erst im Vorjahr in das deutsche Wirtschaftsgebiet einbezogenen Saarlandes lediglich um +4,3 Prozent – zu einer deutlichen Erhöhung der Konsumentenpreise. Allerdings begann sich das sehr gute Konjunkturklima bereits im zweiten Halbjahr wieder etwas einzutrüben. Einerseits schwächte sich der Exportanstieg bereits seit längerem ab, andererseits erhöhte sich der industrielle Auftragseingang in der zweiten Jahreshälfte saisonbereinigt nicht mehr.

Dies nahmen die Kapitalmärkte jedoch wegen eines von Februar bis September d. J. sprunghaft steigenden Kapitalzustroms aus dem Ausland zunächst nicht wahr. Nach der Hausse der vorangegangenen Monate erreichte der deutsche Aktienmarkt Anfang Februar trotz länger dauernder Baisseperioden an den wichtigsten Auslandsmärkten (insbes. den USA) einen neuen Höchststand. Obwohl nach wie vor beträchtliches Anlageinteresse vorhanden war, fielen die Kurse danach jedoch wieder um 3,7 Prozent auf den Stand des Jahresultimos zurück. Der Grund für diesen Schwächeanfall lag im beträchtlich verstärkten Angebot an neuen Aktien, das u. a. eine Reaktion auf die verringerte Aufnahmefähigkeit des Rentenmarktes darstellte. Aber auch die Ergiebigkeit des Aktienmarktes wuchs nicht in dem an sich notwendigen Ausmaß. So waren bei Kapitalerhöhungen etliche Anleger gezwungen, zur Geldbeschaffung andere Werte zu verkaufen, sodass vor allem bei einem gehäuften Auftreten von Bezugsrechtsankündigungen diese den Kurs drückten. Zudem stagnierte der Zertifikatabsatz solcher Investmentfonds, die sich primär oder ausschließlich auf inländische Aktien spezialisiert hatten, oder er ging sogar zurück. Unter dieser Entwicklung litt besonders die Unterbringung junger Aktien.[165]

Bereits im April drehte der Aktienmarkt jedoch wieder und konnte seine vorangegangenen leichten Kursverluste wettmachen. Da die Jahresabschlüsse gerade der großen Unternehmen in den folgenden Wochen häufig günstiger als erwartet ausfielen und damit in der Regel auch Dividendenerhöhungen verbunden waren, die Wachstumsprognosen für das laufende Jahr weiter nach oben korrigiert wurden und der Markt zusätzliche Gratisaktien und günstige Bezugsrechte erwartete, verbesserten sich die Notierungen in den kommenden zwei Monaten wieder sprunghaft. Der Index des *Statistischen Bundesamtes* lag auf seinem Hoch am 7. Juli um 40,2 Prozent über dem Stand Ende März. Eine derart rasante Kursentwicklung hatte es in der Geschichte der deutschen Nachkriegsbörse noch nicht gegeben. Dabei spielten die Beratungen des Bundestages zur „Großen Aktienrechtsreform", die mehr Mitsprache der Aktionäre bei der Gewinnverwendung und eine stärkere Offenlegung des Finanzstatus der Gesellschaften bringen sollte, sowie ein wieder größeres Auslandsinteresse eine wichtige Rolle. Einerseits erschienen deutsche Aktien gerade den Amerikanern immer noch als billig, andererseits bot sich der Aktienmarkt als einziges Ventil der Aufwertungsspekulation um die DM an. Für den größten Teil der Auslandseinlagen bei den Banken war ein Verzinsungsverbot erlassen worden. Dessen Ankündigung löste vom 9. bis 27. Juni d. J. eine der längsten Rallyes in der Geschichte des deutschen Aktienmarktes aus.

Das Kurshoch vom 7. 7. markierte tatsächlich für lange Jahre den höchsten Indexstand. Abgesehen von der Schnelligkeit der Aufwärtsbewegung (Kurssteigerung im zweiten Quartal gemessen an den Monatsdurchschnitten +25 Prozent), die an sich schon eine deutliche Korrektur befürchten ließ, häuften sich gerade in diesen Monaten weitere negative Vorzeichen. Ein typisches Muster für die Zeit vor einem Kurssturz wies z. B. die monatliche Volatilität auf. Sie sank im April auf den sehr niedrigen Wert von 0,94, um dann in den Monaten Mai und Juni plötzlich auf 3,10 bzw. 5,38 hochzuschießen. Auch die Einzelkursbewegungen waren z. T. ungesund. Zwar wurde der Index nach wie vor durch die Standardwerte und hier vor allem die der Chemie- und Elektroindustrie bestimmt. Das Publikum ging jedoch insbesondere im Juni ohne Rücksicht auf die Marktbreite der Papiere auch in kleinere „Zusatzaktienanwärter", sodass hier an manchen Tagen Kurssprünge von mehreren 100

Punkten keine Seltenheit waren. Gleichzeitig stieg der Anteil von Banken und Ausland am Aktienerwerb ab April rasant an und erreichte im Juni 91 Prozent. Dabei war der Aktienabsatz weiterhin sehr hoch. Er lag bis Ende September um 40,6 Prozent über dem gesamten Vorjahreswert. Zwar erhöhte sich die durchschnittliche Dividende von Ende März bis Ende Juni weiter (von 10,88 auf 11,64 Prozent), angesichts der exorbitanten Hausse ging die Rendite jedoch von 2,27 auf 1,86 Prozent zurück. Dies wurde in der Öffentlichkeit stark beachtet, lag sie doch damit erstmals seit Ende 1952 wieder unter zwei Prozent.[166]

In der gleichen Zeit verschärfte sich weltweit die politische Situation. Am 5.5. bzw. 11.7. 1960 schoss die Sowjetunion über ihrem Luftraum jeweils ein Aufklärungsflugzeug der Vereinigten Staaten ab. Ab 30.6. war der Kongo unabhängig. Sofort flammten blutige Unruhen auf, in deren Verlauf die Sowjetunion am 13.7. eine drohende Note an die USA, Großbritannien, Frankreich, Belgien und die Bundesrepublik wegen deren „imperialistischer Intervention" im Kongo richtete. Am Tag darauf erklärte sich die rohstoffreiche Provinz Katanga für unabhängig, und die *UNO* schickte Truppen in das Land. Bereits zuvor kam der Kuba-Konflikt zum offenen Ausbruch. *Fidel Castro* ließ am 1. Juni amerikanische Ölraffinerien in seinem Land besetzen. Auf die von ihm am 7.8. verfügten Enteignungen amerikanischen Eigentums folgten gegenseitige Diplomatenausweisungen.

Trotz all dieser Ereignisse, die die meisten ausländischen Märkte durchaus beeinflussten, und einer weiteren Verschärfung des kreditpolitischen Kurses der *Bundesbank* zeigte sich der deutsche Aktienmarkt zunächst unbeeindruckt. Nachdem die deutsche Notenbank im Laufe des Jahres jeweils zu Quartalsbeginn die Mindestreservesätze hochgesetzt und mit Wirkung vom 3. Juni Diskont und Lombard um jeweils einen Prozentpunkt auf fünf bzw. sechs Prozent erhöht hatte, führte sie Anfang Juli erstmals einen speziellen Reservesatz von 30 Prozent ein auf den Zuwachs der reservepflichtigen Verbindlichkeiten der Banken im Vergleich zum Durchschnittsstand der Monate März bis Mai. Gleichzeitig häuften sich besorgte Stimmen zu den Übertreibungen am Aktienmarkt. Bundeswirtschaftsminister und Bundesbankpräsident baten die Bör-

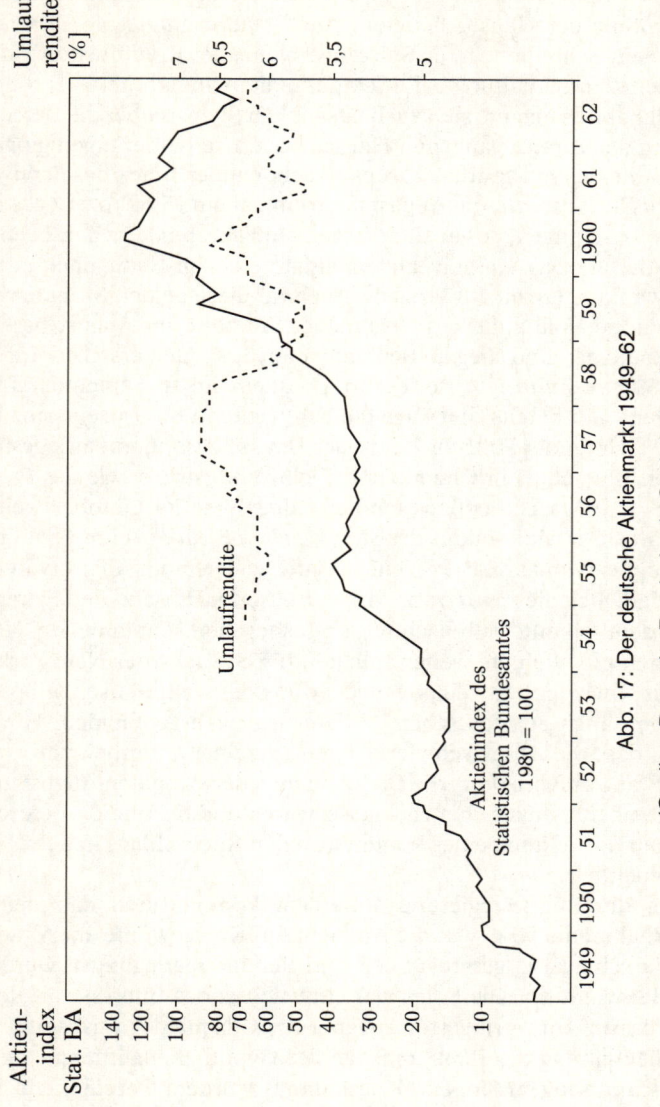

Abb. 17: Der deutsche Aktienmarkt 1949–62

(Quellen: Deutsche Bundesbank, Statistisches Bundesamt)

senvorstände zu einem Treffen, bei dem sie über Maßnahmen zur Dämpfung der Hausse berieten. Am 12. Juli richtete die *Bundesbank* ein Schreiben an die Spitzenverbände der Kreditinstitute, das größere Zurückhaltung bei Effektenkrediten anmahnte.

Allmählich machte sich auch tatsächlich Skepsis über die Berechtigung der vorangegangenen Hausse breit. Die Notierungen gingen im Laufe des Juli spürbar zurück. Nachdem der Index des *Statistischen Bundesamtes* im August noch einmal um 15,6 Prozent gestiegen war, schlugen die geballten negativen Faktoren kurz darauf endlich durch. Das Kursniveau ermäßigte sich im September unter Schwankungen um 7,8 Prozent. Auch für diese beiden Monate war eine hohe Volatilität kennzeichnend. Sie hatte im August bereits 3,10 betragen und stieg im September auf 3,56. Gemessen am Index der *Börsen-Zeitung* verlor der Markt allein am 16. September 4,63 Prozent, um bereits drei Tage danach wieder 4,60 Prozent zuzulegen.[167] Unter der Führung der in der Hausse besonders stark gestiegenen Blue chips in Chemie und Elektroindustrie sowie des Fahrzeug- und Maschinenbaus tendierte die Börse im Oktober weiter abwärts. Der Aktienindex des *Statistischen Bundesamtes* verlor bis Ende des Monats 3,6 Prozent. Relativ widerstandsfähig erwiesen sich lediglich die zuvor trotz stark verbesserter Umsatz- und Ertragslage deutlich unterdurchschnittlich gestiegenen Montanwerte. Nun wurden plötzlich die weiter anhaltende Schwäche der New Yorker Börse sowie die zeitweilige Verschärfung der weltpolitischen Spannungen auch am deutschen Aktienmarkt wahrgenommen. Hinzu kam, dass die Absatzschwierigkeiten einzelner Unternehmen einigen Staub aufwirbelten, die Dividenden in den Monaten August und September erstmals eher rückläufig waren und hie und da Befürchtungen hinsichtlich eines konjunkturellen Rückschlags in den USA auftauchten.

Da die Bundesregierung außerdem konjunkturell dämpfende Maßnahmen erwog, war die Aussicht auf Kursgewinne am Aktienmarkt schlagartig geschwunden und Renditeüberlegungen wurden wieder wichtiger. Die Folge war ein wachsendes Interesse an Renten, das auf ein verringertes Angebot stieß, da mit der zinsbedingten Zurückhaltung des Publikums bei der Hypothekenaufnahme auch die Pfandbriefemissionen eingeschränkt wurden. Bezeichnend für die plötzlich geänderte Marktstimmung war der große Erfolg der Bundesbahnanleihe, die bei kurzfristig von 200 auf 310 Mio. DM erhöhtem Volumen vom 20. 9.–5. 10. trotz anders lautender Befürchtungen lebhaft gezeichnet wurde.

In den nun folgenden Monaten war der Aktienmarkt per saldo nur noch leicht abwärts gerichtet. Ständige Schwankungen zeigten jedoch seine ausgesprochene Labilität. Hierin schlug sich zum einen die deutlich vorsichtigere Haltung des breiten Publikums und der fast völlige Ausfall der Kreditinstitute als Käufer im vierten Quartal nieder. Andererseits bestand weiterhin ein gewisses Auslandsinteresse, obwohl sich dessen Schwergewicht inzwischen auf den Rentenmarkt verlagert hatte. So verzeichnete die *Bundesbank* im Dezember am Aktienmarkt noch Nettoauslandskäufe von 256 Mio. DM, wovon allerdings rd. 100 Mio. DM auf die Ausübung von Bezugsrechten bei Gesellschaften in ausländischem Mehrheitsbesitz entfielen. Außerdem sank die Marktbeanspruchung durch Neuemissionen deutlich und die Abgabeneigung war relativ gering, sodass die Börsenumsätze, die im August noch 1,4 Mrd. DM betragen hatten, bis zum Dezember auf 583 Mio. DM zurückgingen.

Eine Stütze erhielt der Aktienmarkt in diesen Monaten vom Zins. Zwar wurde der beschleunigte Zinsabbau seit Juli 1960 im Dezember und im Januar 1961 zeitweise durch relativ starke Inanspruchnahme des Marktes sowie Anspannung am Geldmarkt und bei der Bankenliquidität gestoppt. 1960 führte dies im letzten Quartal zu Nettoabgaben der Banken an festverzinslichen Wertpapieren in Höhe von 340 Mio. DM. Andererseits hielten die hohen Auslandskäufe am Rentenmarkt und die abwartende Haltung der Hypothekarkreditnehmer an, was das Angebot an Pfandbriefen weiter verminderte. Für eine stärkere Anlagebereitschaft des Publikums sorgten die hohe, eher zunehmende Sparquote sowie der große Zinstermin zum Jahreswechsel, sodass die Zinsen am Kapitalmarkt bis zur Jahresmitte demnach zurückgingen. Diese Entwicklung beschleunigte sich gegen Ende des ersten Quartals sogar noch, als wieder eine gewisse Nachfrage nach Rentenwerten von Seiten der Banken auftrat, sich der Attentismus des Privatpublikums endgültig löste und Umschichtungen, Zinstermine und aufgestaute Beträge einen regelrechten Nachfrageschub auslösten.[168]

Ein bezeichnendes Licht auf die Nervosität des Aktienmarktes warf seine Reaktion auf die von der Bundesregierung trotz vorherigen energischen Dementis völlig überraschend vorgenommene DM-Aufwertung. Zum Teil panikartige Abgaben des inländischen Börsenpublikums, darunter vieler Kleinaktionäre, führten am darauffolgenden 6. März 1961 zu einem der schwersten Kurseinbrüche in der deutschen Börsengeschichte (Index der *Börsen-Zeitung* -5,41 Prozent).[169] Zwar konnten die Verluste in den Folgetagen z. T. wieder aufgeholt werden, die Unsicherheiten über die Auswirkungen der Aufwertung blieben jedoch fürs Erste tendenzbestimmend. Erst als die befürchteten Dividendenkürzungen für das Jahr 1960 ausblieben und die Dividenden in vielen Fällen sogar erhöht wurden, stiegen die Kurse wieder etwas.

Dabei war der Markt bemerkenswert aufnahmefähig für Neuemissionen. Im ersten Quartal konnten effektiv für 1,06 Mrd. DM neue Aktien abgesetzt werden, darunter zwei Großemissionen von 180 bzw. 190 Mio. DM. Dies lag sogar noch etwas über dem Vorjahresergebnis. In diesen Zahlen ist die *VW*-Privatisierung noch gar nicht enthalten. Bei ihr standen 60 Prozent des Grundkapitals, also nominal 360 Mio. DM zu einem Kurs von 350 DM zum Verkauf abzüglich eines je nach Einkommen und Familienstand gestaffelten Sozialrabattes von 10–25 Prozent. Bis zum Zeichnungsschluss am 15. 3. lagen rd. 15 Mio. Kaufanträge über nominal 667 Mio. DM vor. Aufgrund dieser Überzeichnung von 85 Prozent konnten nur jeweils zwei bis drei Aktien zugeteilt werden statt wie zunächst vorgesehen maximal fünf. Die erste Börsennotiz in *VW*-Aktien kam dann am 7. 4. im geregelten Freiverkehr mit Kursen zwischen 700 und 750 DM zustande. Unter relativ großen Schwankungen – die Volatilität stieg von 0,44 im April auf 2,21 in den Monaten Mai und Juni – und getragen von einer lebhaften Auslandsnachfrage setzte der deutsche Aktienmarkt bis Anfang Juni zu einem letzten Höhenflug an. Dabei erreichten der Bank- wie der Elektroindex neue Höchststände, und auch der Index der *Börsen-Zeitung*, bei dem diese Branchen relativ stark vertreten waren und überdies Dividendenabschläge korrigiert wurden, konnte bis zum 6. Juni seinen Höchststand nahezu einstellen.

Die deutsche Börse hatte bis dahin von den zunehmenden Spannungen und Rivalitäten zwischen den beiden Weltmächten kaum Kenntnis genommen. Selbst das annähernde zeitliche Zusammentreffen des ersten bemannten Raumfluges durch die Sowjetunion (Kosmonaut *Gagarin,* 12. 4. 1961) mit dem Scheitern des in den USA vorbereiteten exilkubanischen Invasionsversuchs in der *Schweinebucht* wurde ignoriert. Die Verschärfung der weltpolitischen Gegensätze nach dem Scheitern des Wiener Gipfeltreffens zwischen *Kennedy* und *Chruschtschow* (3. und 4. 6.) führte dann allerdings zu einem Nachgeben der meisten Auslandsbörsen und auch in Deutschland zur verstärkten Abgabebereitschaft von In- und Ausländern. Zudem war die Marktbeanspruchung in den Monaten Juni und Juli mit insgesamt 962 Mio. DM sehr hoch. Noch Anfang Juni wurde die mit effektiv 300 Mio. DM größte Emission auf dem deutschen Aktienmarkt nach dem Zweiten Weltkrieg zunächst glatt aufgenommen. Dies war bei den nun folgenden Kapitalerhöhungen nicht mehr der Fall, sodass die Bezugsrechte fast regelmäßig unter Parität notierten.

Aber nicht nur das politische Umfeld hatte sich verschlechtert. Nachdem die durchschnittliche Ausschüttung bis Ende Juni nochmals deutlich angestiegen war, kam es in den nächsten Monaten zu mehr und mehr Dividendenkürzungen. Dies war Ausdruck einer bereits seit einigen Monaten durch höhere Kosten und lebhafteren Wettbewerb aus dem Ausland resultierenden Verengung der Gewinnmargen. Zudem ließ insbesondere in den Grundstoff- und Investitionsgüterindustrien die zuvor bestehende Übernachfrage nach. Die Auftragseingänge vor allem aus dem Ausland waren bereits seit über einem Jahr leicht rückläufig, sodass nun auch die Exporte etwas sanken.

Die Stellung Deutschlands als „Frontstaat" hatte schon im Mai zu einem starken Nachlassen der Nettoauslandskäufe am Rentenmarkt geführt. Mit den zunehmenden politischen Spannungen um Berlin verkauften dann die Ausländer ab der zweiten Junihälfte sogar per saldo deutsche Festverzinsliche. Gegen die Jahresmitte hin ließ die Kaufbereitschaft des inländischen Publikums mit Ausnahme der Banken deutlich nach. Andererseits belebte sich die Nachfrage nach Hypothekarkrediten aber mit der schwindenden Hoffnung auf weitere rasche Zinssenkungen und nach wie vor lebhaft steigenden Baupreisen sprunghaft und trieb das Volumen an Pfandbriefemissionen in die Höhe. Dadurch geriet der Rentenmarkt in den Monaten Juni und Juli 1961 zunehmend unter Druck. So ist dem Bundesanleihekonsortium in dieser Zeit die Unterbringung einer Anleihe der *Deutschen Bundesbahn* während der Zeichnungsfrist nicht ganz gelungen. Nach dem Bau der Berliner Mauer (13. 8.) kam es aufgrund lebhafter Auslandsverkäufe zu einer weiteren Beschleunigung der Baisse. Zwar befestigte sich der Rentenmarkt in Reaktion darauf in der ersten Hälfte des September. Da die inländischen Anleger sich mit Käufen jedoch weiterhin zurückhielten, bröckelte der Markt danach wieder ab.

Die weiter gewachsenen Ost-West-Spannungen strahlten naturgemäß auch auf den Aktienmarkt aus. Bereits im Juli hatte er bei mittleren Umsätzen und hektischen, meist nur wenige Tage dauernden Kursausschlägen im Mittel etwas nachgegeben. Bestimmend war dafür zum einen die Zurückhaltung der inländischen Nichtbanken. Zum anderen gaben ausländische Anleger im Juli erstmals per saldo Aktien ab (fünf Mio. DM), sofern man die amtlichen Zahlen um die Kapitalerhöhungen aus Gesellschaftsmitteln bei zwei Unternehmen in ausländischem Mehrheitsbesitz bereinigt. Die hektische, insgesamt abwärtsgerichtete Kursentwicklung setzte sich noch bis in den September hinein fort. Zwar kaufte das Ausland nunmehr wieder netto deutsche Aktien, die konjunkturelle Beruhigung, verbunden mit dem Gewinnrückgang der Unternehmen und den anhaltend umfangreichen Kapitalerhöhungen sorgten jedoch insbesondere bei größeren Werten für weitere Kursverluste. Während davon im Juni und Juli 1961 die Elektro- und Autowerte besonders betroffen waren, gaben danach in erster Linie Farben und Kreditbanken nach.

Bereits im September kam es zu einer technischen Reaktion.[170] Der Index der *Börsen-Zeitung* verbesserte sich innerhalb zweier Wochen bis zur Monatsmitte um 8,7 Prozent und konnte bis zum 13. November trotz gewisser zeitweiliger Rückschläge um 16,4 Prozent zulegen. In dieser Erholung spiegelte sich einerseits wider, dass die befürchtete Verschärfung der weltpolitischen Spannungen ausblieb. Mit nachlassendem Verkaufsdruck aus dem Ausland konsolidierte auch der Rentenmarkt wieder. Die dadurch erneut drehenden

Zinserwartungen lösten in der Folge den für Anleihekäufe bisher vorherrschenden Attentismus des Inlandspublikums. Von dem im letzten Quartal des Jahres wieder auflebenden Auslandsinteresse an deutschen Aktien konnten insbesondere Elektrowerte, Versorger und Montane profitieren. Eine interessante Sonderentwicklung wiesen die Brauereiaktien auf, die zeitweilig mit der Gründung eines auf Aktien der Getränkeindustrie spezialisierten Investmentsfonds stärker gesucht waren. Impulse erhielt der Markt zudem durch eine im Vergleich zum Vorquartal deutlich verringerte Marktbeanspruchung und das Auslaufen der Dividendenkürzungen.

Bereits Mitte November 1961 drehte der Markt jedoch erneut. Die leicht eingetrübten Konjunktur- und Gewinnaussichten schlugen wieder durch. Da die Auflockerung am Rentenmarkt weitere Fortschritte machte und die Umlaufsrendite seit Beginn des Jahres 1962 wieder zurückging, waren die Volatilität des Aktienmarktes im ersten Jahresdrittel jedoch gering und die Kursverluste per saldo moderat. Zudem lag nun die Marktbeanspruchung relativ niedrig. Lediglich der März fiel mit einem Aktienabsatz von 257,7 Mio. DM etwas aus dem Rahmen. Dagegen irritierten im Februar und im März wieder einige Dividendensenkungen. Sie führten dem Markt erneut den in vielen Branchen verschärften Wettbewerb vor Augen. Eine stärkere Differenzierung der Kursbewegung in den einzelnen Branchen war die Folge. Der Autoindex musste aufgrund einer zeitweilig aufkommenden größeren Abgabeneigung in *VW*-Aktien überdurchschnittliche Verluste hinnehmen, und auch die Montan- und Farbenwerte gaben deutlich nach, was bei Letzteren vor allem im Januar wegen einer größeren Kapitalerhöhung mit relativ hohem Bezugskurs der Fall war. Dagegen konnten sich die Energieversorger im ersten Jahresdrittel behaupten und der Elektro-Index sogar etwas zulegen. Aufgrund der weiter lebhaften Baukonjunktur stiegen Bauwerte und Hypothekenbanken im gleichen Zeitraum sogar um neun bzw. sieben Prozent.

Ende April/Anfang Mai 1962 verschlechterte sich die bis dahin gedämpft optimistische Börsenstimmung wieder. Zum einen waren die Zinssenkungen seit einigen Wochen zum Stillstand gekommen, und gleichzeitig belasteten die Maßnahmen der Bundesregierung zur Einschränkung der Bautätigkeit die geplante Senkung der Automobilzölle und die Fortdauer der lohnpolitischen Auseinandersetzungen. Zum anderen hatten die Marktteilnehmer den Eindruck, dass es mit dem Verhältnis zwischen *Adenauer* und *Kennedy* nicht zum Besten stand. Dies jedenfalls vermittelten die wegen angeblicher neuer Vorschläge der USA zur Lösung der Berlin-Frage aufgetretenen Missverständnisse, die in Besprechungen zwischen dem Bundeskanzler und dem US-Botschafter nur notdürftig ausgeräumt werden konnten.

Am Montag, den 28. Mai erfuhr Wall-Street mit –5,7 Prozent den stärksten Kurseinbruch seit dem berüchtigten Schwarzen Freitag des Jahres 1929. Der Wert aller Verluste wurde auf 21–29 Mrd. $ geschätzt. Das Geschäft war so hektisch, dass der Kursticker am Ende der Sitzung um 68 Minuten im Rückstand war. In Reaktion auf New York kam es am Tag danach in Europa zum schwarzen Dienstag. In London verlor der *FT-Index* 4,8 Prozent und sank damit auf den tiefsten Stand seit Oktober 1959. Schweizer Aktien büßten nicht selten 20–30 Prozent ein.

Am schlimmsten waren die Kursverluste in Frankfurt. Der Index des *Statistischen Bundesamtes* sank um sieben, der der *Börsen-Zeitung* sogar um 7,21 Prozent. Im Laufe der Sitzung verstärkte sich allerdings der Widerstand gegen den Kurssturz. Bundesbankpräsident *Blessing*, der in den Jahren 1959–61 ständig vor Kursübertreibungen nach oben gewarnt hatte, bezeichnete noch während der Handelszeit in einer ad hoc einberufenen, viel beachteten Pressekonferenz die nunmehr erreichten Aktienkurse als vernünftig und warnte vor einer Überreaktion. Der Index der *Börsen-Zeitung* hatte seit dem 14. Mai in seiner bis dahin längsten ununterbrochenen Talfahrt 18,42 Prozent eingebüßt.

Wiederum unter der Führung von New York erfolgte am 30. Mai nach einer bereits sehr festen Vorbörse eine äußerst kräftige Erholung (Index der *Börsen-Zeitung* +12,75 Prozent). Dabei wurde die Nachfrage aus dem Ausland sowie von der Privatkundschaft getragen.[171] Nach einem weiteren freundlichen Tag bröckelten die Kurse jedoch bereits Anfang Juni wieder ab und standen gegen Monatsende fast wieder so tief wie am 28. 5. Dabei scheinen stimmungsmäßige Faktoren eine große Rolle gespielt zu haben. Allmählich hatte sich auf breiter Front die Überzeugung durchgesetzt, dass das Kursniveau am deutschen Aktienmarkt spekulativ stark überhöht gewesen war. Hinzu kamen die Ost-West-Spannungen, die schlechte Entwicklung anderer großer Börsen und die Befürchtung, das deutsche Wirtschaftswunder könnte angesichts abnehmender Wachstumsraten zu Ende gehen.

Entgegen anders lautender Beteuerungen zeigte sich im Frühsommer 1962 auch, dass die Kreditengagements am Aktienmarkt in der vorangegangenen Hausse durchaus einen gewissen Umfang angenommen hatten. Mit der Forderung nach einer höheren Bedeckung bzw. der Kündigung von Effektenkrediten sorgten die Banken nun für einen zusätzlichen Verkaufsdruck. Unter diesen Umständen waren auch die immer noch relativ häufigen Aktienemissionen deutlich erschwert. Die Bezugsrechte notierten zum Teil deutlich unter ihrer Parität. Hinzu kam, dass der Rentenmarkt einen Rückschlag erlitt. Bereits in der zweiten Aprilhälfte war eine wachsende Zurückhaltung des Publikums gegenüber den größtenteils auf 5,5 Prozent lautenden Emissionen der Realkreditinstitute festzustellen. Trotz umfangreicher Umsteigeoperationen aus dem Aktienmarkt und weiterhin hoher Nachfrage von Seiten der Banken stieg der Zins in der Folgezeit stetig an. Hierzu mag auch das recht hohe Emissionsvolumen beigetragen haben.

Nachdem mit dem Paukenschlag vom Mai d. J. die Volatilität bis auf 5,56 hochgeschossen war, normalisierte sie sich auch in den Folgemonaten nicht mehr. So verlor der Index der *Börsen-Zeitung* Anfang August innerhalb von nur fünf Handelstagen 8,6 Prozent und erreichte am 7. 8. einen neuen Tiefpunkt. Bereits wenige Tage später konnten die Verluste jedoch mehr als wettgemacht werden, und der Aktienmarkt bewegte sich bis Anfang Oktober bei leicht abbröckelnden Kursen seitwärts. Dann sorgte die Kuba-Krise wieder für Aufregung. Bereits am 11. und 12. d. M. reagierte der Aktienmarkt auf die Verschärfung der Spannungen mit Kursverlusten von jeweils zwei Prozent. Nach einer ganz kurzen Zwischenhausse fanden dann die Blockade der Insel und die verstärkten Angriffe Rotchinas gegen indische Truppen trotz einer im Wesentlichen gehaltenen New Yorker Börse am 23. und 24. Oktober in Frankfurt ihren Niederschlag in Kursverlusten von insgesamt 5,5 Prozent. Damit war der niedrigste Börsenstand seit dem Topp am 6. September 1960 erreicht. Der Index der *Börsen-Zeitung* hatte ungeachtet nahezu ständig steigender Dividenden 47,6 Prozent seines Wertes eingebüßt.

Trotz eines am Vortag recht nervösen New Yorker Aktienmarktes reagierte die deutsche Börse bereits am 25. Oktober sehr positiv auf erste vorsichtige Andeutungen der Sowjetunion hinsichtlich eines Kompromisses in der Kuba-Frage und legte 5,3 Prozent zu. Am darauf folgenden Wochenende entschied *Chruschtschow*, die Raketenstützpunkte der Roten Armee in Kuba abzubauen. Umfangreiche Käufe aller Anlegergruppen sorgten dann am Montag, den 29. Oktober für einen der stärksten Tage in der Geschichte der Nachkriegsbörse. Die ausländische Nachfrage schoss hoch, mit umfangreichen Orders war das Privatpublikum vertreten, die Kulisse versuchte verzweifelt Leerverkäufe einzudecken, und der Übergang von zwei großen, stark beliehenen Aktienpaketen eines Bremer Aktionärs in starke Hände verbesserte zusätzlich die technische Verfassung der Börse. Um 12.30 Uhr standen über 70 Plus- und Doppelpluszeichen an den Tafeln. Mit diesen Kreuzchen wurde die Baisse zu Grabe getragen. Der Aktienindex der *Börsen-Zeitung* hatte an einem Tag 7,3 Prozent zugelegt.[172]

Der Kurssturz der Jahre 1960 bis 62 schloss eine der am weitesten tragenden Hausseperioden in der Geschichte des deutschen Aktienmarktes ab. Die Zeit des Wirtschaftswunders, also des Aufholens der deutschen Industrie und ihre Anpassung an den langfristigen Wachstumspfad waren beendet. Nun folgte sowohl aus der Sicht der gesamten Volkswirtschaft als auch aus der der Börse eine völlig andere Periode. Trotz der nicht geringen Kursverluste hatte sich der Index des *Statistischen Bundesamtes* seit 1949 nahezu verzwanzigfacht. Einer der Gründe lag in dem nach wie vor sehr hohen Wirtschaftswachstum, das in den Jahren 1961 und 62 bei einer weiterhin sehr lebhaften Geldmengenausweitung (M3 +14,8 bzw. 10,4 Prozent) real +4,4 bzw. 4,7 Prozent betrug. Gleichzeitig stiegen, gemessen an den gezahlten Dividenden auch die Unternehmensgewinne per saldo weiter, wenn auch nicht in dem zuvor gewohnten Ausmaß. Der Kapitalmarkt befand sich nach wie vor im Aufbau. Ende der fünfziger und Anfang der sechziger Jahre regte sich wieder namhaftes Interesse sowohl des deutschen Privatpublikums als auch des

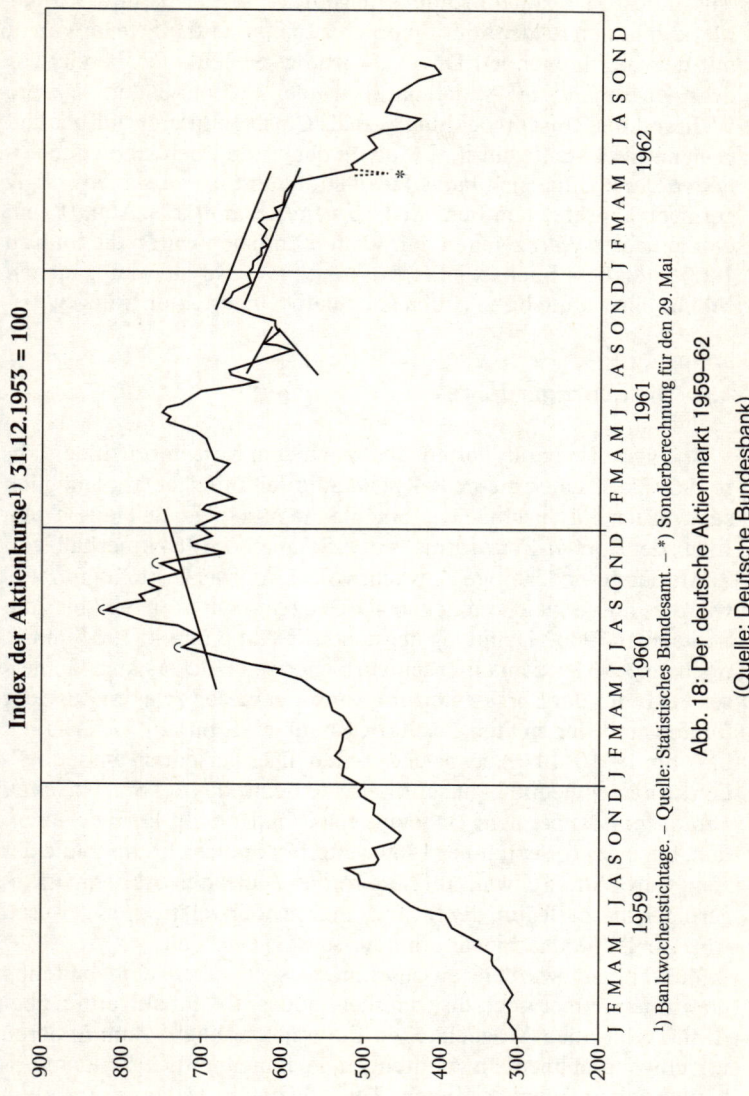

Index der Aktienkurse[1] 31.12.1953 = 100

J F M A M J J A S O N D J F M A M J J A S O N D J F M A M J J A S O N D J F M A M J J A S O N D
1959   1960   1961   1962

[1] Bankwochenstichtage. – Quelle: Statistisches Bundesamt. – *) Sonderberechnung für den 29. Mai

Abb. 18: Der deutsche Aktienmarkt 1959–62

(Quelle: Deutsche Bundesbank)

Auslandes. Der zunehmende Anlagedruck sorgte dafür, dass das Marktvolumen relativ kontinuierlich zunahm, und führte im Verein mit der aufkommenden DM-Aufwertungs-Spekulation bereits vor dem Kurshoch am Aktienmarkt wieder zu sinkenden Zinsen. Während die Zinsentwicklung also als Crash-Indikator nur bedingt geeignet war, stellte ein fünf Monate dauerndes, bei bankwöchentlicher Darstellung sichtbares Head-shoulder-top mit seinen relativ geringen Umsätzen im Bereich der zweiten Schulter (s. Abb. 18) ein eindeutigeres Warnzeichen dar. Weitere Indizien waren die im Juni 1960 plötzlich hochschießende Volatilität und der im gleichen Monat übermäßig hohe Anteil spekulativ eingestellter Anleger.

4.3. Die achtziger Jahre

Anleger, die gehofft hatten, dass nach dem Kurseinbruch der Jahre 1960 bis 62 eine erneute Rallye im Stile der fünfziger Jahre möglich sei, wurden enttäuscht. Zwar brachte die nun folgende Hausse dem Index der *Börsen-Zeitung* bis zum 2. September 1964 innerhalb von 22 Monaten wieder einen Zuwachs von exakt zwei Dritteln – nur was war dies im Vergleich mit jenen 463 Prozent vom Juni 1957 bis zum September 1960? Damit lag der deutsche Aktienmarkt 1964 immer noch um 12,6 Prozent unter seinem bisherigen Höchststand. Gemessen am Index der *Börsen-Zeitung* konnte er diesen zwar im Zuge der fünften und der siebten Nachkriegshausse (Topp am 17. 11. 1969 bzw. am 19. 10. 1978) etwas übertreffen. Dies lag jedoch ausschließlich an den Dividendengutschriften. Für den Index des *Statistischen Bundesamtes*, bei dem Dividendenabschläge nicht korrigiert werden, blieb der 6. September 1960 weiterhin unerreicht. Im Laufe der Zeit wurde die Schwankungsbreite des deutschen Aktienmarktes geringer, die zu Beginn der sechziger Jahre noch relativ groß gewesen war. Der Aktienmarkt war uninteressanter geworden.

Zum einen wurden ausgeschüttete gegenüber einbehaltenen Gewinnen immer noch diskriminiert, sodass die Finanzierung über Aktien von allen Möglichkeiten die teuerste blieb. Zum anderen verschwanden über Umwandlungen, Fusionen und Unternehmenskäufe nach und nach zahlreiche Titel von den Kurszetteln, und auch bei den übrigen wurde der Free float immer geringer. Nachdem sich das Privatpublikum bereits infolge der mit der Volksaktie *VEBA* erlittenen Kursverluste tendenziell vom Aktienmarkt verabschiedet hatte und das Ausland seit dem Beginn der sozial-liberalen Koalition nicht mehr so eindeutig wie früher auf der Käuferseite stand, reduzierten auch die privaten Versicherungen Ende der sechziger und zu Beginn der siebziger Jahre ihren Aktienanteil, und die Investment-Fonds waren nach dem *IOS-* Skandal sowie in den Jahren 1979 bis 82 sogar zeitweise zum Aktienverkauf genötigt.

Zudem war das stürmische Wachstum der Volkswirtschaft nach dem Zweiten Weltkrieg beendet. Die Zuwachsraten bei Sozialprodukt und Geldmenge gingen bereits seit Anfang der sechziger Jahre kontinuierlich zurück. Das Gleiche galt für Gewinnmargen und -ausschüttungen, wobei überdies laufende Kapitalerhöhungen für eine deutliche Verwässerung der Daten pro Aktie sorgten. Gleichzeitig stiegen die Löhne überproportional, sodass sich der Anteil der Einkommen aus Unternehmertätigkeit und -vermögen am Volkseinkommen seit 1961 per saldo verminderte.

In den siebziger Jahren kamen dann zusätzliche belastende Faktoren hinzu. Neben dem Misstrauen der Börse gegenüber den regierenden Sozialdemokraten waren dies weitere fundamentale Faktoren. So stieg die Sparquote nicht mehr an. Für Unruhe sorgte zeitweilig das sich per saldo eintrübende Preisklima. Der Außenwert der DM erhöhte sich real und verschlechterte die Wettbewerbsposition der deutschen Unternehmen. Seit Mitte der siebziger Jahre schien zudem die nachlassende Investitionsquote auf zukünftige Schwierigkeiten der deutschen Volkswirtschaft hinzuweisen. Diese war jedoch weit überwiegend darauf zurückzuführen, dass die Bruttobauinvestitionen nach der Sättigung des Wiederaufbaubedarfes zurückgeschraubt wurden. Dennoch lähmte die Diskussion darüber sowie über Gewinn-, Eigenkapital- und Innovationsschwächen auch die Börse.[173]

Hinweise auf beginnende Veränderungen brachten die Jahre 1977 und 78, als die Dividenden erstmals wieder über das Niveau Anfang der sechziger Jahre anstiegen. Aufgrund des bis September 1981 steil aufwärts gerichteten Zinstrends und der mit der ersten Ölkrise explodierenden Kosten konnte sich dies jedoch zunächst nicht in steigenden Kursen niederschlagen. Bemerkenswert ist immerhin, dass der deutsche Aktienmarkt mit der geringen Schwankungsbreite dieser Jahre in ein langfristiges Dreieck hineinlief. Dies signalisierte charttechnisch einen baldigen Ausbruch.

Trotz weiter steigender Zinsen – das Zinshoch war erst im August 1981 mit einer durchschnittlichen Umlaufsrendite von 11,5 Prozent erreicht – konnte der Aktienmarkt bereits bis in den Spätsommer hinein etwas Boden gutmachen. Zum einen waren bei dem z. T. aufgrund der zweiten Ölkrise entstandenen Leistungsbilanzdefizit Besserungstendenzen zu erkennen. Zum anderen hatten wegen des wachsenden Zinsgefälles zum Ausland auch die Wechselkurs- und Zinserwartungen gedreht, sodass am deutschen Aktienmarkt insbesondere in den Sommermonaten auch wieder einige Auslandsnachfrage auftrat. Zudem betrachteten die Anleger die sich bis zum Sommer verschlechternde Ertragssituation in vielen Wirtschaftszweigen als vorübergehend und setzten mittel- und langfristig auf wieder steigende Gewinne. (Tatsächlich sanken die Unternehmenserträge allerdings auch im Jahr 1982 noch etwas.) Diese unerwartete Stabilität der Kursentwicklung kann im Nachhinein bereits als erstes Zeichen des Wiedererwachens des Aktienmarktes nach rd. 20-jährigem Dornröschenschlaf gedeutet werden.

Die in der allerletzten Phase des Zinsanstiegs noch einmal dramatisch hochschießenden Renditen am Rentenmarkt bewirkten auch am Aktienmarkt Kursrückgänge auf breiter Front. Diese Tendenz kehrte sich zunächst nicht um, als die langen DM-Zinsen seit August deutlich zurückkamen. Die schrumpfende Zinsdifferenz zu den USA sorgte vielmehr dafür, dass die ausländischen Anleger eher wieder auf einen steigenden Dollar setzten und per saldo weniger deutsche Aktien nachfragten. Wechselnde Gewinnprognosen verunsicherten in dieser Phase auch die deutschen Anleger, sodass sich der breite Markt gemessen am Index des *Statistischen Bundesamtes* per saldo noch bis zum August des nächsten Jahres seitwärts bewegte. Konjunkturelle Unsicherheiten, verstärkt durch eine Reihe schlechter Wirtschaftsnachrichten, und etwas günstigere Gewinnerwartungen für die Unternehmen hielten sich dabei die Waage, sodass der Aktienmarkt im Wesentlichen die Zinsentwicklung nachzeichnete. Trotz der anhaltenden Verbesserung der Leistungsbilanz sowie des nachlassenden Kostendrucks für die Unternehmen sank der Index Mitte August 1982 im Zusammenhang mit dem von der *AEG* beantragten Vergleichsverfahren vorübergehend rapide und erreichte einen neuen Jahrestiefststand.

Ausgerechnet in einem Jahr real schrumpfenden Bruttosozialprodukts (minus ein Prozent), in dem in der Bundesrepublik erstmals über zwei Mio. Arbeitslose registriert wurden (auch 1949/50 wurde diese Zahl nicht ganz erreicht), setzte der Aktienmarkt zu einem seiner längsten Höhenflüge an. Die Gründe dafür waren vielfältig. Der erste Anstoß kam aus Amerika, wo die Dividendenwerte seit dem Sommer zu haussieren begannen. In der dritten Augustwoche zeigte sich *Wall Street* in ausgesprochener Rekordlaune. Sinkende Zinsen und Kosten für die Unternehmen hatten bereits seit Jahresbeginn in einer Reihe von Monaten zu einer deutlichen Zunahme der Aktiennachfrage der deutschen Nichtbanken geführt. Diese Entwicklung verstärkte sich noch, als im Herbst die sozial-liberale Koalition auseinander brach. Trotz einer auffallenden Zurückhaltung der Banken wie des Auslandes, die im Dezember d. J. unter dem Eindruck von Kursrückgängen an einigen internationalen Finanzmärkten deutsche Aktien für knapp eine Mrd. DM (zum Vergleich: Aktienumsatz im gleichen Monat 4,7 Mrd. DM) verkauft hatten, stieg der Index der *Börsen-Zeitung* vom 17. August bis zum Jahresultimo um 16 Prozent.[174]

Massive Verkäufe der Banken brachten den Aktienmarkt Mitte Januar 1983 noch einmal vorübergehend unter Druck, bevor die eher spekulativ ausgerichteten Anlegergruppen (Banken, Ausland) mit dem nachhaltigen Überschreiten des langjährigen Widerstandes im März d. J. wieder stärker als Käufer zurückkehrten. Nahrung erhielt der Kursaufschwung, der dem Index der *Börsen-Zeitung* im Verlauf der Monate März und April ein Plus von 19,9 Prozent bescherte, auch durch die verbesserten Konjunktur- und Gewinnaussichten der deutschen Unternehmen, die Senkung von Diskont- und Lombardsatz sowie mehrfach von den Dispositionen international operierender Anlegerkreise. Aus deren Sicht erschienen deutsche Aktien auch nach den vorangegangenen Kurssteigerungen vergleichsweise billig. Dieser Effekt wurde noch verstärkt durch die von Monat zu Monat nach oben revidierten Unternehmensgewinnschätzungen sowie für die im Dollar denkenden Anleger durch den nun wieder haussierenden Greenback. Dabei störte offensichtlich zunächst wenig, dass die aktuellen Dividenden in den Hauptversammlungsmonaten April und Mai deutlich zurückgenommen wurden und die Kursschwäche der DM in Dollar einen unmittelbaren Performance-Verlust bedeutete.

Erst als die amerikanische Währung ab dem Juni regelrecht nach oben schoss und international die Zinsen wieder anzogen, waren in den Sommermonaten spürbare Abgaben des Auslandes sowie inländischer Kreditinstitute zu verzeichnen. Der deutsche Aktienmarkt kam damit von seinem Hoch wieder etwas zurück und lag im Durchschnitt des Monats September in etwa auf seinem Mai-Niveau. In diesen Monaten war die Marktentwicklung also erstaunlich stabil. Hierzu trugen die seit November des Vorjahres recht stetig über einer Mrd. pro Monat liegenden Käufe der Nichtbanken maßgeblich bei, zu denen die Statistik auch die Investmentfonds zählt, die in dieser Zeit ihre zuvor angesammelten hohen liquiden Mittel anlegten.

Die Aktienumsätze hatten sich in den Monaten Februar und März 1983 jeweils in etwa verdoppelt. Zwar fielen sie von diesem hohen Niveau (12,9 Mrd. DM) wieder deutlich zurück, sie lagen im Durchschnitt der Monate Mai bis Dezember jedoch immer noch rd. 120 Prozent über dem Monatsmittel des Jahres 1982. Bereits in der zweiten Septemberhälfte ging die kurze Konsolidierungsphase, angeregt durch wieder rückläufige Zinsen und getragen durch das anhaltende Kaufinteresse inländischer Nichtbanken in einen steilen Kursanstieg über. Der Index der *Börsen-Zeitung* gewann innerhalb von acht Wochen 8,3 Prozent. Trotz eines eher mittelmäßigen Aktienabsatzes erreichten die Börsenumsätze im letzten Quartal wieder sehr hohe Werte.[175]

Bereits am 21. November hatte der *Sachverständigenrat zur Begutachtung der gesamtwirtschaftlichen Entwicklung* in seinem Jahresgutachten festgestellt, dass sich die konjunkturelle Lage deutlich gebessert hatte. Dazu konstatierte er einen Abbau binnenwirtschaftlicher Wachstumshindernisse, u. a. durch den Konsolidierungskurs der öffentlichen Haushalte sowie die zurückhaltende Lohnpolitik. Hatte bereits das Jahr 1983 ein reales Wachstum des

Bruttosozialprodukts von 1,9 Prozent gebracht, so liefen die Schätzungen für das neue Jahr im Allgemeinen auf ein Plus von 2,5 Prozent hinaus. Dennoch stagnierte der Aktienmarkt bis in den Sommer hinein. Zum einen schien der Zinsabbau zu einem Ende gekommen, lag die Umlaufsrendite doch bereits seit Juni des Vorjahres wieder stetig über acht Prozent. Zum anderen kam es im Frühjahr des neuen Jahres zu ausgedehnten Arbeitskämpfen in der Metallindustrie und im Druckgewerbe, die den Einstieg in die 35-Stunden-Woche durchsetzten.

Insbesondere angelsächsische Kommentatoren fanden sich bestärkt in ihrem neuen Bild vom „faulen Deutschen", einem besonders eklatanten Resultat der von *Herbert Giersch* so bezeichneten „Euro-sklerose". Im schrillen Gegensatz dazu schienen die gleichzeitig boomenden Volkswirtschaften der USA und Großbritanniens zu stehen. Der Theorie nach beinhalten „Reagonomics" und „Thatcherism" insbesondere eine Verbesserung der Angebotsbedingungen. In Wirklichkeit war wohl zumindest im Fall der Vereinigten Staaten eher ein gewaltiges Deficitspending über explodierende, durch gewaltige Kapitalimporte finanzierte Fehlbeträge der öffentlichen Haushalte der Grund für das erhöhte Wachstum. Jedenfalls konnte bei beiden Ländern der Bedeutungsschwund der Industrie nicht aufgehalten, geschweige denn rückgängig gemacht werden.

Tatsächlich brachte die starke Zunahme der weltweiten konjunkturellen Auftriebskräfte und die im Laufe der letzten beiden Jahre verbesserte preisliche Wettbewerbsfähigkeit der deutschen Wirtschaft 1984 einen Exportboom mit sich, der in Verbindung mit den wieder etwas lebhafteren Investitionen letztendlich ein Wirtschaftswachstum von real 3,3 Prozent ermöglichte. Dies gelang im Wesentlichen durch eine höhere Auslastung der Kapazitäten, sodass die Unternehmensgewinne, die im Vorjahr bereits um 24 Prozent angestiegen waren, 1984 nochmals um 8,1 Prozent zunahmen. Gleichzeitig sorgte die verbesserte Ertragslage der Unternehmen sowie die in der Vergangenheit angesammelten Finanzierungsreserven dafür, dass die Inanspruchnahme des Aktienmarktes gegenüber dem Vorjahr wieder etwas zurückging.[176]

Der Aktienmarkt konnte im Januar 1984 noch einmal deutlich zulegen und erreichte Anfang Februar einen neuen Höchststand.

Obwohl auch die inländischen Nichtbanken durch die Zins- und Tilgungszahlungen und die hohen Freigaben von prämienbegünstigten Spareinlagen um die Jahreswende ein nicht geringes Anlageinteresse hatten, dominierten deutsche Banken und ausländische Investoren das Geschehen. Für Letztere stand offensichtlich wie bereits in einzelnen Monaten zuvor die optische Verbilligung der deutschen Aktien durch den zu Jahresbeginn wieder haussierenden US-Dollar im Mittelpunkt.

Seit Anfang Februar hielten dann die ungelösten Finanzierungsprobleme der amerikanischen öffentlichen Haushalte und die daran geknüpften Zinssteigerungserwartungen die Märkte in Unruhe und sorgten auch in der Bundesrepublik für ein etwas nachlassendes Auslandsinteresse. Gleichzeitig hielten sich die deutschen Anleger am Aktienmarkt wegen des sich zuspitzenden Tarifkonflikts deutlich zurück. Nachdem inländische Nichtbanken bereits im März nur noch rd. neun Prozent der abgesetzten Aktien erworben hatten, verkauften sie im April sogar per saldo Dividendenwerte für 148 Mio. DM.

Erst als sich Ende Juli 1984 am amerikanischen Aktienmarkt eine Hausse abzeichnete, zogen die Kurse in Deutschland wieder an. Jetzt verstärkten sich auch die Nettoauslandskäufe wieder, die in den Monaten Juni und Juli per saldo deutlich zusammengeschrumpft waren. Zwar behinderte der letzte Höhenflug des US-Dollars diese Entwicklung etwas. So ergab sich vom Juli 1984 bis zum März 1985, als der Greenback seinen höchsten Stand erreichte, in Dollar gerechnet eine Performance, die um rd. zwei Drittel niedriger lag als in DM (rd. ein Viertel).[177] Danach jedoch war für Anleger, die in der amerikanischen Währung dachten, eine nahezu ideale Konstellation gegeben. Einerseits wiesen deutsche Aktien international gesehen auffallend geringe Kursgewinnverhältnisse (P/E-Ratios) und geradezu lächerlich niedrige Kurs-Cashflow-Verhältnisse auf. Wegen der ständig steigenden Gewinnschätzungen sank das KGV trotz der stetigen Kursfortschritte bis in den Spätsommer des Jahres nicht. Gleichzeitig ging die Umlaufsrendite festverzinslicher Wertpapiere jedoch um über einen Prozentpunkt zurück und der Dollar verlor bis zum August stetig an Wert, sodass ein amerikanischer Anleger im Zeitraum von März bis August 1985 neben dem 16-prozentigen Kursplus auch noch ein 18,6-prozentiges Währungsplus machte. Die Nettoauslandskäufe am deutschen Aktienmarkt schossen daher gerade in den Sommermonaten hoch.

Obwohl die Kursentwicklung am deutschen Aktienmarkt gemessen an den Unternehmenserträgen bis zum Spätsommer des Jahres durchaus noch nicht ungesund genannt werden kann, gab es doch auch in dieser Phase bereits einige Umstände, die zur Vorsicht mahnten. Einerseits waren die Nettokäufe von Banken und Ausländern gemessen am gesamten Aktienabsatz seit Mitte des Vorjahres stetig gestiegen und übertrafen diesen seit dem Oktober 1984. Mit Ausnahme der beiden letzten Monate des gleichen Jahres, als ein nach kurzer Unterbrechung wieder sprunghaft steigender US-Dollar die Gewinnchancen der deutschen Exportunternehmen erhöhte und gleichzeitig der Zinsabbau Fortschritte machte, verkauften die inländischen Nichtbanken seit der Jahresmitte Monat für Monat per saldo Aktien. Damit verstärkte sich das Gewicht der spekulativen Anlegergruppen deutlich; die Gefahr eines Rückschlages wuchs.

Dies galt umso mehr, als der deutsche Aktienmarkt 1985 im Laufe des zweiten Halbjahres in seine Überhitzungsphase eintrat. Unter dem Eindruck guter Unternehmensergebnisse und zahlreicher Dividendenerhöhungen engagierte sich das Ausland bis zum Juli d. J. in immer stärkerem Ausmaß. Da der US-Dollar jedoch bereits Anfang dieses Monats erstmals die Drei-DM-Grenze wieder unterschritt, kam es auch bereits zu ersten Gewinnrealisierungen, ohne dass die ausländischen Anleger bis zum Spätherbst ihr Engagement per saldo verringert hätten. Die überaus hohen Umsätze dieser Monate bei einer insgesamt seit dem Monat Mai sehr hohen Volatilität zeigten jedoch bereits die verstärkte Trading-Orientierung des Marktes.

Dabei ließ sich die Aktienbörse von den im Oktober und November kurzzeitig wieder steigenden Zinsen nicht beeindrucken. Zwar schien sie Ende Oktober für kurze Zeit in eine Konsolidierungsphase einzutreten, schon bald darauf strebten die Aktienkurse jedoch wieder neuen Höhen entgegen. Immerhin schnellte durch diese kleine Zacke in der Kursbewegung die Volatilität im Oktober auf 3,87. Gleichzeitig gingen die spekulativen Engagements am Aktienmarkt spürbar zurück, während die Unternehmen das hohe

Kursniveau zu Rekordaufnahmen am Aktienmarkt nutzten. Die in den Monaten Oktober und November emittierten deutschen Aktien in einer Gesamtsumme von 4,2 Mrd. DM wurden fast ausschließlich von inländischen Nichtbanken übernommen. Mitte Januar 1986 erreichten die Aktienindices einen neuen Höchststand. Gegenüber Ende September des vorigen Jahres bedeutete dies eine Zunahme des Index des *Statistischen Bundesamtes* von 23 Prozent. Im Vergleich zum Jahresende 1984 lag das Kursniveau sogar um 73 Prozent höher.

Bei Börsenumsätzen von nahezu 44 Mrd. DM verkauften die inländischen Nichtbanken im Januar 1986 Aktien für 3,1 Mrd. DM – fast die Hälfte der von ihnen im zweiten Halbjahr erworbenen Dividendenwerte. Etwa 85 Prozent davon fanden ausländische Käufer. Bis Ende Februar schloss sich nun bei deutlich verringerten Umsätzen eine Konsolidierungsphase an. Zwar wurden die mittelfristigen Aussichten des deutschen Aktienmarktes vor dem Hintergrund eines dynamischen und an Breite gewinnenden Konjunkturaufschwungs weiterhin positiv beurteilt. Andererseits verstimmte jedoch die gerade in diesen Monaten auftretende Anhäufung von größeren Emissionswünschen den Markt. Als diese kurzzeitig nachließen, nahm der Aktienmarkt seine Haussebewegung wieder auf und legte innerhalb von gut eineinhalb Monaten noch einmal fast 20 Prozent zu. Nachdem die Auslandsnachfrage seit Februar ständig etwas zurückgegangen war, markierte dies allerdings das endgültige Auslaufen der Hausse. Die Umsätze waren im April 1986 noch einmal deutlich angestiegen. Sie lagen jedoch immer noch um 8,4 Prozent unter denen des Januar.[178]

Abgesehen von der Zeit zwischen 1949 und 1961 endete damit die ausgeprägteste Hausse in der Geschichte des deutschen Aktienmarktes. Der besonders marktbreite Index des *Statistischen Bundesamtes* hatte sich seit seinem Tiefpunkt Mitte August 1982 um 252 Prozent erhöht. Trotz der etwas schlechteren Performance der Standardwerte konnte der Index der *Börsen-Zeitung* aufgrund der bei ihm vorgenommenen Bereinigung der Dividendenabschläge immerhin noch 233 Prozent zulegen. Gründe für diesen enormen Kursanstieg lassen sich im Nachhinein ohne Schwierigkeiten aufzeigen. Zum einen deutete bereits die lange Zeit der Seitwärtsentwicklung bei immer kleineren Amplituden auf einen klassischen charttechnischen Ausbruch hin. Zum anderen veränderte sich das volkswirtschaftliche Umfeld der deutschen Aktienbörse, das in den siebziger Jahren zunehmend Anlass zu Besorgnis gegeben hatte, nach und nach zum Positiven. Hier sind neben den von 1981–86 sinkenden Preissteigerungsraten das seit 1983 relativ stetige Wachstum und seit 1985 ein deutlicher Anstieg der Quote der Bruttoausrüstungsinvestitionen zu nennen.

Zum anderen nahmen die Bruttoeinkommen aus Unternehmertätigkeit und Vermögen seit der zweiten Hälfte des Jahres 1981 stärker zu als das Volkseinkommen, sodass sich ihr Anteil von 24,7 Prozent im zweiten Quartal 1981 auf 31,2 Prozent im zweiten Quartal 1986 erhöhte. War die Erhöhung 1982 wohl noch primär auf die gestiegene Sparquote und die hohen Zinsen zurückzuführen, so machten bereits im Folgejahr die Unternehmensgewinne einen Sprung und sorgten ab 1984 für immer höhere Dividenden. Zusätzliche Impulse erhielt der Aktienmarkt von der Rentenseite. Seit Ende 1981 sank der Zins Schritt für Schritt und erreichte schließlich ein Niveau, das nach dem zweiten Ölpreisschock nicht mehr für möglich gehalten worden war.

Zwar entdeckten die deutschen Aktiengesellschaften im Zuge der ständig steigenden Kurse auch die Finanzierungsfunktion des Aktienmarktes wieder, sodass der Nettoabsatz inländischer Dividendenwerte 1986 beim 2,8fachen des Jahres 1982 lag. Besonders erfreulich war dabei, dass sich darunter auch in zunehmendem Maße Aktien von Neuemissionen befanden und der deutsche Kurszettel ab 1984 zum ersten Mal seit 1956 wieder Jahr für Jahr ein Stückchen länger wurde. In der Zeit von 1981 bis 86 erhöhten sich die Börsenumsätze um das 9,5fache, sodass der Aktienabsatz im Verhältnis hierzu auf historisch äußerst niedrige Werte abfiel.[179]

Diese Entwicklung war allerdings nicht auf ein vermehrtes Interesse langfristig orientierter Anleger zurückzuführen. Die gesetzliche Rentenversicherung verfügt nur über die vergleichsweise geringe Schwankungsreserve, und die Unternehmen haben die Pensionsrückstellungen weit überwiegend in ihrem Produktivvermögen investiert. Da somit zwei der drei Säulen des deutschen Alterssicherungssystems für volkswirtschaftlich bedeutende Anlagen am

Kapitalmarkt traditionell ausfielen, wären hierfür neben den Versicherern im Wesentlichen nur die privaten Haushalte infrage gekommen. Während sich bei Ersteren im Laufe der letzten Jahre ein gewisser Umdenkungsprozess erkennen lässt und die Aktienanteile wieder etwas aufgestockt werden, ist dies bei den Privatpersonen bislang nicht zu erkennen. Die privaten Haushalte legten im Gegenteil in den achtziger Jahren bis einschließlich 1986 ständig geringere Anteile ihres Vermögens in Aktien an. Nach der gesamtwirtschaftlichen Finanzierungsrechnung der *Deutschen Bundesbank* waren dies Ende 1986 nur sechs Prozent ihres Geldvermögens.

Der in den Jahrzehnten zuvor relativ langweilige deutsche Aktienmarkt wurde also im Verlauf der achtziger Jahre immer tradingorientierter. Gegenüber den anderen Weltbörsen, bei denen das verstetigende Element langfristig orientierter Anleger weit gewichtiger ist, sorgte dies für eine deutlich erhöhte Volatilität. So kam es, dass der deutsche Markt je länger desto abhängiger wurde von den mit großen Posten operierenden, sehr schnell die Seite wechselnden institutionellen Anlegern aus angelsächsischen Ländern. Nachdem durch eine Vielzahl organisatorischer Maßnahmen vom Ausbau der Investor-relations bis hin zur Gründung der *Deutschen Terminbörse* gerade für diese Anlegergruppen der heimische Aktienmarkt attraktiver gemacht wurde, dürfte sich daran auch in den nächsten Jahren nichts Wesentliches ändern.

Im Laufe des April 1986 zeigte die Kursentwicklung zunehmend Ermüdungserscheinungen. Zuvor hatte die Erwartung einer weiteren Aufwertung der DM die Euphorie am Aktienmarkt noch angeheizt. Je näher die Parität des US-Dollars jedoch der damals als Schmerzgrenze diskutierten Marke von 2,30 DM kam, desto mehr rückten die auf diese Weise beeinträchtigten Gewinnmargen exportorientierter deutscher Unternehmen in das Blickfeld der Anleger.[180] Damit einher ging eine Neueinschätzung der Gewinnaussichten der gesamten deutschen Wirtschaft. Da auch die Entwicklungsperspektiven an wichtigen Auslandsbörsen nunmehr vorsichtiger eingeschätzt wurden, gab der heimische Aktienmarkt bis in die zweite Julihälfte spürbar nach. Dabei reduzierten sich trotz der zurückgenommenen Gewinne auch die Kursgewinnverhältnisse wieder etwas.

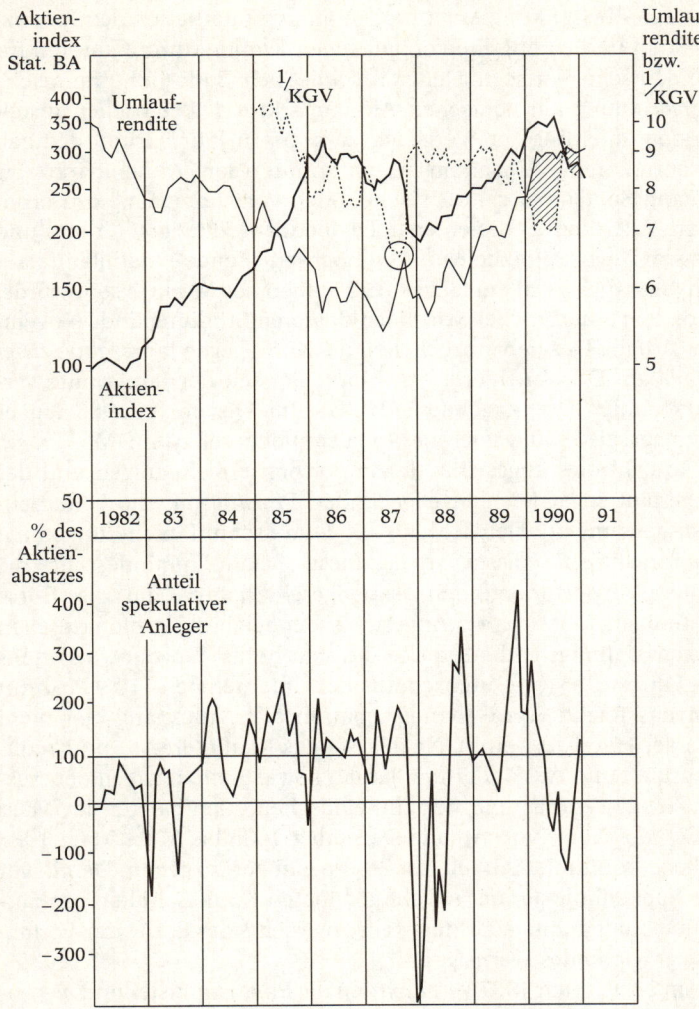

19: Die achtziger Jahre in Deutschland

(Quellen: Deutsche Bundesbank, Statistisches Bundesamt,
Bayerische Vereinsbank)

Neue Zinssenkungserwartungen an den internationalen Finanzmärkten und eine Reihe von günstigen Konjunkturindikatoren für
die deutsche Wirtschaft leiteten schließlich Ende Juli eine rasche
Kurserholung am deutschen Aktienmarkt ein. Bei wieder ansteig-
genden, allerdings im Vergleich zum ersten Jahresdrittel deutlich
geschrumpften Börsenumsätzen konnte der Aktienmarkt bis
Anfang September sein Zwischenhoch vom Januar nahezu erreichen. Allerdings deuteten erste Dividendensenkungen im Juni und
eine im August plötzlich auf 4,74 hochschießende Volatilität darauf
hin, dass dies wohl ein letztes Aufbäumen des Marktes sein würde.
Lediglich unterbrochen von einer kleineren Erholung Ende Novem-
ber/Anfang Dezember bröckelten die Kurse gegen Jahresende zusehends ab. Dabei irritierte den Markt der seit der Jahresmitte verstärkt unter Druck geratene Dollar. Im Dezember 1986 lag er
erstmals seit 1980 wieder im Monatsmittel unter zwei DM.
Obwohl dies angesichts der Importpreisermäßigungen und des
insgesamt sogar leicht nachgebenden Preisniveaus die Unternehmensgewinne in Deutschland im Durchschnitt nicht unbedingt
beeinträchtigen musste, so lag diese Gefahr zumindest für die
großen, exportorientierten Aktiengesellschaften, die die Börse
bestimmen, doch nahe. Angesichts der leichten konjunkturellen
Abschwächungstendenzen und des sehr hohen Gewinnwachstums
des Jahres 1986 (im Durchschnitt aller Unternehmen +10,9 Prozent)
war das Risiko von Gewinnstagnation oder -rückgang hier nicht
von der Hand zu weisen. Nachlassendes Kaufinteresse von Kreditinstituten und Ausländern im Januar sowie Nettoabgaben der Ausländer im Februar und der einheimischen Nichtbanken im März
ließen die Kurse von Anfang Dezember 1986 bis Mitte März 1987
nahezu kontinuierlich um fast 20 Prozent zurückgehen. Damit war
die Nackenlinie der im Vorjahr gebildeten Kopf- Schulter-Formati-
on nachhaltig unterschritten – ein angesichts der Breite der Formation gravierendes Warnsignal.[181]
Am 22. Februar 1987 vereinbarten die Finanzminister und Noten-
bankgouverneure der führenden westlichen Industrienationen in
Paris eine intensivere Abstimmung der Wirtschafts- und Währungspolitik mit dem Ziel, vorhandene Ungleichgewichte abzubauen und
die Wechselkurse etwa auf dem erreichten Niveau zu stabilisieren

(„Louvre-Akkord"). Bereits im Vorfeld der Beratungen zogen die deutschen Aktienkurse wieder an und machten innerhalb von drei Wochen rd. 15 Prozent gut. Unter dem Eindruck der in den USA deutlich steigenden Zinsen bewegte sich der Index in der Folgezeit unter Schwankungen seitwärts. Nach und nach realisierten die Finanzmärkte, dass es tatsächlich gelang, den Dollar bei 1,80 DM zu halten. Als die Staats- und Regierungschefs der sieben wichtigsten westlichen Industriestaaten am 10. Juni in Venedig den Louvre-Akkord bekräftigten und im gleichen Monat die Auftragseingänge des deutschen verarbeitenden Gewerbes aus dem Ausland erstmals wieder spürbar anzogen, reagierte auch die Aktienbörse mit deutlichen Kurssteigerungen. Der Index der *Börsen-Zeitung* legte vom 9. Juni bis zum 17. August 1987 20,6 Prozent zu und markierte damit einen neuen Jahreshöchststand.

Ausschlaggebend für diese sehr starke Kursbewegung war das plötzlich wieder aufflammende Auslandsinteresse. Während gebietsfremde Anleger im Mai noch per saldo für 320 Mio. DM deutsche Aktien verkauft hatten, erwarben sie von Juni bis August für 3,2 Mrd. DM inländische Dividendenwerte. Wie bereits in den Monaten März und Mai gaben gleichzeitig die heimischen Nichtbanken in immer stärkerem Ausmaß ab. Sie reagierten damit zum einen auf die Bewegung am Rentenmarkt. Schon im Laufe des Mai hatte der bereits sechseinhalb Jahre andauernde Zinsabbau ein Ende gefunden. Die Renditen am Rentenmarkt stiegen jetzt Monat für Monat deutlich an. Zum anderen hatten die Kursfortschritte kein adäquates Gegenstück in der Erhöhung der Gewinnschätzungen, sodass das Markt-KGV innerhalb weniger Monate von knapp zwölf auf gut 15 kletterte. Es erreichte einen Wert, wie er in Deutschland seit Beginn der achtziger Jahre nicht registriert worden war. Die USA oder gar Japan wiesen allerdings noch weit höhere P/Es auf.

Stellt man den Kehrwert des deutschen KGVs der Monat für Monat höheren Umlaufsrendite gegenüber, so zeigt sich, dass spätestens im Juli den erhöhten Risiken am Aktienmarkt kein ausreichender Renditeaufschlag entsprach. Insgesamt entwickelte sich in den Sommermonaten des Jahres 1987 eine immer explosivere Mischung am Aktienmarkt. Der Rentenmarkt hatte gedreht. Die längerfristig orientierten Anleger zogen sich nach und nach zurück, während Banken und Ausländer von Juni bis September per saldo weit mehr inländische Dividendenwerte übernahmen als abgesetzt wurden. Die Kursbewegung konzentrierte sich auf die Blue chips. Erstmals seit dem Höhepunkt der Hausse in den Monaten um den Jahreswechsel 1985/86 wiesen die Nebenwerte wieder eine deutliche Underperformance auf. Die Börse starrte wie gebannt auf die Entwicklung des US-Dollars. Exportintensive Unternehmen und Finanzwerte schnitten weit überdurchschnittlich ab.

Diese Entwicklung wurde mit der erneuten Abschwächung des Greenback in der zweiten Augusthälfte abrupt gestoppt. Innerhalb der nächsten drei Wochen verlor der Index der *Börsen-Zeitung* 6,3 Prozent. Zusätzlich verstimmten im August einige kräftige Dividendensenkungen. Auch als die amerikanische *Federal Reserve Bank* am 4. September erstmals seit drei Jahren ihren Diskontsatz wieder erhöhte (von 5,5 auf sechs Prozent), irritierte dies den Markt. Bis Anfang Oktober bewegten sich deutsche Aktien noch insgesamt in einer relativ geringen Bandbreite seitwärts. Als die Bundesregierung am 9. Oktober beschloss, eine zehnprozentige Quellensteuer auf Zinserträge einzuführen, löste dies vor allem aus dem Ausland eine Verkaufswelle von DM-Anleihen aus und setzte auch die Aktienkurse unter Druck. Insbesondere die zinsreagiblen Titel des Finanzsektors gaben verstärkt nach. Der Index der *Börsen-Zeitung* sank vom 9.–16. Oktober um vier Prozent.

Anders als der deutsche Aktienmarkt, der sein High ja bereits im Frühjahr 1986 erreicht hatte, strebte *Wall Street* bis in den Sommer des darauf folgenden Jahres immer neuen Kursrekorden zu. Am 25. August 1987 erreichte der *Dow Jones* schließlich mit 2722,42 Punkten ein neues All-time high. Die durchschnittliche P/E der Aktien aus dem *Standard & Poor's*-500-Korb hatte einen Wert von fast 23 erreicht (zum Vergleich: 1981: 7,5), die Dividendenrendite lag bei bescheidenen 2,4 Prozent (1982: 6,0) und das Kurs-Buchwert-Verhältnis bei 2,7 (1982: 1,0). Danach kam der Wendepunkt. Als die US-Zinsen kurz darauf wieder spürbar anzogen, sank der *Dow Jones Industrial* bis zum 16. Oktober um 17,5 Prozent. In der Woche vor dem schwarzen Montag hatte sich diese Bewegung beschleunigt. Die neuen Zahlen des amerikanischen Handelsbilanzdefizits für August fielen am 14. Oktober höher als erwartet aus, der *Dow Jones* verlor innerhalb eines Tages 95 Punkte oder 3,4 Prozent. Bis zum Ende der Woche gab er bei äußerst hohen Umsätzen nochmals 166 Punkte oder 6,9 Prozent nach. Allein am Freitag, den 16. Oktober wurden 302,4 Mio. Aktien umgesetzt – das gleiche Rekordvolumen wie schon einmal am 23. Januar d. J.[182]

Am 17. Oktober kritisierte der amerikanische Finanzminister *James Baker* die geplante deutsche Quellensteuer sowie die kurz zuvor erfolgte leichte Anhebung des Zuteilungssatzes für die Wertpapierpensionsgeschäfte der *Bundesbank* scharf und drohte Gegenmaßnahmen an. Dies wurde von den Finanzmärkten als Aufkündigung des Louvre-Akkordes interpretiert. Ein sinkender Dollar jedoch musste, wollte Amerika seine Zwillingsdefizite weiterhin mit Auslandsgeldern finanzieren, zu erneuten Zinssteigerungen in den USA führen. Offensichtlich setzte daraufhin über das Wochenende bei vielen institutionellen Anlegern ein Umdenken ein. Auch nach den vorangegangenen Kursverlusten erschien der amerikanische Aktienmarkt nunmehr zu hoch bewertet. Die Folge war am Montag, den 19. Oktober gleich von Beginn der Sitzung an ein starker Verkaufsdruck. Als der *Dow Jones* zur Börsenmitte bereits um mehr als 200 Punkte gefallen war, tauchten die ersten Gerüchte über angeblich in Schwierigkeiten geratene *Wall-Street*-Firmen auf.

Je weiter die Kurse zurückgingen, desto mehr Stop-loss-Marken wurden unterschritten. Dies wiederum löste auf breiter Front automatisierte Verkaufsprogramme aus. Beginnend mit dem 14. Oktober hatten auch computergesteuerte Abgaben aufgrund der erst einige Monate zuvor installierten Portfolio-insurance gegriffen. Bei dieser Form des Programmhandels werden Index-Portefeuilles großer institutioneller Anleger bei Gefahr scharfer Kursverluste am Kassamarkt durch Verkäufe von Index-Futures abgesichert. Wenn die Kursverluste der Papiere tatsächlich eintreten, steht ihnen bei richtiger Handhabung des Instrumentes ein gleich großer Gewinn aus dem Future gegenüber. Am 19. Oktober fanden sich für die beabsichtigten Verkäufe des Index-Futures allerdings keine Abnehmer. Den sonst äußerst flüssigen Chicagoer Terminmärkten fehlte plötzlich die Liquidität. Das Ergebnis waren massive Direktverkäufe von Aktien, was wiederum den Index-Future unter Druck brachte.

Dieser Ping-Pong- oder Kaskadeneffekt war noch dadurch ver-

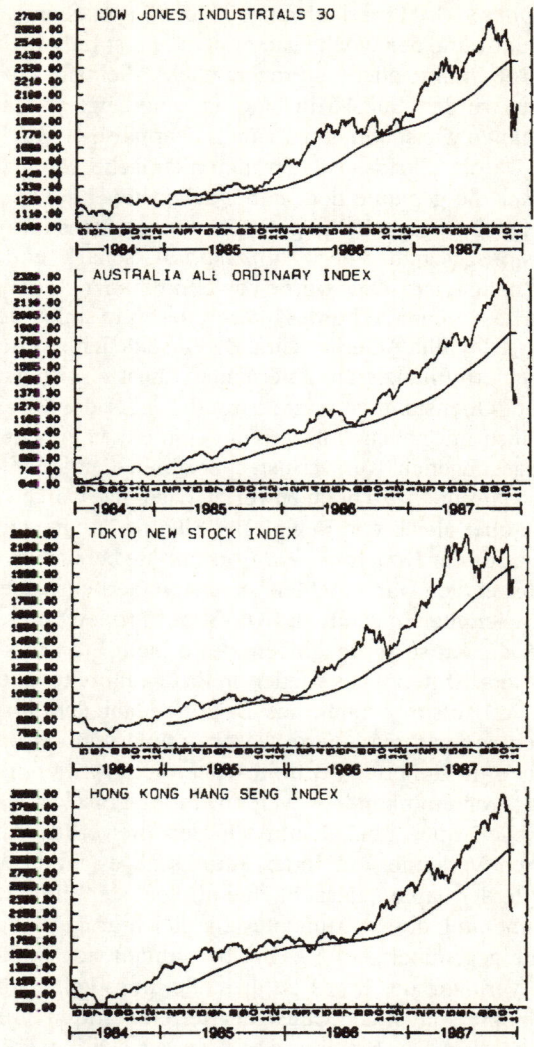

Abb. 20: Acht internationale Aktienmärkte während des Crashs von 1987

(Quelle: Tvede)

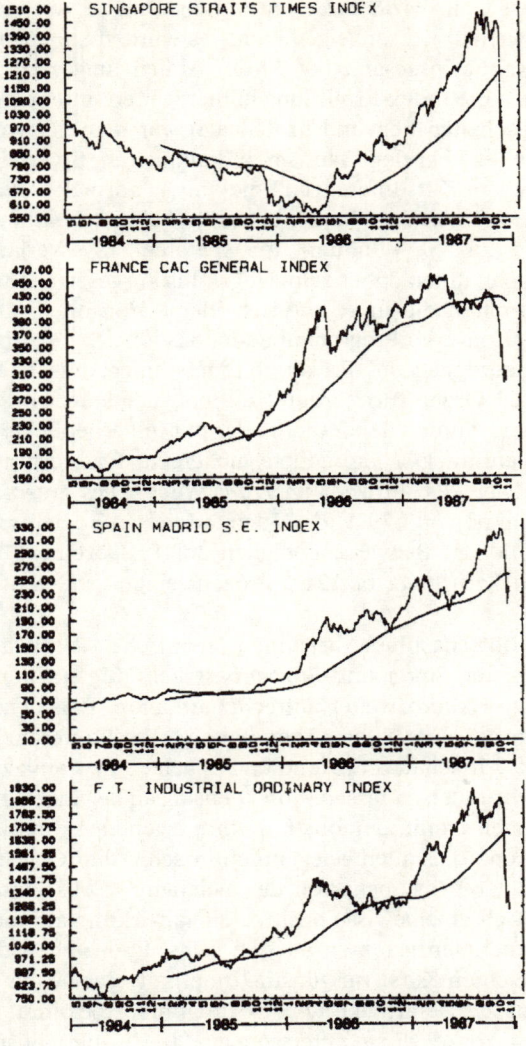

stärkt, dass es an *Wall Street* zu Verzögerungen von bis zu zwei Stunden bei den Kursanzeigen kam – es wurden an jenem schwarzen Montag ja insgesamt 604,3 Mio. Aktien umgesetzt. Dadurch hinkte auch die Index-Ermittlung immer weiter hinter dem tatsächlichen Geschehen her, und in Chicago war man gezwungen, die Index-Futures über den Daumen zu kalkulieren. So erreichten die rechnerischen Kursdifferenzen, die unter normalen Umständen maximal zwei oder drei Punkte betrugen, beim *Standard & Poor's*-Index bis zu 20 Punkten. Im späteren Tagesverlauf wurde der Handel in ihnen daher zeitweilig völlig ausgesetzt. Zur gleichen Zeit verstopften die in synthetisch kleine Portionen aufgeteilten Verkaufsaufträge im Programmhandel das an sich zur Abwicklung von Kleinaufträgen des Privatpublikums aufgebaute DOT-System (Designated Order Turn-Around System) der New Yorker Börse. Viele Orders wurden daher nicht oder nur mit erheblicher Verzögerung ausgeführt. Der Tag endete mit einem Kursverlust von 508 Punkten oder 22,6 Prozent im *Dow Jones*. Dies entsprach einer Gesamtsumme von 479 Mrd. $, dem addierten Sozialprodukt von Kanada und der Schweiz. Lediglich am 12. Dezember 1914 verzeichnete *Wall Street* mit 24,4 Prozent einen größeren Tagesverlust.[183]

Nach Börsenschluss begannen hektische Aktivitäten. Die Finanzminister *Baker* und *Stoltenberg* bekräftigten ihren Willen, den Louvre-Akkord weiter aufrechtzuerhalten. Präsident *Reagan* verkündete auf einer sofort anberaumten Pressekonferenz, die amerikanische Wirtschaft sei gesund und es gelte nun, Panik zu vermeiden und Vertrauen zu fassen. Von Dienstag an begannen zahlreiche Unternehmen damit, demonstrativ ihre eigenen Aktien zurückzukaufen. Wenn dies auch gelegentlich in schroffem Gegensatz zum Verhalten der Pensionskassen der gleichen Gesellschaften stand, hatte es doch eine gewisse positive Signalwirkung auf die Börsen: Die Unternehmen glaubten an sich selbst und hielten die inzwischen erreichten Kurse für günstig. Innerhalb einer Woche wurden mindestens 220 derartige Buy-back-Programme bekannt.

Die New Yorker Börse untersagte am 20. 10. automatischen Programmaufträgen den Zugang zu ihrem DOT-System. Damit war dem Programmhandel, der tags zuvor noch einen Volumensanteil von rd. 15 Prozent auf sich vereinigen konnte, eine seiner wichtigsten technischen Voraussetzungen entzogen. Tatsächlich sanken mit dieser Maßnahme am Dienstag die Umsätze. Allerdings muss man vermuten, dass die institutionellen Anleger nun begannen, ihre Verkäufe in großen Blöcken zu platzieren.

Nachdem der *Dow Jones* in einer technischen Reaktion bis zum 21. Oktober wieder knapp über die psychologisch wichtige Marke von 2000 Punkten geklettert war (gegenüber dem Montag um 16,6 Prozent auf 2027,85 Punkte), gab er bereits tags darauf wieder spürbar nach (um 3,8 Prozent auf 1970,43 Punkte). Der Markt blieb nervös. Innerhalb eines Tages waren Swings, die noch in der Vorwoche Rekorde gebrochen hätten, keine Seltenheit. Hinzu kam die Ungewissheit, ob und, wenn ja, welche Marktteilnehmer selbst Opfer des Kurssturzes werden würden. Insbesondere kleinere Arbitrage-Häuser und Chicagoer Broker, die riskante Options-Positionen mit fremden Mitteln finanziert hatten, wanderten auf die Watch-Listen ihrer Konkurrenten, Geldgeber und Kunden. Probleme bekamen auch Finanzjongleure, die sich mitten in einer Übernahmeschlacht befanden. Sie zogen ihre Angebote reihenweise zurück; die betreffenden Aktien stürzten geradezu ins Bodenlose. Einer der spektakulärsten Rückzieher dieser Art war der *Carl Icahns* bei *TWA*.[184] Unsicherheit ging zudem von den Devisenmärkten aus. Bereits am Montag war der US-Dollar um drei Pfennige gefallen. Man fragte sich, ob er weiterhin stabilisiert werden könne. Dies war umso fraglicher, als mit der extrem festen Notiz der Bond-Kurse der Zinsvorsprung der amerikanischen Renten drastisch gesunken war Selbst im Falle Deutschlands machte dies bei den zehnjährigen Papieren einen vollen Prozentpunkt aus.

Hinzu kam, dass der Kurssturz sofort Reminiszenzen an die Weltwirtschaftskrise der späten zwanziger und frühen dreißiger Jahre wachrief. Man befürchtete, dass die aufgelaufenen Kursverluste deutliche Auswirkungen auch auf die Realwirtschaften haben würden. Maßgebende Konjunkturforschungsinstitute reduzierten deshalb ihre Prognose für das US-Wachstum im vierten Quartal von ursprünglich vier auf nunmehr zwei oder gar 1,5 Prozent gegenüber dem Vorjahresquartal. Jetzt war es Mehrheitskonsens der Forscher, dass die amerikanische Wirtschaft spätestens 1989 in eine Rezession eintreten würde. Umfragen ergaben, dass rd. die Hälfte aller US-Unternehmensführer eine schwere Rezession in den USA erwarteten. Bereits am Donnerstag zeigten die Kursnotizen wieder steil nach unten. Die Notenbanken der westlichen Welt wirkten einem solchen Horrorszenario nach Kräften entgegen. Angestoßen durch massive Umsteigeoperationen aus dem Aktienmarkt, aber auch intensiv gefördert durch eine lockere Geldpolitik der Zentralbanken, bildete sich der Zins, der zuvor einige Monate lebhaft gestiegen war, in Rekordgeschwindigkeit zurück. Noch im Laufe des Oktober kam die rasante Talfahrt des amerikanischen Aktienmarktes daher zum Ende. Die weiteren Kursverluste bis Anfang Dezember 1987 fielen relativ moderat aus.

Auch die anderen Weltbörsen verzeichneten am 19. Oktober starke Einbußen. Ohne die katastrophale Vorgabe aus New York – *Wall Street* eröffnet erst nach Schluss aller europäischen Börsen – fielen die Verluste in Europa jedoch relativ bescheiden aus (Zürich: –elf, London: –zehn, Paris: –fünf Prozent). Diese Zahlen bezogen sich jedoch allesamt auf marktbreite, also auch Nebenwerte beinhaltende Indices. Während in Frankfurt der *FAZ* am 19. Oktober „lediglich" um rd. sieben Prozent absackte, verzeichnete der Index der *Börsen-Zeitung* einen Tagesverlust von 9,4 Prozent, zu dem am Folgetag bei wiederum riesigen Umsätzen noch einmal 1,4 Prozent kamen. Eine Flut von privaten Kauforders, die die Handelsabteilungen der Banken waschkörbeweise erreichten, sorgte am Mittwoch, den 21. 10. für ein Kursplus von 5,9 Prozent. Bereits am Tag darauf wurden die deutschen Börsen jedoch wieder mit einer großen Menge unlimitierter Verkaufsaufträge ausländischer Institutioneller konfrontiert. Der Index der *Börsen-Zeitung* gab daraufhin um 6,7 Prozent nach. Das Gleiche wiederholte sich am 26. (–7,7 Prozent Tagesverlust) und am 28. 10. (–6,8 Prozent) sowie am 3. (–2,9 Prozent) und am 10. 11. (–6,5 Prozent). Diese Einbrüche wurden abgelöst von kurzen, aber markanten, von umfangreichen privaten Kaufaufträgen ausgelöste Erholungsphasen.[185]

Dennoch sackte der Index der *Börsen-Zeitung* bis Mitte November um 35 Prozent ab. Damit war (nahezu) der tiefste Punkt der Talfahrt erreicht. Der heimische Aktienmarkt, der den anderen Weltbörsen von Ende 1982 bis Anfang 1986 weit davoneilte, war damit stärker betroffen als alle anderen großen Plätze. Obwohl diese ihren Höchststand im Gegensatz zu Deutschland erst kurz vor dem Crash erreicht bzw. eingestellt hatten, machten die Verluste beispielsweise in den Vereinigten Staaten und Japan nur rd. ein Fünftel aus. Verantwortlich dafür waren umfangreiche Verkäufe spekulativ eingestellter Anleger. So betrugen allein die Abgaben aus dem Ausland, das von Juli bis September 1987 mehr als den gesamten inländischen Aktienabsatz übernommen hatte (vier gegenüber 3,5 Mrd. DM), allein im Oktober 3,6 Mrd. DM. Gegenüber dieser in großen Blöcken ohne Rücksicht auf entstehende Kursverluste in den Markt gegebenen Verkaufsflut reichten selbst die Rekordkäufe inländischer Nichtbanken zur Verteidigung des Kursniveaus nicht aus. Es hatte sich einmal mehr gezeigt, dass ein hoher Anteil spekulativ eingestellter Anleger zur Destabilisierung der Märkte führt. Die Bundesrepublik war (und ist) hier besonders gefährdet aufgrund der starken Auslandsverflechtung ihrer Märkte, insbesondere der großen Abhängigkeit von den mit hohen Beträgen operierenden institutionellen Anlegergruppen.

Neben dem allgemeinen Phänomen, dass sich Investoren in turbulenten Zeiten als Erstes aus den fremden Märkten zurückziehen, auf denen sie sich nicht so heimisch fühlen und wo sie daher „vorsichtiger" taktieren, haben im Oktober 1987 mit Sicherheit auch liquiditätsbedingte Gründe eine Rolle gespielt. Man versucht an den Finanzmärkten seit jeher in Krisenzeiten die Kassenposition zu erhöhen. Darüber hinaus dürften einige angelsächsische Marktteilnehmer auch durch hohe spekulative Engagements auf den Options- und Future-Märkten in echte Liquiditätsprobleme geraten sein, die sie nur durch den Kasseverkauf von Aktien „koste es, was es wolle" lösen konnten. Dabei bot sich der deutsche Markt geradezu an, da hier der Erfüllungszeitraum (zwischen Ausführung und Gutschrift) mit zwei Tagen von allen Weltbörsen am kürzesten ist.

Zudem genügte beim Crash 1987 eine leichte Erhöhung der Arbeitszeiten, ein Vielfaches der gewohnten Umsätze zu bewältigen, während alle anderen Weltbörsen entweder ganz schlossen (Hongkong), ihre Handelszeit und den Zugang zu wichtigen Abwicklungssystemen einschränkten (New York), die sowieso schon langen Bearbeitungszeiten noch ausdehnten (Madrid, Paris) oder mit dem Ausfall der Technik und der Verabschiedung von Market-makern zu kämpfen hatten (London). Hinzu kam, dass es sich gerade die spekulativ orientierten Anleger bereits seit einigen Monaten angewöhnt hatten, einen undifferenziert engen Zusammenhang zwischen der Dollarkursbewegung und den Gewinnaussichten der deutschen Unternehmen zu sehen. Als die US-Währung am 26. Oktober erneut einbrach, verstärkte dies noch die Abwärtsbewegung deutscher Aktien.

Die umfangreichen Nettoverkäufe ausländischer Anleger am Aktienmarkt hielten auch in den Folgemonaten an (November: –2,3; Dezember: –1,3; Januar bis Juni insgesamt: –4,0 Mrd. DM). Da zudem in den Monaten November und Dezember 1987 auch die deutschen Banken für insges. 910 Mio. DM Dividendenwerte abstießen, tendierten die Aktienmärkte in der Bundesrepublik nach einer kurzen, aber markanten technischen Reaktion bis Ende Januar 1988 wieder schwächer. Die konzertierten Leitzinssenkungen mehrerer europäischer Notenbanken am 5. November (Lombard in der Bundesrepublik 4,5 nach fünf Prozent) und am 3. Dezember (Diskont in der Bundesrepublik 2,5 nach drei Prozent) hatten, da gleichzeitig der Dollar deutlich nachgab, sogar erneute Kurseinbrüche im Gefolge. Allerdings bildete sich die Nervosität der Märkte allmählich zurück. Die Umsätze, die im Oktober 1987 nach der seit Jahresbeginn geltenden neuen Zählung gut 75 Mrd. DM betragen hatten, lagen in den beiden Schlussmonaten bei knapp 42 bzw. 25 Mrd. DM, und die Volatilität, die im Oktober auf den nie gesehenen Wert von 10,56 hochgeklettert war, sank über 4,49 auf 1,84.[186]

4.4. Die neunziger Jahre

Da jedoch auch in der Bundesrepublik die Wachstums- und Gewinnaussichten nach dem Crash skeptischer beurteilt wurden und der Dollar zudem bis zum Jahresende immer neuen Tiefständen entgegeneilte, konnte sich der deutsche Markt im Gegensatz zu einigen anderen großen Plätzen von seinem Low nicht so recht lösen. Erst als sich die amerikanische Währung im Januar 1988 wieder etwas erholte und im Gegensatz zu den ursprünglichen Befürchtungen eine weltweite positive Wende im allgemeinen Wirtschaftsklima abzeichnete, stieg der deutsche Aktienmarkt seit Anfang Februar wieder an. Noch kurz zuvor war die wichtige Unterstützungslinie von 400 Punkten im *FAZ*-Index nur mit Mühe gehalten worden. Da zu Jahresbeginn die zweite Stufe der Steuerreform eine Entlastung in Höhe von rd. 14 Mrd. DM gebracht hatte, sah die Bundesregierung am 29. Januar in ihrem Jahreswirtschaftsbericht gute Chancen, das Bruttosozialprodukt 1988 real um 1,5 bis zwei Prozent zu steigern.

Nun kehrten auch die Banken, die sich im Januar weitgehend zurückgehalten hatten, wieder als Nettokäufer zurück, sodass der seit dem 1.1. eingeführte neue „Deutsche Aktienindex" (DAX aus 30 Standardwerten) vom 28.1. bis 18.3. 1988 um 20,5 Prozent zulegte. Der wesentlich marktbreitere Index des *Statistischen Bundesamtes* kletterte dagegen lediglich um elf Prozent. Danach führte das wieder unsichere Klima an den Weltfinanzmärkten und die damit verbundenen Zinssteigerungen bis in die zweite Maihälfte hinein zu leicht rückläufigen Notierungen. Lediglich die Aktien der Stahlindustrie, des Maschinenbaus und der Bauwirtschaft konnten sich diesem Trend entziehen. Sie notierten Anfang Juni im Durchschnitt um 38, 21 bzw. 15 Prozent über ihren Jahresschlusskursen.[187]

Als der zeitweilig wieder etwas labile Devisenmarkt erneut drehte, der Auftragseingang (insbesondere im Investitionsgütergewerbe) immer lebhaftere Zuwachsraten aufwies und die Wachstumsschätzungen auf nunmehr 2,5 bis drei Prozent erhöht werden mussten (erreicht wurden schließlich +3,6 Prozent), führte dies zu einer sprunghaft erhöhten Nachfrage der inländischen Nichtbanken nach Aktien (+3,2 Mrd. DM). Zwar nutzten dies ausländische Investoren und deutsche Kreditinstitute noch einmal zu umfangreichen Verkäufen im Gesamtvolumen von 1,8 Mrd. DM. Dennoch kletterte der DAX innerhalb von zweieinhalb Monaten, unterbrochen nur von kurzen technischen Rückschlägen, um nahezu 20 Prozent. Nach einer kurzen, zinsbedingten Verschnaufpause im August nahm der Aktienmarkt seine Erholungsbewegung wieder auf und setzte sie, noch einmal im November 1988 wegen eines erneuten Schwächeanfalls des Dollars unterbrochen, bis zum Jahresende fort. Dabei spielten im Jahresverlauf positive Meldungen aus den Unternehmen und dem gesamtwirtschaftlichen Umfeld eine immer wichtigere Rolle. Im zweiten Halbjahr hatten auch die spekulativ orientierten Anlegergruppen den deutschen Aktienmarkt wieder entdeckt, sodass in den Monaten August mit November 1988 inländische Dividendenwerte für insgesamt rd. zwei Mrd. DM von „starken" in „schwache Hände" übergingen. Dennoch war der Aktienmarkt Ende 1988 keinesfalls überhitzt. Das Kursgewinnverhältnis für den breiten Markt stieg im Laufe des Jahres lediglich von 10,5 auf 11,5. Damit ergab sich auch im Dezember immer noch ein gehöriger Sicherheitsabstand zwischen inversem KGV (8,6) und Umlaufsrendite (6,2 Prozent).[188]

Begann das Jahr zuvor mit Steuerentlastungen, so traten am 1. Januar 1989 Verbrauchssteuererhöhungen und eine zehnprozentige Quellensteuer auf inländische Zinseinkünfte in Kraft. Alle Erwerbergruppen hatten deshalb bereits im Dezember in großem Umfang begonnen, inländische Anleihen abzustoßen. Die Verkäufe ausländischer Anleger hielten das gesamte erste Quartal des neuen Jahres an und verstärkten sich sogar noch. Daraufhin schoss der Zins am langen Ende in den Monaten Dezember mit Februar geradezu in die Höhe, teilweise (und gerade in kritischen Phasen) zusätzlich angetrieben durch autonome Sprünge des neu eingeführten BUND-Futures der *LIFFE* (London International Financial Futures Exchange). Die Umlaufsrendite legte nahezu einen vollen Prozentpunkt zu. Trotz der laufend eingehenden positiven Unternehmensmeldungen gaben daher die Blue chips im Laufe der ersten beiden Monate des Jahres tendenziell nach.

Die positive Grundstimmung war jedoch durch die Unsicherheit über die weitere Zinsentwicklung nur überdeckt. Sie schlug sich in einem plötzlich verstärkt auftretenden Interesse der Anleger für Spezial- und Substanzwerte nieder, sodass der marktbreite Index des *Statistischen Bundesamtes* bis Anfang Februar sogar um vier Prozent zulegen konnte. Zwar führten Ende Februar 1989 aufkeimende Inflationsbefürchtungen und nun auch weltweit anziehende Zinsen zu einem vorübergehenden Rückschlag des Index. In der Folgezeit setzte jedoch wieder ein Kursaufschwung ein, sodass der

Index des *Statistischen Bundesamtes* bereits Mitte April seinen
Stand von Anfang Februar übertraf. Diesmal zog auch der marktbreite Deutsche Aktienindex mit. Er lag am 18. 4. um fünf Prozent
über dem Stand des Vorjahresultimos. Es war 1989 im ersten Halbjahr Mehrheitskonsens an den internationalen Finanzmärkten, dass
gerade die deutschen Zinsen durchaus noch steigen könnten. Ausländische Anleger hatten daher bereits im ersten Jahresdrittel ihre
Nettokäufe deutscher Dividendenwerte spürbar reduziert. Nach der
Kurserholung der Standardwerte stießen sie zusammen mit den
deutschen Banken im Mai inländische Aktien für rd. 500 Mio. DM
ab. Der DAX kam dadurch jedoch nur kurze Zeit unter Druck.

Bereits Mitte des Monats drehte der Markt unter dem Einfluss
nachlassender Zinsängste und anregender Impulse von Seiten einiger ausländischer Aktienbörsen wieder und haussierte teilweise
regelrecht. Der DAX legte vom 16. 5. bis 8. 9. 19,2 Prozent zu.
Anfang August hatten die deutschen Standardwerte ihr altes All-
time high vom April 1986 überschritten. Im Vergleich zu den anderen großen Börsen hinkte deren Kursentwicklung jedoch trotz weiterhin günstiger Perspektiven der Unternehmensgewinne deutlich
hinterher. Das durchschnittliche Kursgewinnverhältnis der im
Deutschen Aktienindex vertretenen Standardwerte war bis Mai wieder auf knapp elf gesunken. Im internationalen Vergleich war der
Markt daher niedrig bewertet. Die Folge war ein seit Juni von Monat
zu Monat spürbar ansteigendes Auslandsinteresse. Dabei stand einmal diese, einmal jene „zurückgebliebene" Branche im Mittelpunkt
(„Branchenrotation"). Die letzte Phase des Kursaufschwungs war
zunehmend von kritischen Tönen begleitet. Nachdem der Stabi-
litätsimport mit einem sich von Dezember 1988 bis Juni 1989 zusehends befestigenden Dollar ein Ende gefunden hatte, suchte die
Bundesbank im Laufe dieser Monate viermal durch Leitzinser-
höhungen dem nunmehr wieder deutlicheren Kosten- und Preisauftrieb entgegenzutreten.

Am Freitag, den 13. Oktober 1989 kam es an *Wall Street* im
Gefolge der Schwierigkeiten am Junk-bond-Markt sowie der Nachricht vom Misslingen der *United Airlines*-Finanzierung zu einem
Kurseinbruch. Am Montag darauf führten unlimitierte Angstkäufe
vieler inländischer Privatanleger zum „Mini-Crash". Der Index des

Statistischen Bundesamtes verlor mehr als zwölf Prozent – der höchste Tagesverlust in der Nachkriegsgeschichte. Bei diesem Verhalten dürften die Erfahrungen aus dem Kurssturz vom Oktober 1987 eine wichtige Rolle gespielt haben, als die Privatanleger jeweils nach markanten Kursverlusten in drei Wellen massiv gekauft hatten und anschließend beobachten mussten, dass die Kurse noch weit tiefer fielen. Diesmal kam es jedoch anders. Nachdem sich der Kursverlauf am Montag bereits in der zweiten Sitzungshälfte stabilisiert hatte, holte der Markt am Dienstag rund die Hälfte seiner Vortagsverluste wieder auf und tendierte auch den Rest der Woche fest. Die Ausländer nutzten die seit Ende September etwas ermäßigten Kurse schon im Oktober zu sprunghaft anschwellenden Nettokäufen, während die inländischen Nichtbanken, die bereits im September per saldo Aktien verkauft hatten, dies im Folgemonat auch nach dem Mini-Crash in einem zuvor nicht gekannten Ausmaß beibehielten. Der marktbreite Index des *Statistischen Bundesamtes* gab daher in der Folge wieder nach, während der DAX, der ausschließlich aus den vom Ausland bevorzugten Blue chips besteht, sich behaupten konnte.[189]

Anfang November hatte sich das Bild erneut stark gewandelt. Unter dem Druck von Demonstrationen („Montags-Demonstrationen" in Leipzig) sowie einer massiven Fluchtwelle (im zweiten Halbjahr 1989 allein rd. 343 000) waren innerhalb kurzer Zeit tief greifende politische Umwälzungen in der DDR und parallel in den anderen osteuropäischen Ländern in greifbare Nähe gerückt. Damit eröffneten sich für die am besten positionierten westdeutschen Unternehmen auf lange Sicht zusätzliche Absatzchancen in einem enormen Ausmaß. (Den hohen Kapitalbedarf und die notwendige Anpassungskrise übersah man zunächst geflissentlich.) Anhaltende und umfangreiche Auslandsengagements, darunter erstmals auch aus Japan Käufe in großem Stil, sowie ein verstärktes Interesse der inländischen Banken ließen den deutschen Aktienmarkt bis Anfang Februar 1990 haussieren. Der DAX stieg in dieser Zeit um 35,8 Prozent auf 1939,43 Punkte. Das Kursgewinnverhältnis deutscher Standardwerte erhöhte sich von elf auf 13,5.

Da gleichzeitig eine immer hilflosere Budgetpolitik in den USA und kurz darauf sehr hohe Kapitalbedarfschätzungen wegen der

DDR-Sanierung den Zins international in die Höhe trieben, lag der Kehrwert der deutschen P/E-Ratio seit Jahresbeginn immer deutlicher unter der Rentenmarktrendite. Eine Schwächephase an den Börsen in New York und Tokio, die anstehenden Tarifverhandlungen mit ihren voraussichtlich hohen Gewerkschaftsforderungen und die für den 3. März angesetzten DDR-Wahlen führten danach jedoch kurzzeitig zu einem Kursrückschlag. Dennoch war das erste Quartal noch weitgehend von Ost-Euphorie gekennzeichnet. Nach einer kurzen Schwächeperiode erreichte der DAX bis zum 30. 3. 1990 mit 1976 Punkten ein neues All-time high.[190]

Bereits im Februar waren die Stellungnahmen einzelner großer ausländischer Broker-Häuser aufgrund der von ihnen durch die deutsche Währungsunion zur Jahresmitte befürchteten Inflationsgefahren negativ gefärbt. Diese Einschätzung hat sich offensichtlich im Kreis der ausländischen Investoren relativ bald durchgesetzt. Jedenfalls verkauften diese, nachdem die japanischen Anleger mit weiter fortschreitender Kursschwäche des heimischen Marktes ihr Auslandsinteresse verloren, in den Monaten April bis Juni deutsche Aktien für jeweils per saldo rd. eine Mrd. DM. Erst als sich die übertriebenen Ängste vor einem Preissprung als gegenstandslos herausstellten, sorgten plötzlich wieder einsetzende umfangreiche Käufe von Ausländern und deutschen Banken dafür, dass der DAX Mitte Juli sein Jahreshoch nahezu einstellte. Da die inländischen Nichtbanken im Gegensatz zu den spekulativen Anlegergruppen ihre Aktienbestände im zweiten Quartal aufgestockt hatten, marktierte der Index des *Statistischen Bundesamtes* im Juli sogar ein neues All-time high. In der zweiten Hälfte des Monats kam der Aktienmarkt dann jedoch wieder bis in die Nähe seiner bisherigen Unterstützungslinie zurück.

Am 2. August überfiel der Irak *Saddam Husseins* das benachbarte Scheichtum Kuwait. Die Spot-Notizen für Rohöl, die sich bereits in den Tagen zuvor aufgrund anhaltender Reibereien zwischen einzelnen *OPEC*-Mitgliedern von den vorangegangenen Tiefstständen deutlich gelöst hatten, schossen plötzlich um gut die Hälfte in die Höhe. Befürchtungen über einen nachhaltigen Ölpreisschub und damit weltweit erhöhte Inflations- und niedrigere Wachstumsraten ließen die Aktienkurse in den großen Industrienationen regelrecht

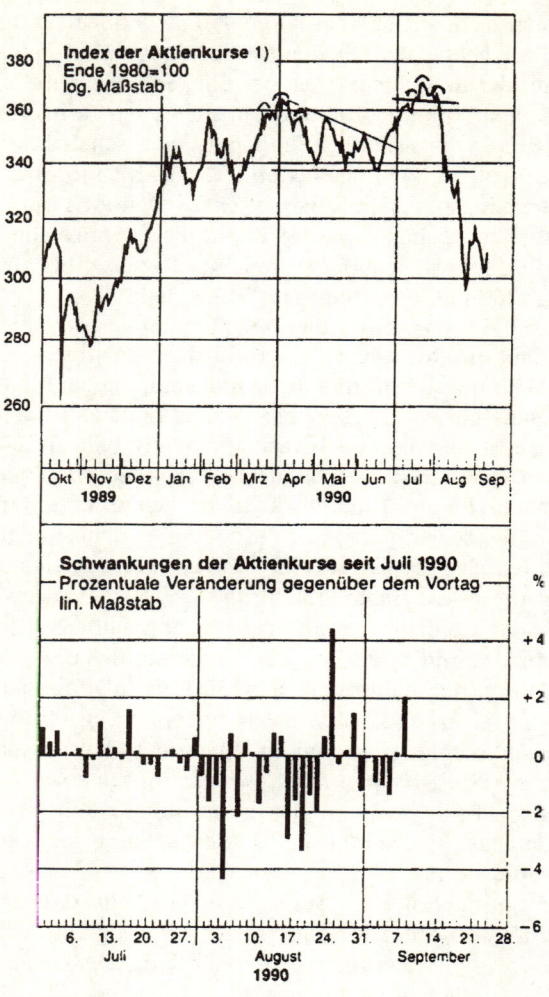

Index der Aktienkurse 1)
Ende 1980=100
log. Maßstab

Schwankungen der Aktienkurse seit Juli 1990
Prozentuale Veränderung gegenüber dem Vortag
lin. Maßstab

1) Tageswerte; Quelle: Statistisches Bundesamt.   BBk

Abb. 21: Index der deutschen Aktienkurse 1989/90

(Quelle: Statistisches Bundesamt)

kollabieren. Bei der Geschwindigkeit, mit der dies ablief, spielten die an vielen Börsenplätzen zuvor erreichten hohen Kurse sicherlich eine wichtige Rolle. So hatte eine Liquiditätshausse den *Dow Jones* erst einige Wochen zuvor kurzzeitig über 3000 Punkte gehoben, obwohl gleichzeitig Umfragen die überwiegende Skepsis der Anleger signalisierten. Als nicht ganz so alarmierend betrachteten die deutschen Marktteilnehmer die Situation an ihrer Börse. Allerdings sorgte auch hier die enttäuschend schleppende Sanierung der Volkswirtschaft in der ehemaligen DDR im Verein mit dem erneuten Dollarkursverfall und der anhaltend hohen Diskrepanz zwischen der Aktien- und Rentenmarktbewertung für einige Irritationen.

An den ersten zwei Tagen der Invasion des Irak gab der deutsche Aktienmarkt insgesamt nur 2,7 Prozent nach. Als der DAX jedoch an dem darauf folgenden Montag 100,01 Punkte (= 5,4 Prozent) abrutschte, war die zuvor schon recht gut sichtbare, seit Anfang Juli aufgebaute Umkehrformation (ein Head-shoulder-top) vollendet. Angestoßen durch riesige Auslandsverkäufe, die im August 1990 mit 5,9 Mrd. DM die vom Oktober 1987 weit in den Schatten stellten, stürzte der DAX innerhalb der nächsten zweieinhalb Wochen in zwei Schüben um weitere 12,7 Prozent. Nach einer kurzen technischen Erholung, die wie bereits 1987 durch Rekordkäufe inländischer Nichtbanken ausgelöst wurde, setzten im Verlauf des September die Verkäufe großer ausländischer Institutioneller wieder ein und drückten den DAX bis zum Monatsultimo September bis auf nahezu 1320 Punkte.

Im Laufe der Börsensitzung setzte eine heftige Gegenbewegung ein, sodass der DAX nur zwei Tage danach 125 Punkte höher stand. Die nun folgenden Monate waren von hektischen Bewegungen in beide Richtungen gekennzeichnet. Dabei konnte bis Ende Januar 1991 weder ein Widerstand von 1540 Punkten nach oben, noch die Unterstützungslinie bei 1320 Punkten nach unten nachhaltig gebrochen werden. Wie bereits im Oktober-Crash 1987 hatten ausländische Institutionelle das sehr gute Back-office und die kurzen Erfüllungsfristen in Deutschland auch im August 1990 in großem Umfang zur Liquiditätsbeschaffung genutzt. Bereits im September lagen ihre Nettoabgaben jedoch mit 1,6 Mrd. DM deutlich unter dem Vormonat und betrugen im Oktober d. J. nur noch 187 Mio. DM. Dagegen nutzten die inländischen Nichtbanken die Kursstürze im August und September zu Käufen in ungewöhnlicher Höhe, während die deutschen Banken im August und Oktober etwas abgaben und im September und November ihre Aktienbestände deutlich aufstockten.[191]

Anders als drei Jahre zuvor lockerten die Notenbanken diesmal wegen des weltweiten Kurssturzes ihre Geldpolitik nicht. Da andererseits die Inflationsgefahren mit den Ölpreissteigerungen wieder größer wurden, stieg der Zins vielmehr bis in den Oktober hinein deutlich an. Erst als die Ölpreise wegen der erhöhten Förderung Saudi-Arabiens und anderer Golfanrainer wieder stärker nachgaben, erreichte die Rendite am inländischen Rentenmarkt sein Niveau der Jahresmitte. Unterstützt wurde diese Entwicklung durch einen noch weit stärkeren Zinsabbau der amerikanischen Staatsanleihen. Im Gefolge der sich zuspitzenden Entwicklung am Golf und in der Sowjetunion zogen international die Zinsen am langen Ende um die Jahreswende dann jedoch wieder um gut 20 Basispunkte an. Der Renditevorsprung inländischer gegenüber amerikanischer Staatsanleihen, der an sich schon ungewöhnlich ist, vergrößerte sich noch einmal und erreichte 1991 in der dritten Januarwoche mit rd. 80 Basispunkten (= 0,8 Prozentpunkte) ein Maximum.

Die Aktienkurse zeichneten diese Entwicklung des Rentenmarktes weitgehend nach. Nach einer Kurserholung bis Mitte Dezember, als *FAZ* und DAX bei 655 bzw. 1540 an ihrer 100-Tage-Linie abprallten, gingen die Kurse innerhalb eines Monats wieder um 13 bzw. 15,5 Prozent auf ihre Tiefststände Ende September des Vorjahres zurück. Als am nächsten Tag der so lange befürchtete Golfkrieg tatsächlich ausbrach und bereits in den ersten Stunden die erdrückende Luftüberlegenheit der Alliierten augenscheinlich wurde, sprang der DAX um gut 100 Punkte. Nach einer kurzen Reaktion in der Gegenrichtung konnte er im Laufe des Februar den in den Monaten zuvor aufgebauten Widerstand bei 1540 Punkten nachhaltig überwinden und pendelte danach um die 200-Tage-Linie.

Der Golfkrieg wurde in weit kürzerer Zeit und mit weniger alliierten Opfern als zunächst befürchtet beendet. Für die Weltfinanzmärkte waren jedoch einige grundlegende Probleme noch nicht gelöst. Der seit Anfang 1990 anhaltende Druck auf die japanischen Aktienkurse und die enormen Kosten der deutschen Wiedervereinigung führten dazu, dass diese beiden Hauptfinanziers der Weltwirtschaft sich in dem Moment etwas von den internationalen Finanzmärkten zurückzogen, in dem das US-Budget-Defizit vollends aus dem Ruder zu laufen drohte. Obwohl sich die Konjunkturaussichten in den meisten Staaten 1990 stetig eingetrübt hatten und die angelsächsischen Länder zu Beginn des Jahres 1991 vor einer Rezession standen, stiegen die Aktienkurse im ersten Quartal weltweit deutlich an. Der *Dow-Jones* erreichte dabei fast sein altes Alltime high, und der englische *FT-100* übertraf dieses sogar. Dabei spielten bei beiden Ländern sowohl Zinssenkungserwartungen als auch die Hoffnung auf eine Auftragsflut durch den Wiederaufbau Kuwaits und Iraks eine wichtige Rolle.

Der deutsche Aktienmarkt machte die ausgeprägten Aufwärtsbewegungen an den zuletzt genannten Börsen nur in abgeschwächter Form mit. Dennoch waren auch hier Monate nach dem Golfkrieg die weiterhin sehr hohen Zinsen sowie die bereits seit Juli 1990 leicht und im Gefolge der Golfkrise dann stärker zurückgenommenen Unternehmensgewinnschätzungen noch nicht voll in den Kursen berücksichtigt. Auch nach Beendigung der Golfkrise lag das inverse KGV unter der Umlaufsrendite festverzinslicher Wertpapiere. Der Aktienmarkt war also immer noch sehr hoch bewertet.

Anders als Europa und Nordamerika stürzte Japan zu Beginn des Jahres 1990 in eine lang anhaltende Rezession. Rund drei Jahrzehnte hatte das Land weit überdurchschnittliche Wachstumsraten realisiert. Vor allem in den achtziger Jahren profitierten Japan und seine Wirtschaft stark von ständig steigenden Aktienkursen. Die Bewertung japanischer Dividendenwerte lag Ende des Jahrzehnts mit KGVs von 100 und darüber weit jenseits dessen, was in anderen Ländern denkbar erschien.[192] Durch die ständigen Kurssteigerungen war es japanischen Aktiengesellschaften möglich, im Ausland Optionsanleihen mit extrem niedriger Verzinsung zu emittieren und sich so weit billiger zu refinanzieren als die weltweite Konkurrenz.

Die japanischen Banken hielten schon traditionell ein bedeutendes Portefeuille inländischer Beteiligungen. Es wurde im Zuge des endlosen Börsenbooms noch wesentlich aufgestockt. Die stillen Reserven der Banken explodierten daher geradezu. Diese Reserven konnten die Banken wiederum zu 45 Prozent als Eigenkapital als Basis für Kreditausleihungen verwenden. Es standen viel zu viele Mittel zur Verfügung. In der Folge sanken die Zinsen trotz eines lebhaften Wirtschaftswachstums auf relativ niedrige Sätze. Ein großer Teil der Kredite floss in den Immobiliensektor, den man als willkommene Alternative für den hoch bewerteten Aktienmarkt ansah.[193] Vor allem die japanischen Versicherungen investierten dort in hohem Maße. In der Folge schossen die Bodenpreise vor allem in den bevorzugten Ballungsräumen Tokio und Osaka nach oben. So stiegen in Tokio die durchschnittlichen Preise allein 1987 um 57,1 Prozent (1988 +24,1, 1989 +2,7, 1990 +11,0 Prozent). In der Spitze repräsentierte das Land unter dem kaiserlichen Palast in Tokio mehr Wert als das ganz Kaliforniens.

Der Anlagedruck der Banken führte zu immer geringeren Bonitätsanforderungen in ihrem Kreditgeschäft. Japanische Aktiengesellschaften hatten kaum noch Kreditbedarf, sodass z.T. riesige Darlehenssummen in dubiose Firmenkonglomerate wie etwa Immobilienentwickler flossen. Gleichzeitig überschwemmten die japanischen Banken die Welt mit ihren Krediten. Nach dem Motto „All business is local" kamen sie jedoch oft zu spät, wenn es um akzeptable Risiken und akzeptable Konditionen ging; die Märkte waren immer schon verteilt unter den bisherigen Marktteilnehmern. Das brauchte die japanischen Institute jedoch nicht zu stören, so lange ihre große Zinsmarge nicht durch Kreditausfälle aufgezehrt wurde.

Das Verhängnis begann am letzten Handelstag der achtziger Jahre, nachdem die *Bank of Japan* ihren Diskontsatz zum dritten Mal in Reihe um einen halben Prozentpunkt angehoben hatte. Er erreichte mit 4,25 Prozent einen für japanische Verhältnisse bereits sehr hohen Satz. In der Erwartung, die nun einsetzende schnelle Abwärtsbewegung des Aktienmarktes sei Teil einer kurzfristigen Korrektur, nach der die Kurse weiter steigen würden, kam es nicht zu den gewohnten Unterstützungskäufen. Der Kursverfall erwies sich jedoch als äußerst hartnäckig. In nur 30 Monaten sank der *Nikkei* um mehr als 60 Prozent. Am 30. August 1992 war bei einem Index von 14 309 Punkten der niedrigste Stand erreicht. Ausmaß und Schnelligkeit der Bewegung waren allenfalls mit dem amerikanischen Kurssturz zu Beginn der dreißiger Jahre vergleichbar (s. Abb. 22). Damit brach das kunstvolle, aber wackelige Boom-System Japans zusammen. Das Land versank in einer Rezession, die zumindest den Rest des Jahrzehnts anhielt.

Dabei achteten die staatlichen Autoritäten zunächst längere Zeit auf ganz andere Gefahren. 1990 stieg das Bruttoinlandsprodukt real um stolze 5,1 Prozent und noch im Jahr darauf erreichte es ein Plus von 3,8 Prozent. Weder die Notenbank noch die Regierung sahen sich daher veranlasst, von dem eingeschlagenen restriktiven Kurs abzuweichen. Man hoffte im Gegenteil, die negativen Auswirkungen der Bubble wie z. B. eine als ungesund empfundene Vermögens- und Finanzierungsstruktur zu korrigieren. Die BoJ erhöhte daher ihren Leitzins auch 1990 noch zwei Mal und steigerte dabei die Zinsschritte sogar noch: am 20. März auf 5,25 und am 30. August auf sechs Prozent. In der Folge stieg das ohnehin schon hohe Zinsniveau weiter und erreichte im Jahresdurchschnitt sensationelle 8,1 Prozent. Gleichzeitig bremste auch die Regierung die Wirtschaftstätigkeit. Nach jahrelangen exzessiven Haushaltsdefiziten, die dem Land eine Staatsverschuldung von über 100 Prozent des BIP beschert hatten, achtete man nun auf Haushaltsüberschüsse und behielt diese Politik während der gesamten ersten Rezessionsphase bei. Der Überschuss betrug 1992 nicht weniger als 1,5 Prozent des BIP. Mit anderen Worten: In diesem Umfang entzog der Staat dem Wirtschaftskreislauf Mittel.

Währenddessen zeitigte der Kurssturz am Aktienmarkt verheerende Folgen. Mit einer gewissen Verzögerung folgten auch die Immobilienpreise. Deren Verfall erwies sich als besonders nachhaltig. In den neunziger Jahren gab es kein Jahr, in dem sie in den Hauptballungsräumen nicht gesunken wären. Die Rückgänge erreichten 1992 und 93, in Osaka auch 1991, zweistellige Raten, sodass sich der Preisniveau für Baugrund in Tokio und Osaka am Ende des Jahrzehnts weit mehr als halbiert hatte. Kreditverluste, Kursrückgänge an den Aktienmärkten und Abschreibungen auf Immobilien, Firmen- und Länderkredite ließen das zuvor immense Eigenkapital der japanischen Banken sehr schnell zusammenschrumpfen. Konkurse und Beinahe-Konkurse auch bedeutender

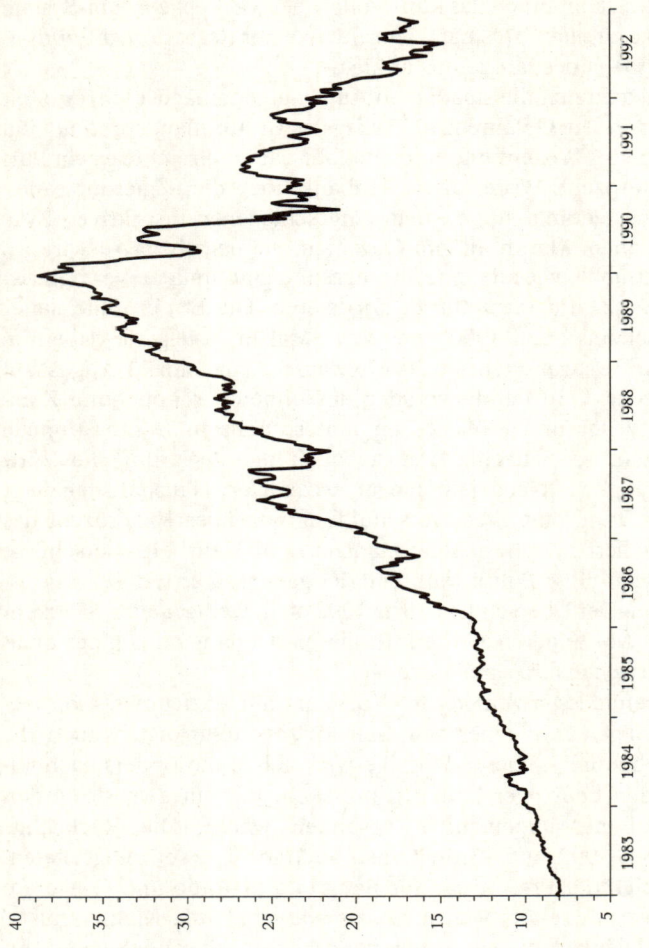

Abb. 22: Der japanische Nikkei-Index 1983–92

Häuser machten Schlagzeilen. So brach im November 1996 die *Hanwa Bank* zusammen. Hatten die japanischen Banken Ende der achtziger Jahre die internationalen Interbankenmärkte dominiert, so verschwand diese Vorherrschaft Anfang des Jahrzehnts innerhalb weniger Monate. Gleichzeitig sahen sich die japanischen Banken gezwungen, schwankende Unternehmen zumal der eigenen Konzerne mit frischem Geld zu unterstützen.

Damit nicht genug. Japanische Nachfrage hatte weltweit auf einigen Märkten die Preise in Höhen getrieben, die nach deren Ausfall bei weitem nicht mehr gehalten werden konnte. Die im Ausland hastig zusammengekauften Objekte und Firmen mussten z. T. unter immensen Verlusten abgestoßen werden. Beispiele sind einige prominente amerikanische Immobilien und Unternehmen, aber auch der Kunstmarkt – und hier vor allem die Märkte für impressionistische und zeitgenössische Gemälde (s. Abb. 34). So kaufte der japanische Papierindustrielle *Ryoei Saito van Goghs* „Portrait des *Dr. Gachet*" noch im Mai 1990 für die Rekordsumme von 82,5 Mio. $. Als er sich davon wenige Jahre später wieder trennen wollte, hätte er nur noch einen Bruchteil des ursprünglichen Wertes erhalten. Seine Erben erlösten 1998 selbst nach einer deutlichen Erholung der Kunstpreise nur noch 43 Mio. $. Schmerzlicher waren die Abschreibungen, die japanische Banken in den neunziger Jahren im Zuge einer weiteren Schuldenkrise der Dritten Welt sowie der Asienkrise auf ihre hohen Kreditforderungen an lateinamerikanische und asiatische Schwellenländer tätigen mussten.

Die steigenden japanischen Zinsen sorgten zusammen mit dem immer noch sehr hohen Vertrauen in die Wirtschaft des Landes für eine Hausse des Yen. Sein Kurs stieg in den Jahren 1990–95 gegenüber dem Dollar um 85 Prozent, sodass die Exportwirtschaft des Landes in ernsthafte Probleme geriet. All diese Schläge führten dazu, dass das Land in der ersten Hälfte des Jahrzehnts in eine ernsthafte Rezession geriet. In den Jahren 1992–94 lag das Wirtschaftswachstum jeweils bei einem Prozent oder darunter. Die Einzelhandelsumsätze gingen zurück, und die Zahl der Unternehmenszusammenbrüche erreichte zuvor unbekannte Werte. In der Folge summierten sich die schlechten, abschreibungsgefährdeten Kredite japanischer Banken bis Mitte der neunziger Jahre auf schätzungsweise 30 Billionen Yen (= 320 Mrd.US-$) oder zwölf Prozent des BIP. Eine solche Summe kann nur langfristig abgetragen werden.

Nur zögernd begannen die staatlichen Stellen gegenzuhalten. Als Erste lockerte die *Bank of Japan* Mitte 1991 ihren restriktiven Kurs. In neun größeren Schritten ermäßigte sie in den folgenden vier Jahren ihren Diskontsatz auf das außerordentlich niedrige Niveau von 0,5 Prozent. Es gelang ihr damit, das kurzfristige Zinsniveau von ursprünglich $8^1/_4$, auf $6^5/_8$ und das langfristige von 8,1 auf 2,6 Prozent zu drücken. Gleichzeitig weitete die Regierung ihre Ausgaben aus, sodass der Staat 1997 bereits wieder ein Defizit von drei Prozent des BIP aufwies. Kurzzeitig erholte sich die Wirtschaft. Die realen Wachstumsraten stiegen über 1,5 1995 auf fünf Prozent 1996. Auch der Aktienmarkt löste sich von seinem Low.

Wie tief die alte Furcht vor einer Überhitzung allerdings saß, zeigte sich 1997, als die staatlichen Stellen bereits wieder durch eine Umsatzsteuererhöhung gegenhielten – viel zu früh, wie sich sehr bald zeigen sollte. Die in den achtziger Jahren angehäuften Probleme waren zuvor keineswegs gelöst worden. Das galt vor allem für den Berg der Problemkredite japanischer Banken. Mitte 1998 galten bereits 87 Billionen Yen (= 604 Mrd. US-$) als abschreibungsgefährdet.

Mitte 1997 kam zudem ein weiteres Problem auf das Land zu. Zwei Fünftel seiner Exporte gingen in genau die Tigerstaaten, deren Wirtschaft in der zweiten Jahreshälfte mit atemberaubender Geschwindigkeit zusammenbrach. Das betraf nicht weniger als 4,2 Prozent des japanischen Bruttoinlandsprodukts. Japanische Banken hatten umgerechnet 118 Mrd. $ in die Region gepumpt. Bereits 1997 sanken die japanischen Wachstumsraten wieder – auf real 1,4 Prozent. 1998 musste sogar ein hohes Minus hingenommen werden (–2,8 Prozent), sodass auch die Aktienkurse wieder unter Druck gerieten und ihr Tief von 1992 testeten. Jetzt brachen einige Finanzinstitute endgültig zusammen. Die bekanntesten waren die *Kyoto Kyoei Bank* im August 1997, die *New Japan Securities* und die *Long-Term Credit Bank of Japan* (LTCB), die mit dem *Sumitomo Trust & Banking* verbunden war. Der japanische Staat reagierte mit umfangreichen Schuldenübernahmen und Finanzierungszusagen sowie mit einem allgemeinen Ankurbelungsprogramm für die Wirtschaft.[194]

Am 2. Juli 1997 wurde auch das vorläufige Ende der bis dahin viel bewunderten Erfolgsstory der Tigerstaaten eingeläutet. Nach einer seit Monaten schwelenden Wirtschaftskrise und umfangreichen Spekulationen gab die thailändische Notenbank den Kurs des Baht frei. Sein Kurs stürzte daraufhin innerhalb kürzester Zeit gegenüber dem Dollar um 18 Prozent. Ausländische Spekulanten sahen dies zunächst als Gelegenheit an, thailändische Aktien günstig zu erwerben. Der SET-Index des Landes schoss mehrere Tage lang in die Höhe (s. Abb. 23). Auch die thailändische Notenbank glaubte offenbar an die Robustheit der Wirtschaft des Landes und erhöhte ihren Diskontsatz von 10,5 auf 12,5 Prozent. Dies war jedoch nur eine kurze Episode.

Flankierend half man bereits gefährdeten Branchen. Die *Bank of Thailand* schuf weitere Refinanzierungsfaszilitäten für die einheimischen Kreditinstitute, und die Regierung gewährte Stützungskredite an Not leidende Finanzierungsgesellschaften sowie für solche Unternehmen, die in Fremdwährung verschuldet waren und durch die Abwertung in Schwierigkeiten gerieten. Dies waren vor allem Unternehmen der Telekommunikation und Energiewirtschaft. Auch auf anderen Gebieten traute man dem freien Spiel der Marktkräfte nicht ganz. So gab es weiterhin keine Ausländerkonvertibilität für Finanzgeschäfte, und man schuf Preiskontrollen für Grundnahrungsmittel, Strom und Wasser.

Der Baht war nicht der einzige Adressat spekulativer Attacken. Zeitgleich wurden Stützungskäufe für die malaysische und philippinische Währung bekannt. Auch andere Währungen der Region wie der Singapur-Dollar gerieten unter Druck. Wenige Tage nach dem Baht begann der philippinische Peso zu trudeln. Das Gleiche galt für den malaysischen Ringgit, und auch die südkoreanische Notenbank musste sich nach umfangreichen Interventionen geschlagen geben. Schließlich waren fast alle Länder der Region betroffen: neben Singapur auch Indonesien, Hongkong und Taiwan.

Für den malaysischen Premierminister *Mahathir Mohammad* war die Sache klar: Die internationale Spekulation hatte die ostasiatischen Währungen böswillig zu Fall gebracht. Schließlich hatten die meisten Krisenländer zuvor recht gesunde wirtschaftliche

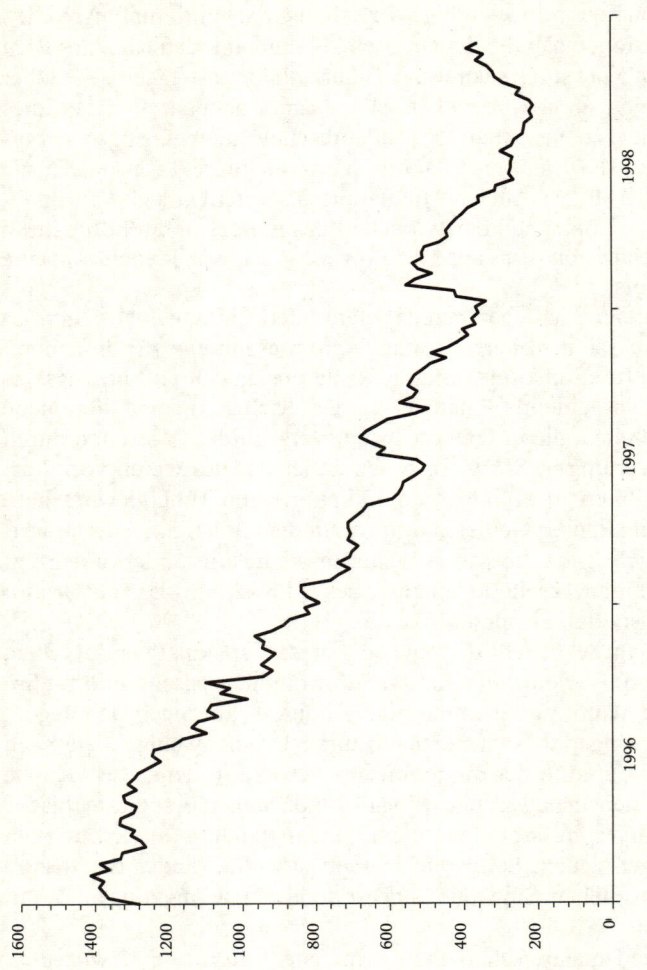

Abb. 23: Der thailändische Aktienindex SET 1996–98

Rahmendaten aufgewiesen: ein lebhaftes Wirtschaftswachstum bei sinkender Inflation, Sparquoten von rund 35 Prozent und z. T. öffentliche Haushaltsüberschüsse. Ganz so einfach war es jedoch nicht.

Unmittelbarer Auslöser für die Spekulation gegen den Baht waren ja Zweifel gewesen, ob das Land angesichts des Preisverfalls für Halbleiter seine Leistungsbilanzdefizite durchhalten würde. Nachträgliche Untersuchungen deuten in eine ähnliche Richtung. Die *Bundesbank* konnte in einer Studie nachweisen, dass die Exporte der betreffenden Länder zurückgingen, die inländischen Kredite überdurchschnittlich wuchsen, die Währungsreserven einen besonders niedrigen Stand aufwiesen – und eine solche Konstellation generelles Kennzeichen einer drohenden Währungskrise ist.[195]

Zudem wurde klar, dass Unternehmen und Banken im Vertrauen auf die Kursbindung an den Dollar bei ihren Fremdwährungsaufnahmen weitestgehend auf Wechselkurssicherungen verzichtet hatten. Die Bonität vieler Kreditnehmer erwies sich als zweifelhaft, zumal im Inland eine funktionierende Bankenaufsicht fehlte und in- und ausländische Kapitalgeber für den Krisenfall auf ein Eingreifen staatlicher oder überregionaler Stellen vertraut hatten. „Moral hazard" war also ein wesentlicher Aspekt der Kreditvergabe gewesen.

Mit der drastischen Abwertung der Krisenwährungen fiel es Banken und Unternehmen immer schwerer, ihre Fremdwährungsverbindlichkeiten zu bedienen. Zudem zogen die ausländischen Geldgeber ihre zumeist nur kurzfristig gewährten Kredite auf breiter Front zurück. Dies galt vor allem für die wichtigen Interbankenkredite. Massenhafte Zahlungseinstellungen waren die Folge. Zugleich wirkte die Verteuerung notwendiger Importe lähmend auf die Wirtschaft der Krisenländer. Eine der Folgen waren die Probleme der koreanischen Automobilholding *Kia Motors*, deren Zusammenbruch nur durch ein umfangreiches staatliches Hilfsprogramm verhindert werden konnte.

Die Verdüsterung des wirtschaftlichen Szenarios verschlechterte weiter die Chance, die Berge von Auslandsschulden abzutragen. Thailands Verschuldung betrug 90 Mrd. $. Allein 50 Mrd. davon waren innerhalb von fünf Jahren zurückzuzahlen. Indonesien stand mit 113 Mrd. $ in der Kreide. Gleichzeitig halfen die niedrigeren

Wechselkurse nur bedingt, die etwas lahmenden Exporte erneut anzufachen, da dem die anhaltende Exportoffensive der Volksrepublik China entgegenstand. Bangkok sah sich daher bereits Ende Juli gezwungen, den IWF um Finanzhilfe und Beratung anzugehen. Fachleute bezifferten seinen Finanzbedarf auf mindestens 40 Mrd. $. Nach wochenlangen schwierigen Verhandlungen gewährten der Fonds, mehrere asiatische Staaten und Australien unter schweren Auflagen einen Kredit von bis zu 16 Mrd. $. Danach wandte sich die Spekulation wieder anderen Zielen zu. So gerieten der Singapur-Dollar, die indonesische Rupiah und der malaysische Ringgit erneut unter Druck. Nach einigen anfänglichen Meinungskäufen entzogen die ausländischen Anleger auch den Aktienmärkten der Krisenländer ihre Gunst. Beispiellose Kursverluste waren die Folge. (s. Abb. 23–28) Der *Hang Seng Index* Honkongs halbierte sich von Mitte 1997 an innerhalb eines Jahres. Am 23. Oktober 1997 schockierte die Börse die Welt sogar von einem Tag zum anderen mit einem Kursrutsch von rund zehn Prozent. Die Regierung der Stadt pumpte vermutlich innerhalb weniger Wochen 15 Mrd. $ in den Aktien- und Devisenmarkt.

Wie in Japan erfolgte auch in den Tigerstaaten die Erholung weit zögerlicher als erhofft. Zwar stellten sich vielfach relativ schnell Leistungsbilanzüberschüsse ein. Zum einen schnitten die binnenwirtschaftlichen Probleme die bisherigen Importmöglichkeiten nahezu schlagartig ab. Zum anderen erhöhten sich abwertungsbedingt die Exportchancen. Zinserhöhungen, Unternehmens- und Bankenzusammenbrüche sowie hohe Arbeitslosigkeit führten dennoch zu einer hartnäckigen Wachstumsverlangsamung. Die Produktion der ostasiatischen Schwellenländer,[196] die 1996 noch um fast sieben und im Krisenjahr 1997 um gut fünf Prozent gewachsen war, ermäßigte sich im Jahr darauf erstmals seit 20 Jahren (–5 Prozent).

Dennoch konnten sich die meisten Aktienmärkte der Region Anfang 1998 deutlich erholen – wenn auch nicht bis auf ihr Vor-Crash-Niveau. Vielmehr handelte es sich grosso modo um eine 50 %-Reaktion, wie sie bei starken Kursbewegungen häufig vorkommt. Schon kurz danach begannen die Kurse jedoch wieder zu bröckeln. Die Bewegung mündete im zweiten Quartal in einen

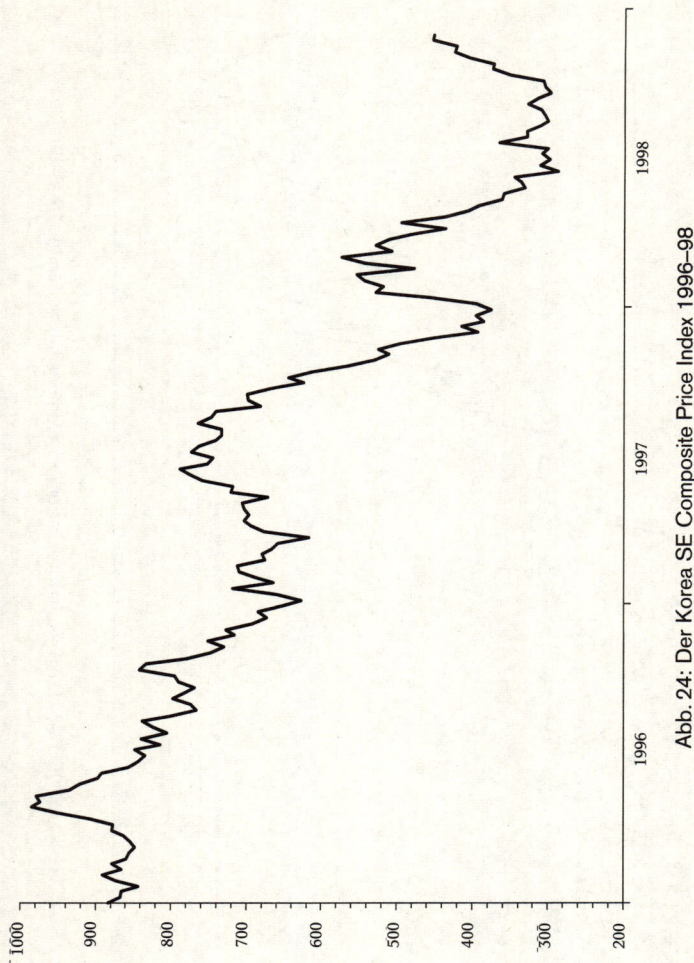

Abb. 24: Der Korea SE Composite Price Index 1996–98

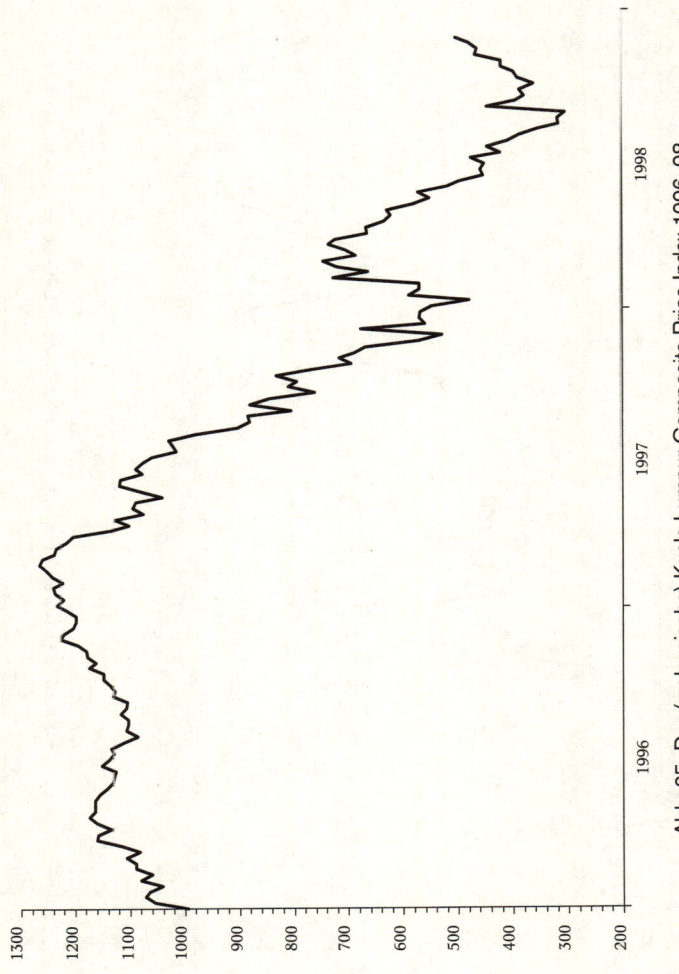

Abb. 25: Der (malaysische) Kuala Lumpur Composite Price Index 1996–98

erneuten Kurssturz, der vor allem bei den als gesünder geltenden Märkten Indonesien, Taiwan und Singapur wiederum durch eine Gegenbewegung unterbrochen wurde (s. Abb. 26–28).

Im August 1998 brach mit dem Kollaps des Rubelkurses eine weitere Strukturkrise aus. In ihr drückten sich vor allem die anhaltenden Zahlungsbilanzprobleme des Landes aus, die wiederum auf massive Haushaltsdefizite infolge äußerst spärlicher Steuereinnahmen zurückgingen. Die längere Zeit ersatzweise eingesetzten Erlöse von Erdöl- und -gasexporten waren mit den Rohstoffpreisen stark gesunken. Stattdessen hatte der russische Staat auf internationale Finanzhilfen und kurzlaufende Rubelemissionen zurückgegriffen, die weitgehend im Ausland platziert worden waren. Außerdem hatten sich die Geschäftsbanken des Landes in großem Umfang in Fremdwährung verschuldet.

Die Strukturkrise riss sowohl eine Reihe von weiteren Währungen als auch die betreffenden Aktien- und Anleihemärkte mit sich. Die Ukraine war naturgemäß besonders betroffen, aber auch lateinamerikanische, mittel- und osteuropäische sowie asiatische Länder mussten eine Verschlechterung ihrer Refinanzierungsbedingungen hinnehmen. Gemessen an langfristigen US-Staatsanleihen weitete sich der Risikoaufschlag Russlands schlagartig von einem auf 6,5 Prozentpunkte aus. Als besonders nachteilig hatte sich erwiesen, dass die russische Regierung neben der Rubelabwertung auch ein einseitiges Moratorium für private Währungsverbindlichkeiten und die zwangsweise Umschuldung ihrer Rubelemissionen verfügte.

Einige westliche Marktteilnehmer hatten sich in Russland massiv verspekuliert – allen voran der Hedge Fund *LTCM*. Er bescherte wiederum einigen ersten amerikanischen, deutschen und Schweizer Adressen hohe Ausfälle, die z. T. auch noch direkt von den Marktvorgängen in Russland betroffen waren.

Die Entwicklung barg die große Gefahr, dass hoch verschuldete Schwellenländern der dringend benötigte Weg an die internationalen Kapitalmärkte versperrt würde. Besonders Brasilien und Argentinien gerieten daraufhin in den Verdacht, ihre Auslandsschulden nicht mehr bedienen zu können. Tatsächlich kam es in Südamerika zu Beginn des Jahres 1999 zu einer gravierenden Währungskrise, in deren Verlauf der brasilianische Real drastisch abgewertet werden musste, obwohl der IWF noch im Dezember ein internationales Hilfspaket für Brasilien im Umfang von 41,6 Mrd. $ geschnürt hatte.

Die Aktienkurse der Tigerstaaten erreichten nun in einer kurzen, harten Bewegung ihre Tiefpunkte. Auch die Aktienmärkte der westlichen Industrieländer mussten im August 1998 herbe Verluste hinnehmen. Das galt besonders für die europäischen Märkte, von denen sich internationale Anleger mit Blick auf die Einführung des Euro verabschiedeten. Einige Pessimisten sprachen vom größten Crash seit 1929, weil die Abwärtsbewegung mehrere Wochen lang besonders scharf gewesen war. Tatsächlich kam die Aktienbaisse in den meisten westlichen Industriestaaten noch vor der Jahreswende zu einem Ende. Die Kurse nahmen ihre langjährige Aufwärtsentwicklung nach einigen Monaten verstärkt auf. Selbst im Jahr 1998 gewannen die Aktienmärkte deutlich an Breite. So wiesen in Deutschland sowohl der Aktienabsatz als auch die Zahl der Neuemissionen lebhafte Zuwachsraten auf.

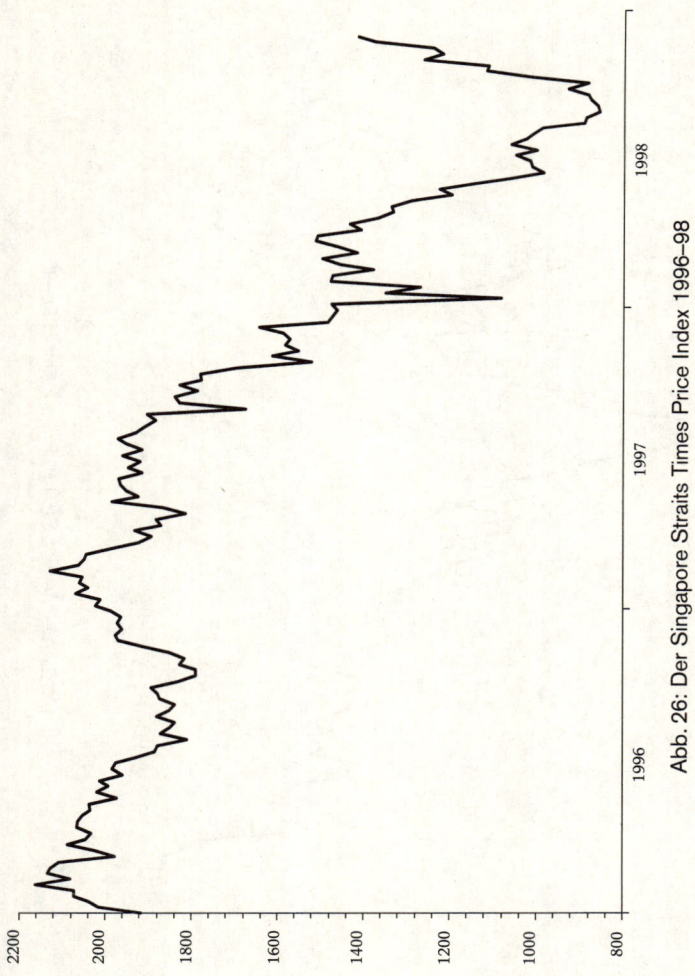

Abb. 26: Der Singapore Straits Times Price Index 1996–98

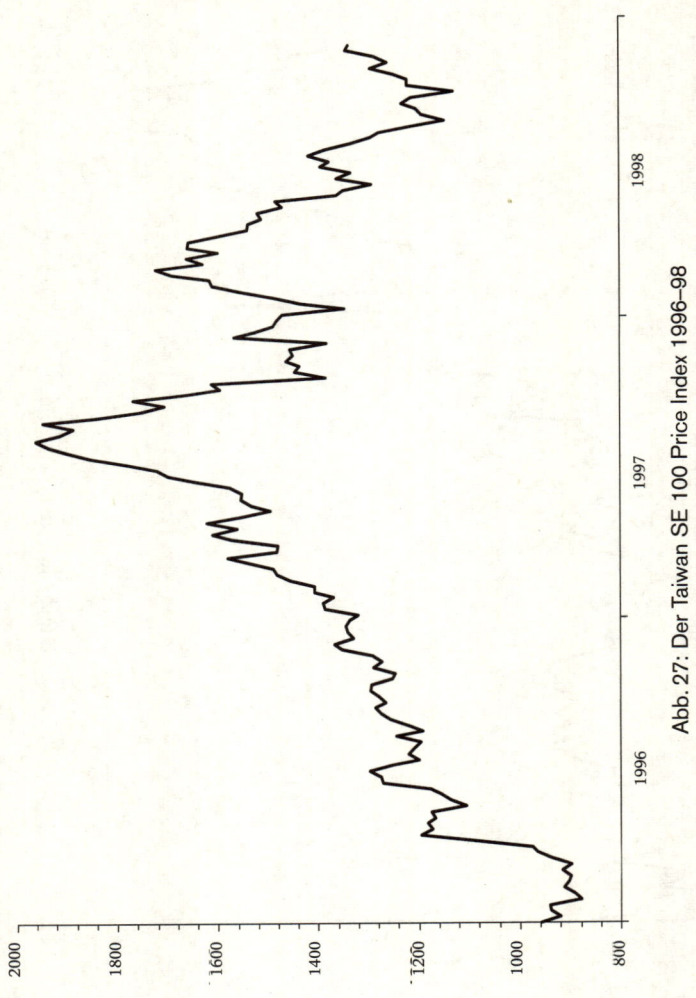

Abb. 27: Der Taiwan SE 100 Price Index 1996–98

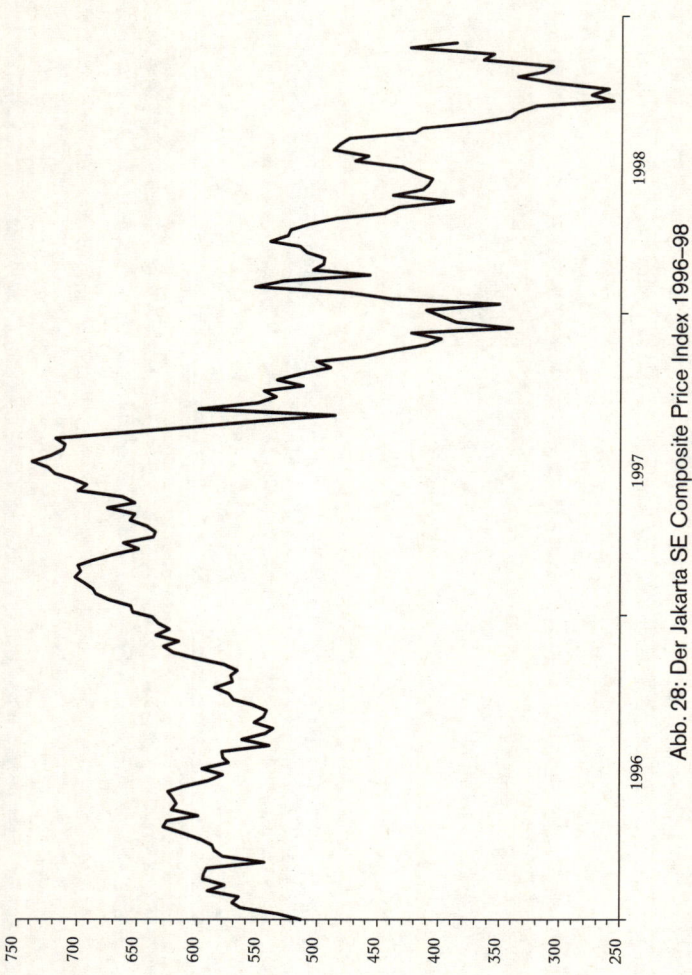

Abb. 28: Der Jakarta SE Composite Price Index 1996–98

5. Gemeinsamkeiten und Unterschiede

Kursstürze von Beteiligungspapieren gab es seit der frühen Neuzeit. Bereits in der Blüteperiode der deutschen Montanwirtschaft in den Jahrzehnten um 1500 sind Spekulationswellen und eben auch Kursstürze von Kuxen überliefert. Die erste Aktienbörse war Anfang des 17. Jahrhunderts Amsterdam. Es folgten etliche Jahrzehnte später London und schließlich (vorübergehend) Paris. Mit der Industrialisierung stießen die USA und das übrige Kontinentaleuropa hinzu. Während der letzten fünf Jahrhunderte sind immer wieder extreme Hausse- und Baissephasen überliefert. Kursstürze sind ein Phänomen, das zum Vergleich reizt. Schon der oberflächliche Beobachter hat den Eindruck immer wiederkehrender Abläufe. Dabei treten aber auch einige Unterschiede zutage.

Die ersten Gemeinsamkeiten betreffen den Ablauf eines Kurszyklus. Der Blick in die Geschichte macht deutlich, dass Kursstürze am Aktienmarkt aufgrund der relativen Konstanz des Systems durchaus gewisse „Familienähnlichkeiten" aufweisen. Der Kursauf-

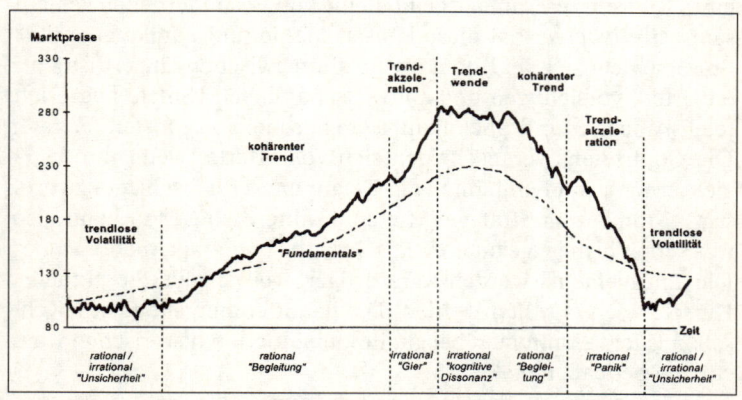

Abb. 29: Marktphasenmodell

(Quelle: Rapp)

211

schwung bis zum Topp vor einem Kurssturz verläuft in aller Regel in zwei Schüben. Einem ersten steilen Anstieg folgt eine moderate Bewegung, die sogar leicht abwärts gerichtet sein kann, bevor die Kurse wieder mit einer deutlich größeren Geschwindigkeit ihrem Gipfelpunkt zustreben. Der erste steile Anstieg ist relativ stetig. Nach einer zu Beginn besonders schnellen Bewegung (im Quartalsvergleich mehr als +20 Prozent) weisen auch die nachfolgenden Monatsdurchschnitte ausschließlich positive Veränderungsraten auf.

Die Phasen des Kursaufschwungs zeigen signifikante Unterschiede hinsichtlich der dominierenden Anlegergruppen. Beim ersten steilen Anstieg sowie der nachfolgenden Beruhigungsphase überwiegen langfristig und fundamental orientierte Anlegergruppen. Am deutschen Aktienmarkt sind dies im Wesentlichen die inländischen institutionellen (Versicherungen und Investmentfonds) und privaten Anleger (inländische Nichtbanken). An den meisten ausländischen Plätzen treten noch Pensionsfonds als eine der oder die gewichtigste langfristig orientierte Gruppe hinzu. Lediglich kurzzeitig überwiegt in diesen beiden ersten Phasen der Einfluss spekulativer Investoren (Eigenhandel von Banken und Brokern, Auslandsengagements).

Boom und Crash sind die Phasen unmittelbar vor und während eines Kurssturzes. Ihnen ist eine Reihe von Besonderheiten gemeinsam. *Kindleberger* hat diese Phasen Manie und Panik genannt.[197] So verschiebt sich im Boom die Relation zwischen längerfristig orientierten, vorsichtigen und am wirtschaftlichen Umfeld ausgerichteten Anlegern und Spekulanten immer mehr zugunsten letzterer. Die Contrarians verabschieden sich vom Markt, wenn ihre Kursziele erreicht sind und ihnen die Gefahr eines Rückschlages zu groß wird. Momentum-Strategien treten an ihre Stelle. Man kauft also, was schon bisher „gelaufen" ist: „Growth" ist gefragt, nicht „Value". Die Engagements werden kurzfristiger, weil jeweils die aktuellen Kurschancen ergriffen werden. Die damit einhergehenden psychischen Effekte kann man bei gut dokumentierten historischen Kursstürzen beobachten.[198]

Auffällig ist auch, dass sich um das Topp immer eine charttechnische Umkehrformation ergibt. Bei einigen frühen Crashs gab es Double tops (M-Formationen), in einem Fall (Deutschland 1928/29) kam es zum Rounding top (abgerundeter Hochstand, umgekehrte Untertasse). In den weitaus meisten Fällen jedoch lassen sich Head-and-shoulder-Tops (Kopf-Schulter-Formationen) beobachten. Je mehr Zeit eine Formation zur Vollendung benötigt hat, desto länger wird auch der Abstieg dauern. Je weiter die Hausse den Markt hinaufgetragen hat, desto mehr Kurspotenzial öffnet sich anschließend nach unten hin. So lag bei allen beobachteten Kursstürzen das Topp um mindestens 100 Prozent über dem vorangegangenen Low. Möglich sind – insbesondere, wenn eine lange Seitwärtsbewegung vorausging – aber auch Kursgewinne von über 300 Prozent.

Gefährlich wird es dann, wenn der aktuelle Indexstand den gleitenden Zehnjahresdurchschnitt um mehr als das Doppelte übersteigt. Ist dies der Fall, dann tritt in der Regel innerhalb einiger Monate ein Wendepunkt der Kursentwicklung ein. Lediglich 1959/60 konnte die deutsche Börse in einer solchen Situation das bisherige Wachstumstempo aufgrund der großen Dynamik der Wirtschaft sowie des Nachholbedarfs der deutschen Börse über mehrere Jahre beibehalten.

Für den Ablauf eines Kurssturzes lassen sich keine verbindlichen Regeln aufstellen.[199] Die Dauer der beschleunigten Talfahrt der Kurse betrug bei den beschriebenen historischen Crashs zwischen wenigen Wochen (1763) und $4^{1}/_{2}$ Jahren (Gründerkrach). Je spekulativer sich die Anlegerschaft zusammensetzt, desto wahrscheinlicher ist eine harte, kurze Kurskorrektur zu Beginn der Abwärtsbewegung. Ob sich die Kurse danach wieder fangen, hängt vermutlich in entscheidendem Ausmaß davon ab, inwieweit die Spekulanten ihre geplanten Verkäufe bereits getätigt haben und die längerfristig orientierten Anleger wieder zu Käufen bereit sind. In den besprochenen Krisen des 19. Jahrhundert, aber auch der Weltwirtschaftskrise und der Baisse Anfang der sechziger Jahre war dies sehr lange nicht der Fall, sodass der Kursrückgang erst etwa zwei Jahre, im Falle des Gründerkrachs sogar viereinhalb Jahre nach dem ersten gravierenden Nachgeben der Notierungen zum Stillstand kam. Sowohl im Herbst 1987 als auch im Spätsommer 1990 kauften die inländischen Nichtbanken jedoch bereits sehr bald wieder in großem Umfang Aktien auf, sodass der eigentliche Kurssturz nur wenige Wochen dauerte und der Rückgang nach vier bis sechs Monaten beendet war. Diese letzte Phase des Crashs ist bestimmt durch geringe Umsätze an den Börsen und eine große Skepsis unter den professionellen Marktteilnehmern.

Die ökonomische Ursachenforschung historischer Kursstürze geht davon aus, dass sich die Aktienkurse nicht auf Dauer vom Pfad der wirtschaftlichen Expansion entfernen können. Wo verläuft dieser Pfad jedoch? Bei der Beantwortung dieser Frage gibt es in Deutschland und vielen anderen Ländern ein gravierendes Problem. Zunächst einmal ist es notwendig, den Trend des Aktienmarktes zu bestimmen. Eine lange Zeitreihe der deutschen Aktienkursentwicklung existiert bislang nicht. Zwar hat das *Statistische Bundesamt* 1985 lange Indexreihen der deutschen Aktienkurse herausgegeben. Diese weisen jedoch 1924 und 1943/50 Brüche auf und beginnen erst mit dem Jahr 1856.[200] Nun ist das Jahr 1856 als Beginn einer Zeitreihe, die einen Trend festlegen soll, denkbar ungeeignet, da in dieses Jahr der Höhepunkt der Bankaktienspekulation fiel. Dagegen reicht der aus Eisenbahn- und Bankaktien zusammengesetzte Kursindex *Sprees* bis in das Jahr 1840 zurück, also in die Zeit, als der deutsche Aktienmarkt gegenüber den festverzinslichen Wertpapieren ein eigenständiges Gewicht bekam.[201]

In diesem Buch wurde erstmals versuchsweise eine Verknüpfung dieser Kursbruchstücke unternommen. Die Verbindung der *Spree*schen Zahlen mit den auf *Däbritz*[202] zurückgehenden frühen Werte der Zahlen des *Statistischen Bundesamtes* erfolgte über den Durchschnitt des Jahres 1856, die der Zeitreihen des *Statistischen Reichsamtes* mit der Basis 1913 = 100 über den Januar 1924. Dabei wurden zur Ausschaltung der sich immer stärker beschleunigten Inflation seit 1918 die vom Amt in Goldmark, also letztlich in US-Dollar umgerechneten Indexstände verwandt. Die Durchschnittswerte der Jahre 1931 und 32 sind um die Indexstände[203] ergänzt, die sich aus den Freiverkehrskursen während der Börsenschließung vom 21. 9. 1931 bis zum 11. 4. 1932 ergeben. (In der Zeit der ersten Börsenschließung vom 13. 7. bis zum 2. 9. 1931 war die Veröffentlichung derartiger Kurse verboten.)

Mit Wirkung vom 25. Januar 1943 legten die Börsenaufsichtsbehörden im Zweiten Weltkrieg für jede Aktie Stoppkurse als Obergrenzen fest. Lediglich der Dividendenabschlag durfte aufgeholt werden. Auf der Basis dieser Stoppkurse veröffentlichte das *Hessische Statistische Landesamt* für die Jahre 1946–50 einen Aktienindex, sodass sowohl zurück zum Index des *Statistischen Reichsamtes* als auch mit dem seit 1950 ermittelten Index des *Statistischen Bundesamtes* eine Verknüpfung möglich war. Sie erfolgte über die Werte vom Januar 1950.[204] Insgesamt liegt damit für den deutschen Aktienmarkt eine Indexreihe vor, die, verknüpft mit dem aktuellen Aktienindex des *Statistischen Bundesamtes* (1980 = 100), seit 1840 eine fortlaufende Reihe von Jahres- und seit dem Januar 1870 eine solche von Monatswerten aufweist.

Sie besteht aus einer Vielzahl von Teilstücken, die an sich streng genommen nicht verknüpft werden dürften, da sie aufgrund unterschiedlicher Zusammensetzung und Errechnung keinen Gleichlauf aufweisen. Dies lässt sich jedoch, will man überhaupt eine sehr lange Reihe gewinnen, auf dem Aktienmarkt mit seinem Kommen und Gehen von Gesellschaften nicht vermeiden. Zwar fand bei den Zahlen des *Statistischen Bundesamtes* seit 1870 eine Bereinigung um Bezugsrechtsabschläge und andere marktfremde Einflüsse statt, eine Bereinigung der Dividendenabschläge erfolgte jedoch nicht.

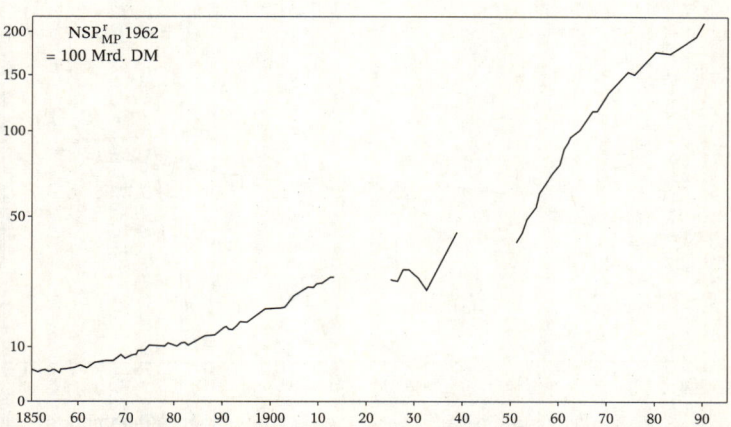

Abb. 30: Die langfristige Entwicklung des deutschen Nettosozialprodukts

(Quellen: Hoffmann, Statistisches Bundesamt)

Für die Berechnung der Gesamtperformance wäre daher zusätzlich die Berücksichtigung der Dividendenrendite notwendig.[205]

Legt man durch die Kursentwicklung der letzten 150 Jahre einen linearen Trend, so fallen sofort die großen Abweichungen der Jahre 1918–60 und seit 1983 auf. Es ist deshalb die Frage, ob der Aktienmarkt im fraglichen Gesamtzeitraum überhaupt sinnvoll durch einen linearen Trend beschrieben werden kann. Als Alternative böte sich eine Kurve etwa in Form eines Trendpolynoms 5. Grades an. Allerdings ist dafür der Stützbereich im mathematischen Sinn etwas kurz. Vor allem hat der Ausreißer in den achtziger und neunziger Jahren, der für uns Heutige ja besonders wichtig ist, ein sehr geringes Gewicht.

Ähnliche Schwierigkeiten gibt es auch bei anderen Zeitreihen. Angesichts der in der ersten Hälfte des 20. Jahrhunderts in Deutschland periodisch auftretenden Katastrophen haben die Wirtschaftshistoriker verschiedentlich postuliert, es sei unmöglich, eine

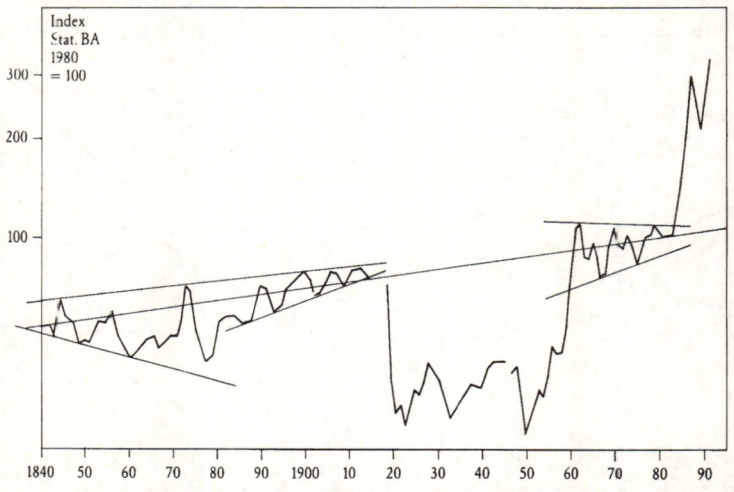

Abb. 31: Die langfristige Entwicklung des deutschen Aktienmarkts

(Quellen: Spree, Statistisches Bundesamt,
Hessisches Statistisches Landesamt)

gemeinsame theoretische Erklärung und damit einen durchgehenden Trend für die wichtigsten volkswirtschaftlichen Größen anzugeben (Strukturbruchthese).[206] Diese Sichtweise hat jedoch mehrere Nachteile. Zum einen ist die Abgrenzung der einzelnen Perioden voneinander nicht eindeutig möglich: Soll man das Jahr 1918 bzw. die Zeit nach dem Zweiten Weltkrieg bis zur Währungsreform mit ihren noch sehr hohen Kursen beim Aktienindex zu den jeweiligen Vorkriegszeiträumen rechnen oder nicht? Für den Steigungswinkel eines linearen Trends macht dies durchaus einen Unterschied. Das zweite Problem ist, dass die Stützbereiche zu kurz werden. Jede größere Veränderung am aktuellen Ende der Zeitreihe oder der Versuch, die Entwicklung der Kriegs- und Nachkriegsjahre zu schätzen, ist daher geeignet, den Trend des entsprechenden Zeitabschnitts zu verändern – mit den entsprechenden Schlussfolgerungen hinsichtlich der aktuellen Abweichungen von diesem Trend.

Es ist deshalb interessant, einmal einen Markt zu betrachten, der – abgesehen von der Weltwirtschaftskrise 1929–33 – keine größeren Einschnitte aufwies. Der Index des amerikanischen Aktienmarktes hatte einen völlig anderen langfristigen Verlauf als der des deutschen. Mit Ausnahme der dann in kurzer Zeit wieder zusammengebrochenen Hausse der zwanziger Jahre verbessert sich der Index von 1830 bis Anfang der vierziger Jahre dieses Jahrhunderts kaum. Dann erfolgte in zwei großen Schüben 1943–64 und 1982–90 der Anstieg auf das heutige Niveau. Dieser Teil der amerikanischen weist Ähnlichkeiten mit der deutschen Entwicklung auf. Man könnte also auf die Idee kommen, der Kursverlauf am Aktienmarkt sei seit Mitte dieses Jahrhunderts in beiden Ländern stufenweise nach oben gerichtet.

Sowohl beim Treppenmodell als auch bei einem für die Zeit nach dem Zweiten Weltkrieg gesondert berechneten Trend irritiert jedoch der steile Verlauf. Zwar war auch das Wirtschaftswachstum im fraglichen Zeitraum gegenüber früheren Perioden insgesamt deutlich höher, es weist jedoch im Verlauf eine leicht rückläufige Tendenz auf. Obwohl der Einfluss auf die Kursentwicklung über mittlere Zeiträume nicht besonders eng ist, würde dies doch den Aktienmarkt nicht unberührt lassen. Die Frage ist nur, ob die Zuwächse des Sozialproduktes auch in Zukunft trendmäßig zurückgehen oder

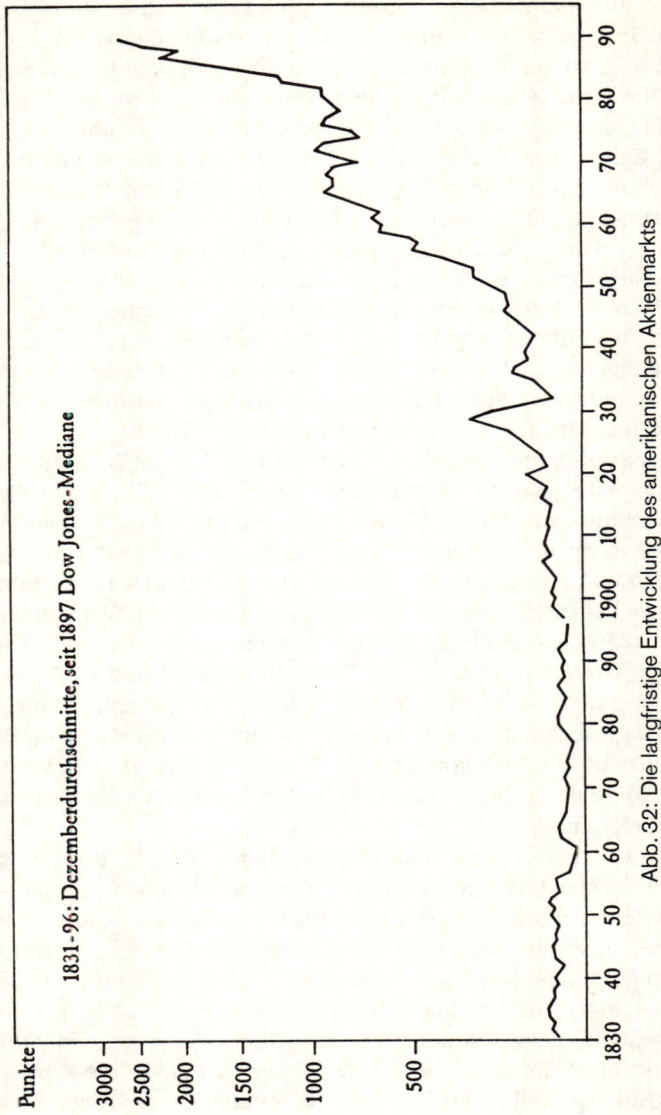

Abb. 32: Die langfristige Entwicklung des amerikanischen Aktienmarkts

ob im Gegenteil die „New Economy" zu einer neuen Wachstumsbeschleunigung führt.

Auch auf der „Mikroebene" der konkreten Börsensituation steckt der Teufel im (ökonomischen) Detail. Im Geschäftsaufschwung werden Aktien regelmäßig teurer. Zunächst bewegt sich der Aktienmarkt im Einklang mit seinen wichtigsten fundamentalen Bestimmungsgründen. Unternehmensgewinne und Dividenden steigen meist so stark, dass Kursgewinnverhältnisse und Dividendenrenditen der Aktien mindestens gleich bleiben. Unterstützung erhält der Markt in dieser Zeit auch vom Rentenmarkt. In der Regel sinkt der Zins während der gesamten Periode. Darüber hinaus verbessern sich die gesamtwirtschaftlichen Daten (Auftragseingang, Wirtschaftswachstum usw.).

Dies ist in der zweiten, eher seitwärts gerichteten Phase nicht mehr der Fall. Angestoßen wird diese Entwicklung in vielen Fällen von außen – sei es, dass der Rentenmarkt vorübergehend etwas schwächer tendiert, sei es, dass die Entwicklung am Devisenmarkt Unruhe verbreitet. Wegen der in den Monaten zuvor sehr guten Performance des Marktes kommt es in dieser Phase bereits verschiedentlich zu verstärkten Engagements des Auslandes oder der Banken, ohne dass diese jedoch per saldo die Oberhand gewinnen.

Die nun folgende Phase eines letzten steilen Anstiegs zeigt ein grundlegend anderes Bild. Sie kann durch die verschiedensten Determinanten angestoßen werden – etwa durch einen nun wieder nachgebenden Zins, das Heraufsetzen der Unternehmensertragsschätzungen oder die Aussicht auf Währungsgewinne. Die Aktienkurse steigen nun sehr schnell. Zunächst sinken Dividendenrendite und inverses Kursgewinnverhältnis dadurch lediglich im Ausmaß der Anleihezinsen. Dies ändert sich vielfach jedoch noch vor Erreichen des Kurs-Topps.

Der zweite steile Aufstieg wird, bevor es zum eigentlichen Kurssturz kommt, oft von einer längeren seitwärts gerichteten Kursentwicklung gefolgt. Spätestens jetzt führt das Revirement der Anlegergruppen zu ausgeprägten Marktschwankungen. So sind denn auch sowohl der nun hochschießende Anteil spekulativer Anlegergruppen am Nettoaktienabsatz als auch die in einigen Monaten sprunghaft ansteigende Volatilität zwei ernst zu nehmende Warnsignale vor einem Kurssturz.

Dass sich der Markt nun in einer weitgehend spekulativ bestimmten Phase befindet und seine Labilität deutlich zugenommen hat, lehren auch andere Indizien. So nimmt die Zahl der spekulativen Instrumente wie die sog. Finanzinnovationen sprunghaft zu, die Terminmärkte expandieren stark, und der Performancedruck der Anleger macht sich bemerkbar in einem Anschwellen der Firmenübernahmen (in den USA Ende der zwanziger Jahre die Investmenttrusts, Ende der achtziger Jahre die Welle der Takeovers), ausgeprägten Branchenrotationen und unrealistischen Haussen an den sog. kleinen Börsen.

Typisch für die Endphase einer solchen spekulativen Bewegung ist auch die Abkoppelung von den fundamentalen Determinanten des Aktienmarktes. So dreht der Rentenmarkt in aller Regel einige Monate vor einem Crash; die Zinsen steigen nun wieder. Da die Unternehmensgewinnschätzungen oft zur gleichen Zeit etwas zurückgenommen werden, schmilzt der Abstand zwischen Umlaufsrendite und inversem KGV schnell dahin. Nach einer Phase, in der die Monate mit Kurssteigerungen zunehmend von solchen nachgebender Aktienpreise unterbrochen werden, weist in der Regel noch einmal ein Quartal gegenüber dem vorangegangenen Dreimonatszeitraum einen Zuwachs von mehr als 20 Prozent aus. Der Kehrwert der P/E-Ratio sinkt dadurch unter die Umlaufsrendite. Dies war sowohl in den Monaten nach dem Januar 1990 als auch vor dem Oktober-Crash 1987 der Fall.

Natürlich werden in Zeiten einer solchen Fehlbewertung des Aktienmarktes mannigfache Rechtfertigungsversuche publiziert – sei es, dass die Verfasser von der allgemeinen Markteuphorie mitgerissen werden, sei es, dass Banken oder Broker ihre Kunden zu Käufen animieren wollen. Die entsprechenden Untersuchungen stellen in der Regel auf die in der weiteren Zukunft erwarteten starken Gewinnsteigerungen ab und basieren auf dem Dividend-discount-Modell.[207]

Vielfach treten gleichzeitig konservativ eingestellte Marktbeobachter auf, die vor einer krassen Überbewertung der Aktien warnen. Schon 1720 wies ein gewisser *Archibald Hutcheson* durch umfangreiche Berechnungen nach, dass der Kurs der *Südsee*-Aktie weit über ihrem inneren Wert lag. Im Laufe der Jahrhunderte bestimmte man auf unterschiedliche Weise, ob eine Aktie „richtig" bewertet war. In Deutschland kann man vier Phasen unterscheiden:

1. In der Zeit der Kuxspekulation maßen die Anleger selbst die Verzinsung ihrer Einlage an der alternativer Anlagen. Die reformatorische Lehre und weite Teile der Gesellschaft sahen die großen Handelsgesellschaften und die Gewinne aus ihren Anteilen jedoch noch kritischer als die alte Kirche. Kapitaleinlagen durften danach überhaupt keinen „unrechten und übermäßigen" Gewinn bringen.[208] Die Rendite, mit der sich die Anteilseigner zufrieden gaben, differierte daher stark.

2. In der ersten Phase der Aktienspekulation bis Mitte des 19. Jahrhunderts war ein Aufgeld auf die (meist mit einem festen Nennwert versehenen) Aktien verpönt. Da sich das Agio jedoch bei gleich bleibender Aktienzahl mit dem Unternehmensgewinn erhöht, gab man weitere Aktien aus, sodass auf die einzelne Aktie weniger Ertragskraft fiel und sich ihr Kurs wieder dem Nominalwert annäherte.

3. Bis Anfang der 1960er Jahre blickte man auf die Dividendenrendite und verglich sie mit dem Rentenzins.

4. Danach bezog man auch die thesaurierten Gewinne in die Rechnung ein und verglich das Kurs/Gewinn-Verhältnis (Kurs zu Gewinn pro Aktie) mit dem inversen Rentenzins („Renten-KGV"). Heute bezieht man weitere Cashflow-Bestandteile in die Rechnung ein: Zins, Steuern und Abschreibungen (EBIT, EBITDA, KCF[209]).

Ob die Rendite am Aktienmarkt, wie auch immer sie gemessen wird, hoch oder niedrig ist, bestimmen die Marktteilnehmer also schon lange im Vergleich zur aktuellen Rendite am Rentenmarkt als der am ehesten vergleichbaren Alternativanlage. Allerdings besteht zwischen beiden Kennzahlen kein strenger Zusammenhang. Jede Reaktion benötigt längere Zeit und erfolgt nur, wenn der Abstand zwischen beiden Kennzahlen zu groß wird. Es gibt also sozusagen einen neutralen Bereich, innerhalb dessen Renditeverschiebungen keine Rolle spielen.

Die kritischen Schwellen verändern sich im Laufe der Zeit. So

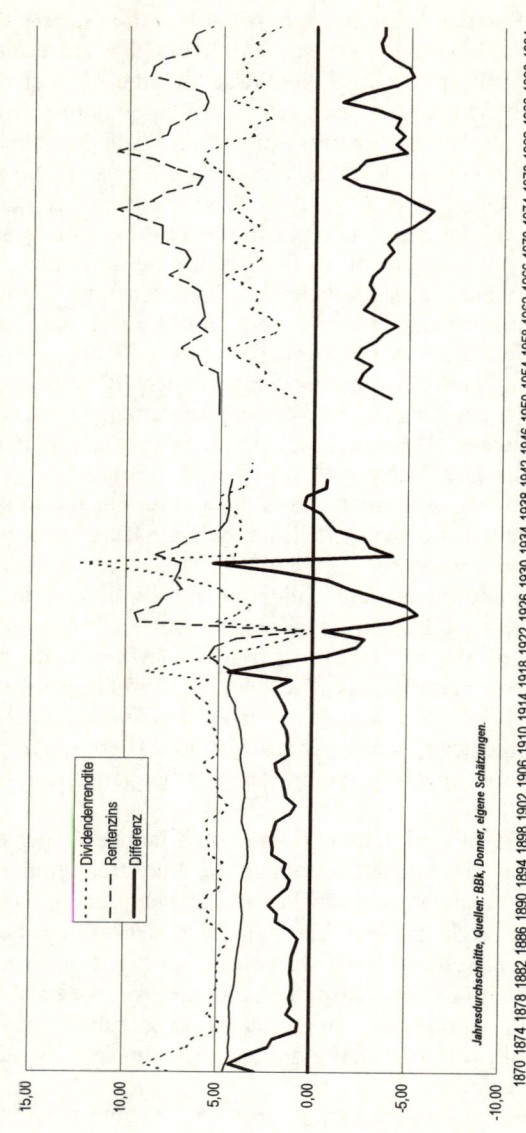

Abb. 33: Dividendenrendite und Effektivverzinsung auf dem deutschen Kapitalmarkt 1870–1994

(Quelle: eigene Berechnungen)

sah man wegen der großen Konkurshäufigkeit bis zum Gründer-krach einen Vorsprung der Dividendenrendite gegenüber dem Rentenmarktzins von zwei Prozent als Minimum an. Mit der Stabilisierung der wirtschaftlichen Verhältnisse sank dieser Abstand danach auf einen Prozentpunkt. Aufgrund der schwierigen Ertragssituation der Unternehmen und der großen, den Zins am Rentenmarkt treibenden Kapitalknappheit lag die Dividendenrendite in den zwanziger Jahren z. T. weit unter dem Zins am langen Ende. Die zeitgenössische Diskussion[210] und die Entwicklung in den dreißiger Jahren nach Stabilisierung der Unternehmenserträge deuten jedoch darauf hin, dass in den Augen der Zeitgenossen die Dividendenrendite „an sich richtigerweise" höher sein sollte als der Zins am Rentenmarkt. Davon war man in den fünfziger Jahren abgerückt. Die Verhältnisse in den als normal empfundenen Jahren 1955–58 sowie die Diskussion in der darauf folgenden Hausseperiode lassen jedoch den Schluss zu, dass die Dividendenrendite nicht mehr als zwei Prozentpunkte unter der Durchschnittsrendite festverzinslicher Wertpapiere liegen sollte. Als besonders alarmierend wurde empfunden, als die Dividendenrendite bei einer Umlaufsrendite von 6,4 Prozent Mitte 1960 erstmals unter zwei Prozent sank.[211]

Nach dem Übergang zum Kursgewinnverhältnis als allgemein akzeptiertem Maßstab für das Bewertungsniveau des Aktienmarktes wurde von der Theorie zwar ein ein- bis zweiprozentiger Risikoaufschlag des inversen KGVs gegenüber der Umlaufsrendite des Rentenmarktes postuliert. Als absolut untolerabel und als Warnzeichen vor einem bevorstehenden Kurssturz erwies sich jedoch, wenn der Kehrwert der P/E-Ratio unter den Anleihezins sank.

Wo auch immer die kritische Schwelle für die Bewertung des Aktienmarktes liegt, sie wirkt in zweierlei Hinsicht. Zum einen stellt sie auf mittlere Sicht so etwas wie die unmittelbare Richtschnur für das Verhalten der langfristig und fundamental orientierten Anleger dar. Zum anderen wird ihre Verletzung in der Presse und zwischen den Marktteilnehmern breit diskutiert. Auch wenn die Spekulanten unter ihnen darauf verweisen, dass der Markt ja doch noch steigt – und das u. U. bereits seit längerer Zeit –, so werden sie durch diese Diskussion doch verunsichert und in kritischen Marktphasen zum schnellen Ausstieg veranlasst.

Während die Renditen der Dividenden- und Rentenwerte den Aktienmarkt sozusagen direkt angehen, haben andere volkswirtschaftliche Größen nur einen sehr mittelbaren Einfluss. Sicherlich lässt sich für einzelne Perioden immer wieder nachweisen, dass der Dollar-Kurs, die amerikanischen Leading indicators oder Handelsbilanzdefizite einen signifikanten Einfluss auf die Aktienmärkte ausüben. In den hektischen achtziger und neunziger Jahren wechselten die stark beachteten Größen jedoch meist sehr schnell. Auch wenn sie, wie Dollar oder Geldmenge längere Zeit en vogue blieben, so lag die Beeinflussung des Marktes doch primär im kurzfristigen Bereich, also den Zacken der Kurskurve.

Nicht bei jedem Kurssturz liegt eine aktuelle Überbewertung vor. So ging dem Eisenbahn-Crash nach meinen Berechnungen 1847 der sehr hohe Spread zwischen Dividendenrendite und Rentenzins von 2,06 Prozent voraus. Mit dem Kurssturz 1848 erhöhte er sich nur geringfügig auf 2,37 Prozent. Auch die Spreads der Jahre vor den Crashs 1856 und 1873 fielen in Deutschland sehr hoch aus. Allerdings kam es in allen drei Fällen zu einer plötzlichen Verschlechterung der fundamentalen Lage, die die Anleger auch zu einer Verringerung ihrer Dividendenprognosen veranlasste. Eine ähnliche plötzliche Verschlechterung der fundamentalen Lage gab es u. a. bei den beiden mir bekannten Kuxspekulationen 1476–88 und 1622–28, den holländischen Kursstürzen 1763 und 1772 sowie dem Kurssturz 1931 in Deutschland.

Unter den ökonomischen spielen monetäre Faktoren in Boom und Crash immer eine wichtige Rolle. Wird ein Kursaufschwung nicht monetär alimentiert, so verläuft er sich. Im Crash ist genau das Gegenteil der Fall. Der Realwirtschaft werden liquide Mittel entzogen, was wiederum die Ertragsaussichten und Kurse der Aktien drückt. Die Kurse am Aktienmarkt brechen also in dem Maße zusammen, wie liquide Mittel fehlen.[212] Die monetäre Alimentierung des Booms nahm in der Vergangenheit vielfältige Gestalt an. 1763 und 72 in den Niederlanden war es Wechselreiterei, 1793, 1825, in den 1830er und 1850er Jahren in Großbritannien und in den 1850er Jahren und im Gründerkrach in Deutschlands Bankenbooms. 1882 in Frankreich und 1929 in den USA alimentierte der Geldmarkt, 1907 war in New York die Expansion der Trust Companies entscheidend.

Im Kurssturz kommt es regelmäßig zur Liquiditätskrise. Sie entsteht etwa, wenn die Aktionäre ihr Geld dringend anderweitig benötigen und gezwungen sind zu verkaufen. Das kann mehrere Gründe haben. Bei den frühen Crashs waren dies vielfach klassische Zahlungsstockungen. Sie gingen in aller Regel vom Wechselmarkt aus, mit dessen Hilfe sich die für die Aktienmärkte wichtigen Kaufleute flüssige Mittel beschafften. Auslöser einer solchen Krise war meist entweder der Konkurs eines größeren Handelshauses oder Bankiers oder die Zahlungsstockung auf einem wichtigen fremden Bank- oder Börsenplatz. In der Folge setzten die Banken am Platz regelmäßig den Diskontsatz deutlich herauf, zu dem sie Wechsel ankauften. Es schloss sich meist eine Welle von Zahlungseinstellungen an, die sich vielfach von Platz zu Platz fortwälzte. Eine solche Zahlungsstockung konnte oft erst dann behoben werden, wenn es gelang, von einem größeren, nicht betroffenen Bankplatz aus eine ausreichende Summe von Edelmetallen oder Kurantmünzen herbeizuschaffen. Diese Art der archaischen Liquiditätskrise war bis Mitte des 19. Jahrhunderts häufig. In ihre Kategorie fielen sowohl die holländischen bzw. holländisch-englischen Kursstürze von 1763 und 72 als auch die weltweiten Crashs der sog. Weltwirtschaftskrise 1856/57.

Noch das gesamte 19. Jahrhundert hindurch kam es daneben oder überlappend immer wieder zu Liquiditätskrisen anderer Art. Neu emittierte Aktien mussten fast nie von Anfang an voll eingezahlt werden. Erst mit dem allmählichen Kapitalbedarf forderten die Gesellschaften nach und nach Einzahlungen auf ihre Papiere. Im Kursaufschwung summierten sich diese Einzahlungsverpflichtungen mit der Zeit zu hohen Summen. Die Anleger zeichneten in sehr vielen Fällen wesentlich über ihre finanziellen Möglichkeiten hinaus. Solange die Kurse stiegen, konnten sie mit dem Verkauf einzelner Papiere ohne Probleme die fälligen Einzahlungen der Übrigen aufbringen. Sanken die Kurse jedoch, so war die Liquiditätskrise perfekt. Liquiditätsanspannungen dieser Art waren bis zur Gründerzeit bei allen Crashs anzutreffen. Beispiele sind in England die Kursstürze 1720, 1825 und 47, in Deutschland die von 1848 und 56 und in Frankreich der Crash von 1882.

Noch heute weiten Aktienkäufer ihre finanziellen Möglichkeiten durch Wertpapierkredite aus. Solche Kredite sind dann regelmäßig durch die gekauften Papiere gedeckt. Sinkt deren Kurs unter festgelegte Limits, so werden die Kredite gekündigt. Papiere müssen verkauft werden, die Kurse sinken weiter und eine Abwärtsspirale wird in Gang gesetzt. Die Furcht vor solchen Exekutionen waren der Auslöser des amerikanischen Crashs von 1929. Sie spielten in seinem weiteren Verlauf dann tatsächlich eine wichtige Rolle.[213] Exekutionen von Wertpapierkrediten verschärften ferner den Kurssturz 1962 in Deutschland. Auch das plötzliche Abreißen bisher fließender Kapitalimporte ist manchmal verantwortlich für Kursstürze. Die ausländischen Kapitalabzüge führten 1931 direkt zu einen Kurssturz des deutschen Aktienmarktes. Von Ende Mai bis Mitte Juli gab die Reichsbank fast 2 Mrd. RM an Gold und Devisen ab, bis eine Notverordnung die Devisenbewirtschaftung verfügte.[214]

Von den Voraussetzungen und Vorzeichen eines Kurssturzes sind seine Auslöser streng zu trennen. Kapitalmarktkrisen sind im fundamentalen Umfeld der Börse und der aktuellen Zusammensetzung der Anlegerschaft bereits monatelang angelegt, bevor sie letztendlich, durch ein externes Ereignis angestoßen, zum Ausbruch kommen. Häufig ist dies ein politisches Geschehen, wie der Golfkonflikt 1990. Aber auch die plötzliche DM-Aufwertung 1961 sowie die vermeintliche Aufkündigung des Louvre-Akkords 1987 durch Finanzminister *Baker* gehören in diese Kategorie. Ausländische Anleger reagieren vielfachen deutlich sensibler auf derartige Meldungen als Inländer.

Neben politischen können auch negative Unternehmensmeldungen einen Kurssturz anstoßen – so geschehen nach Unternehmenszusammenbrüchen im 18. Jahrhundert und 1872 sowie bei der missglückten *UAL*-Finanzierung beim Mini-Crash 1989. Hundertprozentig sicher kann man sich jedoch nicht sein, dass es immer bedeutende Nachrichten sind, die einen Kurssturz verursachen. So waren 1929 in den USA noch nicht einmal besonders prominent platzierte Zeitungsmeldungen mit der Vermutung über bevorstehende zwangsweise Exekutionen von Kreditkäufen der Auslöser für den wohl größten Kurssturz des Jahrhunderts.

Voraussetzung für die Entfaltung einer Liquiditätskrise ist, dass nicht übergeordnete Instanzen rechtzeitig genügend Geld bereitstellen. Ein solcher Lender of last Resort ist heute meist die Zentralbank. In einigen Fällen springen aber auch der Staat ein, ausländische Notenbanken, internationale Institutionen oder private Banken. Das Mittel der Wahl für einen Lender of Last Resort ist immer die Liquiditätsgabe. Dagegen schaffen Zinssenkungen eo ipso noch keine zusätzliche Liquidität. Auch Zinserhöhungen sind wenig geeignet. Im Inland wirken sie restriktiv und verschärfen die Krise damit noch. Ob Zinserhöhungen von auswärts Kapital anziehen, kommt auf die Elastizität der Erwartungen an, die sich im Voraus oft nicht abschätzen lässt. Abgesehen davon trifft das angezogene Kapital oft auch zu spät ein.[215]

Nur in wenigen, meist frühen Fällen lässt sich kein Lender of last Resort identifizieren: bei den Kuxspekulationen 1476/88 und 1622/28, beim holländischen Crash 1637, 1719/20 in Paris, 1873 in den USA und Deutschland sowie 1921 in den USA und England. Im 19. Jahrhundert wirkte die Politik der Notenbanken sogar manchmal genau kontraproduktiv: Man fuhr in der Krise einen restriktiven Kurs, um die eigene Notendeckung zu verteidigen. Die Krisen 1920/21 in Großbritannien und den USA waren sogar inszeniert. Mit ihrer Hilfe wollte man die Rückkehr zum Goldstandard bzw. den Stopp der Inflation herbeiführen.

In den wirtschaftsliberalen angelsächsischen Ländern brach sich die Überzeugung nur langsam Bahn, der Eingriff einer übergeordneten Instanz mit dem Ziel, größeren realwirtschaftlichen Schaden zu verhindern, sei sinnvoll. Die *Bank of England* akzeptierte ihre Rolle als Krisenmanager und Liquiditätsquelle im Laufe der ersten Hälfte des 19. Jahrhunderts nur zögerlich. Die USA hatten ohnehin lange Zeit keine Notenbank, die eng genug mit dem Staat verbunden war, um als Lender of last Resort zu fungieren. Lediglich zwischen 1794 und 1809 und zwischen 1816 und 1836 fungierte die *First* bzw. *Second Bank of the United States* als staatliche Zentralbank. Erst mit der Gründung des *Federal Reserve Board* 1913 kam wieder eine gesamtstaatliche Instanz für Liquiditätshilfen infrage.[216]

Dagegen wurde die *Banque de France* im zentralistischen etatistischen Frankreich seit 1830 mit großer Regelmäßigkeit als Lender of last Resort tätig. In Deutschland gab es gar keine zentrale

Instanz, ja die meisten Bundesstaaten hatten auch keine staatlich gebundene Notenbank für ihr Gebiet. Zudem war die Überzeugung weit verbreitet, eine „reinigende Krise" sei von Zeit zu Zeit heilsam, um aufgelaufene Missstände auszuräumen, und überhaupt leiste ein Eingreifen staatlicher Stellen im Kurssturz nur der vorangegangenen „Agiotage" Vorschub, indem es diejenigen „rette", die kurz zuvor an der Hausse kräftig verdient hätten. (Im Grunde genommen ist dies das Argument des Moral Hazard, wie es heute in der wirtschaftswissenschaftlichen Diskussion fröhliche Urständ feiert.)

Bei den meisten Finanzkrisen seit 1720 trat dennoch ein Lender of last Resort auf den Plan, wenn er auch nicht immer rechtzeitig, effektiv und ausreichend agierte. Der *Österreichischen Nationalbank* gelang es Mitte Mai 1873 trotz großer Anstrengungen nicht, den Kurssturz abzubremsen. Allein in der Bankwoche zum 21. d. M. hatte sie ihren Notenumlauf um 4,5 Prozent, ihren Diskontkredit um 7,5 und ihre Darlehen um 22 Prozent ausgeweitet und insgesamt 35 Mio. fl in die Wirtschaft gepumpt. 1929 gab zwar die *Federal Reserve Bank of New York* zunächst zwei Mal Liquidität in den Markt – im Oktober 160 und im November 210 Mio. $. Dies reichte jedoch bei weitem nicht aus, und im weiteren Verlauf der Krise wurde die Aktion wegen eines Kompetenzgerangels mit dem *Federal Reserve Board* ohnehin eingestellt.[217] Wenig effizient war der Lender of last Resort auch bei den Kursstürzen 1720 in London, 1848 und 1856 in Deutschland, 1882 in Frankreich, 1890 in England sowie 1929 in einer Reihe von Ländern.

Ein viel zitiertes Beispiel für die richtige und schnelle Reaktion von Lender of last Resort ist dagegen die expansive Geldpolitik der westlichen Notenbanken nach dem Crash 1987. In der Bundesrepublik geschah dies im Wesentlichen über die Verteidigung des schwächelnden US-Dollars. Allein in den letzten beiden Monaten des Jahres belief sich die liquiditätswirksame Erhöhung der Netto-Währungsreserven der *Bundesbank* auf über 22 Mrd. DM.[218] Erfolgreiche, effiziente Aktionen eines Lender of last Resort gab es auch 1763 in Amsterdam, 1847/48 und 1857 in England und Frankreich sowie 1961/62 in Deutschland. Passgenau die richtige monetäre Ausstattung kann man aber auch heute nicht erreichen. Heute verfügen moderne Notenbanken jedoch wenigstens im Normalfall über ausreichende Mittel, und sie können sehr viel schneller reagieren als früher. Sie haben daher eine gute Chance, sich durch Trial and Error an eine optimale Liquiditätsausstattung heranzutasten.

Mithilfe richtig getimter und dosierter Maßnahmen eines Lender of last Resort waren die auf einen Kurssturz folgenden realwirtschaftlichen Depressionen weit weniger tief als ohne sie. Gerade die großen Depressionen wie 1856–60, 1873–78, 1929–35 oder auch Japan seit 1990 wurden – wie *Kindleberger* herausgearbeitet hat – durch Kursstürze ohne Lender of last Resort eingeleitet. Das häufig in diesem Zusammenhang genannte Problem des Moral Hazard scheint mir nicht bedeutend zu sein. Auch wenn ein Lender of Last Resort eingreift, ist ein Kurssturz für die Börsenakteure noch unangenehm genug. Wichtig ist allerdings, dass die Marktteilnehmer nicht wissen, wie und wann ein solcher Deus ex Machina eingreift, weil sie sich ansonsten direkt auf die Maßnahmen einstellen können. Als Beispiel eines in dieser Hinsicht gelungenen Vorgehens kann im Großen und Ganzen die *Bank of England* seit 1844 dienen. Es war in Krisenzeiten nie klar, ob und wann das Parlament die in diesem Jahr erlassene *Peel*sche Bank-Akte suspendieren würde.

Im Gegensatz zur Weltwirtschaftskrise haben Kursstürze am Aktienmarkt heute wegen der Maßnahmen der Notenbanken meist keine gravierenden Auswirkungen auf die Realwirtschaft mehr. Sicher kann man sich jedoch nicht sein. Japan seit 1990 ist ein solcher besonderer Fall. Die Blase war vom Volumen her zu groß und erstreckte sich zu weit in die Realwirtschaft, als dass die *Bank of Japan* es hätte wagen können, den gesamten Liquiditätsbedarf der Anleger zu decken. Zu groß wären die inflatorischen Wirkungen gewesen. Zumindest in der ersten Phase des Kurssturzes behielt sie sogar weiter den bisherigen restriktiven Kurs bei, und die Wirtschaft stürzte in eine bis heute anhaltende Rezession.

Auch der Kollaps der Aktien- und Devisenmärkte der Tigerstaaten ab Mitte 1997 in der sog. Asienkrise ging nicht ohne gravierende realwirtschaftliche Blessuren ab. Das lag an den strukturellen Problemen der betreffenden Länder, aber auch an der mangelhaften Erfahrung der meisten ihrer Notenbanken. Weder ihr Instrumentarium noch die Bankensysteme waren für zielgerichtete, schnelle und reversible Maßnahmen geeignet. Außerdem waren sie allesamt von den Entscheidungen ihrer Regierungen abhängig – ein Umstand, der ebenfalls nicht zur Flexibilität beiträgt und sachfremde Überlegungen einfließen lässt.

Weil die Existenz eines Lender of last Resort von so überragender Bedeutung für Verlauf und Auswirkungen eines Kurssturzes ist, kann man auch die Kursstürze der Vergangenheit nach dessen Existenz, Willen und Fähigkeiten grob in drei Phasen einteilen:

1. Im 15. bis 17. Jahrhunderts gab es – soviel wir wissen – nirgendwo einen Lender of last Resort. Ungebremste Kursstürze und Depressionen waren die Folgen.

2. Bis in die 1930er Jahre nahm die Regelmäßigkeit und Effizienz der Eingriffe langsam zu.

    Bis in die 1830er Jahre trat zwar vielfach ein Lender of last Resort auf, seine Eingriffe erfolgten jedoch oft sehr spät und waren meist nicht sehr effizient.

    Im darauf folgenden halben Jahrhundert entstanden in den meisten Ländern staatsnahe Notenbanken, aus denen sich Zentralbanken entwickelten. Sie griffen nun im Krisenfall regelmäßiger ein und waren vielfach relativ effizient. Ihre Politik reichte aber noch nicht aus, Kursstürze zu verhindern. Daher fanden Crashs mit großer Regelmäßigkeit statt: in England alle 10 Jahre (1816, 26, 37, 47, 57, 66).[219]

    In den nächsten fünfzig Jahren, also bis 1930 gelang es den Zentralbanken vielfach, Krisen bereits im Vorfeld auszuräumen. Ihnen standen nun meist ausreichende Mittel zur Verfügung. Kursstürze gab es nur noch unregelmäßig. In einzelnen Fällen sträubten sich die Zentralbanken jedoch mit Rücksicht auf ihre Deckungsvorschriften, ihre Funktion als Lender of last Resort zu erfüllen.

3. Seit 1930 trat nahezu immer ein effizienter Lender of last Resort auf den Plan. Das nationale Instrumentarium gewann an Effizienz und vor allem an Flexibilität. Internationale Institutionen und Gremien wie IWF, Weltbank, BIZ oder G7 gewinnen nach dem Zweiten Weltkrieg zusehends an Bedeutung. Kursstürze haben nur noch ausnahmsweise gravierende Auswirkungen auf die Realwirtschaft. (Zu denken gibt allerdings, dass zwei wesent-

liche Ausnahmen ausgerechnet auf die neunziger Jahren trafen: Japan 1990 und Ostasien 1997.)

Für gewöhnlich haben Aktienkursstürze auch Auswirkungen auf andere Anlagemärkte wie Renten- und Geldmarkt, evtl. auch Devisen-, Immobilien- und Kunstmärkte. Die Preiswirkung auf solche Märkte ist allerdings unterschiedlich. Wenn durch den Kurssturz am Aktienmarkt Mittel auf alternativen Anlagemärkten fehlen, verfallen auch dort die Preise rapide. So sanken 1637 die Preise von Aktien, Renten und Tulpen (sic!) nahezu parallel. Wenn die Anleger jedoch Alternativen zum Aktienmarkt suchen, so bleiben die Preise auf diesen Märkten konstant oder sie steigen sogar. Ein bekanntes Beispiel war die Fortsetzung des Kunstbooms nach dem Kurssturz am Aktienmarkt 1987. Im Herbst 1990 ging der Kunstmarkt jedoch in die Knie, nachdem die japanische Börse im Januar des Jahres kollabiert war und damit eine wesentliche Käufergruppe ihr Geld für die eigene Realwirtschaft benötigte (s. Abb. 34).

Einen solchen Umschwung konnte man auch an den deutschen Finanzmärkten Anfang der 1930er Jahre beobachten. Der Kursrückgang am Aktienmarkt seit Mai 1930 wurde zunächst von steigenden Rentenkursen begleiten; das Kapital suchte sich eine Alternativanlage. Nach dem Zusammenbruch der *Österreichischen Credit-Anstalt* am 11. Mai 1931 verstärkten sich die Kapitalabflüsse aus Deutschland jedoch so sehr, dass auch der auf über 4 Mrd. RM verdoppelte Rediskont der Reichsbank kaum Erleichterung brachte. Die Aktienkurse kamen erneut ins Rutschen. Wegen der Liquiditätsknappheit fanden sich kaum noch Abnehmer für Anleihen, und der Rentenmarkt ging ebenfalls in die Knie[220] (s. Abb. 15).

Es gibt eine ganze Reihe von Faktoren, die geeignet sind, Kursstürze zu beschleunigen oder zu verlangsamen. Neben Anzahl und Umfang der Kreditengagements an der Börse trugen weitere institutionelle Rahmenbedingungen 1929 in den USA maßgeblich zur Beschleunigung der Talfahrt bei. So hinkten an den kritischen Tagen an *Wall Street* die Börsenticker aufgrund der überaus hohen Umsätze um Stunden hinterher und führten dem Parkett wie den Radiohörern überall in Amerika ständig drastisch vor Augen, um wie viel ärmer sie innerhalb kurzer Zeit geworden waren. Aber nicht nur Informationsmängel, auch Überinformation kann einen ver-

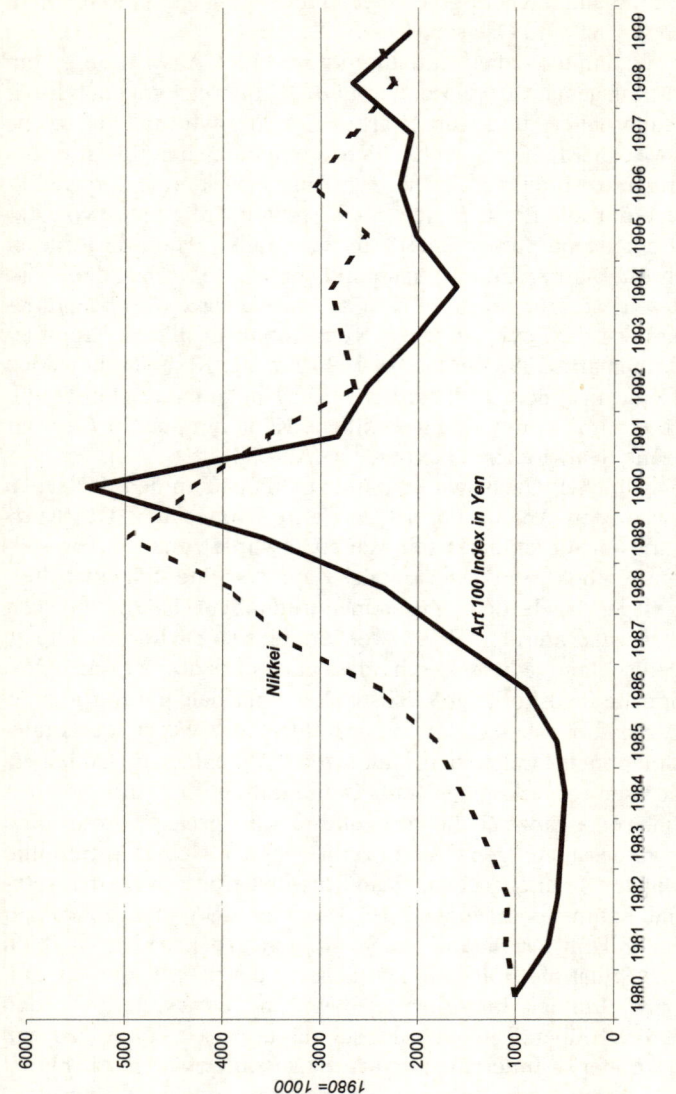

Abb. 34: Kunstmarkt und japanischer Aktienmarkt 1980–99

(Quelle: Art Market Research: www.artmarketsearch.com, Datastream)

stärkenden Effekt haben. Durch die fast vollständige Ausstattung der professionellen Akteure am Aktienmarkt mit Bildschirmen erhalten diese inzwischen alle zu demselben Zeitpunkt dieselbe Meldung und handeln oftmals synchron. Im Verdacht, Kursstürze regelrecht aufzuschaukeln, stehen seit neuerem auch bestimmte Trading-Strategien.

Verstärkend wirken im Fall eines Crashs darüber hinaus Auslandsverkäufe. Nehmen die Unsicherheiten auf den Weltfinanzmärkten deutlich zu, so kehren die Anleger aus den verschiedensten Gründen in der Regel sehr schnell zu ihren Heimatmärkten zurück. Davon ist die Bundesrepublik meist recht stark betroffen. Auffällig ist auch, dass sich institutionelle Anleger und Banken in unsicheren Zeiten umso mehr zurückhalten, je näher der Bilanzierungszeitpunkt heranrückt. Dies gilt insbesondere dann, wenn man in dem betreffenden Jahr bereits einige Abschreibungen zu verkraften hat. Auch dies trägt also zur Beschleunigung eines Kursrutsches bei, da mögliche antizyklische Käufer ausfallen. Das mag einer der Gründe oder sogar der entscheidende Grund dafür sein, dass Kursstürze seit 200 Jahren meist im zweiten Halbjahr stattfinden. Nur vier von elf des 19. und drei von zehn Crashs des 20. Jahrhunderts fielen in die erste Jahreshälfte. 16 von 21 Kursstürzen fanden also im dritten und vierten Quartal statt, wobei sich eine auffällige Häufung beim Monat Oktober (sechs) ergab. Im 20. Jahrhundert ist dies noch deutlicher. Vier von zehn Kursstürzen ereigneten sich im Oktober (s. Abb. 36).

Irritationen von außerhalb des im engeren Sinn börsenrelevanten Bereichs können, müssen aber nicht Schwankungsbreite und -häufigkeit des Aktienmarktes erhöhen. Die Volatilität stieg in der Vergangenheit z. B. in Zeiten der Hochinflation sowie dann, wenn dem betreffenden Land unmittelbar kriegerische Auseinandersetzungen drohten. Typisch scheint dies für niedergehende Volkswirtschaften zu sein. Beispiele dafür sind die holländischen Kursstürze in der zweiten Hälfte des 18. Jahrhunderts sowie die Entwicklung des Aktienmarktes in der Weimarer Republik.

Umgekehrt gibt es Hinweise darauf, dass die Finanzmärkte gerade auf die Stabilisierung ihrer – soziologisch gesprochen – „äußeren Umwelt" mit größeren Schwankungen reagieren.[221] Betrachtet man

Abb. 35: Kursstürze der Vergangenheit am Aktienmarkt

Zeitpunkt	Papiere	Ort	Zusammenhang
1476–88	Kuxe der Fundgrube St. Georg in Schneeberg	Leipzig	neue Silbervorkommen im Erzgebirge
1622–28	Kuxe der Amberger Zinn-blechhandelsgesellschaft	Nürnberg	Dreißigjähriger Krieg, Kipper- und Wipperzeit
1637	VOC	Amsterdam	Boom im Unabhängig-keitskrieg, Tulpenwahn
1719/20	Mississippi-Gesellschaft	Paris	Staatsdefizit nach dem Tod Ludwigs XIV.
1720	Südsee-Gesellschaft, Bubbles	London	Boom nach dem Frieder von Utrecht
1763	Aktienmarkt	Amsterdam	Boom nach dem sieben-jährigen Krieg, Zusamm bruch v. Gebr. Neufville und Joseph Aron
1772	Aktienmarkt	London, Amsterdam	Krise des Ancien Régime Missernte in Indien, amerik. Boykott englisch Waren
1793	Kanalaktien	London	Schreckensherrschaft in Paris
1797	Aktien, vor allem Kanalaktien	London	Zusammenbruch des Assignatensystems
1836	Baumwoll- und Eisenbahnaktien	London	Textilboom
1847	Eisenbahnaktien	London	Great Famine
1848	Eisenbahnaktien	Deutschland	Pauperisierungskrise, Revolution
1856	Bankaktien	Deutschland	Boom nach dem 1. dt.-dän. Krieg
1857	Eisenbahnaktien	England	Boom nach dem Krimkrieg

Höhepunkt	Kurssturz	monetäre Expansion	Lender of last Resort
1476	1476	Münzverrufe	keiner
1621/22	1622/23		keiner
Februar 1637	Februar 1637		keiner
Dezember 1719	Mai 1720	Banque Générale/ Royale	keiner
April 1720	September 1720	Sword Blade Bank	Bank of England
März 1763	August 1763	Wechselreiterei	Amsterdamer Bank, Bank of England
Juni 1772	Januar 1773	Ayr Bank, Country Banks, Wechsel- reiterei	Bank of England, Stadt Amsterdam
November 1792	Februar 1793	Kapitalflucht aus Frankreich	Schatzwechsel
1796	Februar–Juni 1797	Country Banks	Schatzwechsel
April 1836	Dezember 1836		BdF und Hamburger Bank
Januar 1847	Oktober 1847	Wertpapier- emissionen	Suspendierung der Bankakte
1842	März 1848	gehortet Gelder	Preußische Bank
August 1856	August 1856, April 1857	private Notenbanken	Wiener Silberzug nach Hamburg
Ende 1856	Oktober 1857	Clearinghouses, Bank Merger	Suspendierung der Bankakte

Zeitpunkt	Papiere	Ort	Zusammenhang
1857	Eisenbahn- und Schwerindustrieaktien	Frankreich	Boom nach dem Krimkrieg
1866	Schifffahrtsaktien	England, Italien	Liberalisierungswelle in GB, italienische Einigun
1873	Bank- und Schwerindustrieaktien	Deutschland, Österreich	Gründerboom
1873	Eisenbahnaktien	USA	Boom nach dem Sezessionskrieg, „Beutesystem"
1882	Bankaktien	Frankreich	Expansion nach SO-Europa
1890	Neuemissionen	England	Boom in Südamerika un Südafrika
1907	Rohstoff- und Eisenbahnaktien	USA	Russisch-japanischer Krieg (?)
1918	Aktienmarkt	Deutschland	Erster Weltkrieg
1920	Aktienmarkt	England, USA	Boom nach dem Ersten Weltkrieg
1929	Aktienmarkt	USA	Nachkriegsboom
1931	Aktienmarkt	Deutschland	Weltwirtschaftskrise
1949	Aktienmarkt	Deutschland	Zweiten Weltkrieg
1962	Aktienmarkt	Deutschland	Nachkriegsboom
1987	Aktienmarkt	weltweit	Boom der achtziger Jahr
1990	Aktienmarkt	Japan	Bubble Economy
1997	Aktienmarkt	Ost- und SO-Asien	„Pazifisches Zeitalter", Tigerstaaten

(Quelle: eigene Erhebungen, Kindleberger)

Höhepunkt	Kurssturz	monetäre Expansion	Lender of last Resort
März 1857	November 1857	Crédit Mobilier, Crédit Fonçier	Banque de France
Juli 1865	Mai 1866	Discount Houses, Aktienbanken	Suspendierung der Bankakte, Aufhebung fester Paritäten
November 1872	Mai 1873	Aktienbanken	OeNB
März 1873	September 1873	kurzfristiger Kredit, Kapital aus Europa	keiner
Dezember 1881	Januar 1882	Wertpapierkredit	Pariser Banken
August 1890	November 1890	Goschen-Konversion	Banque de France, russisches Gold
Anfang 1907	Oktober 1907	Trust Companies	Kapitalzuflüsse aus England
Mai 1918	Oktober 1918	Notenpresse	keiner
Sommer 1920	Frühjahr 1921	Banken	keiner
September 1929	Oktober 1929	Wertpapierkredit	Fed of NY
April 1927	Mai 1931	Kapitalimport	Reichsbank
1942/43	Juli 1948	Notenpresse	keiner
September 1960	Juli 1961	Banken, Wertpapier-kredit	Bundesbank
D: 4/86, USA: 8/87	Oktober 1987	Banken	Zentralbanken
Herbst 1989	Januar 1990	Banken, Auslandsemissionen	Bank of Japan
Frühjahr 1997	Juli 1997	Kapitalimporte	IWF

die Entwicklung der letzten 150 Jahre, so fällt ins Auge, dass es der
Wirtschaftspolitik niemals gelungen ist, alle Bereiche einer Volkswirtschaft gleichzeitig zu stabilisieren. Aktien- und Rentenmarkt
galten vor dem Ersten Weltkrieg als wichtige Indikatoren für die reale Wirtschaftsentwicklung. Ganz abgesehen davon, dass die Erfor-
dernisse der vorgeschriebenen Notendeckung oft eine ganz andere
Zinspolitik notwendig machten, wäre deshalb niemand auf den
Gedanken verfallen, die Zinspolitik zur konjunkturellen Lenkung
einzusetzen.

Genau dies ist jedoch nach dem Zweiten Weltkrieg üblich geworden. Seitdem werden die Leitzinsen regelmäßig im Konjunkturaufschwung erhöht und im -abschwung ermäßigt – mit dem Erfolg, dass
die Zinsen während des Booms deutlich höher liegen als sie dies
ohnehin täten und in der Rezession tiefer sinken. Andererseits entwickelte sich das Wirtschaftswachstum in der Bundesrepublik
wesentlich stetiger als im Kaiserreich (die Zwischenkriegszeit war in
vielerlei Hinsicht atypisch). Die Destabilisierung der Zinsen wirkte
sich natürlich auch auf den Aktienmarkt aus. Während die Dividendenrendite von 1873–1913 maximal 15 Prozent um ihren
Durchschnittswert schwankte, betrug seit 1955 die größte Abwei-
chung nach unten 47 und nach oben 62 Prozent.[222]

Der „äußeren" entspricht die „innere Umwelt" des Aktienmarktes. Auch sie liefert wesentliche Beweggründe für die beobachteten
Kursschwankungen. Dabei ist die Marktverfassung von ausschlag-
gebender Bedeutung. In Deutschland hat die zweimalige Vernichtung der privaten Geldvermögen sowie der Reserven der verschiedenen Altersversorgungssysteme dazu geführt, dass langfristig
orientierte Anlegergruppen an den hiesigen Aktienmärkten in weit
geringerem Ausmaß vertreten sind als in vielen anderen Industrieländern.

So war die Auswahl an Investitionsmöglichkeiten in diesem Bereich bisher deutlich kleiner als in vielen anderen Industriesstaaten.
Dabei waren die Aktiengesellschaft als Rechtsform und die Aktie als
langfristiges Anlagepapier auch in Deutschland einmal durchaus
populär. Bereits 1886 lag die Zahl aller Aktiengesellschaften mit
2143 auf dem Niveau von 101 Jahren später. 1913 war sie auf das
Zweieinhalbfache, 1926 nahezu auf das Sechsfache gestiegen. Erst

der Aktienboom der neunziger Jahre machte Dividendenpapiere wieder populär. Inzwischen gibt es in Deutschland über 8000 AGs. Solche Entwicklungen sind von entscheidender Bedeutung für die Märkte. Bei der Computer-Simulation dynamischer Prozesse steigt die Stabilität eines Systems in der Regel mit der Anzahl seiner Teilnehmer. Dies gilt aber nur unter der Voraussetzung, dass die hinzugekommenen die gleichen Verhaltensweisen an den Tag legen wie die bisherigen Marktteilnehmer. Auf dem deutschen Aktienmarkt trat jedoch das spekulative Element im Laufe der neunziger Jahre immer stärker in den Vordergrund – etwa in Form des Neuen Marktes und seiner Anleger.

Nicht nur die hochbrandende Informationsflut hat die Markttransparenz an den Finanzmärkten in den letzten Jahren wieder verringert, sondern auch die zunehmende Komplizierung der Instrumente und die Wiedereinführung der Bonität als Anlagekriterium am Rentenmarkt. Dies war in der ersten Hälfte des 19. Jahrhunderts einer der wichtigsten Bestimmungsgründe für das Kursniveau einer Anleihe. Nach und nach wurden jedoch die Fälle von Zahlungsunfähigkeit bei Industrieobligationen, Bankschuldverschreibungen oder gar von Staatsbankrotten immer seltener, sodass die individuelle Bonität eines Papiers im Allgemeinen keine Berücksichtigung mehr fand. Stattdessen gab es nur noch standardisierte Risikoaufschläge für ganze Anleihekategorien.

Dies änderte sich Anfang der achtziger Jahre mit der Schuldenkrise der Dritten Welt. Inzwischen rückte nach der Junk-bond-Krise auch das Risiko insbesondere der amerikanischen Unternehmen in den Blickpunkt der Märkte, Opfer eines Takeovers zu werden und im Zuge das anschließenden Asset stripping den Großteil ihrer Unternehmenssubstanz zu verlieren. Bereitwillig vorfinanziert durch ungesicherte amerikanische und japanische Bankkredite sowie über hochverzinsliche Anleihen (Junk-bonds) der angreifenden Finanzjongleure führten diese Takeovers zu einer deutlichen Verstärkung des spekulativen Elements an den Aktienmärkten.

Erleichterte Finanzierung hatte damit einen ähnlichen Leverage-Effekt (Hebeleffekt) wie Kreditkäufe von Aktien oder geringe Einschüsse. Während es Letztere (mit Ausnahme vinkulierter Namensaktien) seit vielen Jahrzehnten auf dem Kassamarkt nicht mehr gibt, haben die geringen Anzahlungsbeträge bei den auf amerikanischen Finanzmärkten gehandelten „Stock-index-futures" (SIF) (sieben Prozent des Kontraktwertes) nach Feststellung der *Brady*-Kommission zusammen mit günstigen Kreditbedingungen zur spekulativen Aufschaukelung der Aktienmärkte vor dem Crash vom Oktober 1987 in nicht unerheblichem Maße beigetragen.

Obwohl die Future-Märkte in normalen Börsenzeiten für eine Angleichung der Notizen auf Termin- und Kassamärkten sorgen, war dies nach den Recherchen der Kommission im Kurssturz gerade nicht der Fall. Sie schlug deshalb den Einsatz koordinierter Sicherungen wie Handelsunterbrechungen, tägliche Kursbewegungsgrenzen für alle Wertpapiere und eines Plans zum abgestimmten Handelsstopp an allen Märkten vor, wann immer solche Grenzen auf irgendeinem Markt erreicht sind. Zudem forderte die *Brady*-Kommission die Einführung fester Einschussvorschriften („margins"), die Vereinheitlichung von Clearing und Settlement der Geschäfte sowie die Schaffung eines Informationssystems zur Überwachung von Transaktionen an und zwischen den Märkten. Mittlerweile hat die New Yorker Börse diejenigen Programmhandelsmethoden verboten, die eine automatische Auftragserfüllung zwischen Börse und Investmenthäusern über Computer beinhalten.[223]

In Deutschland waren Termingeschäfte an den Wertpapiermärkten seit jeher umstritten. Man sagte ihnen nach, dass sie als ausschließliches Instrument der Spekulation auch am Kassamarkt die vorhandenen Kursschwankungen noch verstärkten.[224] Als dies in der Weltwirtschaftskrise besonders augenscheinlich wurde und durch die damalige starke Liquiditätsverknappung und den allgemeinen Kursverfall an den Börsen eine geregelte Abwicklung nicht mehr gewährleistet war, verbot die Börsenaufsicht im Juli 1931 alle derartigen Geschäfte. Erst 1970 hat man Optionsgeschäfte hierzulande wieder zugelassen. Diese Optionsgeschäfte alter Art konnten jedoch keine größere Popularität erwerben. Erst seit Januar 1990 besteht in Deutschland in Form der *Deutschen Terminbörse (DTB)* und heute der *Eurex* wieder ein leistungsfähiger Terminmarkt. Die Bundesrepublik folgte damit anderen großen europäischen Handelsplätzen (1982 *LIFFE* in London, 1986 *MATIF* in Paris und 1988 *SOFFEX* in Zürich).

Die Diskussion über die Auswirkungen der neuen Instrumente ist allerdings nach wie vor nicht ausgestanden.[225] So hat die *Deutsche Bundesbank* die gezielte, massive Spekulation auf höhere Zinsen durch Verkäufe des BUND-Futures offen kritisiert, wodurch die Zinsen am Kassamarkt Anfang 1990 um rd. einen Prozentpunkt anstiegen. Man sprach davon, dass hier „der Schwanz mit dem Hund wackelte", weil die Futureumsätze die des „Underlying" um ein Vielfaches überschreiten. Von einem solchen Übergewicht sind die deutschen Aktienterminmärkte zwar noch ein gutes Stück entfernt; sie wachsen jedoch zeitweise mit hohen Raten. Sorgen macht den Kritikern insbesondere der dadurch bedingte Zuwachs spekulativer Anleger. Bei etablierten Futuremärkten wie dem in Chicago liegt der Umsatzanteil von Brokern und Banken bei rd. 70 Prozent. Auch die übrigen Marktteilnehmer dürften zu einem großen Teil weniger die Absicherung als die Spekulation im Kopf haben, können doch mit den geringen Einschüssen sehr hohe Engagements eingegangen und aufgrund der vergleichsweise niedrigen Provisionen und sonstigen Gebühren kostengünstig gedreht werden.

Die in den letzten Jahren schrittweise vollzogenen Änderungen an den Finanzmärkten lassen die Frage nach der historischen Einordnung der derzeitigen Schwankungsbreite des deutschen Aktienmarktes an Bedeutung gewinnen. Schon die Betrachtung des langfristigen Kurscharts zeigt, dass für bestimmte geschichtliche Perioden auch ein bestimmtes Schwankungsverhalten typisch war. Dabei wechselten sich spekulativ dominierte Zeiträume hoher Amplitude mit anlageorientierten geringer Amplitude etwa im Vierzigjahresrhythmus ab. So waren auf dem jungen deutschen Aktienmarkt zwischen 1840 und 77 noch kaum echte Anleger zu finden. Dies führte zusammen mit den vielen Konkursen und Kriegen trotz eines relativ stetigen Wirtschaftswachstums zu größeren Kursschwankungen, und die Kurse blieben per saldo abwärts gerichtet. Gründerboom und Gründerkrach führten zu einem letzten, im 19. Jahrhundert einmaligen Kursausschlag.

Der Markt konnte den bisherigen Abwärtstrendkanal erst nach dem Gründerkrach nach oben hin verlassen. Erst jetzt ergab sich aus dem nun weiter beschleunigten Wirtschaftswachstum eine rasche Vermögensbildung breiter bürgerlicher Schichten und ein

Anwachsen der Zahl der Rentiers. Seit den 1880er Jahren überwogen bis zum Ersten Weltkrieg die echten Anleger, wobei der Kurstrend deutlich aufwärts gerichtet war und die Schwankungsbreite des Marktes immer geringer wurde. Die Umschichtung des Geldvermögens in Kriegsanleihen und die nachfolgende Hoch- und Hyperinflation entzog dem deutschen Aktienmarkt in der Zwischenkriegsphase diese Basis. Immer wieder hochschnellende Konkurszahlen, eine verschwindend geringe Dividendenrendite und ein ständiges Wechselbad wichtiger politischer Meldungen führten daher in rascher Folge zu starken Kursveränderungen.

Nach dem Zweiten Weltkrieg war der deutsche Aktienmarkt durch ein bemerkenswertes Desinteresse der langfristig orientierten Marktteilnehmer gekennzeichnet. Da jedoch auch die auf eher spekulativ eingestellten Investoren entfallenden Umsätze relativ gering blieben, führte dies im Allgemeinen nicht zu einer Ausweitung der Kursschwankungen. Lediglich in den Boomjahren 1959 und 60 entfielen jeweils knapp 60 Prozent des Aktienerwerbs auf die eher spekulativ eingestellten Anlegergruppen der Ausländer und Banken. In diesen Jahren wies denn auch der Markt seine größten Sprünge auf. Aufgrund des weiteren Rückzugs der Privaten wurden derartige Prozentsätze seit den späten sechziger Jahren vor allem im Kursaufschwung immer wieder erreicht und 1972 sogar deutlich übertroffen. Nach heutigen Maßstäben waren aber damals auch die Dispositionen dieser Gruppen spekulativer Marktteilnehmern im Durchschnitt zumindest mittelfristig angelegt. Im Verhältnis zur Börsenkapitalisierung bewegten sich die Umsätze bis Ende der sechziger Jahre im Allgemeinen zwischen zehn und 20 Prozent der Börsenkapitalisierung und stiegen erst danach aufgrund der neuen Vorschrift, Kundenaufträge über die Börse abzuwickeln, im Schnitt um etwa zehn Prozent an.

Seit 1983 scheint der Markt in eine neue Phase eingetreten zu sein. Der Anteil der Banken am Aktienerwerb, der in früheren Jahren stark schwankte, hat sich seit 1982 spürbar und dauerhaft erhöht und bewegt seit 1986 zwischen gut 30 und 40 Prozent. Bedeutender noch ist die Veränderung im Ausländerverhalten. Erwerbsquoten von über 60 Prozent, wie sie seit 1983 in der Hälfte der Jahre auftraten, wurden in all den Jahren zuvor nur einmal beob-

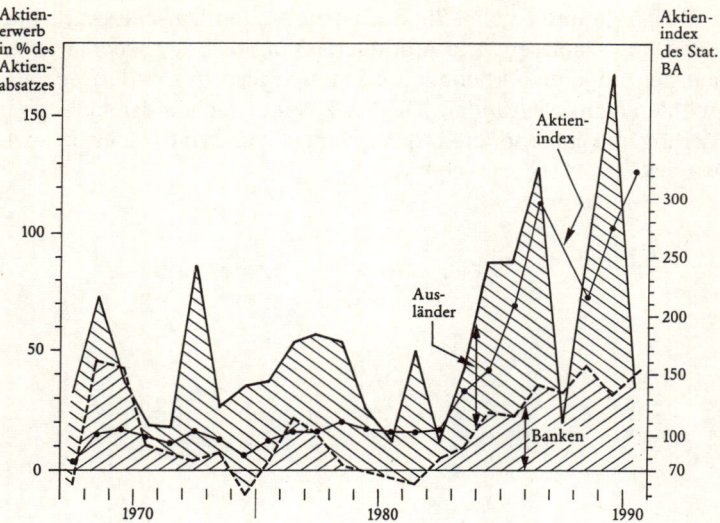

Abb. 36: Das Gewicht kurzfristig orientierter Anlegergruppen
in Deutschland

(Quelle: Deutsche Bundesbank)

achtet. Dabei folgten den Jahren mit besonders hohen Nettokäufen (1986 und 89) jeweils solche mit Nettoverkäufen. Die Märkte sind also hektischer geworden. Die Volatilität hat sich deutlich erhöht, und die Umsätze sind auch einfach gezählt inzwischen weit höher als die Börsenkapitalisierung.

Gefördert durch verstärkte Internationalisierung werden die Finanzmärkte mehr und mehr unter dem Gesichtspunkt kurzfristiger Performance betrachtet. Dieses zusätzliche Element der Unberechenbarkeit hat auch bei den an sich langfristig orientierten Anlegergruppen zu einer gewissen Verhaltensänderung geführt. Kapitalanlagegesellschaften und Versicherungen nutzen mehr und mehr mittelfristige Marktschwankungen zu einem auf einige wenige Wochen berechneten Trading aus. Bei den Privatanlegern lässt sich das Vordringen spekulativer Verhaltensweisen an der seit den achtziger Jahren regelmäßig hochschießenden Umschlaghäufigkeit der Depots ablesen. Die Marktverfassung des deutschen wie der meisten anderen Aktienmärkte hat sich also in den letzten Jahrzehnten deutlich geändert. Ob dies zu einer nachhaltigen Destabilisierung und einer höheren Crashhäufigkeit führen wird, bleibt abzuwarten.

Anmerkungen

[1] *Seiffert, Helmut:* Einführung in die Wissenschaftstheorie, Bd. 2, 9. Aufl., München 1991, S. 172–184.

[2] Beispielhaft entwickelte der Altmeister *Braudel* der französischen Historikerschule der Annales dieses Konzept in seiner Trilogie zur Wirtschafts- und Sozialgeschichte der Welt seit 1400: *Braudel, Fernand:* Sozialgeschichte des 15.–18. Jahrhunderts, 3 Bde. (Der Alltag, Der Handel, Aufbruch zur Weltwirtschaft), München 1985 f.

[3] *Kennedy, Paul:* Aufstieg und Fall der großen Mächte: Ökonomischer Wandel und militärischer Konflikt von 1500 bis 2000, Frankfurt/ M., 1989.

[4] *Arthur, W. Brian:* Self-reinforcing mechanisms in economics, in: *Anderson, P. W./Arrow, K. J./Pines, D.* (eds.); The economy as an evolving complex system, Redwood City, CA, pp. 9–31.

[5] Vgl. *Hüther, Gerald:* Biologie der Angst, 2. Aufl., Göttingen 1998; *LeDoux, Joseph E.:* Das Gedächtnis für Angst, in: Spektrum der Wissenschaft (1994) 8, 76–83.

[6] Vgl. *Braudel, Fernand:* Sozialgeschichte des 15.–18. Jahrhunderts, Bd. 2 Der Handel, München 1986, S. 97–101; *Kulischer, Josef:* Allgemeine Wirtschaftsgeschichte des Mittelalters und der Neuzeit, Bd. II, 6. Aufl., Darmstadt 1988, S. 314; *Rehm, Ernst:* Bayerische Börsenplätze: Nürnberg – Augsburg – München, in: *Bayerland* Münze Börse Bank, München 1960, S. 8.

[7] Vgl. *Strieder, Jakob:* Studien zur Geschichte kapitalistischer Organisationsformen – Monopole, Kartelle und Aktiengesellschaften im Mittelalter und zu Beginn der Neuzeit, München u. Leipzig 1914, S. 110 ff.

[8] Vgl. *Wanner, Eckhardt:* Die Amberger Zinnblechhandelsgesellschaft – Erste deutsche Aktiengesellschaft? in: *Die Bank* 9'1988, S. 520.

[9] Vgl. *Braudel, Fernand:* a.a.O., S. 482–495; *Wanner, Eckhardt:* a.a.O., S. 520–523.

[10] Vgl. *Braudel, Fernand:* a.a.O., Bd. 1 Aufbruch zur Weltwirtschaft, München 1986, S. 147–167.

[11] Vgl. *Agricola, Georg:* Zwölf Bücher vom Berg- und Hüttenwesen, 2. Aufl., München 1980; *Sprandel, Rolf:* Gewerbe und Handel 1350–1500, in: *Aubin, Hermann* u. *Zorn, Wolfgang* (Hg.): Handbuch der

deutschen Wirtschafts- und Sozialgeschichte Bd. 1, Stuttgart 1971, S. 340–344; *Suhling, Lothar*: Aufschließen, Gewinnen und Fördern – Geschichte des Bergbaus, Reinbek 1983, S. 90–167.

[12] Vgl. *Kellenbenz, Hermann:* Schwäbische Kaufherren im Tiroler Bergbau (1400–1650), in: *Baer, Wolfram* u. *Fried, Pankraz* (Hg.): Historische Beziehungen zwischen Schwaben und Tirol von der Römerzeit bis zur Gegenwart, Rosenheim 1989, S. 208–219; *Sprandel, Rolf:* a.a.O., S. 343.

[13] Vgl. *Strieder, Jakob:* a.a.O., S. 38–52; *Sprandel, Rolf:* a.a.O., S. 343; *Wanner, Eckhardt:* a.a.O.

[14] Vgl. *Suhling, Lothar:* a.a.O., S. 128.

[15] Vgl. *Strieder, Jakob:* a.a.O., S. 384–387.

[16] Vgl. *Mayer, Theodor:* Deutsche Wirtschaftsgeschichte, Bd. 2 Neuzeit, Leipzig 1928, S. 22.

[17] Wie der Verlauf der Verzinsung der Genueser Luoghi zeigt, gab es zu diesem Zeitpunkt auch Zusammenhänge mit langfristigen Zinsen in Norditalien. Des Weiterem fällt die Koinzidenz der Kurve mit dem ersten Rüstungs- und Kriegshöhepunkt 1620–22 sowie mit der Inflationsbeschleunigung der Kipper- und Wipperzeit bis 1622 und den Münzverrufungen bis 1624 auf.

[18] Vgl. *Metzler, Ludwig:* Studien zur Geschichte des deutschen Effektenbankwesens, Leipzig 1911, S. 41–43.

[19] Vgl. *Braudel, Fernand:* a.a.O., Aufbruch, S. 154–167 u. 359–364; *Kulischer, Josef:* a.a.O. Bd. 2, S. 316–317; *Spiethoff. Arthur:* Die Wirtschaftlichen Wechsellagen, Tübingen u. Zürich 1955, S. 89–90.

[20] Vgl. *Samuel, Ludwig:* Die Effektenspekulation im 17. und 18. Jahrhundert, Berlin 1924, S. 21–24 u. 30–39.

[21] Vgl. *Zeeden, Ernst Walter:* Hegemonialkriege und Glaubenskämpfe 1556–1648, Propyläen Geschichte Europas Bd. 2, Frankfurt/M. usw. 1982, S. 211.

[22] Vgl. *Braudel, Fernand:* a.a.O., Handel, S. 101–106 u. 482–500; *Kulischer, Josef:* a.a.O., Bd. 2, S. 299–314.

[23] Vgl. ebd. S. 319 f.; *Spiethoff, Arthur:* Krisen, in: *Elster, L.* et al. (Hg.): Handwörterbuch der Staatswissenschaften, 4. Aufl., 6. Bd., Jena 1925, S. 40; *Wirth, Max:* Geschichte der Handelskrisen, 2. Aufl., Frankfurt/M. 1874, S. 5–8.

[24] Vgl. ebd., S. 70–76 u. 86–94; *Neidlinger, Karl:* Studien zur Geschichte der deutschen Effektenspekulation von ihren Anfängen bis zum Beginn der Eisenbahnaktienspekulation, Jena 1930, S. 63–72.

[25] Vgl. *Spiethoff, Arthur:* Wechsellagen, a.a.O., S. 92 f.

[26] Vgl. *Michael, Wolfgang:* Der Südseeschwindel vom Jahre 1723, in: *Vierteljahresschriften für Social- und Wirtschaftsgeschichte,* II. Bd. (1908), S. 551–555.

[27] Vgl. *Wirth, Max:* a.a.O., S. 38–65.

[28] Vgl. *Bouniatian, Mentor:* Geschichte der Handelskrisen in England im Zusammenhang mit der Entwicklung des englischen Wirtschaftslebens 1640–1840, München 1908, S. 112–115.

[29] Vgl. *Homer, Sidney:* A History of Interest Rates, New Brunswick 1963, S. 156.

[30] Vgl. *Braudel, Fernand:* a.a.O., Handel, S. 99 u. 495.

[31] Vgl. *Homer, Sidney:* a.a.O., S. 172.

[32] Vgl. zum Lawschen Finanzskandal: *Samuel, Ludwig:* a.a.O., *Mandrou, Robert:* Staatsräson und Vernunft 1649–1775, Propyläen Geschichte Europas Bd. 3, Frankfurt/M. etc. 1982, S. 128–154; *Spiethoff, Arthur:* Wechsellagen, a.a.O., S. 91–104; *Wirth, Max:* a.a.O., S. 14–32.

[33] Vgl. *Samuel, Ludwig:* a.a.O., S. 51 f.

[34] Vgl. zu den Hamburger Wechselkursen des 18. Jahrhunderts: *Reiß, Winfried:* Historische Wechselkurse, in: *Bankhistorisches Archiv* 2'1985, S. 3–41.

[35] Vgl. *Samuel, Ludwig:* a.a.O., S. 168–174.

[36] Vgl. ebd., S. 154–158.

[37] Vgl. *Bouniatian, Mentor:* a.a.O., S. 130–134.

[38] Vgl. ebd. S. 135–142.

[39] Vgl. *Braudel, Fernand:* a.a.O., Aufbruch, S. 298–303; *Lademacher, Horst:* Geschichte der Niederlande, Darmstadt 1983, S. 187–190.

[40] Vgl. zu den Krisen im Holland des späten 18. Jahrhunderts: *Braudel, Fernand:* a.a.O., Aufbruch, S. 292–299.

[41] Vgl. *Fischer, Wolfram* et al.: Sozialgeschichtliches Arbeitsbuch I – Materialien zur Statistik des Deutschen Bundes 1815–1870, München 1982, S. 52.

[42] Vgl. ebd. S. 63, 68, 70, 79, 80, 85 u. 101.

[43] Vgl. *Spiethoff, Arthur:* Wechsellagen, a.a.O., S. 113 u. 116.

[44] Vgl. *Neidlinger, Karl:* a.a.O., S. 57–59.

[45] Vgl. *Schick, Ernst:* Handbuch des deutschen Staatspapier- und Actienhandels, Leipzig 1849, S. 63–79; *Noback, Friedrich:* Allgemeines Börsen- und Comptoirbuch, Erster Band: Actien und Fonds, Leipzig 1861, S. 282–343.

[46] Vgl. *Leiskow, Hanes:* Spekulation und öffentliche Meinung in der ersten Hälfte des 19. Jahrhunderts, Jena 1930, S. 1–4.

[47] Vgl. *Feller, F. E.:* Actien-Archiv oder Handbuch für die Actien-Börse, Leipzig 1844; ders.: Die Staatspapier- und Actien-Börse, Leipzig 1846, S. 279–390; *Spangenthal, S.:* Die Geschichte der Berliner Börse, Berlin 1903, S. 53 f.

[48] Vgl. *Kahn, Julius:* Geschichte des Zinsfußes in Deutschland seit 1815 und die Ursachen seiner Veränderung, Stuttgart 1884, S. 236–243.

[49] Vgl. *Bayerische Hypotheken- und Wechsel-Bank* (Hg.): Die Anfänge der Bayerischen Hypotheken- und Wechsel-Bank aus den Protokollen der Administration 1835–1850, München 1985, S. 569 f.

[50] Vgl. *Voye, Ernst:* Über die Höhe der verschiedenen Zinsarten und ihre wechselseitige Abhängigkeit – Die Entwicklung des Zinsfußes in Preußen von 1807 bis 1900, Jena 1902, S. 33–47 u. 84 f.

[51] Vgl. eigene Berechnungen bzw. *Fischer, Wolfram* et al.: a.a.O., S. 96.

[52] Vgl. *Spangenthal, S.:* a.a.O., S. 62–71.

[53] Vgl. zu diesem Kapitel bisher: *Leiskow, Hanns:* a.a.O., S. 8–15 u. 31–37.

[54] Vgl. *Fischer, Wolfram* et al.: a.a.O., S. 63, 65, 67, 68, 70, 82, 86, 155 u. 214.

[55] Vgl. *Spree, Reinhard:* Die Wachstumszyklen der deutschen Wirtschaft von 1840 bis 1880, Berlin 1977, S. 377.

[56] Vgl. *Hoffmann, Walther G.:* Das Wachstum der deutschen Wirtschaft seit der Mitte des 19. Jahrhunderts, Berlin etc. 1965, S. 789 u. 810.

[57] Vgl. *Fischer, Wolfram* et al.: a.a.O., S. 98.

[58] Vgl. *Hoffmann, Walter G.:* a.a.O., S. 310, 338 f., 424, 437 u. 506 f.

[59] Vgl. *Borchardt, Knut:* Zur Frage des Kapitalmangels in der ersten Hälfte des 19. Jahrhunderts in Deutschland, in: ders.: Wachstum, Krisen, Handlungsspielräume der Wirtschaftspolitik, Göttingen 1982, S. 28–41; *Tilly, Richard H.:* Zur Entwicklung des Kapitalmarktes und Industrialisierung im 19. Jahrhundert unter besonderer Berücksichtigung Deutschlands, in: *Vierteljahrschrift für Sozial- und Wirtschaftsgeschichte,* 60. Bd. (1973), S. 152–155.

[60] Vgl. *Moser, A.:* Die Capitalanlage in Werthpapieren, Stuttgart 1862, S. 551–578.

[61] Vgl. *Leiskow, Hanns:* a.a.O., S. 40–42.

[62] Vgl. ebd., S. 43.

[63] Vgl. *Preußische Bank:* Verwaltungsbericht für das Jahr 1855, Berlin 1856, Anlage.

[64] Vgl. *Noback, Friedrich:* a.a.O., S. 177–272.

[65] Vgl. *Leiskow, Hanns:* a.a.O., S. 44–49.

[66] Vgl. *Hoffmann, Walther G.:* a.a.O., S. 748 u. 772. Währungsangaben in Mark umgerechnet, der erst 1871/73 eingeführten Währung des Kaiserreiches.

[67] Vgl. *Rosenberg, Hans:* Die Weltwirtschaftskrisis von 1857–1859, Stuttgart u. Berlin 1934, S. 107–109.

[68] Vgl. *Leiskow, Hanns:* a.a.O., S. 80–82.

[69] Vgl. *Wirth, Max:* a.a.O., S. 275 f.

[70] Vgl. ebd., S. 317–362.

[71] Vgl. *Rosenberg, Hans:* a.a.O.

[72] Vgl. *Hoffmann, Walther G.:* a.a.O., S. 506 f.

[73] Vgl. *Kahn, Julius:* a.a.O., S. 211 u. 216; *Voye, Ernst:* a.a.O., S. 85.

[74] Vgl. *Rosenberg, Hans:* a.a.O., S. 192 f.

[75] Vgl. *Hoffmann, Walther G.:* a.a.O., S. 506 f. u. 598 f.

[76] Vgl. *Preußische Bank:* Verwaltungsbericht für das Jahr 1859, Berlin 1860, S. 4.

[77] Vgl. *Spree, Reinhard:* Wachstumszyklen, a.a.O., S. 377.

[78] Vgl. *Spangenthal, S.:* a.a.O., S. 105.

[79] Vgl. *Hoffmann, Walther G.:* a.a.O., S. 825, 454 u. 257; *Spiethoff, Arthur:* Wechsellagen, a.a.O., S. 120.

[80] Vgl. *Spangentahl, S.:* a.a.O., S. 105–107.

[81] Vgl. *Mann, Golo:* Deutsche Geschichte des 19. und 20. Jahrhunderts, Frankfurt/M. 1958, S. 348 f.

[82] Vgl. *Kahn, Julius:* a.a.O., S. 158–163.

[83] Vgl. *Voye, Ernst:* a.a.O., S. 58.

[84] Vgl. *Wirth, Max:* a.a.O., S. 405–418.

[85] Vgl. *Spangenthal, S.:* a.a.O., S. 111–117.

[86] Vgl. *Spree, Reinhard:* Wachstumszyklen, a.a.O., S. 344–352.

[87] Vgl. *Spangenthal, S.:* a.a.O., S. 121 f.

[88] Vgl. *Spree, Reinhard:* Wachstumszyklen, a.a.O., S. 397.

[89] Vgl. ebd., S. 122–126.

[90] Vgl. *Hoffmann, Walther G.:* a.a.O., S. 825, 599, 454, 748, 768, 772 u. 789.

[91] Vgl. *Wirth, Max:* a.a.O., S. 455–471.

[92] Vgl. *Spangenthal, S.:* a.a.O., S. 125 ff.

[93] Vgl. ebd., S. 127 f.

[94] Vgl. *Hoffmann, Walther G.:* a.a.O., S. 748 u. 768.

[95] *Spangenthal, S.:* a.a.O., S. 133.

[96] *Fontane, Theodor:* Der Krieg gegen Frankreich 1870–1871, in: Werke, Schriften und Briefe, Abt. III Bd. 5, München u. Wien 1986, S. 387.

[97] Vgl. *Achterberg, Erich:* Börsenschock in Frankfurt 1870, in: *Beiträge zur Bankgeschichte* vom 1. 10. 1970.

[98] Seit der 1. Auflage wurden zwei einschlägige Dissertationen des Instituts für Kapitalmarktforschung an der Universität Frankfurt/M. mit Indexberechnungen für den Renten- bzw. für den Aktienmarkt veröffentlicht. Vgl. *Müller, Johannes:* Der deutsche Rentenmarkt vor dem Ersten Weltkrieg – eine Indexanalyse, Diss., Frankfurt/M. 1992; *Eube, Steffen:* Der Aktienmarkt in Deutschland vor dem Ersten Weltkrieg – eine Indexanalyse, Diss., Frankfurt/M. 1998. Hier wurde jedoch aus zwei Gründen darauf verzichtet, die betreffenden Ergebnisse einzubeziehen. Zum einen beginnen die Berechnungen erst mit dem Jahr 1876, also am Ende der hier interessierenden Baisse-Periode. Zum anderen ergeben sich durch die Aufstellung von Performanceindices zwar Niveauverschiebungen, nicht aber grundlegend andere Kurvenverläufe.

[99] Vgl. *Spangenthal, S.:* a.a.O., S. 140–142.

[100] Vgl. *Tilly, Richard H.:* Zeitreihen zum Geldumlauf in Deutschland, 1870–1913, in: *Jahrbücher für Nationalökonomie und Statistik,* Bd. 187 (1972/73), S. 350.

[101] Zur Entwicklung an der Börse in diesem Kapitel bisher vgl. *Spangenthal, S.:* a.a.O., S. 98–144.

[102] Vgl. *Dresdner Bank AG:* Historische statistische Reihen, Frankfurt/ M. 1990, S. 4.

[103] Vgl. *Wirth, Max:* a.a.O., S. 511.

[104] Vgl. *Eochart, Joachim:* Der Mann, der zu viel wollte – Die Geschichte des Eisenbahnkönigs Bethel Henry Strousberg, in: *Süddeutsche Zeitung* v. 25./26.8. 1984, S. 97.

[105] Vgl. *Pemsel, Jutta:* Die Wiener Weltausstellung von 1873, in: *Amt der Niederösterreichischen Landesregierung* (Hg.): Das Zeitalter Kaiser Franz Josephs von der Revolution zur Gründerzeit, Beiträge, Wien 1984, S. 184.

[106] Vgl. *Wirth, Max:* a.a.O., S. 577–603.

[107] Vgl. ebd., S. 616–654.

[108] Vgl. ebd., S. 654–659.

[109] Vgl. *Deutsche Bundesbank* (Hg.): Deutsches Geld- und Bankwesen in Zahlen 1876–1975, Frankfurt/M. 1976, S. 294.

[110] Vgl. *Steffan, Franz:* Bayerische Vereinsbank 1869–1969, München 1969, S. 65.

[111] Vgl. *Preußische Bank:* Verwaltungsbericht für das Jahr 1874, Berlin 1875, S. 4 u. Anlage.

[112] Vgl. *Borchardt, Knut:* Realkredit- und Pfandbriefmarkt im Wandel von 100 Jahren, in: 100 Jahre Rheinische Hypothekenbank, Frankfurt/M. 1971, S. 121.

[113] Vgl. *Bismarck, Otto v.:* Gedanken und Erinnerungen, Ausg. München 1952, S. 419–424; *Born, Karl Erich:* Von der Reichsgründung bis zum Ersten Weltkrieg, Handbuch der deutschen Geschichte Bd. 16, 6. Aufl., München 1981, S. 102–105.

[114] Vgl. *Borchardt, Knut:* Wirtschaftliches Wachstum und Wechsellagen 1800–1914, in: *Aubin, Hermann* u. *Zorn, Wolfgang* (Hg.): Handbuch der deutschen Wirtschafts- und Sozialgeschichte Bd. 2, Stuttgart 1976, S. 264–267.

[115] Vgl. *Metzler, Ludwig:* a.a.O., S. 138–151.

[116] Vgl. *Prion, Willi:* Die Preisbildung an der Wertpapierbörse, insbesondere auf dem Aktienmarkt der Berliner Börse, 2. Aufl., Berlin u. Leipzig 1929, S. 1–132.

[117] Zur Entwicklung im Kaiserreich vgl. *Bichmann, Heinrich:* Der Zinsfuß seit 1895, Berlin 1912; *Borchardt, Knut:* Wirtschaftliches Wachstum und Wechsellagen 1800–1914, a.a.O., S. 266–275; *Buss, Georg:* Berliner Börse von 1685–1913, Berlin 1913, S. 138–155; *Deutsche Bundesbank* (Hg.): Geld- und Bankwesen, a.a.O.; *Deutsche Reichsbank* (Hg.): Die Reichsbank 1876 bis 1910, Berlin 1912; dies.: Die Reichsbank 1901–1925, Berlin 1925; *Funk, Walther:* Die Welt im Spiegel der Börse, in: 75 Jahre Berliner Börsen-Zeitung, Berlin 1930, S. I 76–88; *Hoffmann,* Walther G.: a.a.O., *Hohorst, Gerd* et al.: Sozialgeschichtliches Arbeitsbuch II – Materialien zur Statistik des Kaiserreiches 1870–1914, 2. Aufl., München 1978; *Spiethoff, Arthur:* Wechsellagen, a.a.O., S. 125–139; *Spree, Reinhard:* Wachstumstrends und Konjunkturzyklen in der deutschen Wirtschaft von 1820 bis 1913, Göttingen 1978; *Tilly, Richard H.:* Geldumlauf, a.a.O.; *Voye, Ernst:* a.a.O.

[118] Zur Börsenentwicklung im 1. Weltkrieg vgl. *Kronenberger, Fritz:* Die Preisbewegung der Effekten in Deutschland während des Krieges, Berlin 1920.

[119] Vgl. zur Entstehung der Hyperinflation in Deutschland: *Holtfrerich, Carl-Ludwig:* Erwartungen des In- und Auslands und die Geldnachfrage während der Inflation in Deutschland 1920–1923, in: *Bankhistorisches Archiv* 1'1980, S. 3–19.

[120] Zum Aktienkursindex vgl. *Statistisches Bundesamt* (Hg.): Index der Aktienkurse – Lange Reihen –, Wiesbaden 1985; zur Börsenentwicklung in der Inflationsperiode vgl. *Prion, Willi:* a.a.O., S. 229–230.

[121] *Deutsche Reichsbank* (Hg.): 1901–1925, a.a.O., S. 91.

[122] Vgl. *Erdmann, Karl Dietrich:* Die Weimarer Republik, in: Handbuch der deutschen Geschichte Bd. 19, 9. Aufl., München 1980, S. 105–187.

[123] Vgl. *Wagemann, Ernst:* Struktur und Rhythmus der Weltwirtschaft, Berlin 1931, S. 288.

[124] Vgl. ebd., S. 294.

[125] Zur Inflation und ihrer Überwindung vgl. *Feldman, Gerald D.:* The Great Disorder, Oxford 1993; *Pfleiderer, Otto:* Die Reichsbank in der Zeit der großen Inflation, die Stabilisierung der Mark und die Aufwertung von Kapitalforderungen, in: *Deutsche Bundesbank* (Hg.): Währung und Wirtschaft in Deutschland 1876–1975, Frankfurt/M. 1976, S. 157–201; *Kiehling, Hartmut:* Die Bevölkerung in der Hyperinflation 1922/23, in: Scripta Mercaturae 2/1999, S. 1–60; ders.: Die wirtschaftliche Situation des deutschen Einzelhandels in den Jahren 1920 bis 1923, in: *Zeitschrift für Unternehmensgeschichte* 41 (1996), S. 1–27. Speziell zu den Finanzmärkten der Inflationszeit vgl. ders.: Die deutsche Börse in den Jahren 1920 bis 1923, in: *Bankhistorisches Archiv* 2/1995, S. 67–106; ders.: Der Funktionsverlust der deutschen Finanzmärkte in Weltkrieg und Inflation 1914–1923, in: Jahrbuch für Wirtschaftsgeschichte 1998/1, S. 11–58; ders.: Banking in der Inflation 1918 bis 23, in: *Scripta Mercaturae* 29 (1996), S. 14–64.

[126] Zur stufenweisen Währungsreform vgl. *Wanner, Eckhardt:* Die vergessene Währungsreform, in: *Die Bank* 2'1988, S. 105–108.

[127] Vgl. *Prion, Willi:* a.a.O., S. 242.

[128] Vgl. *Wagemann, Ernst* (Hg.): Kurven und Zahlen zur Wirtschaftslage in Deutschland, 2. Aufl., Berlin 1935, S. 42 f.

[129] Vgl. *Prion, Willi:* a.a.O., S. 44 f.

[130] Vgl. ebd., S. 234–239.

[131] Vgl. *Wagemann, Ernst:* Rhythmus, a.a.O., S. 298–343.

[132] Vgl. *Hoffmann, Walther G.:* a.a.O., S. 784.

[133] Vgl. *Stucken, Rudolf:* Schaffung der Reichsmark, Reparationsregelungen und Auslandsanleihen, Konjunkturen (1924–1930), in: *Deutsche Bundesbank* (Hg.): Währung und Wirtschaft in Deutschland 1876–1975, Frankfurt/M. 1976, S. 269–276.

[134] Vgl. *Wagemann, Ernst* (Hg.): a.a.O., S. 26 f.

[135] Vgl. *Statistisches Reichsamt* (Hg.): Statistisches Handbuch der Weltwirtschaft, Berlin 1936, S. 20–34.

[136] Vgl. *Galbraith, John K.:* Der große Crash 1929, München 1989.

[137] Vgl. *Wagemann, Ernst* (Hg.): a.a.O.

[138] Vgl. zur sog. Julikrise am deutschen Rentenmarkt *Girnth, Walter:* Der deutsche Rentenmarkt 1923–1935, Berlin 1935, S. 39 f.

[139] Vgl. *Deutsche Reichsbank:* Verwaltungsbericht für das Jahr 1931, Berlin 1932, S. 3–11.

[140] Vgl. allgemein *Borchardt, Knut:* Wachstum und Wechsellagen 1914–1970, in: *Aubin, Hermann* u. *Zorn, Wolfgang* (Hg.): a.a.O. Bd. 2, Stuttgart 1976, S. 696–712; *Irmler, Heinrich:* Bankenkrise und Vollbeschäftigungspolitik (1931–1936), in: *Deutsche Bundesbank* (Hg.): Währung und Wirtschaft, a.a.O., S. 283–329; *Julitz, Lothar:* Das Trauma des großen Krachs, in: *Frankfurter Allgemeine Zeitung* v. 21. 10. 1989, S. 15; *Kindleberger, Charles P.:* Die Weltwirtschaftskrise, München 1973; *Treue, Wilhelm* (Hg.): Deutschland in der Weltwirtschaftskrise in Augenzeugenberichten, München 1976; *Ambrosius, Gerold* u. *Hubbard, William H.:* Sozial- und Wirtschaftsgeschichte Europas im 20. Jahrhundert, München 1986, S. 129–249; *Glismann, Hans-Hinrich* et al.: Zur empirischen Analyse langer Zyklen wirtschaftlicher Entwicklung in Deutschland, *Kieler Arbeitspapiere* Nr. 72, Kiel 1978; *Petzina, Dietmar* et al.: Sozialgeschichtliches Arbeitsbuch III – Materialien zur Statistik des Deutschen Reiches 1914–1945, München 1978; *Raabe, Karl-Heinz:* Die langfristige Entwicklung des Sozialproduktes im Bundesgebiet, in: *Wirtschaft und Statistik* 2'1954, S. 63–66.

[141] Vgl. *Borchardt, Knut:* Zwangslagen und Handlungsspielräume in der großen Weltwirtschaftskrise der frühen dreißiger Jahre: Zur Revision des überlieferten Geschichtsbildes, in: ders.: Wachstum, Krisen, Handlungsspielräume, a.a.O., S. 165; ders.: Wirtschaftliche Ursachen des Scheiterns der Weimarer Republik, ebd., S. 183–205.

[142] Vgl. zu den statistischen Angaben in diesem Kapitel bisher *Deutsche Bundesbank* (Hg.): Geld- und Bankwesen, a.a.O., S. 4 f., 7, 14, 18 u. 290–295.

[143] Vgl. *Deutsche Reichsbank:* Verwaltungsbericht für das Jahr 1943, Berlin 1944, S. 8.

[144] Vgl. *Hessisches Statistisches Landesamt* (Hg.): Wertpapierverkehr an der Frankfurter Börse, in: Hessische Monatszahlen, Wiesbaden 1947–1951.

[145] Vgl. *Bank deutscher Länder:* Monatsbericht Nr. 2 (September 1948), hektografiertes Manuskript, Frankfurt/M. 1948, Anh. S. 5.

[146] Vgl. *Möller, Hans:* Die deutsche Währungsreform von 1948, in:

Deutsche Bundesbank (Hg.): Währung und Wirtschaft in Deutschland 1876–1975, Frankfurt/M. 1976, S. 433–483.

[147] Vgl. *Erdmann, Karl Dietrich:* Das Ende des Reiches und die Neubildung deutscher Staaten, Handbuch der deutschen Geschichte Bd. 22, München 1980, S. 296–320.

[148] Renten und Aktien lauteten weiterhin auf RM. Dies änderte sich erst mit der Neubegebung bzw. der Umstellung nach der DM-Eröffnungsbilanz.

[149] Vgl. *Bank deutscher Länder:* Geschäftsbericht für die Jahre 1948 und 1949, Frankfurt/M. 1950, S. 1–24.

[150] Vgl. *Bianco, Lucien:* Das moderne Asien, Fischer Weltgeschichte Bd. 33, Frankfurt/M. 1969, S. 281–284.

[151] Vgl. *Schlesinger, Helmut:* Geldpolitik in der Phase des Wiederaufbaus (1950–1958), in: *Deutsche Bundesbank* (Hg.): Währung und Wirtschaft, a.a.O., S. 564–572.

[152] Vgl. *Baring, Arnulf:* Außenpolitik in Adenauers Kanzlerdemokratie Bd. 1, München 1971, S. 52–68.

[153] Vgl. *Bank deutscher Länder:* Geschäftsbericht für das Jahr 1951, Frankfurt/M. 1952, S. 1–20.

[154] Vgl. ebd., S. 26 u. 40–43.

[155] Vgl. *Grosser, Alfred:* Geschichte Deutschlands seit 1945, 11. Aufl., München 1984, S. 440–444.

[156] Vgl. *Bank deutscher Länder:* Geschäftsbericht für das Jahr 1952, Frankfurt/M. 1953, S. 48–52.

[157] Vgl. ebd., S. 1–13.

[158] Vgl. *Grosser, Alfred:* a.a.O., S. 270–276.

[159] Vgl. *Bank Deutscher Länder:* Geschäftsbericht für das Jahr 1955, Frankfurt/M. 1956, S. 59–65.

[160] Vgl. dies.: Geschäftsbericht für das Jahr 1956, Frankfurt/M. 1957, S. 1–29 u. 55–63.

[161] Vgl. *Bracher, Karl Dietrich:* Die Krise Europas 1917–1975, Propyläen Geschichte Europas Bd. 6, Frankfurt/M. 1982, S. 349–352.

[162] Vgl. *Deutsche Bundesbank:* Geschäftsbericht für das Jahr 1958, Frankfurt/M. 1959, S. 1–44.

[163] Vgl. *Philipp, Jürgen* u. *Zimmermann, Sylvia:* Wiederholt sich die Hausse von 1959? in: *Börse Online* 6'1990, S. 24 f.

[164] Vgl. *Deutsche Bundesbank:* Monatsbericht Januar 1960, Frankfurt/M. 1960, S. 12–17.

[165] Vgl. dies.: Monatsbericht April 1960, Frankfurt/M. 1960, S. 11–14.

[166] Vgl. dies.: Monatsbericht Juli 1960, Frankfurt/M. 1960, S. 11–17.

[167] Vgl. *Mella, Frank:* Dem Trend auf der Spur – Der deutsche Aktienmarkt 1959–1987 im Spiegel des Index Börsen-Zeitung Deutscher Aktienindex, Frankfurt/M. 1988, S. 24.

[168] Vgl. *Deutsche Bundesbank:* Monatsbericht Januar 1961, Frankfurt/M. 1961, S. 15–20.

[169] Vgl. *Mella, Frank:* a.a.O., S. 24.

[170] Vgl. *Deutsche Bundesbank:* Monatsbericht Juli 1961, Frankfurt/M. 1961, S. 13–20.

[171] Vgl. *Mella, Frank:* a.a.O., S. 25.

[172] Vgl. ebd., S. 26.

[173] Vgl. zu den volkswirtschaftlichen Daten *Deutsche Bundesbank* (Hg.): 40 Jahre Deutsche Mark – Monetäre Statistiken 1948–1987, Frankfurt/M. 1988.

[174] Vgl. *Deutsche Bundesbank:* Geschäftsbericht für das Jahr 1982, Frankfurt/M. 1983, S. 42–48.

[175] Vgl. dies.: Geschäftsbericht für das Jahr 1983, Frankfurt/M. 1984, S. 47–54.

[176] Vgl. *Dahlhoff, Günther:* Reaganomics, in: *Europa-Archiv* 23'1986, S. 687–696; *Franz, Wolfgang:* Reagan versus Keynes – Eine Zwischenbilanz der angebotsorientierten Wirtschaftspolitik, in: *Jahrbuch für Sozialwissenschaft* Bd. 36 H. 3, 1985, S. 240–261; *Gerstenberger, Wolfgang:* Die Wachstumsschwäche der deutschen Wirtschaft – ungünstige Rahmenbedingungen oder nachlassende Anpassungsdynamik? in: *ifo- schnelldienst* 10'1984, S. 7–22; *Giersch, Herbert:* Ein Liberalisierungs- Club gegen Eurosklerose – Perspektiven für einen neuen Liberalisierungsanlauf, in: *Frankfurter Allgemeine Zeitung* 255'1984, S. 15; *Großer, Günter* u. *Weinert, Günter:* Die weltwirtschaftlichen Auswirkungen der Reaganomics, in: *Wirtschaftsdienst* 11'1984, S. 535–541; *Landsmann, Oliver:* Eine Bilanz des Reagan-Experiments, in: *Wirtschaftsdienst* 10'1984, S. 501–508; *Ludsteck, Walter:* Noch nicht auf dem Abstellgleis – aber die USA und Japan machen bei den neuen Technologien das Tempo, in: *Süddeutsche Zeitung* 173'1984, S. 33; *Glismann, Hans H.* u. *Rademer, Horst:* Der wirtschaftliche Niedergang in der Bundesrepublik Deutschland und in der Weimarer Republik, *Kieler Arbeitspapier* Nr. 154, Kiel 1982.

[177] Vgl. *Deutsche Bundesbank:* Geschäftsbericht für das Jahr 1984, Frankfurt/M. 1985, S. 48–55.

[178] Vgl. dies.: Geschäftsbericht für das Jahr 1985, Frankfurt/M. 1986, S. 45–58.

[179] Vgl. dies.: Monatsberichte, Statistischer Teil u. Beihefte.

[180] Vgl. *Schlieffen, Magnus v.:* Das Auslandsgeschäft deutscher Großunternehmen, München 1988, S. 1.

[181] Vgl. *Deutsche Bundesbank:* Geschäftsbericht für das Jahr 1986, Frankfurt/M. 1987, S. 45–57.

[182] Vgl. o. V.: Erste Lehren aus dem schwarzen Montag, in: *Börsen-Zeitung* v. 27. 10. 1987, S. 3.

[183] Vgl. o. V.: Crash war Computer-Panik großer Institutioneller, in: *Börsen-Zeitung* v. 9. 1. 1988, S. 3.

[184] Vgl. o. V.: Amerika zählt die Schäden des Kurszusammenbruchs, in: *Börsen-Zeitung* v. 23. 10. 1987, S. 3.

[185] Vgl. *Mella, Frank:* a.a.O., S. 64.

[186] Vgl. *Deutsche Bundesbank:* Monatsbericht Dezember 1987, Frankfurt/M. 1987, S. 11 u. 17–24.

[187] Vgl. dies.: Geschäftsbericht für das Jahr 1987, Frankfurt/M. 1988, S. 48–57.

[188] Vgl. dies.: Geschäftsbericht für das Jahr 1988, Frankfurt/M. 1989, S. 48–60; *Hidding, Bruno:* Das Börsenjahr 1989 verspricht lebhafte Märkte – 1988 war deutlich besser als nach dem Crash erwartet, in: *Börsen-Zeitung* 251'1988, S. 8.

[189] Vgl. *Zeise, Lucas:* Visionen überdecken Aktienmarkt-Risiken, in: *Börsen-Zeitung* 250'1989, S. 9.

[190] Vgl. *Deutsche Bundesbank:* Geschäftsbericht für das Jahr 1989, Frankfurt/M. 1990, S. 44–53.

[191] Vgl. dies.: Monatsbericht Dezember 1990, Frankfurt/M. 1990, S. 17–22.

[192] Siehe *Constand, Richard, Sullivan, Mike* and *Freitas, Lewis P.:* Factors Affecting Price Earnings Ratios and Market Values of Japanese Firms, in: *Financial Management* (Winter 1991), pp. 68–79; *French, Kenneth R.* and *Poterba, James M.:* Were Japanese Stock Prices too High? in: *Journal of Financial Economics* 29 (1991), pp. 337–363.

[193] Kausalketten wie die hier angedeutete haben ohne eine extrem detaillierte Untersuchungen immer Vorläufigkeitscharakter. So kommt eine Studie zweier Forscher von der University of Hawaii zu einer umgekehrten Kausalkette. Nach ihrer Meinung hat der Immobilienmarkt die Bankaktien beflügelt, die wiederum den gesamten Aktienmarkt mitgerissen haben. Siehe *Constand, Richard* and *Tanner, Glenn:* Linkages between the Stock Market, Financial Institutions, and Real Estate Firms in Japan: Evidence from Volatility

Transmissions, Working Paper University of Hawaii, Faculty of Business Administration, Hawaii 1997.

[194] Zum japanischen Boom und Crash und ihren ökonomischen Hintergründen vgl. *Wood, Christopher:* The bubble economy – Japan's extraordinary speculative boom of the '80s and the dramatic burst of the '90s, New York 1992; *Baumgartner, Ulrich* and *Meredith, Guy:* Saving behavior and the asset price ‚bubble' in Japan: analytical studies, IMF, Washington, D.C., 1995; *Ziemba, William T., Bailey, Warren* and *Hamao, Yasushi* (eds.): Japanese financial market research, Amsterdam and New York 1991; *Ziemba, William T.* and *Schwartz, Sandra L.:* The Growth of the Japanese Stock Market, 1949–90, and Prospects for the future, in: *Managerial and Decision Economics* 12 (1991), pp. 183–195.

[195] Vgl. *Deutsche Bundesbank:* Zur Bedeutung von Fundamentalfaktoren für die Entstehung von Währungskrisen in Entwicklungs- und Schwellenländern, in: *Monatsberichte* 51 (1999) 4, S. 15–28.

[196] Südkorea, VR China, Hongkong, Taiwan, Thailand, Malaysia, Singapur, die Philippinen und Indonesien.

[197] Siehe *Kindleberger, Charles P.:* Manias, Panics, and Crashes – a history of Financial Crises, 3rd ed., New York etc. 1996

[198] Im Detail beschäftigt sich mein in Kürze im Vahlen-Verlag erscheinendes Buch über „Die Psychologie des Kurssturzes" mit diesen Effekten.

[199] Das Modell von *Kneidel/Weigl* stellt lediglich auf die Crashs 1929 und 1987 ab. Vgl. *Kneidl, Manfred* u. *Weigl, Georg*: Analyse von Crashszenarien, Regensburg 1988, S. 24–33.

[200] Vgl. *Statistisches Bundesamt* (Hg.): a.a.O.

[201] Vgl. *Spree, Reinhard:* Wachstumszyklen, a.a.O., S. 377 u. 509 f.

[202] Vgl. *Däbritz, Walther:* a.a.O., S. 42–45.

[203] Vgl. *Deutsche Reichsbank:* Verwaltungsbericht für das Jahr 1932, Berlin 1933, S. 8.

[204] Vgl. *Hessisches Statistisches Landesamt* (Hg.): a.a.O.

[205] Inzwischen gibt es allerdings wenigstens für die Zeit des Kaiserreiches einen Performanceindex: Vgl. *Eube, Steffen:* a.a.O.

[206] Vgl. hierzu *Borchardt, Knut:* Trend, Zyklus, Strukturbrüche, Zufälle: Was bestimmt die deutsche Wirtschaftsgeschichte des 20. Jahrhunderts? in: ders.: Wachstum, Krisen, Handlungsspielräume, a.a.O., S. 112–116 zur Sturkturbruchthese u. S. 100–124 allgemein zur Trendbestimmung in der deutschen Wirtschaftsgeschichte des 20. Jahrhunderts. Der Strukturbruchthese hängt *Hielscher* auch für

den Aktienmarkt an: Vgl. *Hielscher, Udo:* Börsen der Bundesrepublik Deutschland, in: *Kloten, Norbert* u. *Stein, Johann Heinrich v.* (Hg.): *Obst/Hintner* Geld-, Bank- und Börsenwesen, 37. Aufl., Stuttgart 1980, S. 850 f.

[207] Vgl. *UBS Philipps & Drew:* The value of growth, London Februar 1990; *Bayerische Hypotheken- und Wechsel-Bank AG:* KGV-Interpretation: Der deutsche Aktienmarkt vor einer Neubewertung!?! München Mai 1990; *Georg Hauck & Sohn Bankiers:* Sind hohe Kurs/ Gewinn-Verhältnisse hoch? Frankfurt/M. Mai 1990.

[208] *Luther* verdammte die großen Gesellschaften in seiner Schrift „Von Kaufhandlung und Wucher" 1524 in Bausch und Bogen: „Sollten die Gesellschaften bleiben, so muss Recht und Redlichkeit untergehen." Vgl. *Fausel, Heinrich: D. Martin Luther:* Leben und Werk 1522 bis 1546, Bd. 12 der Calwer Luther-Ausgabe, hg. v. *Metzger, Wolfgang,* 3. Aufl., Gütersloh 1977, S. 58. Dagegen widersprachen Ausschüttungen auf Kuxe nach katholischer Lesart nicht dem kanonischen Zinsverbot, da sie die Risiken von Dividenden- und Kursänderungen beinhalteten.

[209] Earnings before interest and tax, Earnings before interest, tax, depreciation and amortization bzw. Kurs/Cash-flow-Verhältnis.

[210] Vgl. *Prion, Willi:* a.a.O., S. 239–245.

[211] Vgl. *Deutsche Bundesbank:* Monatsberichte April 1959, S. 15, Januar 1960, S. 17 u. Juli 1960, S. 16 f.

[212] Siehe Kindleberger, p. 2 f.

[213] Vgl. *Galbraith, Kenneth:* Der große Crash 1929, München 1989, S. 106–135.

[214] Vgl. *Reichsbank:* Verwaltungsbericht 1931, S. 9.

[215] Siehe *Kindleberger, Charles P.:* a.a.O., p. 138 ff.

[216] 1809 verhinderte der Kongress die Verlängerung ihrer Konzession.

[217] Siehe *Kindleberger, Charles P.:* a.a.O., p. 157.

[218] Vgl. *Deutsche Bundesbank:* Geschäftsbericht für das Jahr 1987, Frankfurt/M. 1988, S. 37.

[219] Siehe *Kindleberger, Charles P.:* a.a.O., p. 11; *Wirth,* 9–418.

[220] Vgl. *Reichsbank:* Jahresbericht 1930, S. 1 f., 1931 S. 4–9.

[221] Vgl. *Luhmann, Niklas:* Die Wirtschaft der Gesellschaft, 2. Aufl., Frankfurt/M. 1989, S. 30–40.

[222] Vgl. zu diesen Zusammenhängen *Borchardt, Knut:* Wandlungen des Konjunkturphänomens in den letzten hundert Jahren, in: ders.: Wachstum, a.a.O., S. 92–99.

[223] Vgl. zur Rolle von Future-Märkten, Trading-Strategien usw. beim

87er Crash *Jüttner, Johannes:* Fundamentals, Bubbles, Trading Strategies: Are they the Causes of Black Monday? in: *Kredit und Kapital* 4'1989, S. 470–486.

224 Vgl. *Leiskow, Hanns:* a.a.O., S. 15–31 u. 52–64.

225 Vgl. *Zitzelsberger, Gerd:* Die Börsen im Sog der Terminmärkte: Roulette ohne Reue? Neue Finanzinstrumente und die wirtschaftliche Stabilität, in: *Süddeutsche Zeitung* 4'1991, S. 33; *Hanssen, Rolf A.* u. *Müller-Schwerin, Eberhard:* Stabilisiert die Terminspekulation die Aktienkurse? in: *Zeitschrift für das gesamte Kreditwesen* 10'1976, S. 426–431.

Glossar

Agio: Aufgeld, Differenz zwischen dem Nennwert (eines Wertpapiers) und dem zu entrichtenden höheren Kurs

Aktienindex: In diesem Buch wurden folgende Aktienindizes verwandt:

Deutschland:

1. Index nach *Spree*, 1840–55, Eisenbahn- und Bankaktien, Jahresdurchschnitte
2. Index nach *Däbritz*, 1856–69, 10–25 Eisenbahn-, Bank- und Industrieaktien, ungewogen, Jahresdurchschnitte
3. Indizes des *Statistischen Reichsamtes*, Monatswerte:
   a) 1870–89, rd. 80 Aktien, ungewogen
   b) 1890–1913, erstmals gewogene Kursdurchschnitte und von marktfremden Veränderungen bereinigt
   c) 1914–24, rd. 300 Aktien, 1918–24 in Goldmark
   d) 1924–43, 329 repräsentativ ausgewählte Aktiengesellschaften
4. Index des *Hessischen Statistischen Landesamtes*, 1946–50, 12 Aktien, Monatswerte
5. Index des *Statistischen Bundesamtes*, seit 1950 rd. 300 Aktien, bankwöchentliche Werte
6. *FAZ*-Index, seit 1961, 100 Aktien, mit dem Grundkapital gewichtet, bereinigt um Kapitalveränderungen, Tageswerte
7. Index der *Börsenzeitung*, seit 1959, ungewichtet, bereinigt um Kapitalveränderungen und Dividendenzahlungen, Laufindex (viermal täglich ermittelt)
8. *Deutscher Aktienindex (DAX)*, seit 1988, 30 Aktien, gewichtet mit dem börsenzugelassenen Grundkapital, bereinigt um Kapitalveränderungen und Dividendenzahlungen, minütlich ermittelt

USA:

9. *Dow Jones Industrial Index (DJII)*, seit 1897, 30 Industrieaktien, ungewichtet, bereinigt um Kapitalmaßnahmen, Laufindex
10. *Standard & Poors* 500-Index, seit 1957, 500 Aktien, nach dem Wert umlaufender Aktien (Free float) jeder Gesellschaft gewichtet

All-time high: zuvor noch nicht erreichter historischer Kurs-Gipfel

Anleihe: Obligation, Schuldverschreibung, auf einem bestimmten Betrag lautender Schuldtitel mit fester oder variabler Verzinsung, vertraglich vereinbarter Tilgung und mittlerer bis langer Laufzeit

Asset stripping: systematische Veräußerung von nicht betriebsnotwendigen Vermögenwerten durch den Eigentümer

Autopoiese: Die Fähigkeit belebter Systeme zur ständigen Selbsterneuerung unter Wahrung der Integrität ihrer Struktur

Baisse: starker Kursverlust über den größten Bereich einer Börse

Blue chip: bekannte, marktbreite Aktie höchster Qualität

Broker (in London): führt Aufträge der Anleger durch Inanspruchnahme von Jobbers und Dealers aus

Bruttoinvestitionen: Zugänge zum Anlage- (Ausrüstungen, Bauten) und Vorratsvermögen, Bruttoinvestitionen – Abschreibungen = Nettoinvestitionen

Bubble: spekulative Blase, Übertreibung

Buchwert einer Aktie: (in der Bilanz) ausgewiesenes Eigenkapital pro Aktie

Bullen-/Bärenfalle: engl. bull/bear trap, Fehlsignal der technischen Analyse nach oben/unten

BUND-Future: Terminkontrakt auf eine synthetische Bundesanleihe an DTB bzw. Eurex und der Londoner LIFFE

Call: Kaufoption

Cashflow: Finanzüberschuss, Zugang an flüssigen Mitteln eines Unternehmens; Bilanzgewinn, bereinigt um Abschreibungen sowie Veränderungen von Rücklagen, Wertberichtigungen und Pensionsrückstellungen

(generelle) Ceteris-paribus-Klausel: Nebenbedingung eines wissenschaftlichen Modells, nach der alle übrigen (nicht genannten) Variablen konstant gehalten werden. Ein damit versehenes Modell kann nicht mehr falsifiziert werden, da jedes mit ihm kollidierende Ergebnis auf die Veränderung einer der nicht definierten Variablen zurückgehen kann.

Chart: grafische Darstellung von Kursen, Zinsen, Umsätzen, Indikatoren usw.

Chartformation: typisches, immer wieder ähnlich auftretendes Kursbild

Chart reading: Techniken zur Interpretation von Chartformationen, Teilgebiet der technischen Analyse

Coupon: Dividenden-, Zins- oder Ertragsschein eines Wertpapiers

Courtage: Vermittlungsprovision der Börsenmakler

Dealer: Wertpapierhändler an angelsächsischen Börsen, für eigene und fremde Rechnung tätig

Deckungsvorschriften: Im 19. und in der ersten Hälfte des 20. Jahrhunderts war es üblich, dass Notenbanken für die von ihnen ausgegebenen Noten zu einem bestimmten Prozentsatz Edelmetalle, Sorten oder Handelswechsel halten mussten.

Deckungskauf: Wertpapierkauf zur Erfüllung einer Lieferverpflichtung (z. B. aus einem Optionsgeschäft)

Determinismus: philosophische und physikalische Auffassung, dass alle Ereignisse vorherbestimmt (und prognostizierbar) sind

Deutsche Mark: DM, deutsche Währung seit 1948.

Devisenkurse:

1961:	1 US-$ = 4,02 DM	1987:	1 US-$ = 1,80 DM
	1 £ St. = 11,27 DM		1 £ St. = 2,94 DM

Devisen: Zahlungsansprüche in Fremdwährung

Differenzgeschäft: Börsentermingeschäft, bei dem statt der effektiven Erfüllung nur die Zahlung der Differenz aus Vertrags- und Marktkurs am Erfüllungstag vereinbart ist.

Disagio: Differenz zwischen Börsenkurs und niedrigerem Nennwert bzw. Rückzahlungs- und niedrigerem Auszahlungskurs

Diskontkredit: Ankauf nicht fälliger Wechselforderungen durch eine Bank

Diskontsatz: Zinssatz des Diskontkredits, Leitzins der Notenbanken

Dividende: auf die einzelne Aktie entfallender Teil des ausgeschütteten Gewinns

Dividendenpapier: Aktie

DOT: Designated Order Turnaround, automatisches Handelssystem der *New York Stock Exchange* für Kleinaufträge (max. 600 Stück/Auftrag)

Double bottom: W-Formation, charttechnische Umkehrformation nach oben: zwei bis drei Böden auf gleicher Höhe, Länge mindestens zwei Monate

Double top: M-Formation, charttechnische Umkehrformation nach unten: zwei bis drei Spitzen auf gleicher Höhe, relativ selten

DVFA: *Deutsche Vereinigung für Finanzanalyse und Anlageberatung e. V.*

Effekten: fungible, d. h. am Kapitalmarkt handelbare, vertretbare Wertpapiere (Aktien, Anleihen, Investmentanteile und Genussscheine)

Einkommen: durchschnittliche jährliche Nominaleinkommen der Arbeitnehmer in Deutschland:

1845:	307 M	1933:	1 502 RM
1856:	357 M	1962:	6 110 DM
1872:	606 M	1987:	25 500 DM

Elliot waves: nach der Theorie sich überlagernde Kursschwingungen unterschiedlicher Länge (neun zeitliche Ebenen), die alle durch drei

Aufwärtsimpulse und zwei Gegentrendläufe gekennzeichnet sind. Die Elliot-wave-Theorie wurde Anfang der dreißiger Jahre von *Ralph Nelson Elliot* entwickelt.

Emission: Ausgabe neuer Effekten

Fair value (eines Futures): Kassapreis des Basisgeschäfts + Carrykosten (Geldmarktzins bis zur Fälligkeit)

Fixen: Leerverkauf

Fundamentalanalyse: der Versuch, Kursverläufe aufgrund fundamentaler Daten vorherzusagen

fundamentale Daten: Fundamentalien, den Börsenkursen zugrunde liegende wirtschaftliche Gegebenheiten

Fungibilität: Börsengängigkeit

Futures: börsenmäßig abgewickelte Termingeschäfte mit weitgehender Standardisierung

Gulden: fl, 1325–1525 Hauptzahlungsmittel für den Handelsverkehr in Deutschland, in Süddeutschland bis 1873 und in Österreich bis 1899 offizielle Währung.

Wechselkurse: seit 1838: 1 fl (süddt. Währung) = 0,57 Tlr

seit 1857: 1 fl (österr. Währung) = 0,67 Tlr

Handelswechsel: gegen Waren oder Dienstleistungen zahlungshalber gegebene Wechsel

Hausse: starke Kurssteigerungen über den größten Bereich einer Börse

Head-and-shoulder-top: (Schulter-)Kopf-Schulter-Formation, charttechnische Umkehrformation nach unten. Die Tiefpunkte zwischen den Schultern bilden die Nackenlinie, deren nachhaltiges Unterschreiten (mindestens um drei Prozent) das Verkaufssignal gibt.

High: (relatives oder absolutes) Kurshoch

Inlandsprodukt: Summe der Produktionswerte

- – Summe der Vorleistungen
- = Bruttoinlandsprodukt (BIP)
- – Abschreibungen
- = Nettoinlandsprodukt zu Marktpreisen
- – Indirekte Steuern
- + Subventionen
- = Nettoinlandsprodukt zu Faktorkosten (NIP)
- = Summe der im Inland entstandenen Einkommen

Intra day trading: Kauf und Verkauf eines Wertpapiers innerhalb eines Tages

Investmentfonds: in handel- und vertretbaren Werten nach dem Grundsatz der Risikomischung angelegtes Zweckvermögen

Jobber: (in London) Wertpapierhändler für eigene Rechnung

Junk bonds: in den USA hochverzinsliche Anleihen, die zur Finanzierung einer Unternehmensübernahme von einer ansonsten mittellosen „Briefkastenfirma" ausgegeben wurden

Kassafixen: Fixgeschäft innerhalb der Erfüllungsfrist des Kassageschäfts

Kassageschäft: Börsenabschluss, der sofort oder ganz kurzfristig erfüllt werden muss (Deutschland zwei Tage, *New York* fünf Tage, *London* am zweiten Montag nach Ende der 14-tägigen Abrechnungsperiode)

Konvertibilität: die Freiheit, Geld und Devisen zum Tageskurs frei auszutauschen und transferieren zu können

Kurantgeld: voll ausgeprägte (Nennbetrag = Metallwert), in der Höhe unbeschränkt als gesetzliches Zahlungsmittel gültige Münzen, Gegensatz: Scheidemünzen

Kurs/Gewinn-Verhältnis: KGV, P/E-ratio, Gewinn pro Aktie (des letzten, laufenden oder kommenden Jahres) zum aktuellen Börsenkurs

Leerverkauf: Fixen, Verkauf von Wertpapieren, die der Verkäufer noch nicht besitzt in der Hoffnung, dass deren Kurs bis zum Erfüllungstermin sinkt und der Fixer billiger eindecken kann

leichte Aktie: niedrig notierte Aktie

Leitaktie: besonders häufig gehandelte, stark beachtete Aktie, die als Indikator für die Verfassung der Gesamtbörse gilt (in Deutschland derzeit *Siemens,* in den USA *IBM*)

Liquidation: Skontration, Erfüllung eines Termingeschäfts zu einem im Voraus fixierten Tag

Lombardkredit: Kredit gegen Verpfändung von Wertpapieren, Edelmetallen, Waren usw.

Lombardsatz: Zinssatz des Lombardkredits, bei Notenbanken einer der Leitzinsen

Low: (relatives oder absolutes) Kurstief

Mark: M, Reichswährung 1871/73–1924.

Kurse:

seit 1871/73: 1 M = 0,5 fl (österr. Währung) = 0,33 Tlr

1871: 1 Franc = 0,80 M = 0,89 Goldfranc

1887: 1 US-$ = 4,19 M

1£ St. = 20,38 M

Mark banco: M bco, Hamburger Währung seit 1622.

Kurse:

seit 1622: 1 M bco = $^1/_3$ Tlr

£ St. = 13,22 M bco

um 1860: 1 M bco = $^1/_2$ Tlr

Marktbreite: hohe Marktkapitalisierung einer Aktiengesellschaft, eines Marktes oder Index; Gegensatz: *Marktenge*

Marktkapitalisierung: Börsenkapitalisierung, Kurs × Anzahl der Aktien

Nennwert: Nominalwert, der auf einem Wertpapier aufgedruckte Geldbetrag, Bezugsgröße für Zinsen und Dividenden

Obligation: Anleihe

Optionsgeschäft: bedingtes Zeitgeschäft, Kauf (Long) oder Verkauf (Short) des Rechts (Option), innerhalb einer bestimmten Zeitspanne (Optionsfrist) zu einem fixierten Kurs (Basispreis) eine bestimmte Anzahl von Aktien zu kaufen (Call) oder verkaufen (Put)

Order: Wertpapierauftrag

pari: Nennwert

Performance: Ertrag einer Kapitalanlage (Wertzuwachs + Ausschüttung einer Periode) × 100/Kapitalanlage zu Beginn der Periode

Phasenübergang: in der Physik Übergang in einen neuen Ordnungszustand (fest-flüssig-gasförmig, leitend-supraleitend, nicht magnetisch-magnetisch), von der Chaostheorie auch auf andere Wissenschaften (Soziologie, Ökonomie, Biologie usw.) übertragen, am Aktienmarkt etwa der Übergang vom langfristig zum spekulativ bestimmten Markt

Portefeuille: Portofolio, Bestand an Wertpapieren, die eine Person oder Unternehmung besitzt

Price-earnings-ratio: P/E-ratio, Kurs/Gewinn-Verhältnis

Put: Verkaufsoption

Random-walk-Hypothese: die Annahme, dass Kursänderungen erfolgen, als ob sie von einem Zufallsprozess abhingen. Informationen über die Reihenfolge der bisherigen Kursveränderungen besagen nichts über die Zukunft.

Realtime: zeitgleich

Rediskont: Verkauf diskontierter Wechsel an eine andere Bank

Rediskontkontingent: Kreditlinie einer Bank bei der Notenbank für den Rediskont

Reduktionismus: Betrachten eines Ganzen als einfacher Summe ihrer Einzelteile

Reichsmark: RM, deutsche Währung 1924–1948.
Kurse: 1929: 1 US-$ = 4,20 RM
                     1 £ St. = 20,40 RM

Rente(npapier): festverzinsliches Wertpapier

Reuters Monitor: weltweites Nachrichten-, Kursinformations- und Handelssystem für Aktien, Festverzinsliche, Geld-, Devisen- und Rohstoffmärkte der Nachrichtenagentur *Reuters*

Rounding top: umgekehrte Untertasse, charttechnische Umkehrformation nach unten: sich verlangsamende Aufwärtsbewegung, die in eine sich beschleunigende Abwärtsbewegung übergeht; Gegenteil: *Rounding bottom*

Run: auf eine Bank oder ein Land, der massenhafte Versuch der Gläubiger, ihre Guthaben abzuziehen und in Zahlungsmittel oder Devisen umzutauschen

Schlussschein: früher für **Schlussnote**. Jeder Makler muss unverzüglich nach Abschluss eines Geschäfts Käufer und Verkäufer je eine Hälfte der Note mit Vertragspartner, Vermittler, Gegenstand und Bedingungen des Geschäfts zuleiten.

Schuldverschreibung: Anleihe

schwere Aktie: hoch notierte Aktie

Selbstähnlichkeit: Tendenz nichtlinearer Systeme, unabhängig von der betrachteten Dimension ähnliche Figuren auszubilden

selbstreferentielles System: ein System, das sich von der Umwelt abkoppelt und nur noch bestimmte Informationen zulässt, um leistungsfähiger (dynamischer, kreativer) zu werden

Sozialprodukt: Inländerprodukt, Inlandsprodukt + Einkommenssaldo mit der übrigen Welt

Stop loss order: Verkaufsauftrag, der bei Erreichen eines bestimmten Mindestkurses bestens ausgeführt wird

Takeover: Unternehmenskauf

Taler: Tlr, seit 1566 Reichswährung, 1750 in Preußen eingeführt, bis 1907 in Deutschland gesetzliches Zahlungsmittel.
Wechselkurse: 18. Jahrhundert 1 Tlr = 3 M bco = $^1/_5$ Louisd'or
seit 1838:   2 Tlr = $3^1/_2$ fl süddt. Währung
seit 1857:   1 Tlr = 1,5 fl österr. Währung
um 1860:   1 Tlr = 0,73 US-$ = 0,18 £ St.
seit 1871/73: 1 Tlr = 3 M

Termingeschäft: Zeitgeschäft, Kauf/Verkauf zu einem späteren Termin zu einem im Voraus fixierten Preis

Trading: Ausnutzen von kurzfristigen Kursschwankungen

Umlaufsrendite: Rendite festverzinslicher Wertpapiere, die bereits emittiert worden sind

Usance: Handelsbrauch unter Kaufleuten

variable Kursnotiz: fortlaufende Kursnotiz. Jeder aufgrund der Aufträge mögliche Umsatz kommt zustande und wird veröffentlicht. Im Prinzip nur für marktbreite Aktien möglich.

Volatilität: Schwankungsmaß für Kurse und Zinsen. Im Text wurde der

Variabilitäts-Koeffizient nach *Pearson* verwandt: VarK = Standardabweichung × 100 / arithmetisches Kursmittel

Watch-Liste: Beobachtungsliste

Wechsel: unbedingte schriftliche Anweisung des Aussteller an den Bezogenen, eine bestimmte Geldsumme an einem bestimmten Tag und Ort an eine bestimmte Person zu bezahlen

Zahlungsbilanz: Gegenüberstellung der Werte aller wirtschaftlichen Transaktionen zwischen In- und Ausländern eines Landes in einer Periode

Zeichnung: schriftliche Verpflichtung zur Übernahme eines bestimmten Betrags neu emittierter Wertpapiere

Literaturverzeichnis

Achterberg, Erich: Börsenschock in Frankfurt 1870, in: *Beiträge zur Bankgeschichte* v. 1. 10. 1970

Adams, Willi Paul: Die Vereinigten Staaten von Amerika, Fischer Weltgeschichte Bd. 30, Frankfurt/M. 1977

Agricola, Georg: Zwölf Bücher vom Berg- und Hüttenwesen, 2. Aufl., München 1980

Ambrosius, Gerold u. *Hubbard, William H.:* Sozial- und Wirtschaftsgeschichte Europas im 20. Jahrhundert, München 1986

Aschinger, Gerhard: Der Börsenkrach, in: *Wirtschaftswissenschaftliches Studium* 12'1988, S. 638–640

Aubin, Hermann u. *Zorn, Wolfgang* (Hg.): Handbuch der deutschen Wirtschafts- und Sozialgeschichte, 2 Bde., Stuttgart 1971 u. 1976

Balke, Ernst et al.: Münzwesen, in: *Benning, Bernhard* et al. (Hg.): Enzyklopädisches Lexikon für das Geld-, Bank- und Börsenwesen Bd. II, 3. Aufl., Frankfurt/M. 1967, S. 1233–1242

Baltzarek, Franz: Die Geschichte der Wiener Börse – öffentliche Finanzen und privates Kapital, Veröffentlichungen der Kommission für Wirtschafts-, Sozial- und Stadtgeschichte der Österreichischen Akademie der Wissenschaften, Bd. 1, Wien 1973

Bank deutscher Länder: Geschäftsberichte 1948/49–57, Frankfurt/M. 1950–58

Bank deutscher Länder: Monatsberichte, Frankfurt/M. 1948–57

Baring, Arnulf: Außenpolitik in Adenauers Kanzlerdemokratie, 2 Bde., München 1971

Barth, Karl: Der Zinsfuß und dessen Beziehungen zu den wirtschaftlichen Konjunkturen in Deutschland, Reutlingen 1912

Baumgartner, Ulrich and *Meredith, Guy:* Saving behavior and the asset price ,bubble' in Japan: analythical studies, IMF, Washington, D. C., 1995.

Bayerische Hypotheken- und Wechsel-Bank (Hg.): Die Anfänge der Bayerischen Hypotheken- und Wechsel-Bank aus den Protokollen der Administration 1835–1850, München 1985

Bayerische Hypotheken- und Wechsel-Bank AG: KGV-Interpretation: Der deutsche Aktienmarkt vor einer Neubewertung!?! München Mai 1990

Benz, Wolfgang u. *Graml, Hermann* (Hg.): Europa nach dem Zweiten Weltkrieg, Fischer Weltgeschichte Bd. 35, Frankfurt/M. 1983

Benz, Wolfgang u. *Graml, Hermann* (Hg.): Weltprobleme zwischen Machtblöcken, Fischer Weltgeschichte Bd. 36, Frankfurt/M. 1981

Bianco, Lucien: Das moderne Asien, Fischer Weltgeschichte Bd. 33, Frankfurt/M. 1969

Bichmann, Heinrich: Der Zinsfuß seit 1895, Berlin 1912

Bismarck, Otto v.: Gedanken und Erinnerungen, Ausg. München 1952

Blanchard, O. J. u. *Watson, M. W.:* Bubbles, Rational Expectations and Financial Markets, in: *Wachtel, P.:* Crises in the Economic and Financial Structure, Lexington 1982, S. 295–315

Borchardt, Knut: Dreht sich die Geschichte um? Denkmodelle für Wachstumsschranken, Ebenhausen b. München 1974

Borchardt, Knut: Realkredit- und Pfandbriefmarkt im Wandel von 100 Jahren, in: 100 Jahre Rheinische Hypothekenbank, Frankfurt/M. 1971, S. 105–196

Borchardt, Knut: Wachstum, Krisen, Handlungsspielräume der Wirtschaftspolitik, Göttingen 1982

Borchardt, Knut: Zur Frage des Kapitalmangels in der ersten Hälfte des 19. Jahrhunderts in Deutschland, in: ders.: Wachstum, Krisen, Handlungsspielräume der Wirtschaftspolitik, Göttingen 1982, S. 28–41

Borchart, Joachim: Der europäische Eisenbahnkönig Bethel Henry Strousberg, München 1991

Borght, R. van der: Statistische Studien über die Bewährung der Actiengesellschaften, Jena 1883

Born, Karl Erich: Die Entwicklung des langfristigen Zinsfußes vom Beginn der Industrialisierung bis zur Weltwirtschaftskrise 1929/1931, in: *Bruns, Georg* u. *Häuser, Karl* (Hg.): *Schriftenreihe des Instituts für Kapitalmarktforschung*, Kolloquien-Beiträge, Bd. 18, Frankfurt 1979, S. 83–111

Born, Karl Erich: Münzverträge, in: *Albers, Willi* et al. (Hg.): Handwörterbuch der Wirtschaftswissenschaften 5. Bd., Stuttgart etc. 1985, S. 286–289

Born, Karl Erich: Wirtschaftskrisen und Rechtsreformen im 19. und 20. Jahrhundert, in: *Bankhistorisches Archiv* 2'1975, S. 19–30

Bösselmann, Kurt: Die Entwicklung des deutschen Aktienwesens im 19. Jahrhunderts, Berlin 1939

Bouniatian, Mentor: Geschichte der Handelskrisen in England im Zusammenhang mit der Entwicklung des englischen Wirtschaftslebens 1640–1840, München 1908

Bracher, Karl Dietrich: Die Krise Europas 1917–1975, Propyläen-Geschichte Europas Bd. 6, Frankfurt/M. 1982

Braudel, Fernand: Sozialgeschichte des 15.–18. Jahrhunderts, 3 Bde., München 1985 u. 86

Brockhage, Bernhard: Zur Entwicklung des preußisch-deutschen Kapitalexports, 1. Teil: Der Berliner Markt für ausländische Staatspapiere 1816 bis um 1840, Leipzig 1910

Bry, Gerhard: Wages in Germany 1871–1945, Princeton 1960

Bühl, Walter L.: Krisentheorien – Politik, Wirtschaft und Gesellschaft im Übergang, 2. Aufl., Darmstadt 1988

Busch, Thomas: Die Affirmation des Chaos, St. Ottilien 1989

Buss, Georg: Berliner Börse von 1685–1913, Berlin 1913

Chancellor, Edward: Devil Take the Hindmost: A History of Financial Speculation, New York 1999

Constand, Richard, Sullivan, Mike and *Freitas, Lewis P.:* Factors Affecting Price Earnings Ratios and Market Values of Japanese Firms, in: *Financial Management* (Winter 1991), pp. 68–79

Constand, Richard and *Tanner, Glenn:* Linkages between the Stock Market, Financial Institutions, and Real Estate Firms in Japan: Evidence from Volatility Transmissions, Working Paper University of Hawaii, Faculty of Business Administration, Hawaii 1997

Coym, Peter: Unternehmensfinanzierung im frühen 19. Jahrhundert – dargestellt am Beispiel der Rheinprovinz und Westfalens, Diss., Hamburg 1971

Craig, Gordon A.: Deutsche Geschichte 1866–1945, 3. Aufl., München 1980

Croner, Johannes: Die Entwicklung der deutschen Börsen 1870–1914, in: *Preußische Jahrbücher,* Bd. 192 (Apr.–Juni 1923), S. 343–356

Czedik, Aloys Frh. v.: Der Weg von und zu den Österreichischen Staatsbahnen 1824–1854/1858 u. 1882–1910, I. Bd.: Die Entwicklung der österreichische Eisenbahnen als Privat- und Staatsbahnen 1824–1910, Teschen etc. 1913

Däbritz, Walther: Die typischen Bewegungen im Konjunkturverlauf, Leipzig 1929

Dahlhoff, Günther: Reaganomics, in: *Europa-Archiv* 23'1986, S. 687–696

Dash, Mike: Tulpenwahn – die verrückteste Spekulation der Geschichte, München 1999

De Long, J. Bradford u. *Becht, Marco:* „Excess Volatility" and the German Stock Market, 1876–1990, in: *EUI Working Papers* Nr. 92/82, Florenz 1982

Dermietzel, Otto: Statistische Untersuchung über die Kapitalrente der größeren deutschen Aktiengesellschaften (mit Ausschluß der Eisenbahnen) von 1876–1902, Diss., Göttingen 1906

Deutsche Bundesbank (Hg.): 40 Jahre Deutsche Mark – Monetäre Statistiken 1948–1987, Frankfurt/M. 1988

Deutsche Bundesbank (Hg.): Deutsches Geld- und Bankwesen in Zahlen 1876–1975, Frankfurt/ M. 1976

Deutsche Bundesbank (Hg.): Währung und Wirtschaft in Deutschland 1876–1975, Frankfurt a. M. 1976

Deutsche Bundesbank: Geschäftsberichte 1958–90, Frankfurt/M. 1959–91

Deutsche Bundesbank: Monatsberichte, Frankfurt/M. 1958–91

Deutsche Bundesbank: Zur Bedeutung von Fundamentalfaktoren für die Entstehung von Währungskrisen in Entwicklungs- und Schwellenländern, in: *Monatsberichte* 51 (1999) 4, S. 15–28

Deutsche Reichsbank (Hg.): Die Reichsbank 1876 bis 1910. Organisation und Geschäftsverkehr statistisch dargestellt, Berlin 1912

Deutsche Reichsbank (Hg.): Die Reichsbank 1901–1925, Berlin 1925

Deutsche Reichsbank: Verwaltungsberichte für die Jahre 1876–1943, Berlin 1877–1944

Dieterici, C. F. W.: Der Volkswohlstand im Preußischen Staate, Berlin etc. 1846

Dieterici, C. F. W.: Statistische Übersicht der wichtigsten Gegenstände des Verkehrs und Verbrauchs im Preussischen Staate und im deutschen Zollvereine in dem Zeitraume von 1837 bis 1839, Berlin etc. 1842

Dinauer, Josef W.: Psychologische Einflussfaktoren bei der Kursbildung am Aktienmarkt, in: *Deutsche Vereinigung für Finanzanalyse und Anlageberatung (DVFA)* (Hg.): Beiträge zur Wertpapieranalyse H. 15, 1976, S. 19–29

Donner, Otto: Die Kursbildung am Aktienmarkt: Grundlagen zur Konjunkturbeobachtung an den Effektenmärkten, in: *Vierteljahrshefte zur Konjunkturforschung*, Sonderheft 36, Berlin 1934

Dresdner Bank AG: Historische statistische Reihen, Frankfurt/M. 1990

Dumjahn, Horst-Werner: Von deutscher Eisenbahngeschichte, in: Handbuch der deutschen Eisenbahnstrecken, Mainz 1984

Elsas, M. J.: Umriß einer Geschichte der Preise und Löhne in Deutschland, 2 Bde., Leiden 1936

Engel, Ernst: Die erwerbsthätigen juristischen Personen im preussischen Staate, insbesondere die Actiengesellschaften, in: *Zs. des Kgl. Preussischen Statistischen Bureaus*, 15. Jg. (1875), S. 449–538

Eube, Steffen: Der Aktienmarkt in Deutschland vor dem Ersten Weltkrieg – eine Indexanalyse, Diss., Frankfurt/M. 1998

Fehr, Benedikt: Verstärkten „Portfolio Versicherungen" den Kurssturz in New York? in: *Frankfurter Allgemeine Zeitung* v. 27. 10. 1987, S. 17

Feldman, Gerald D.: The Great Disorder: Politics, Oconomics, and Society in the German Inflation, 1914–1924, Oxford 1993

Feller, F. E.: Actien-Archiv oder Handbuch für die Actien-Börse, Leipzig 1844

Feller, F. E.: Die Staatspapier- und Actienbörse, Leipzig 1846

Fischer, Wolfram, Hohorst, Gerd, Petzina, Dietmar et al.: Sozialgeschichtliche Arbeitsbücher I-III, Materialien zur deutschen Statistik 1800–1945, 3 Bde., München 1975, 78 u. 82

Fischer, Wolfram: Das Verhältnis von Staat und Wirtschaft in Deutschland am Beginn der Industrialisierung, in: *Kyklos* 14 (1961), S. 337–361

Fontane, Theodor: Der Krieg gegen Frankreich 1870–71, in: Werke, Schriften und Briefe Abt. III Bd. 5, München und Wien 1986, S. 385–455

Franz, Wolfgang: Reagan versus Keynes – Eine Zwischenbilanz der angebotsorientierten Wirtschaftspolitik, in: *Jahrbuch für Sozialwissenschaft* Bd. 36 H. 3, 1985, S. 240–261

Fremdling, Rainer: Eisenbahnen und deutsches Wirtschaftswachstum 1840–1879, 2. Aufl., Dortmund 1985

French, Kenneth R. and *Poterba, James M.:* Were Japanese Stock Prices too High? in: *Journal of Financial Economics* 29 (1991), pp. 337–363.

Friedman, Milton u. *Schwartz, Anna J.:* A Monetary History of the United States 1867–1960, Princeton 1963

Funk, Walther: Die Welt im Spiegel der Börse, in: 75 Jahre Berliner Börsen-Zeitung, Berlin 1930, S. I 65–89

Fürst, Max: Die Börse – ihre Entstehung und Entwicklung, ihre Entwicklung und ihre Geschäfte, Leipzig 1913

Galbraith, John Kenneth: Der große Crash 1929, Ausg. München 1989

Gall, Lothar et al.: Die Deutsche Bank 1870–1995, München 1995

Garber, Peter B.: Famous First Bubbles: The Fundamentals of Early Manias, Cambridge, MA/London 2000.

Gebauer, Wolfgang: Kondratieff's Long Waves, in: *Konjunkturpolitik* 4'1986, S. 236–55

Gebhard, Hellmut: Die Berliner Börse von den Anfängen bis zum Jahre 1896, Berlin 1928

Georg Hauck & Sohn Bankiers: Sind hohe Kurs/Gewinn-Verhältnisse hoch? Frankfurt/M. Mai 1990

Gerstenberger, Wolfgang: Die Wachstumsschwäche der deutschen Wirtschaft – ungünstige Rahmenbedingungen oder nachlassende Anpassungsdynamik? in: *ifo-schnelldienst* 10'1984, S. 7–22

Giersch, Herbert: Ein Liberalisierungs-Club gegen Eurosklerose – Perspektiven für einen neuen Liberalisierungsanlauf, in: *Frankfurter Allgemeine Zeitung* 255'1984, S. 15

Girnth, Walter: Der deutsche Rentenmarkt 1923–1935, Berlin 1935

Gleik, James: Chaos – die Ordnung des Universums, München 1990

Glismann, Hans-Hinrich et al.: Zur empirischen Analyse langer Zyklen wirtschaftlicher Enwicklung in Deutschland – Datenbasis und Berechnungsmethoden –, *Kieler Arbeitspapiere* Nr. 72, 1978

Glismann, Hans-Hinrich et al.: Zur Natur der Wachstumsschwäche in der Bundesrepublik Deutschland, *Kieler Diskussionsbeiträge* Nr. 55, 1978

Glismann, Hans-Hinrich u. *Rodemer, Horst:* Der wirtschaftliche Niedergang in der Bundesrepublik Deutschland und in der Weimarer Republik, *Kieler Arbeitspapiere* Nr. 154, 1982

Gömmel, Rainer: Entstehung und Entwicklung der Effektenbörse im 19. Jahrhundert bis 1914, in: *Pohl, Hans* (Hg.): Deutsche Börsengeschichte, Frankfurt/M. 1992, S. 135–207

Gömmel, Rainer: Kapitalbildung und Unternehmensorganisation, in: *Bott, Gerhard* (Hg.): Industriezeitalter, Stuttgart 1985, S. 342–346

Gömmel, Rainer: Probleme der deutschen Industriefinanzierung im 19. Jahrhundert, in: *Vorträge zur Wirtschafts- und Sozialgeschichte*, H. 12, Nürnberg 1988

Granichstaedten-Czerva, Rudolf: Die Wiener Börse und ihre Geschichte, Wien 1927

Grosser, Alfred: Geschichte Deutschlands seit 1949, 11. Aufl., München 1984

Großer, Günter u. *Weinert, Günter:* Die weltwirtschaftlichen Auswirkungen der Reaganomics, in: *Wirtschaftsdienst* 11'1984, S. 535–541

Grundmann, Herbert (Hg.): Handbuch der deutschen Geschichte, 22 Bde., München 1980

Haaf, Günter (Hg.): Chaos + Kreativität, *GEO-Wissen*, Hamburg 1990

Haan, Heiner et al.: Einführung in die englische Geschichte, München 1982

Haken, Hermann: Erfolgsgeheimnisse der Natur – Synergetik: Die Lehre vom Zusammenwirken, Frankfurt/M. u. Berlin 1990

Handelskammer zu Frankfurt a. M. (Hg.): Geschichte der Handelskammer zu Frankfurt a. M., Frankfurt/M. 1908

Hanssen, Rolf A. u. *Müller-Schwerin, Eberhard:* Stabilisiert die Terminspekulation die Aktienkurse? in: *Zeitschrift für das gesamte Kreditwesen* 10'1976, S. 426–431

Haskamp, Clemens Heinrich: Aktienkursprognose auf der Grundlage der Identifizierung von Trend- und Saisonkomponente, Krefeld 1985

Häuser, Karl et al.: Aktienrendite und Renditenparadoxie 1964 bis 1983 in der Bundesrepublik Deutschland, Frankfurt/M. 1985

Helfferich, Karl: Die Folgen des deutsch-österreichischen Münzvereins von 1857, Straßburg 1894

Hessisches Statistisches Landesamt (Hg.): Hessische Monatszahlen, Wiesbaden 1947–1951

Hidding, Bruno: Das Börsenjahr 1989 verspricht lebhafte Märkte – 1988 war deutlich besser als nach dem Crash erwartet, in: *Börsen-Zeitung* 251'1988, S. 8

Hielscher, Udo: Börsen der Bundesrepublik Deutschland, in: *Kloten, Norbert* u. *Stein, Johann Heinrich v.* (Hg.): *Obst/Hintner* Geld-, Bank- und Börsenwesen, 37. Aufl., Stuttgart 1980, S. 804–862

Hielscher, Udo: Technische Analyse versus Random-Walk-Hypothese, in: *Zeitschrift für das gesamte Kreditwesen* 24'1975, S. 1137–40

Hoffmann, Walther G.: Das Wachstum der deutschen Wirtschaft seit der Mitte des 19. Jahrhunderts, Berlin usw. 1965

Holtfrerich, Carl-Ludwig: Erwartungen des In- und Auslands und die Geldnachfrage während der Inflation in Deutschland 1920–1923, in: *Bankhistorisches Archiv* 1'1980, S. 3–19

Homburger, Paul: Die Entwicklung des Zinsfußes in Deutschland von 1870 bis 1903, Frankfurt/M. 1905

Homer, Sidney: A History of Interest Rates, New Brunswick, N. J., 1963

Hoth, Wolfgang: Zur Finanzierung des Eisenbahnstreckenbaus im 19. Jahrhundert in Deutschland, in: *Scripta Mercaturae* 1/2 1978, S. 1–20

Julitz, Lothar: Das Trauma des großen Krachs, in: *Frankfurter Allgemeine Zeitung* v. 21. 10. 1989, S. 15

Jüttner, Johannes: Fundamentals, Bubbles, Trading Strategies: Are they the Causes of Black Monday? in: *Kredit und Kapital* 4'1989, S. 470–486

Kahn, Julius: Geschichte des Zinsfußes in Deutschland seit 1815 und die Ursachen seiner Veränderung, Stuttgart 1884

Kaiserliches Statistisches Amt: Statistisches Handbuch für das Deutsche Reich, 2 Bde., Berlin 1907

Kaufhold, Karl Heinrich: Der Übergang zu Fonds- und Wechselbörsen vom ausgehenden 17. Jahrhundert bis zum ausgehenden 18. Jahrhundert, in: *Pohl, Hans* (Hg.): Deutsche Börsengeschichte, Frankfurt/M. 1992, S. 79–132

Kellenbenz, Hermann: Schwäbische Kaufherren im Tiroler Bergbau (1400–1650), in: *Baer, Wolfram* u. *Fried, Pankraz* (Hg.): Historische Beziehungen zwischen Schwaben und Tirol von der Römerzeit bis zur Gegenwart, Rosenheim 1989, S. 208–219

Ketterer, Karl-H. u. *Schüler, Klaus W.:* Eine Erklärung der zyklischen Aktienkursbewegung aus der Sicht der neueren Geldtheorie, in: *Deutsche Vereinigung für Finanzanalyse und Anlageberatung (DVFA)* (Hg.): Beiträge zur Aktienanalyse H. 15, Wiesbaden 1976, S. 5–18

Kiehling, Hartmut: 100 Jahre Bayerische Handelsbank, in: *Beiträge zur Bank- und Wirtschaftsgeschichte,* Beilage zur *Zeitschrift für das gesamte Kreditwesen* Nr. 8/ 94

Kiehling, Hartmut: Banking in der Inflation 1918 bis 23, in: *Scripta Mercaturae* 29 (1996), S. 14–64

Kiehling, Hartmut: Das Chaos auf dem Aktienmarkt, in: *Die Bank* 3/ 1992, S. 146–150

Kiehling, Hartmut: Der Funktionsverlust der deutschen Finanzmärkte in Weltkrieg und Inflation 1914–1923, in: Jahrbuch für Wirtschaftsgeschichte 1998/ 1, S. 11–58

Kiehling, Hartmut: Die Bevölkerung in der Hyperinflation 1922/23, in: Scripta Mercaturae 2/ 1999, S. 1–60

Kiehling, Hartmut: Die deutsche Börse in den Jahren 1920 bis 1923, in: *Bankhistorisches Archiv* 2/1995, S. 67–106

Kiehling, Hartmut: Die wirtschaftliche Situation des deutschen Einzelhandels in den Jahren 1920 bis 1923, in: *Zeitschrift für Unternehmensgeschichte* 41 (1996), S. 1–27

Kiehling, Hartmut: Erklärung der Vergangenheit und Prognose: zwei Seiten einer Medaille? Versuch der Neuinterpretation einer alten Frage im Lichte neuerer Forschungsergebnisse zur nichtlinearen Dynamik von Konjunktur und Finanzmärkten, Tagungsband zur 17. Arbeitstagung der Gesellschaft für Sozial- und Wirtschaftsgeschichte 2.–5. April 1997, Steiner, Stuttgart 1998, S. 199–227

Kiehling, Hartmut: Gründerboom und Gründerkrach im Spiegel der Börse, in: *Die Bank* 2/1994, S. 115–117

Kiehling, Hartmut: Nonlinear and Chaotic Dynamics and its Application to Historical Financial Markets, in: *Historical Social Research* 21 (1996), pp. 3–47

Kiehling, Hartmut: Nonlinear Dynamics and Chaos Theory: its Application to Economics, *Diskussionsbeiträge der Kath. Universität Eichstätt, Wirtschaftswissenschaftliche Fakultät Ingolstadt* Nr. 102, Ingolstadt 1998

Kiehling, Hartmut: Währungsvereinheitlichung in vergangenen Jahrhunderten. Deutschland und Europa in Mittelalter und Neuzeit, in: *Bankhistorisches Archiv* 2/1993, S. 65–107

Kiehling, Hartmut: Wiederholt sich die (Wirtschafts-) Geschichte? in: *INFORMATION der Schweizerischen Treuhand* Nr. 106 (Nov. 1999), 10 S.

Kindleberger, Charles P.: Die Weltwirtschaftskrise, München 1973

Kindleberger, Charles P.: Manias, Panics, and Crashes – a history of Financial Crises, 3rd ed., New York etc. 1996

Kleiner, Hermann: Emissions-Statistik in Deutschland, *Münchener Volkswirtschaftliche Schriften*, 131. Stück, Stuttgart u. Berlin 1914

Klement, Dieter: Strukturwandlungen des Kapitalstocks nach Anlagearten in Deutschland seit der Mitte des 19. Jahrhunderts, Tübingen 1976

Kneidl, Manfred u. *Weigl, Georg:* Analyse von Crashszenarien, Regensburg 1988

Kocka, Jürgen u. *Ritter, Gerhard A.* (Hg.): Sozialgeschichtliche Arbeitsbücher I–III, München 1978 u. 82

Köllner, Lutz: Chronik der deutschen Währungspolitik 1871–1971, Frankfurt/M. 1972

Königliches Statistisches Büro (Hg.): Jahrbuch für die amtliche Statistik des preußischen Staates, I.–IV. Jg., Berlin 1863, 67, 69 u. 76

Kronenberger, Fritz: Die Preisbewegung der Effekten in Deutschland während des Krieges, Berlin 1920

Krull, Christian: Die deutsche Kaufmannschaft und das Problem der Münz- und Währungsunion (1765–1865–1962), in: *Finanzarchiv* Bd. 23 H. 1, Dez. 1963, S. 124–131

Kubitschek, Helmut: Die Börsenverordnung vom 25. 4. 1844 und die Situation im Finanz- und Kreditwesen Preußens in den vierziger Jahren des 19. Jahrhunderts (1840–47), in: *JbW* 1962/4, S. 57–78

Kulischer, Josef: Allgemeine Wirtschaftsgeschichte des Mittelalters und der Neuzeit, 2 Bde., 6. Aufl., Darmstadt 1988

Lademacher, Horst: Geschichte der Niederlande, Darmstadt 1983

Landsmann, Oliver: Eine Bilanz des Reagan-Experiments, in: *Wirtschaftsdienst* 10'1984, S. 501–508

Law, John: Handel, Geld und Banken, Berlin 1992.

Leiskow, Hanns: Spekulation und öffentliche Meinung in der ersten Hälfte des 19. Jahrhunderts, Jena 1930

Lesser, Ludwig: Zur Geschichte der Berliner Börse und des Eisenbahnaktien-Handels, Berlin 1844

Liebl, Anton J.: Aufgeh'n wird die Erde in Rauch. Geschichte der ersten Privaten Eisenbahnen in Bayern, München 1985

Lölhöffel, Margot v.: Zeitreihen für den Arbeitsmarkt, in: *Ifo-Studien* 20. Jg. (1974), S. 33–132

Long, J. Bradford de u. *Becht, Marco:* „Excess Volatility" and the German Stock Market, 1876–1990, in: *EUI Working Paper* Nr. 92/82, San Domenico (FI) 1992

Ludsteck, Walter: Noch nicht auf dem Abstellgleis – aber die USA und Japan machen bei den neuen Technologien das Tempo, in: *Süddeutsche Zeitung* 173'1984, S. 33

Luhmann, Niklas: Die Wirtschaft der Gesellschaft, 2. Aufl., Frankfurt/M. 1989

Mandrou, Robert: Staatsräson und Vernunft 1694–1775, Propyläen Geschichte Europas Bd. 3, Frankfurt/M. etc. 1982

Mann, Golo: Deutsche Geschichte des 19. und 20. Jahrhunderts, Frankfurt/M. 1958

Marx, Martin: Die Emissionsstatistik in Deutschland und einigen ausländischen Staaten, in: *Schmollers Jahrbuch,* 37. Jg. (1913), S. 1703–1763

Mary, Martin: Die Emissionsstatistik in Deutschland und einigen ausländischen Staaten, in: *Schmollers Jahrbuch für Gesetzgebung, Verwaltung und Volkswirtschaft,* 37. Jg. (1913), S. 1703–1762

Mayer, Theodor: Deutsche Wirtschaftsgeschichte, Bd. 2 Neuzeit, Leipzig 1928

Mella, Frank: Dem Trend auf der Spur: Der deutsche Aktienmarkt 1959–1987 im Spiegel des Index Börsen-Zeitung Deutscher Aktienindex, Frankfurt/M. 1988

Metzler, Ludwig: Studien zur Geschichte des deutschen Effektenbankwesens vom ausgehenden Mittelalter bis zur Jetztzeit, Leipzig 1911

Michael, Wolfgang: Der Südseeschwindel vom Jahre 1720, in: *Vierteljahresschrift für Social- und Wirtschaftsgeschichte* II. Band (1908), S. 549–570

Mitchell, Brian R.: European Historical Statistics 1750–1970, London u. Basingstoke 1975

Moll, Ewald: Das Problem einer amtlichen Statistik der deutschen Aktiengesellschaft, Berlin 1908

Moll, Ewald: Die Rentabilität der Aktiengesellschaften: Ihre Feststellung in amtlichen Statistiken auf Grund der Bilanzen, Jena 1908

Moser, A.: Die Capitalanlage in Werthpapieren, Stuttgart 1862

Müller, Johannes: Der deutsche Rentenmarkt vor dem Ersten Weltkrieg – eine Indexanalyse, Frankfurt/M. 1992

Neidlinger, Karl: Studien zur Geschichte der deutschen Effektenspekulation von ihren Anfängen bis zum Beginn der Eisenbahnaktienspekulation, Jena 1930

Noback, Friedrich: Allgemeines Börsen- und Comptoirbuch, Erster Band: Actien und Fonds, Leipzig 1861

o. V.: Amerika zählt die Schäden des Kurszusammenbruchs, in: *Börsen-Zeitung* v. 22. 10. 1987, S. 3

o. V.: Crash war Computer-Panik großer Institutioneller, in: *Börsen-Zeitung* v. 9. 1. 1988, S. 3

o. V.: Die New Yorker Börse schränkt den Programm-Handel ein, in: *Frankfurter Allgemeine Zeitung* v. 22. 10. 1987, S. 14

o. V.: Erste Lehren aus dem Schwarzen Montag, in: *Börsen-Zeitung* v. 27. 10. 1987, S. 3

o. V.: Wie in einer Kettenreaktion kippten die Kurse, in: *Der Spiegel* v. 26. 10. 1987, S. 134–45

o. V.: Die financiellen Verhältnisse der Eisenbahnen Deutschlands für die Jahre 1867 bis 1873, in: *Zs. des Kgl. statistischen Bureaus,* 15. Jg./1875), S. 47–50

Otto, Peter u. *Sonntag, Philipp:* Wege in die Informationsgesellschaft – Steuerungsprobleme in Wirtschaft und Politik, München 1985

Overesch, Manfred u. *Saal, Friedrich Wilhelm:* Chronik deutscher Zeitgeschichte 1919–1949, 5 Bände, Düsseldorf 1982, 1983 u. 1986

Passow, Richard: Die Aktiengesellschaft. Eine wirtschaftswissenschaftliche Studie, 2. Aufl., Jena 1922

Peitgen, Heinz-Otto u. *Jürgens, Hartmut:* Fraktale: Gezähmtes Chaos, München 1990

Pemsel, Jutta: Die Wiener Weltausstellung von 1873, in: *Amt der Niederösterreichischen Landesregierung* (Hg.): Das Zeitalter Kaiser Franz Josephs von der Revolution zur Gründerzeit, Beiträge, Wien 1984, S. 182–184

Philipp, Jürgen u. *Zimmermann, Sylvia:* Wiederholt sich die Hausse von 1959? in: *Börse Online* 6'1990, S. 24 f.

Pikkarainen, Pentti u. *Virén, Matti:* New Evidence on Long Swings, in: *Kyklos* 4'1986, S. 596–602

Pohl, Hans (Hg.): Deutsche Börsengeschichte, Frankfurt/M. 1992

Pohl, Hans (Hg.): Europäische Bankengeschichte, Frankfurt/M. 1993

Presidential Task Force on Market Mechanisms: Report, Washington, D. C., Januar 1988

Pressburger, S.: Österreichische Notenbank 1816–1966, Wien 1966

Preußische Bank: Verwaltungsberichte für die Jahre 1847–75, Berlin 1848–76

Prion, Willi: Die Preisbildung an der Wertpapierbörse, insbesondere auf dem Aktienmarkt der Berliner Börse, 2. Aufl., München u. Leipzig 1929

Probszt, Günther: Österreichische Münz- und Geldgeschichte, Wien etc. 1983

Raabe, Karl-Heinz: Die langfristige Entwicklung des Sozialprodukts im Bundesgebiet, in: *Wirtschaft und Statistik* 2'1954, S. 63–66

Rapmund, F.: Die finanzielle Beteiligung des Preußischen Staates bei den preußischen Privateisenbahnen, Berlin 1869

Rapp, Heinz-Werner: „Der tägliche Wahnsinn hat Methode" – Behavioral Finance: Paradigmenwechsel in der Kapitalmarktforschung, in: *Jünemann, Bernhard* u. *Schellenberger, Dirk* (Hg.): Psychologie für Börsenprofis: Die Macht der Gefühle bei der Geldanlage, Stuttgart 1997, S. 75–108.

Reden, Friedrich Wilhelm Frh. v.: Erwerbs= und Verkehrs=Statistik des Königstaats Preußen, 3 Bde., Darmstadt 1853

Rehm, Ernst: Bayerische Börsenplätze: Nürnberg – Augsburg – München, in: *Bayerland* Münze Börse Bank, München 1960, S. 8–12

Reiß, Winfried: Historische Wechselkurse, in: *Bankhistorisches Archiv* 2'1985, S. 3–41

Ring, Viktor: Asiatische Handelscompagnien Friedrichs des Großen. Ein Beitrag zur Geschichte des preußischen Seehandels und Aktienwesens, Berlin 1890

Ritter, Ulrich Peter: Die Rolle des Staates in den Frühstadien der Industrialisierung: Die preußische Industrieförderung in der ersten Hälfte des 19. Jahrhunderts, Berlin 1961

Rosenberg, Hans: Die Weltwirtschaftskrisis von 1857–1859, Stuttgart u. Berlin 1934

Saalfeld, Dietrich: Methodische Darlegungen zur Einkommensentwicklung und Sozialstruktur 1760–1860 am Beispiel einiger deutscher Städte, in: *Winkel, Harald* (Hg.): Vom Kleingewerbe zur Großindustrie: Quantitativ-regionale und politisch-rechtliche Aspekte zur Erforschung der Wirtschafts- und Gesellschaftsstruktur im 19. Jahrhundert, *Schriften des Vereins für Socialpolitik*, N. F. Bd. 83, Berlin 1976, S. 227–259

Samuel, Ludwig: Die Effektenspekulation im 17. und 18. Jahrhundert, Berlin 1924

Santoni, G. J.: The October Crash: Some Evidence on the Cascade Theory, in: *Federal Reserve Bank of St. Louis:* Bulletin Mai/Juni 1988, S. 18–23

Schick, Ernst: Handbuch des deutschen Staatspapier- und Actienhandels, Leipzig 1849

Schieder, Theodor: Staatensystem als Vormacht der Welt 1848–1918, Propyläen-Geschichte Europas Bd. 5, Frankfurt/M. etc. 1982

Schlieffen, Magnus v.: Das Auslandsgeschäft deutscher Großunternehmen, München 1988

Schliephacke, Bruno P.: Statistische Tafeln zur Krisengeschichte der Zinswirtschaft seit 1920 bis 1932, Erfurt 1932

Schmidt, Werner u. *Neuburger, Rahild:* „1929": Nur eine Zwangsvorstellung? in: *Blick durch die Wirtschaft* v. 15. 12. 1987

Schneider, Jürgen, Schwarzer, Oskar u. *Zellfelder, Friedrich* (Hg.): Währungen der Welt I: Europäische und nordamerikanische Devisenkurse 1777–1914, 3 Bde. Stuttgart 1991

Schneider, Jürgen, Schwarzer, Oskar u. *Zellfelder, Friedrich* (Hg.): Währungen der Welt I: Europäische und Nordamerikanische Devisenkurse 1777–1914, Stuttgart 1991

Schneider, Jürgen, Schwarzer, Otto u. *Schnelzer, Petra* (Hg.): Statistik der Geld- und Wechselkurse in Deutschland und im Ostseeraum (18. und 19. Jahrhundert), St. Katharinen 1993

Schöllgen, Gregor (Hg.): Flucht in den Krieg? Die Außenpolitik des kaiserlichen Deutschland, Darmstadt 1991

Schwarz, Otto: Die Kurse der deutschen Reichs- und Staatsanleihen – Ursachen ihres Niedergangs und Vorschläge zu ihrer Hebung, Berlin u. Leipzig 1911/12

Schwarzer, Otto: Inflationsangst treibt den Zins nach oben in: *Börsen-Zeitung* 250'1989, S. 43

Schwarzer, Otto: Zins im Kreuzfeuer der Belastungsfaktoren, in: *Börsen-Zeitung* 251'1988, S. 45

Schwert, G. William: Why does Stock Market Volatility Change over Time? in: *JoF* Bd. 44 (1989), S. 1115–1153

Spangenthal, S.: Die Geschichte der Berliner Börse, Berlin 1903

Spiethoff, Arthur: Die wirtschaftlichen Wechsellagen, Tübingen u. Zürich 1955

Spiethoff, Arthur: Krisen, in: *Elster, L.* et al. (Hg.): Handwörterbuch der Staatswissenschaften, 4. Aufl., 6. Bd., Jena 1925, S. 8–91

Spree, Reinhard: Die Wachstumszyklen der deutschen Wirtschaft von 1840 bis 1880, Berlin 1977

Spree, Reinhard: Wachstumstrends und Konjunkturzyklen in der deutschen Wirtschaft von 1820 bis 1913, Göttingen 1978

Statistisches Bundesamt (Hg.): Index der Aktienkurse – Lange Reihen –, Wiesbaden 1985

Statistisches Bundesamt (Hg.): Lange Reihen zur Wirtschaftsentwicklung 1988, Wiesbaden 1988

Statistisches Reichsamt (Hg.): Statistisches Handbuch der Weltwirtschaft, Berlin 1936

Steffan, Franz: Bayerische Vereinsbank 1869–1969, München 1969

Strieder, Jakob: Studien zur Geschichte kapitalistischer Organisationsformen – Monopole, Kartelle und Aktiengesellschaften im Mittelalter und zu Beginn der Neuzeit, München u. Leipzig 1914

Suhling, Lothar: Aufschließen, Gewinnen und Fördern – Geschichte des Bergbaus, Reinbek 1983

Taddey, Gerhard (Hg.): Lexikon der deutschen Geschichte, Stuttgart 1989

Thieme, Horst: Statistische Materialien zur Konzessionierung von Aktiengesellschaften in Preußen bis 1867, in: *JbW* II/ 1960, S. 286–300

Tilly, Richard H.: Zeitreihen zum Geldumlauf in Deutschland, 1870–1913, in: *Jahrbücher für Nationalökonomie und Statistik* Bd. 187 (1972/73), S. 330–363

Tilly, Richard H.: Zur Entwicklung des Kapitalmarktes und Industrialisierung im 19. Jahrhundert unter besonderer Berücksichtigung Deutschlands, in: *Vierteljahresschrift für Sozial- und Wirtschaftsgeschichte* 60. Bd. (1973), S. 145–165

Tilly, Richard: Banken und Industrialisierung in Deutschland, 1850–1870: Ein Überblick, in: ders.: Kapital, Staat und sozialer Protest in der deutschen Industrialisierung, Gesammelte Aufsätze, *Kritische Studien zur Geschichtswissenschaft,* Bd. 41, Göttingen 1980, S. 29–54

Tilly, Richard: Banken und Industrialisierung in Deutschland: Quantifizierungsversuche, in: *Henning, Friedrich-Wilhelm* (Hg.): Entwicklung und Aufgaben von Versicherungen und Banken in der Industrialisierung, *Schriften des Vereins für Sozialpolitik*, N. F. Bd. 105, Berlin 1980, S. 165–193

Tilly, Richard: Das Wachstum der Großunternehmen in Deutschland seit der Mitte des 19. Jahrhunderts, in: ders.: Kapital, Staat und sozialer Protest in der deutschen Industrialisierung, Gesammelte Aufsätze, *Kritische Studien zur Geschichtswissenschaft,* Bd. 41, Göttingen 1980, S. 95–113

Tilly, Richard: Die Industrialisierung des Ruhrgebietes und das Problem der Kapitalmobilisierung, in: ders: Kapital, Staat und sozialer Protest in der deutschen Industrialisierung, Gesammelte Aufsätze, *Kritische Studien zur Geschichtswissenschaft,* Bd. 41, Göttingen 1980, S. 65–76

Tilly, Richard: Financial Institutions and Industrialization in the Rhineland 1815–1870, Madison etc. 1966

Tilly, Richard: German Banking, 1850–1914: Development Assistance for the Strong, in: *The Journal of European Economic History,* Bd. 15, Nr. 1 (Jan./Apr. 1986), S. 113–152

Tilly, Richard: Zur Entwicklung des Kapitalmarktes im 19. Jahrhunderts, in: ders.: Kapital, Staat und sozialer Protest in der deutschen Industrialisierung, Gesammelte Aufsätze, *Kritische Studien zur Geschichtswissenschaft,* Bd. 41, Göttingen 1980, S. 77–91

Treue, Wilhelm (Hg.): Deutschland in der Weltwirtschaftskrise in Augenzeugenberichten, München 1976

Tvede, Lars: Psychologie des Börsenhandels, Wiesbaden 1991

UBS Phillips & Drew: The value of growth, London Februar 1990

Vilar, Pierre: Gold und Geld in der Geschichte, München 1984

Voye, Ernst: Über die Höhe der verschiedenen Zinsarten und ihre wechselseitige Abhängigkeit – Die Entwicklung des Zinsfußes in Preußen von 1807 bis 1900, Jena 1902

Wagemann, Ernst (Hg.): Kurven und Zahlen zur Wirtschaftslage in Deutschland, 2. Aufl., Berlin 1935

Wagemann, Ernst: Struktur und Rhythmus der Weltwirtschaft, Berlin 1931

Wagenblass, Horst: Der Eisenbahnbau und das Wachstum der deutschen Eisen- und Maschinenbauindustrie 1835 bis 1860, Stuttgart 1973

Wagon, Eduard: Die finanzielle Entwicklung deutscher Aktiengesellschaften von 1870–1900 und die Gesellschaften mit beschränkter Haftung im Jahre 1900, Diss., Halle a. S. 1903

Walker, Jearl: Kaustiken: physikalischer Ausdruck mathematischer Katastrophen, in: *Spektrum der Wissenschaft* 11'1983, S. 144–152

Wallich, Paul: Beiträge zur Geschichte des Zinsfusses von 1800 bis zur Gegenwart, in: *Jahrbücher für Nationalökonomie und Statistik,* III. F. Bd. 42 (1911), S. 289–312

Wanner, Eckhardt: Die Amberger Zinnblechhandelsgesellschaft – Erste deutsche Aktiengesellschaft? in: *Die Bank* 9'1988, S. 520–23

Wanner, Eckhardt: Die vergessene Währungsreform, in: *Die Bank* 2'1988, S. 105–108

Wetzel, Christoph: Die Auswirkungen des Reichsbörsengesetzes von 1896 auf die Effektenbörsen im Deutschen Reich, insbesondere auf die Berliner Fondsbörse, Diss., Münster 1996

Wirth, Max: Geschichte der Handelskrisen, 2. Aufl., Frankfurt/M. 1874

Wolfgang, Ernst: Die Kursbildung am Rentenmarkt, Stuttgart 1931

Wood, Christopher: The bubble economy – Japan's extraordinary speculative boom of the '80s and the dramatic burst of the '90s, New York 1992

Wood, John H.: Do yield curves normally slope up? The term structures of interest rates, 1862–1982, in: *Federal Reserve Bank of Chicago: Economic* Perspectives Juli/August 1983, S. 17–23

Zeeden, Ernst Walter: Hegemonialkriege und Glaubenskämpfe 1556–1648, Propyläen Geschichte Europas Bd. 2, Frankfurt/M. etc. 1982

Zeeman, E. C.: Catastrophe Theory, in: *Scientific American* April 1976, S. 65–83

Zeeman, E. C.: On the unstable behaviour of stock exchanges, in: *Journal of Mathematical Economics* 1'1974, S. 39–49

Zeise, Lucas: Visionen überdecken Aktienmarkt-Risiken, in: *Börsen-Zeitung* 250'1989, S. 9

Ziemba, William T. and *Schwartz, Sandra L.:* The Growth of the Japanese Stock Market, 1949–90, and Prospects for the future, in: *Managerial and Decision Economics* 12 (1991), pp. 183–195

Ziemba, William T., Bailey, Warren and *Hamao, Yasushi* (eds.): Japanese financial market research, Amsterdam and New York 1991

Zitzelsberger, Gerd: Die Börsen im Sog der Terminmärkte: Roulette ohne Reue? Neue Finanzinstrumente und die wirtschaftliche Stabilität, in: *Süddeutsche Zeitung* v. 5. 6. 1991, S. 33

Sach- und Personenverzeichnis